Vorwort

„Trommeln“ werden als die ältesten aller Musikinstrumente angesehen. Die Entwicklung zum modernen Schlagzeug-Set begann jedoch erst sehr viel später, nämlich Anfang unseres Jahrhunderts. Seit der letzten Generation hat sich die Spieltechnik so wesentlich verfeinert, daß die vielfältigen, rhythmischen Möglichkeiten des Schlagzeugspiels aus den unterschiedlichsten Stilrichtungen moderner Musik nicht mehr wegzudenken sind. Der Schlagzeuger (Drummer) ist aus diesem Grunde nicht nur als rhythmischer Motor anzusehen, der durch geradlinige, konstante Spielweise die komplette Band begleitet und zusammenhält, sondern trägt auch in höherem Maße durch seine musikalisch-individuelle Persönlichkeit zum Erfolg einer Band bei.

Das vorliegende Buch kann sich jeder eifrige Schüler im Selbstunterricht erarbeiten. Die Methode eignet sich aber nicht nur für Anfänger und Fortgeschrittene, sondern ist auch für Berufsmusiker und Lehrer von großem Nutzen. Den Studierenden führt es in leicht verständlicher Weise an die Stilarten und Spieltechniken populärer Musikformen heran, ohne dabei zu vergessen, daß das G e f ü h l als Urelement einen entscheidenden Einfluß auf die allmähliche Entwicklung des persönlich-individuellen Stils ausübt.

Wichtig ist: regelmäßiges, sinnvolles Üben (im Normalfall ca. 1-2 Stunden täglich!). Ein Instrument zu spielen und beherrschen zu lernen muß Freude bereiten. Nur wer mit Begeisterung trommelt und spielerisches Vergnügen empfindet, wird ein guter Drummer sein.
Notenkenntnisse werden nicht unbedingt vorausgesetzt, da diese bei systematischem Durchstudieren automatisch erlernt werden.
Das Buch ist in vier Teile aufgegliedert! Der erste Teil gilt als Grundlage, während der zweite Teil in logischer Folge alle grundlegenden Schlagtechniken erklärt.
Der dritte Teil umfaßt hauptsächlich populäre Rhythmen aus den unterschiedlichsten Stilrichtungen sowie weitere interessante Techniken.
Im vierten und letzten Teil wird ausführlich auf die Spieltechniken und Vielfalt der wichtigsten P e r c u s s i o n s - Instrumente eingegangen.
Zum 2. und 3. Teil des Buches sei noch erwähnt, daß die Aufgliederung in „1.–28. Stunde“ nicht als „Zeit-Stunden“ anzusehen sind, sondern als Abschnitte im Sinne von „Lektionen“.
Ich bin sicher, daß dieses Unterrichtswerk – ich habe es mit viel Liebe (und Schweiß) geschrieben – jedem Drummer und Percussionisten, ob Amateur oder Profi, viel Freude bereiten wird.

Siegfried Hofmann

Inhaltsverzeichnis

I. Teil

II. Teil

III. Teil

IV. Teil

I. Teil

1 Musiktheorie

was man darüber wissen sollte

Musik setzt sich aus drei Elementen zusammen: Melodie, Harmonie und Rhythmus. Für den Drummer stellt der Rhythmus das wichtigste Element dar. Die hauptsächlichste Aufgabe des Rhythmus besteht darin, Melodie und Harmonie anderer Instrumente zusammenzuhalten (z. B. Gitarre, Keyboards, Blasinstrumente). Alle drei Elemente zusammen ergeben somit eine komplette Einheit.

Die Dauer des rhythmischen Klanges wird durch Zeichen dargestellt: die Noten. Die Notenhälse können auf- und abwärts gestrichen werden. Durch Teilung des größeren Wertes ergibt sich jeweils der nächstkleinere Wert.

1. Notenwerte

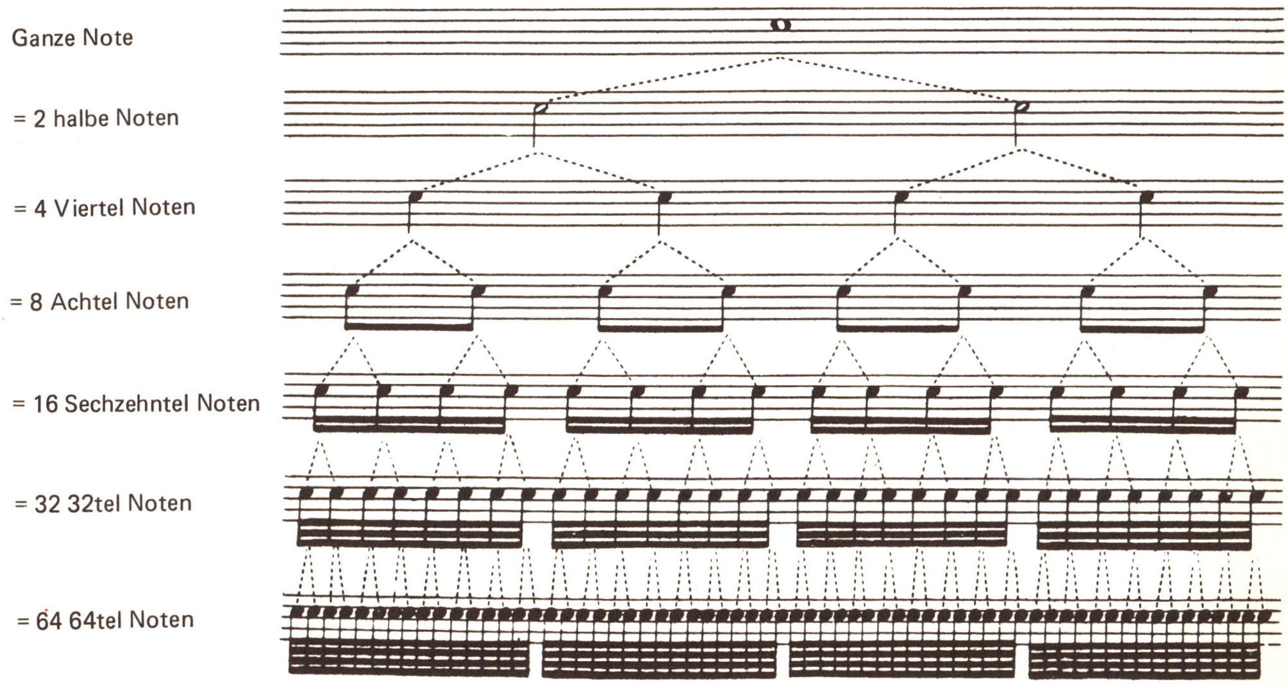

Pausen

Jede Note hat ihre entsprechende Pause. Das Pausenzeichen verlangt Pausieren für die Dauer der entsprechenden Note.

Ganze Note	Ganze Pause
Halbe Note	Halbe Pause
Viertel Note	Viertel Pause
Achtel Note	Achtel Pause
Sechzehntel Note	Sechzehntel Pause
32tel Note	32tel Pause
64tel Note	64tel Pause

Violinschlüssel (G-Schlüssel)

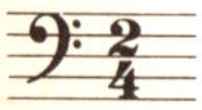
Baßschlüssel (F-Schlüssel)

2. Takt und Taktarten

Jedes Musikstück wird durch Taktstriche in untereinander gleiche Abschnitte eingeteilt: die „Takte" (Takt = Raum zwischen zwei Taktstrichen).

Takt

Weitere Zeichen:

Doppeltaktstrich (kennzeichnet einen Abschnitt oder das Ende einer Tonfolge).

Schlußzeichen (kennzeichnet das Ende eines Musikstückes oder auch das Ende eines größeren Abschnittes im Laufe eines Stückes).

Die zeitliche Einteilung oder der „Takt" eines Musikstückes wird zu Beginn der Komposition hinter dem „Schlüssel" durch einen Bruch angegeben (Taktbezeichnung). Die obere Zahl (Zähler) des Bruches bezeichnet die Anzahl der Schläge oder Zählzeiten eines Taktes, während die untere Zahl (Nenner) den Notenwert angibt.

Die Taktarten können wir in drei Gruppen einteilen:

a) Einfache Taktarten
(Zähler enthält zwei oder drei Zähleinheiten)

z. B. $\frac{2}{4}$, $\frac{2}{8}$, $\frac{3}{4}$, $\frac{3}{8}$.

b) Zusammengesetzte Taktarten
(zwei oder mehrere Taktarten sind miteinander verbunden)

z. B. $\frac{4}{4}$ oder C, $\frac{2}{2}$ oder ₵, auch „Alla Breve" genannt, $\frac{6}{4}$, $\frac{6}{8}$, $\frac{9}{8}$, $\frac{12}{8}$, usw.

c) Gemischte Taktarten
(einfache und zusammengesetzte Taktarten sind „gemischt")

z. B.: $\frac{5}{4}$ = zusammenges. aus ($\frac{3}{4}$ + $\frac{2}{4}$ od. $\frac{2}{4}$ + $\frac{3}{4}$)
$\frac{7}{4}$ = zusammenges. aus ($\frac{4}{4}$ + $\frac{3}{4}$ od. $\frac{3}{4}$ + $\frac{4}{4}$).

TAKT GEFÜHL

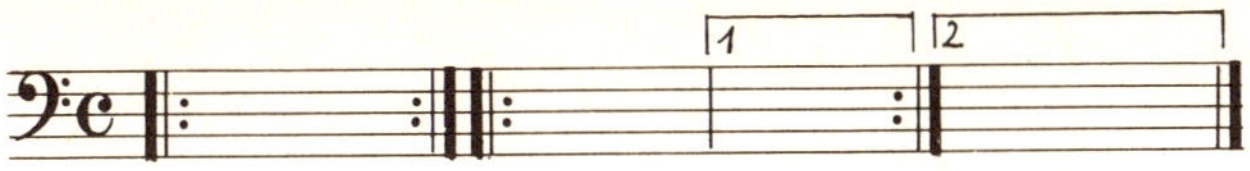

1. Schluß 2. Schluß

𝄎 = wiederhole den vorhergehenden Takt. Z. B.:

Wiederhole die vorhergehenden 2, 4 oder 6 Takte.

3. . . . und noch einige Musikzeichen

𝄌 bezeichnet den Beginn der Coda (Schlußanhang).

D. S. (Dal Segno) = vom Zeichen 𝄋 nochmals zu spielen.

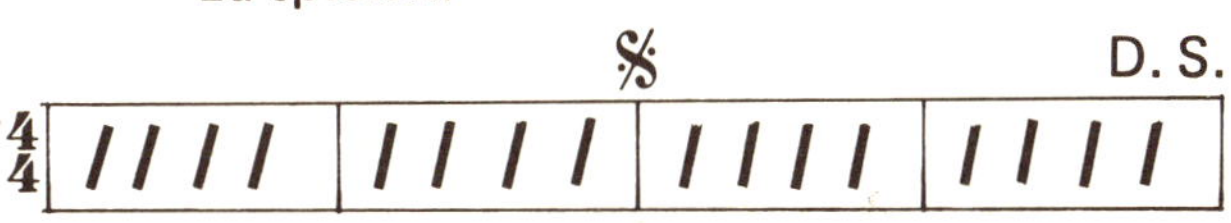

D. S. al 𝄌 wiederhole vom Zeichen 𝄋 bis zum Beginn der Coda (𝄌) und springe dann über zur Coda.

D. C. (Da Capo) = von Anfang an wiederholen.

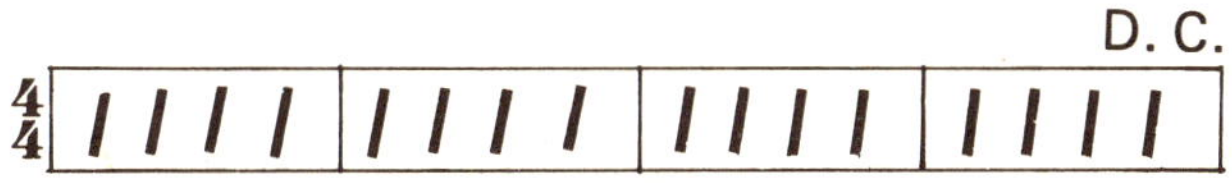

D. C. al fine = von Anfang bis „Fine" = Ende, jedoch ohne Wiederholung.

𝄐 Fermate (Haltepunkt) verlängert die Dauer einer Note über ihren eigentlichen Wert hinaus. Die Fermate steht oft am Ende eines Stückes.

D.S. al 𝄐 wiederhole vom Zeichen 𝄋 bis zur Fermate.

// bedeutet plötzliches Unterbrechen (Einschnitt).

⁀ Der Haltebogen. Die angebundene Note nicht extra anschlagen.

♩̇ Staccatopunkt, die Note wird kurz und trocken gespielt.

♩. Ein Punkt hinter der Note verlängert sie um die Hälfte ihrer Dauer.

Weitere Kenntnisse über Musikzeichen sind, soweit erforderlich, in den einzelnen Kapiteln erklärt!

4. Dynamik / Stärkegrade

Zur „Dynamik“ gehört alles, was sich auf die „Tonstärke“ bezieht. Die wichtigsten „dynamischen Zeichen“ (Stärkegrade) sind:

ppp = so leise wie möglich

pp = (pianissimo) sehr leise

p = (piano) leise

mf = (mezzoforte) mittellaut

mp = (mezzopiano) mittelleise

f = (forte) laut

ff = (fortissimo) sehr laut

fff = mit aller Kraft

sf = (sforzato) hervorgehoben

cresc. = (crescendo) allmählich stärker werden, auch:

dim. = (diminuendo oder decrescendo) allmählich leiser werden, auch:

Erst Anschwellen (leise beginnen), dann Abschwellen.

Akzentzeichen über oder unter der Note verlangt scharfe Betonung der Note (siehe auch sforzato)

Eine wirkungsvolle Dynamik (Schlagstärke) hängt davon ab, wie lange der Schlagweg (Anschlaghöhe) ist.

Mit anderen Worten:

TIPS

Je *niedriger* die Anschlaghöhe, desto *leiser* das Spiel.

Je *höher* die Anschlaghöhe, desto *lauter* das Spiel.

Falsch wäre es,
durch angespanntes, inneres sich Zurückhalten, aber mit einer hohen Anschlaghöhe „leise spielen zu wollen“ ! ! ! Durch diese Zurückhaltung würde der ganze Sound „verfälscht“ – das Schlagzeug „klingt nicht!“

Ebenso falsch wäre es,
durch eine sehr niedrige Anschlaghöhe „laut spielen zu wollen“ ! ! !

5. Tempobezeichnungen / Das Metronom

„Tempo" (Mehrzahl = Tempi) bezieht sich auf das „Zeitmaß" (wie schnell, wie langsam). Die wichtigsten „Tempobezeichnungen" sind:

largo = sehr langsam

larghetto = nicht zu langsam

adagio = langsam

andante = gehend

moderato = mäßig schnell

allegro = lebhaft, schnell

presto = sehr schnell

prestissimo = so schnell wie möglich

(alle diese Bezeichnungen sind auf deinem Metronom angegeben!)

poco = ein wenig

piu = mehr

molto = viel

rallentando (rall.) = allmählich langsamer

ritardando (rit.) = zurückhaltend

stringendo (string.) = eilend, schneller werdend

Da du als Drummer mehr als jeder andere Musiker für die Einhaltung von Takt und Tempo verantwortlich bist, besonders im Zusammenspiel mit der Gruppe, empfehle ich dir die Zuhilfenahme des Metronoms (oder „Taktell"), weil es die Genauigkeit festigt. Das Metronom gibt das Tempo an, in welchem ein Musikstück gespielt werden soll. An der Pendelstange des Metronoms ist ein verschiebbares Gewicht angebracht, durch welches das Zeitmaß verändert werden kann.

ANDANTE

Das Tempo wird jeweils zu Beginn eines Musikstückes angegeben, z. B.:

♩ = 120 (= 120 Viertel pro Minute),

♩ = 152, 112, 72, 138 usw.

𝅗𝅥 = 96 (= 96 Halbe pro Minute).

Jeder Musiker sollte ein Metronom besitzen!

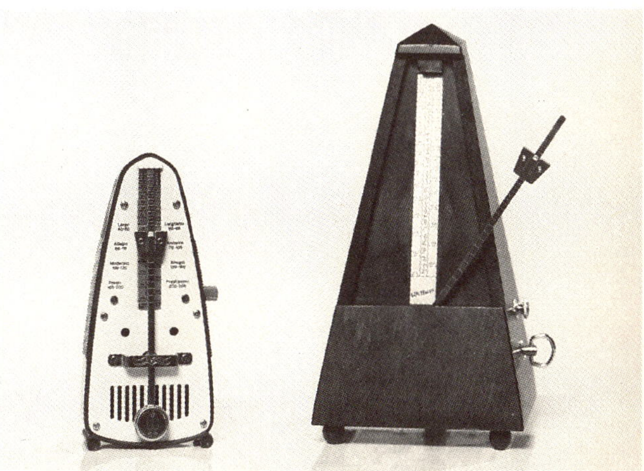

Abb. 1 Taktell Metronom

❷ Das Drum set

Trommeln, Becken, Zubehör!

Abb. 2 1 Snare Drum + Ständer
2 Bass Drum + Fußpedal
3 Hi-Hat + Cymbals
4 Small Tom-Tom
5 Large Tom-Tom
6 Ride-Cymbal
7 Crash-Cymbal
8 Splash-Cymbal
9 Flat Ride-Cymbal
10 Drummersitz
11 Kuhglocke
12 Trommelstöcke, Besen, Paukenschlegel

Abb. 3

Die Zusammenstellung eines Schlagzeug-Sets – auch Outfit genannt – ist eine ganz individuelle Angelegenheit. Ich empfehle jedoch jedem Anfänger zunächst mit den grundlegenden Bestandteilen eines Drum-Sets zu beginnen. Mit fortschreitender Entwicklung einer persönlichen Spieltechnik können dann schrittweise weitere Teile (Tom-Toms, Kuhglocke, Becken usw.) hinzugefügt werden.

Die Grundausstattung eines Drum-Sets besteht aus:

		Abkürzungen
	Schlagzeug, Drum	**dm**
1	**Snare Drum (Kleine Trommel)** **+ Ständer**	**SD**
1	**Bass-Drum (Große Trommel)** **+ Fußmaschine/Schlegel, Becken- und/oder Tom-Tom-Halter**	**BD**
1	**Hi-Hat + 1 Paar Becken**	**HH**
1	**Small Tom-Tom (Hänge-Tom-Tom)**	**STT**
1	**Large Tom-Tom (Stand-Tom-Tom)** **+ Füße**	**LTT**
2-4	**Becken (Cymbals) verschiedener Größe** **+ die entsprechende Anzahl Ständer**	**CYM**
1	**Drummersitz**	
...	**Cow Bell (Kuhglocke)**	**C.B.**
	Drum Sticks (Trommelstöcke)	
	Brushes (Besen)	**Br.**
	Paukenschlegel	

Als Größenbezeichnungen sind für sämtliche Trommeln und Becken die englischen „inch"-Maße (1 inch = 2,54 cm) allgemein üblich.

So gibt es z. B.

Snare Drums meist in den Größen	5" x 14" oder 6 1/2" x 14"
Bass Drums in	14" x 20" 16" x 22" oder 16" x 24"
Tom-Toms von	5 1/2" x 6" bis 16" x 18"
Cymbals in	8", 11", 17", 18", 20" usw.
Hi-Hat-Becken haben einen Durchmesser	von 14" oder 15"

Wichtig ist, bei allen Kombinationen die Größen der einzelnen Trommeln/Becken aufeinander abzustimmen, z. B.

Snare Drum	6 1/2" x 14"
Bass Drum	14" x 22"
Small Tom-Tom	8" x 12"
Large Tom-Tom	16" x 16"

Bei den Becken sind außer den Größen auch noch Klangfarbe und Stärken zu beachten. Zur Grundausstattung gehören ein Paar Hi-Hat-Becken (unteres Becken dicker, oberes Becken dünner), ein oder zwei „Crash"- und ein „Ride"-Becken. Die Stärken reichen von einem „paperthin" bis zu einem „medium" oder „heavy".

Bei der Vielfalt der heute angebotenen Fabrikate ist es nicht leicht, immer gleich die optimale Garnitur zu finden. Laß dich deshalb vor einem Kauf von einem fachkundigen Drummer beraten. Besorge dir Prospekte und Preislisten!

TIPS

1. Als „on the road"-Drummer solltest du dir Trommelhüllen und -behälter anschaffen. So bewahrst du dein Outfit, an dem du sicher längere Zeit Freude haben möchtest, vor Beschädigungen durch den Transport. Außerdem ist ein unbeschädigtes, gutaussehendes und wohklingendes Drum-Set immer publikumswirksamer als eine „verschlissene Schießbude".

2. Die wichtigsten Ersatzteile sollten bei keinem vielbeschäftigten Drummer fehlen. Dazu gehören: Ersatztrommelfelle, zweiter Stimmschlüssel, Filzscheiben, Gummifüße für Beckenständer, Ersatzschlegel für Fußmaschine, diverse Schrauben usw.

3. Auch auf die Behelfsteile möchte ich hinweisen. Nicht jede Bühne hat optimale Boden- und Akustikverhältnisse. Deshalb solltest du stets dabeihaben:

a) Bodenmatte (am besten aus Gummi); zum Unterlegen unter Bass Drum und Fußpedal, um das Wegrutschen während des Spielens zu verhindern. Ein Teppich eignet sich dafür auch recht gut.

b) Nägel; zum Befestigen diverser Ständer.

c) Staublappen und Tuchstreifen zum Reinigen und Abdämpfen der Trommeln, Klebeband zum Abdämpfen zu laut klingender Becken (an der Unterseite aufkleben!).

d) sonstiges dazugehöriges Werkzeug.

❸ Schlagzeugnoten sind ganz einfach!

...fall' nicht gleich vom Hocker!

In den meisten Übungen dieses Buches verwende ich der besseren Lesbarkeit und Übersicht wegen nur die benötigten Hilfslinien. Auf den „Notenschlüssel" habe ich ganz verzichtet. Ansonsten entspricht die Notierung der einzelnen Schlaginstrumente dem hier angegebenen Schema.

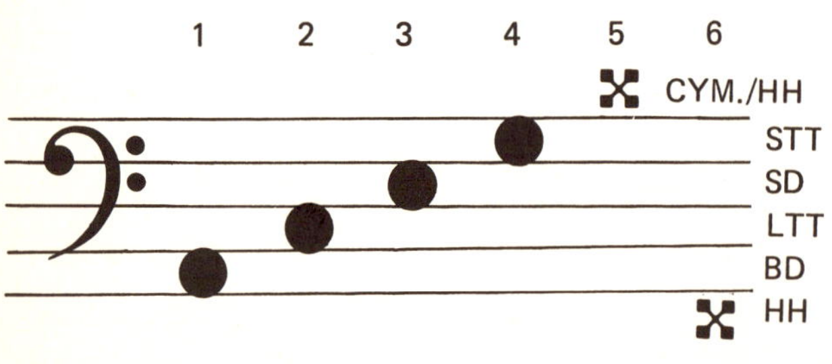

1 = Bass Drum (Große Trommel)
2 = Large Tom-Tom (Stand Tom-Tom)
3 = Snare Drum (Kleine Trommel)
4 = Small Tom-Tom (Hänge Tom-Tom)
5 = Cymbal (Becken); es umfaßt alle Arten, einschließlich der Hi-Hat-Becken, wenn sie mit der Hand bzw. mit dem Stock geschlagen werden. Ob auf Cymbal oder Hi-Hat gespielt wird, ist jeweils zu Beginn einer Übung angegeben.
6 = Hi-Hat mit dem Fuß gespielt. Auf die Notierung (nicht aber die Ausführung!) der regelmäßigen Hi-Hat-Betonung auf „2" und „4" habe ich verzichtet (siehe auch 25. Stunde, Seite 117), da die Akzentuierung mit dem Hi-Hat in der ausgeschriebenen Schlagzeugstimme eines Musikarrangements als selbstverständlich gilt.

❹ Stimmen und Abdämpfen der Trommeln

... einiges über Schlagzeugfelle

Um aus einer Trommel die bestmöglichen Soundeigenschaften herauszuholen, muß jedes Trommelfell sorgfältig „gestimmt“ werden. Dabei müssen wir zunächst einmal unterscheiden zwischen „spannen“ und „stimmen“. Sehr wichtig ist gleichmäßiges „spannen“. Beachte deshalb die in den Zeichnungen angegebene Reihenfolge. Verschiedene Möglichkeiten stehen zur Auswahl:

(kreuzweise, bei 6, 8, oder 10 Schrauben)

(im Uhrzeigersinn)

a) alle Spannschrauben werden an beiden Seiten der Trommel gelöst, bis keine Spannung mehr in den Fellen ist.

b) die Spannschrauben des oberen Felles (Schlagfell) werden in einer der angegebenen Reihenfolgen mit Daumen und Zeigefinger soweit angedreht, daß die Spannschrauben den Spannreifen berühren und somit ein weiteres Festdrehen mit Daumen und Zeigefinger nicht mehr möglich ist. Durch diesen Vorgang wird eine gleichmäßige Fellspannung erreicht, die je nach Qualität der Trommel bis über 90% betragen kann.

c) mit Hilfe des Stimmschlüssels (bei der Bass Drum sind es die „T“-förmigen Spannschrauben) wird nun jede einzelne Schraube gleichmäßig festgedreht. Dabei dient die „T“-Form des Stimmschlüssels oder der Spannschrauben zur Orientierung der benötigten Anzahl von Umdrehungen. Beachte die Reihenfolge bei 6, 8, oder 10 Schrauben (siehe Skizzen)!

Ist dies getan, verfährst du mit dem unteren Fell (Resonanzfell) in gleicher Weise. Es gibt keine allgemeingültige Regel, welches der beiden Felle stärker oder schwächer gespannt wird. Dies ist Geschmackssache und bleibt deswegen jedem selbst überlassen.

TIP

Lieber stärker als zu schwach spannen! Beim Spannen des Resonanzfelles der Snare Drum ist Vorsicht geboten, da es wesentlich empfindlicher und dünner als alle anderen Felle ist und sich deshalb durch weniger Umdrehungen ebenso stark spannen läßt.

Sind alle Trommeln gespannt, erfolgt zum Schluß das Erreichen gleicher Tonhöhe an allen Spannschrauben sowie die Feinstimmung der Trommeln untereinander. Die Tonintervalle der verschiedenen Trommeln sind nicht festgelegt (Intervall = die Entfernung oder der Abstand zweier Töne voneinander). Wichtig ist: die Snare Drum erhält die höchste Stimmung, jede weitere Trommel gleichmäßig eine etwas tiefere Stimmung bis zur Bass Drum, welche die tiefste Tonhöhe aufweist.
Korrigiere die Feinstimmung mit minimaler Drehung und Daumendruck auf das Fell vor jeder Spannschraube. Gibt das Fell nur ein wenig nach, ist die Stimmung korrekt.

TIP

Erlaubt ist es (insbesondere bei der Bass Drum), die Spannschrauben der Schlagfelle in 3 Uhr und 9 Uhr Position leicht zu lösen. So erhältst du einen vollen, satten Sound.

Ein weiterer wichtiger Punkt ist das *Abdämpfen der Trommeln*. Die meisten Trommeln sind heutzutage mit „Innendämpfern" ausgestattet. Dabei wird durch Drehen eines Schraubsystems außerhalb der Trommel eine Filzscheibe von innen gegen das Fell gedrückt, um somit einem längeren Nachklingen entgegenzuwirken. Drücke jedoch die Filzscheibe nicht zu stark an das Fell, da sonst der ganze Sound verlorengeht. Eine Abdämpfung von innen ist nicht immer zufriedenstellend. Gefällt dir der Klang nicht, experimentiere mit einer Abdämpfung von außen durch Abkleben mit Klebestreifen, Papiertaschentüchern, Bierfilzen und anderen Mitteln.

TIP

Klebe das Schlagfell an der von dir entferntesten Stelle (also am obersten Rand der jeweiligen Trommel; eventuell auch über dem Innendämpfer) genau zwischen zwei Stimmschrauben ab. Danach lockerst du die Spannung des Felles, indem du die beiden Stimmschrauben etwas runterdrehst. So erzielst du einen vollen und knackig-warmen Sound.

Zur Abdämpfung der Bass Drum ist oft ein Filzstreifen quer senkrecht unter dem Schlagfell eingelegt. Da dies aber meist nicht den gewünschten Sound bringt, hilft man sich mit dem Einlegen von Decken, Schaumstoff usw. Ebenso kann die Schlagstelle des Fußmaschinenschlegels abgeklebt werden. Dämpfe auch hier nicht zu stark ab, um eine gewisse Soundstärke zu erhalten.

TIP

Viele Drummer bevorzugen eine „offene" Bass Drum. Dabei wird entweder

a) das Vorderfell ganz abgenommen oder

b) ein genügend großes Loch in das Fell geschnitten.

Ich empfehle die zweite Möglichkeit, weil hierdurch der Spannreifen nicht abmontiert wird, was ein eventuelles Verziehen des Holztrommelhohlkörpers verhindert. Außerdem wird das Einlegen von Abdämpfungsmaterial erleichtert.

Schlagzeugfelle sind in den unterschiedlichsten Arten, Stärken, Größen und Soundeigenschaften erhältlich:

a) aufgerauht
b) glatt-weiß
c) transparent
d) doppelbeschichtet und ölgefüllt
e) mit Klangkontroll-Center
f) Snare-Fell (Resonanzfell).

Aufgerauhte, glatt-weiße und transparente Felle klingen meist heller, klarer und brilliant, während die doppelbeschichteten und/oder ölgefüllten Felle mehr einen tiefen, dunklen, natürlich-satten und knackigen Ton erzeugen. Weitere Informationen erhältst du sicher in deinem Fachgeschäft.

5 Mikrofone am Drum Set

Abnahme
Aufstellung
Übertragung

Wenn du dir einmal das Equipment (technische Ausrüstung, Verstärkeranlagen, Instrumente) einer Live-Band anschaust, oder Gelegenheit hast, in ein Aufnahmestudio zu gehen, wird dir auffallen, daß das Drum Set (auch Percussioninstrumente!) durch Mikrofone abgenommen wird. Der dadurch verstärkte Gesamtsound wird über ein P.A. System (Mischpult, Endstufen, Lautsprecher, Monitore, Zusatzgeräte wie z. B. Equalizer, Echo) gesteuert, eingestellt und wiedergegeben. Den gesamten Vorgang nennt man auch „abmiken“ (Abmischen der Instrumente).
Optimales Abmiken eines Drum Sets ist keine „das haben wir gleich-Sache“, sondern eine individuelle Angelegenheit, die Fingerspitzengefühl erfordert, da

a) jeder unterschiedliche Soundvorstellungen hat,

b) jedes Drum Set in seiner Stimmung und Abdämpfung (siehe vorherigen Abschnitt!) anders klingt und

c) die am Drum Set aufgestellten Mikrofone auch nach den jeweiligen raumakustischen Verhältnissen abgemiked werden müssen.

Da ist es schon ratsam, mit dem Mann am Mischpult zusammenzuarbeiten (beim Soundcheck!). Übrigens sind Live-Sound und Studio-Sound grundverschieden.

Wo und wieviele Mikrofone werden nun benötigt?

Bei Veranstaltungen in kleinerem Rahmen, in gemütlichen Tanzlokalen und Night Clubs, auf Hochzeitsfesten usw. ist ein Abmiken des Drum Sets meist nicht nötig. Die Band wird ohnehin darauf achten, ihre Musik in einer gepflegten, unempfindlichen Lautstärke darzubieten.
Anders ist es da schon bei größeren Veranstaltungen in weiträumigen Hallen, Sälen usw., wo eine zufriedenstellende Beschallung ohne ein P.A. System kaum mehr möglich ist. Um bei solchen Gigs als Drummer durchzukommen bzw. nicht von den anderen Instrumenten verschluckt zu werden, ist Mikrofonverstärkung unbedingt erforderlich. Gerade bei ausdrucksvoller Pop- und Rockmusik, um dies als Beispiel zu nennen –, entsteht erst durch gute P.A. Übertragung ein dynamischer, brodelnder Gesamtsound.

Je größer das Drum Set, desto mehr Mikros werden gebraucht. Das ist klar. Bei einer Drum Set Grundausstattung (siehe Seite 13) kommt man mit drei Mikrofonen schon einigermaßen zurecht, z. B.:

1. Mikro = vor die Bass Drum (außerhalb oder auch innerhalb der Trommel)
2. Mikro = zwischen Snare Drum und Hi-Hat (oberhalb der Snare flach montiert und zur Hi-Hat gedreht)
3. Mikro = als Overhead über dem Drum Set (zur Gesamtabnahme der Becken/Trommeln).

Noch besser ist natürlich eine Direktabnahme der Trommeln/Becken, da das Klangvolumen umso voller und satter ist, je näher die Mikros am Set sind. Dazu brauchst du dann bereits fünf Mikros, z. B.:

1. Mikro = vor die Bass Drum
2. Mikro = zwischen Snare Drum und Hi-Hat
3. Mikro = über das Hängetom, bzw. von vorne dazwischen, wenn du zwei Hängetoms hast
4. Mikro = über das Standtom (zum Ride-Becken gedreht)
5. Mikro = als Overhead über dem Drum Set (in die Nähe des Crash-Beckens),

oder sieben Mikrofone bei optimaler Direktabnahme:

1.–4. Mikro = Bass Drum, Snare Drum, Hängetom, Standtom

5. Mikro = Hi-Hat

6. + 7. Mikro = als Overheads für Ride- und Crash-Becken.

Im übrigen sollte man mit seinen Soundvorstellungen sowie der Aufstellung der Mikrofone ruhig etwas experimentieren.
Jedes Instrument braucht ein geeignetes Mikrofon zur optimalen Übertragung. Einige Firmen haben sich auf Mikrofonanwendungs- und Beschallungstechnik spezialisiert und hervorragende Mikrofone entwickelt. Laß dich im Fachgeschäft beraten und besorge dir Prospekte (Adressen im Anhang!).

6 Snare Drum und Practice Pad

Kleine Trommel und Gummiübungsplatte ...damit fangen wir an

Die Snare Drum gilt nach wie vor als wichtigstes Instrument für den modernen Drummer. Gebaut wird die Snare Drum in erster Linie aus Metall und Holz. Quer über das Resonanzfell verläuft der Spiralteppich. Wird dieser gespannt und somit gegen das Resonanzfell gepreßt, entsteht das sogenannte „Schnarren" (Snareeffekt). Bei nichtgespanntem Snareteppich ist die Snare Drum auch als Tom-Tom einzusetzen.

Die Aufstellung der Snare Drum variiert mit dem individuellen Geschmack, hängt aber auch von der Stockhaltung ab (siehe unter 7). Viele Drummer bevorzugen eine flache Snare (insbesondere Rock-Drummer), andere wieder behalten die „Klassische Schräglage" bei (vom Körper weg schräg nach rechts in Richtung Bass Drum), welche hauptsächlich von Schlagzeugern traditioneller Jazz-Stilarten (Two Beat-Jazz, Swing, Bebop, usw.) angewandt wird. Der wichtigste Faktor für jeden einzelnen besteht darin, eine bequeme Stellung zu finden, welche richtiges, unverfälschtes und sauberes Spielen ermöglicht.

Die wirksamen Soundeigenschaften der Snare Drum verleiten viele Anfänger, aber auch routinierte Drummer zu unsauberem, unsachgemäßem Spiel. Um dies zu vermeiden, empfehle ich jedem ernsthaften Drummer die Verwendung einer Übungsplatte (Practice-Pad) aus Hartgummi. Dieses Practice-Pad, von denen die verschiedensten Modelle auf dem Markt sind, stellt das beste Mittel zum Erlernen der Trommeltechnik dar. Drei weitere Vorteile sind:

a) die Schläge klingen deutlicher und klarer als auf der Trommel selbst.

b) es ermöglicht einen lebendigen, natürlichen Rückprall der Stöcke ohne übermäßigen Lärm.

c) ideal für das Üben zu Hause, im Studio, oder Übungsraum.

TIPS

1. Deine Gummiübungsplatte solltest du als „ständigen Begleiter" stets bei dir haben. Für „Aufwärm-Übungen" vor dem eigentlichen Üben, oder vor Live-Auftritten, auch während Spielpausen ist sie geradezu ideal.

2. Von einigen Herstellern werden auch komplette, verstellbare Übungs-Drum-Sets angeboten. Diese meist auch stimmbaren Practice-Sets eignen sich bei minimaler Lautstärke hervorragend zur Perfektionierung von Stil und Technik. Sehr gut mit Besen zu spielen!

Abb. 4 Snare Drum + Ständer

Abb. 5 Gummi-Übungsplatte (auf SD aufgelegt)

7 Drum Sticks (Trommelstöcke)

Auswahl, Lockerungsübungen, Haltung

Trommelstöcke gibt es in den verschiedensten Formen. Die *Auswahl* ist groß und individuell. Zu beachten ist, daß beide Stöcke gleich hell auf einem großen Cymbal klingen. Ein Stock mit mittelgroßer Spitze ist immer zu empfehlen. Es gibt Stöcke mit „Holz Tip" und „Nylon Tip" (Tip = Spitze). Trommelstöcke werden aus ausgesuchten Hölzern, z. B. aus Hickory, Eiche, Ahorn oder Hainbuche angefertigt. Dabei bestimmt die Härte des Holzes den Klang der Trommel. Ein harter Stock (Eiche) erzeugt also einen schärferen, trockeneren Klang als ein Stock aus weichem Holz (Hainbuche, Hickory). Größenbezeichnungen, Stärken und Herstellerfirma der Stöcke sind meist im Holz eingedruckt. Darüber hinaus werden Trommelstöcke auch häufig nach bekannten Drummern benannt, wie z. B. die Modelle „Buddy Rich", „Billy Cobham", „Joe Morello", „Jon Hiseman", usw.

TIPS

1. Probiere mehrere Stöcke deiner Wahl. So wirst du am ehesten feststellen können, welche Modelle dir am besten in den Händen liegen. Spiele auch bei Live-Auftritten mit verschiedenen Stöcken und halte immer Ersatzstöcke bereit.

2. Zur intensiveren Ausbildung der Handgelenke ist es von Vorteil, für Übungen auf dem Practice-Pad schwerere, stärkere Sticks zu verwenden.

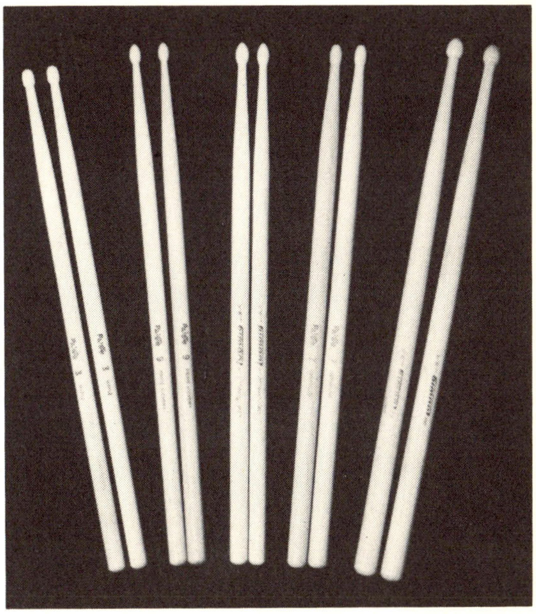

Abb. 6

Lockerungsübungen sind für jeden Drummer von größter Wichtigkeit und sollten deshalb so oft wie möglich (besonders vor dem Üben oder Spielen) durchgeführt werden. Wiederhole mehrmals hintereinander! Durch diese Übungen werden jeweils die betreffenden Muskeln gelockert und etwaigen Sehnenzerrungen von vornherein entgegengewirkt. Außerdem dienen sie zur Vorbereitung für ausdauerndes, entkrampftes und „relaxes" Spielen. Sie ersetzen jedoch nicht die üblichen „Aufwärm-Übungen" (siehe Seite 25).

Handgelenklockerungsübung 1
Umgreife die beiden Stöcke mit beiden Händen von unten her, wobei zu beachten ist, daß jeweils ein Stockende nach außen zeigt (Abb. 7). Nun drehst du die Stöcke (abwechselnd, einmal rechts beginnend, einmal links beginnend) soweit nach innen und unten, bis die Haltung von Abbildung 8 erreicht ist. Aus dieser Position streckst du nun die Stöcke soweit wie möglich nach oben über den Kopf (Abb. 9), um danach alles in umgekehrter Reihenfolge wieder bis zur Ausgangsstellung zurückzuverfolgen.

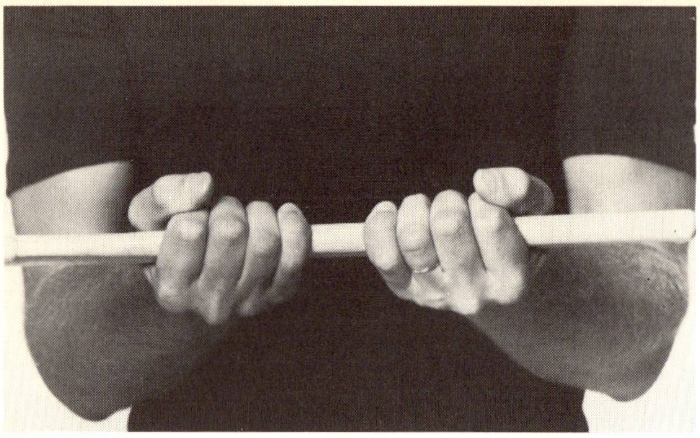

Abb. 7

Abb. 8

Abb. 9

Handgelenklockerungsübung 2
Halte beide Stöcke mit gestrecktem Arm so, daß jeweils ein Stockenede nach außen zeigt (Abb. 10), In dieser Haltung drehst und schwingst du die Stöcke soweit wie möglich nach links und rechts. Übe mit beiden Händen abwechselnd!

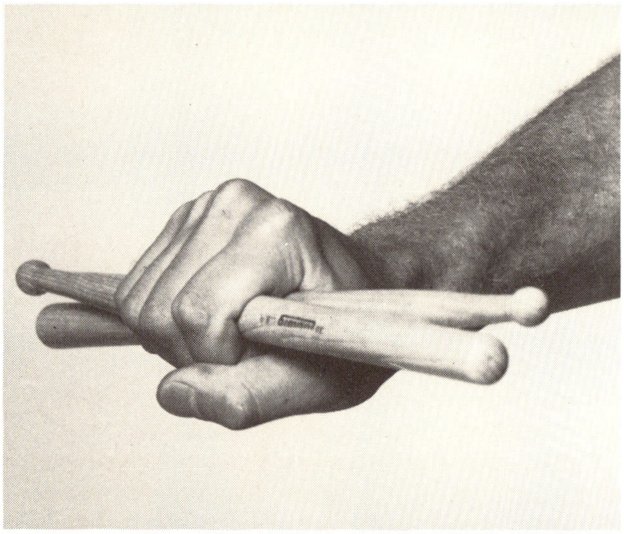

Abb. 10

Fußgelenklockerungsübung
Stelle dich auf die Zehenspitzen und mache ,,Kniebeugen''! Wichtig ist, daß du immer nur auf den Zehenspitzen stehst. Die Stöcke hältst du dabei mit gestreckten Armen, um das Gleichgewicht zu halten. Gute Übung auch für die Morgengymnastik (Abb. 11).

Abb. 11

Die richtige Haltung und Handhabung der Trommelstöcke ist Grundvoraussetzung für exaktes und sauberes Schlagen. Nur durch einwandfreie Stockhaltung wird es möglich sein, das Schlagzeugspiel beherrschen zu lernen.
Heute sind im modernen Schlagzeugspiel drei Stockhaltungen gebräuchlich:

1. die *„Klassische Haltung" (Traditional Grip)*
2. die *„Paukenhaltung" (Matched Grip)*
3. mehrere *„Fingerkontrolltechniken"*, welche zur Erleichterung und Verfeinerung verschiedener Schlagtechniken beitragen.

Die Beherrschung des Zusammenwirkens aller drei Arten kennzeichnet den erfahrenen Drummer. Für den Anfänger ist jedoch vorerst die „Klassische Haltung" oder die „Paukenhaltung" am wichtigsten. Entscheide dich für eine Stockhaltung, mit welcher du alle Schlagtechniken (insbesondere Rudiments, siehe Seite 108) und Rhythmen bewußt und intensiv erlernst.!

Die „Klassische Haltung" (Traditional Grip) hat ihren Ursprung in der Marschmusik. Die Stockhaltung der linken Hand ist vollkommen anders als in der rechten Hand (Abb. 12). Dies ist darauf zurückzuführen, daß die Trommel des Marschtrommlers vor dessen Körper schräg nach rechts hängt. Gehalten und getragen wird die Trommel dabei von einem Tragriemen, der quer über die rechte Schulter verläuft. Dies war der Grund, warum es unbedingt erforderlich war, eine spezielle Stockhaltung für die linke Hand zu entwickeln, die das Spielen in dieser Schräglage überhaupt möglich machte. Diese „eigenständige Stockhaltung" in der linken Hand wurde dann aus der „Steh- oder Marschierposition des Marschtrommlers" in die „Sitzweise des Schlagzeugers" übernommen.

Zusammenfassend betrachtet sollte die „Klassische Haltung" hauptsächlich dann angewandt werden, wenn

a) die Snare Drum in der „Klassischen Schräglage" steht,

b) mit Besen gespielt wird (kreisförmiges Wischen, waagerechtes Rascheln).

Darüber hinaus ist es für das Spiel mit der „Klassischen Haltung" von Vorteil, sich näher an das Drum-Set heranzusetzen, da der Aktionsradius, hervorgerufen durch die linke Stockhaltung, eingeengt ist.

Abb. 12

Stockhaltung – linke Hand!
Der Stock wird an die tiefste Stelle der Gabelung zwischen Daumen und Zeigefinger gelegt, wobei der Daumen dagegendrückt. Die Entfernung von der Stockspitze bis zu seiner Auflage zwischen den Fingern beträgt etwa zwei Drittel der Gesamtlänge (Schwerpunkt!). Jetzt werden der dritte und vierte Finger unter dem Stock zur Handfläche hin eingebogen. Dabei ruht der Stock auf dem dritten Finger (Ringfinger) zwischen dem ersten und zweiten Gelenk. Nun legt sich der Zeigefinger über den Stock und verbindet sich mit dem Daumen, um einen sicheren Haltepunkt zu gewährleisten, wodurch ein Ausgleiten oder Verrutschen des Stockes fast unmöglich wird. Der zweite Finger (Mittelfinger) dient als Kontrollfinger und legt sich neben dem Zeigefinger über den Stock, jedoch in natürlicher und lockerer Art und Weise. So ist die Fingerhaltung okay (Abb. 13).

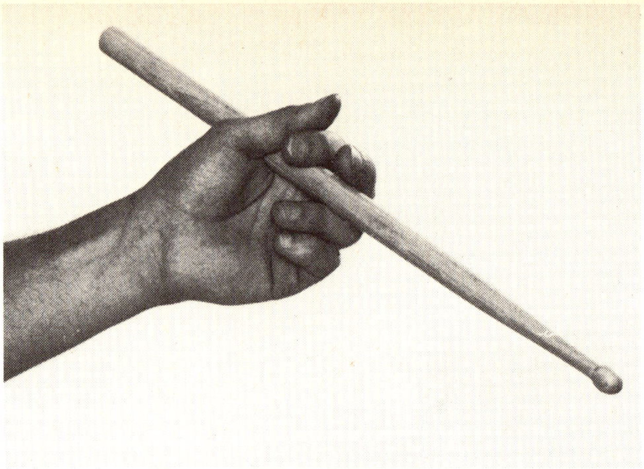

Abb. 13

TIP

Ein Tennisball, zum Werfen in die linke Hand genommen, erfüllt alle Voraussetzungen richtiger Fingerstellung. Nimm dann den Tennisball aus der Hand, ohne die Fingerhaltung zu verändern, und lege den Stock dazwischen (Abb. 14). Versuch's mal!

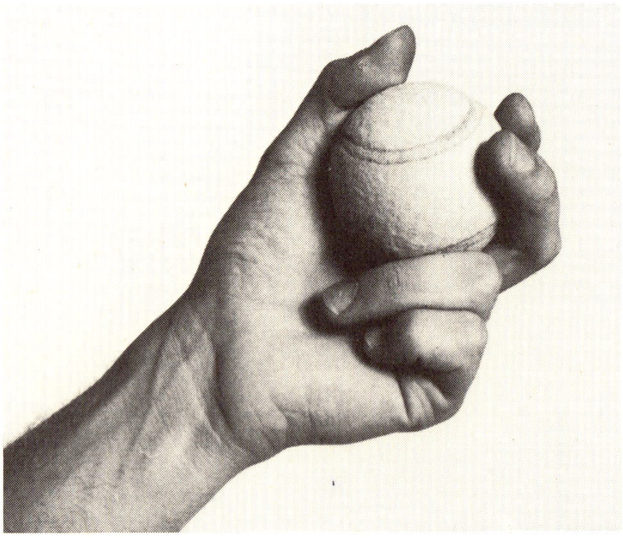

Abb. 14

Stockhaltung – rechte Hand!

Die rechte Hand hält den Stock ebenfalls gute zwei Drittel (Schwerpunkt!) von der Stockspitze entfernt. Der Daumen trifft sich mit dem Zeigefinger unterhalb des Stockes. Beide zusammen halten so die Balance, während der zweite Finger sich eng, aber entspannt um den Stock legt und somit als Kontrollfinger dient. Dritter und vierter Finger legen sich ebenfalls locker um den Stock und unterstützen die Stockkontrolle des zweiten Fingers. So ist die Haltung okay (Abb. 15).

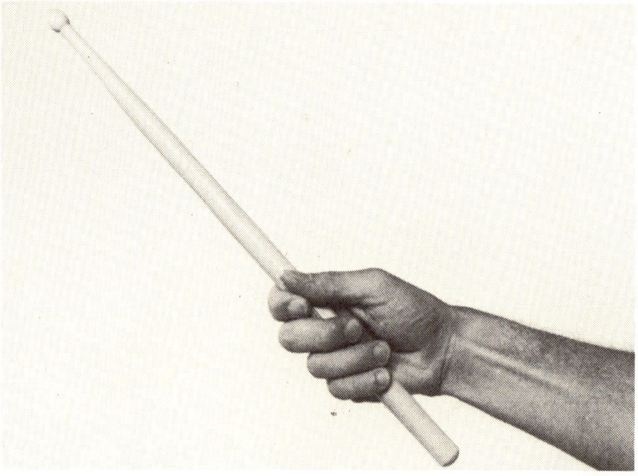

Abb. 15

Diese Haltung, welche in geringem Maße von der „Paukenhaltung" (Matched Grip) abweicht, dient in erster Linie zum Erlernen von „Rudiments"!

Die „Paukenhaltung“ (Matched Grip) ist die am häufigsten angewandte Stockhaltung. Die Popularität dieser Haltung ist seit einigen Jahren ständig im Steigen begriffen (Abb. 16). Dafür sprechen mehrere Gründe:

Abb. 16

1. Durch die Beanspruchung der gleichen Anzahl von Muskeln (bei der Klassischen Haltung der linken Hand sind es wesentlich weniger), hervorgerufen durch die absolut gleiche Stockhaltung der linken und der rechten Hand, ist es möglich,

a) eine äußerst gleichmäßige Schlagintensität zu erreichen. Sie ermöglicht sowohl sehr feines, weiches und zartes Spielen (dabei erfolgt die Bewegung nur durch das Handgelenk), als auch kraftvolle, sehr laute Passagen (mit Armbewegung);
b) vorzeitiges Ermüden der linken gegenüber der rechten Hand auf ein Minimum zu reduzieren. Dies bewirkt, daß ausdauernder und konsequenter gespielt werden kann.

2. Der Aktionsradius am Drum-Set wird durch die „Paukenhaltung“ um ein wesentliches vergrößert. Dadurch sind sämtliche Cymbals, Tom-Toms, usw. besser anzuschlagen und zu erreichen.

3. Tom-Tom-Wirbel, ob mit Stöcken oder Paukenschlegeln ausgeführt, können leichter und exakter, Akzente mit der linken Hand kraftvoller geschlagen werden.

Für die „Paukenhaltung“ gilt die flache, ziemlich waagerecht aufgestellte Snare Drum als am bequemsten. Darüber hinaus ist es von Vorteil, sich nicht direkt vor die Snare Drum zu setzen, sondern etwas weiter zurück, da im Gegensatz zur „Klassischen Haltung“ mehr Spielraum benötigt wird. Dynamische Rock-Drummer unterstützen ihre Spielweise durch rhythmische Bewegung des gesamten Körpers.

TIP

Da für einige Musikformen (Rock, Jazz-Rock, Funk, usw.) ein kraftvoller Anschlag notwendig erscheint, empfehle ich dir, den Stock umzudrehen (entweder nur links oder in beiden Händen), also mit dem Ende des Stockes nach vorne. So erzielst du kräftigsatte, brilliante (Kanten)schläge. Denke aber auch daran, daß Ton und Klangstärke mehr von der Präzision des Schlages abhängen als vom bloßen Kraftaufwand!

Stockhaltung – linke und rechte Hand!
Daumen und Zeigefinger halten den Stock im Schwerpunkt. Dabei ruht der Daumen direkt an der Seite des Stockes, während der Stock selbst genau über das erste, eingebogene Gelenk des Zeigefingers verläuft. Die übrigen drei Finger halten den Stock unter Kontrolle und legen sich dabei entspannt, aber nicht zu enganliegend um ihn herum (Abb. 17).

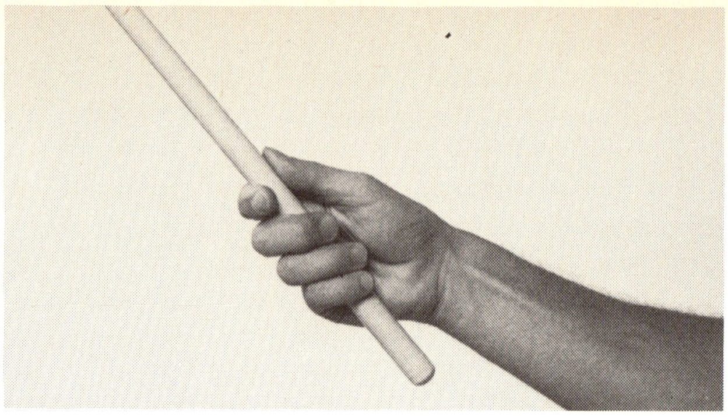

Abb. 17

„Fingerkontrolltechniken" sind für den modernen, vielseitigen Drummer von größter Wichtigkeit, da sie wie schon erwähnt, zur Erleichterung verschiedener Schlagtechniken beitragen, wie z. B. zur Ausführung von Presswirbeln, Randschlägen (Rim Shots), Doppelschlägen, usw.

Fingerkontrolltechnik 1 – linke Hand, klassische Haltung!
Die Haltung ist die gleiche wie bei der „Klassischen Haltung" mit dem einen Unterschied, daß der erste Finger sich nicht unbedingt mit dem Daumen verbinden muß, sondern lediglich als Kontrolleur fungiert. Entscheidend ist: die Finger unterstützen die komplette Auf- und Abbewegung des Stockes, indem sie sich mitbewegen (Abb. 18)! Dabei bleiben die Finger (insbesondere der Zeige- und Mittelfinger von oben, der Ringfinger von unten) in ständigem Kontakt mit dem Stock.

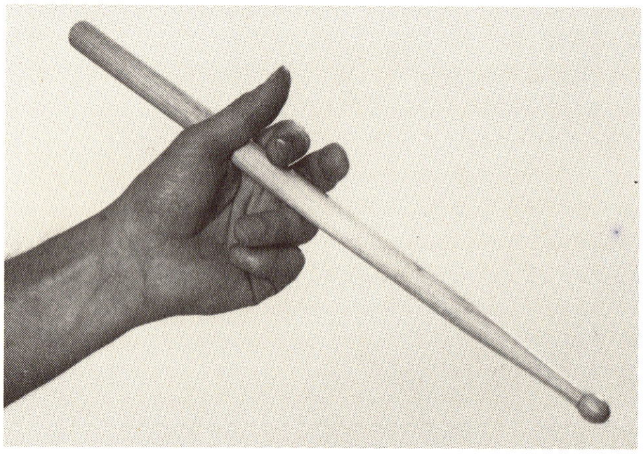

Abb. 18

Fingerkontrolltechnik 2 – linke und rechte Hand, Paukenhaltung!
Die Haltung ist mit der „Paukenhaltung" vollkommen identisch. Hinzu kommt, daß die Auf- und Abbewegung des Stockes hier hauptsächlich durch Mittel- und Ringfinger, aber auch durch leichtes Antippen mit den übrigen Fingern gesteuert wird.

Fingerkontrolltechnik 3 – rechte Hand!
Diese Fingerkontrolltechnik wird entschieden anders gehalten, als in den zwei vorhergehenden Griffen der rechten Hand.
Daumen und Zeigefinger halten den Stock im Schwerpunkt, wobei der Daumen an der Seite des Stockes liegt. Unterarm und Daumen liegen mit dem Stock nahezu parallel. Mittel- und Ringfinger sind wieder die wichtigsten Kontrollfinger (Abb. 19).
Diese Fingerkontrolltechnik ist ideal für sehr schnell zu spielende Tempi auf dem Hi-Hat oder Becken.

Abb. 19

Außer diesen drei Fingerkontrolltechniken gibt es noch einige andere, die aber nur dem erfahrenen und routinierten Drummer zu empfehlen sind.

8 Die ersten Übungen

... jetzt geht's los!

Die nachfolgenden einfachen Übungen dienen dazu, sich erst einmal an Trommelstöcke zu gewöhnen. Übe sehr sorgfältig, immer zuerst langsam und mit ständiger „Eigenkontrolle".

TIPS

1. Achte während des Übens stets auf aufrechte Sitzhaltung. Halte dabei den Rücken gerade, um bei längerem Sitzen Rückenschmerzen zu vermeiden.
2. Übe, wenn möglich, vor einem großen Spiegel. So kannst du deine Stock- und Sitzhaltung genauer beobachten und dich selbst kontrollieren.
3. Verwende all diese Übungen auch als „Aufwärm-Übungen"* vor dem eigentlichen Üben!

---

* Als *Aufwärm-Übungen* werden all diese Übungen wesentlich schneller gespielt als angegeben:

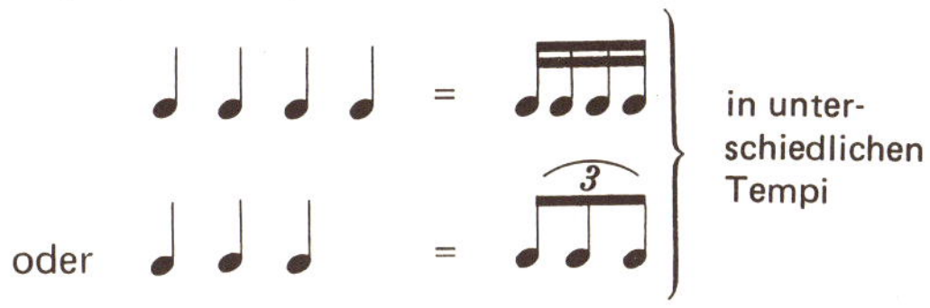

Übe mit Metronom oder, was noch intensiver ist, unterstütze die Übungen durch ständiges Begleiten mit Bass-Drum und Hi-Hat (Seite 34, Übung 30). Zum Beispiel:

Aufwärm-Übung 4

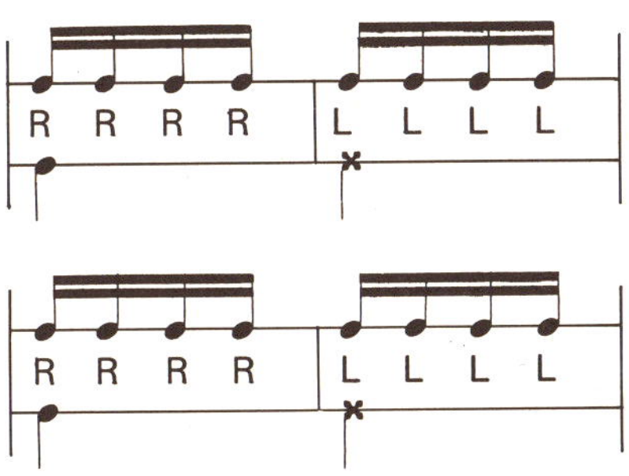

usw.

R = rechte Hand, L = linke Hand!

1

usw.

2
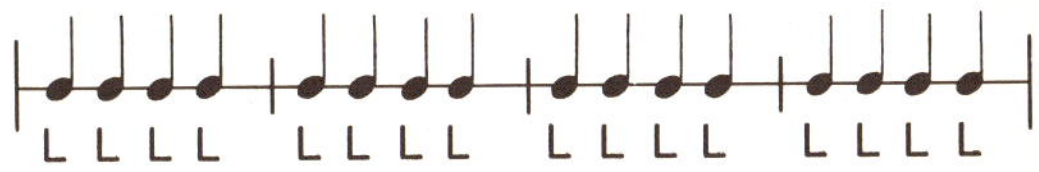

usw.

3

usw.

4
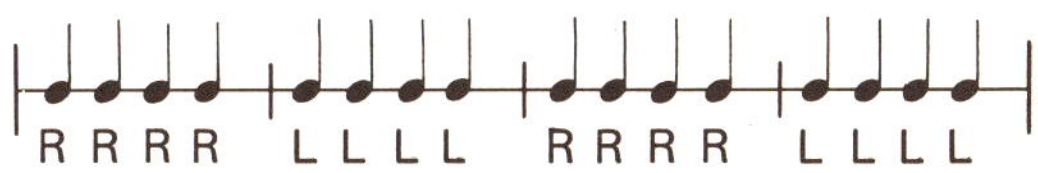

usw.

5
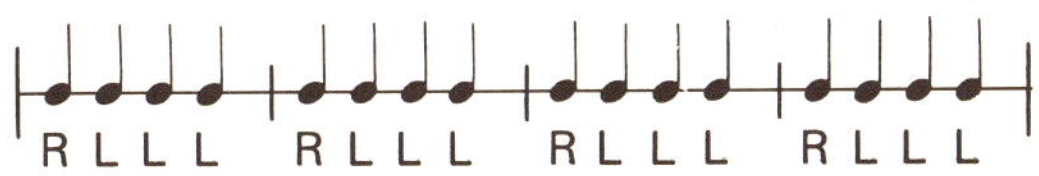

usw.

6

usw.

7
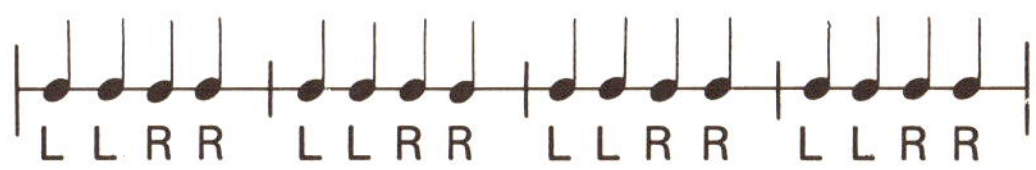

usw.

8

usw.

9
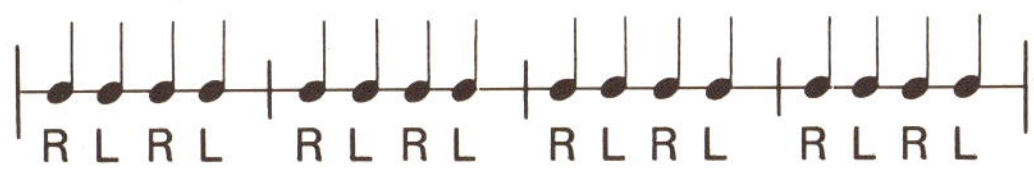

usw.

10

usw.

11
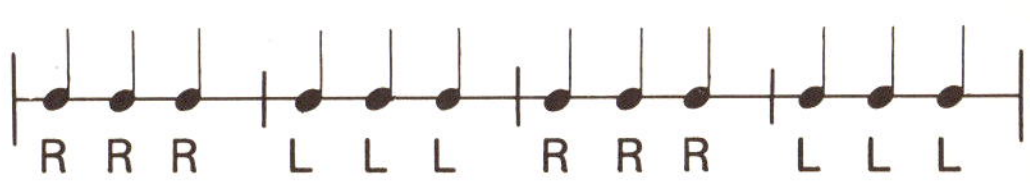

usw.

12

usw.

9 So wirst du ein guter Drummer

Spielregeln, wertvolle Tips, Spielplan

Um ein guter Drummer zu werden ist *richtiges* Üben sehr entscheidend. Die nachstehend aufgegliederten „Spielregeln" sollen dir dabei helfen. Lies deshalb dieses Kapitel immer wieder durch, um es dir fest ins Gedächtnis einzuprägen!

a

Gewöhne dir an, jede Übung mit einem ziemlich langsamen Tempo zu beginnen. Erst wenn du keinen Fehler mehr machst und das Gefühl hast, eine Übung sicher zu beherrschen, spielst du sie in einem etwas schnelleren Tempo. Auf diese Weise steigerst du allmählich das Tempo immer mehr. Dein Ziel ist aber nicht, möglichst schnell spielen zu können, sondern möglichst viele verschiedene Tempi — sehr schnelle wie auch sehr langsame eingeschlossen — zu beherrschen. Achte deshalb stets auf ein gleichmäßiges Tempo. Die Voraussetzung eines unbeirrbaren Tempos ist geistige Konzentration, wobei ich erwähnen muß, daß unvermeidliche, kaum wahrnehmbare Temposchwankungen Gegenstand des natürlichen, rhythmischen Ausdrucks sind. Langsame Tempi fördern rhythmisches Empfinden. Also nicht vernachlässigen!

b

Falls eine Übung zunächst nicht gelingen will, übergehe sie ruhig, oder beschäftige dich überhaupt einige Zeit mit etwas anderem, um die nötige Ruhe zu gewinnen. Bevor du aber mit einer neuen Stunde beginnst, nimm dir die zuvor ausgelassenen Übungen erneut vor.
In den meisten Übungen sind die Takte unterschiedlich notiert. Du solltest deshalb „jeden Takt für sich" als Einzelproblem behandeln, insbesondere dann, wenn dir eine Übung sehr schwer fällt. Danach, wenn du jeden Einzeltakt einwandfrei beherrschst, brauchst du nur noch die Takte zusammenzufügen und wie angegeben durchzuspielen.

c

Gewöhne Dir von vornherein eine normale, gleichmäßige Schlagstärke an. So hast du für kräftige, akzentuierte Schläge mehr Lautstärkereserven zur Verfügung, was bewirkt, daß dein Schlagzeugspiel dynamischer und kraftvoller klingt.

d

Um die Übungen nicht nur im Gedächtnis zu behalten, sondern auch sicher zu beherrschen, rate ich dir, sie öfter zu wiederholen.
Nimm dir deshalb immer wieder Übungen, die du schon durchgearbeitet hast, erneut vor. Dabei darf dich mehrmaliges Wiederholen nicht langweilen. Im Gegenteil, versuche, dich auf jede kommende Übung, jeden kommenden Schlag zu freuen! Merke: Wiederholung macht perfekt!

e

Das Auszählen von Takten ist eine sehr wichtige Fähigkeit für den Musiker. Probiere deshalb laut mitzuzählen. Nach einiger Übung wirst du soweit sein, wenigstens ein-, zwei-, vier- und achttaktige Einheiten beim Spielen mitzuempfinden, ohne dabei ständig zu zählen. Am häufigsten bedient man sich beim Auszählen von Takten der beiden folgenden Möglichkeiten:

↓ ↓ ↓ ↓ ↓ ↓ ↓ ↓ ↓ ↓ ↓ ↓ ↓ ↓ ↓ ↓
1–2–3–4 / 2–2–3–4 / 3–2–3–4 / 4–2–3–4 /

oder

1 . . . / 2 . . . / 3 . . . / 4 . . . /
(Pause) (Pause) (Pause) (Pause)

Eine weitere Unterteilung erfolgt durch „und" (1 „und" 2 „und" 3 „und" 4 „und", usw.).

Da du als Drummer sehr häufig das Tempo vorgeben mußt (bei Auftritten, gemeinsamen Proben, usw.) empfehle ich dir, um ein bestimmtes Tempo richtig aufzunehmen, bereits im Geiste einige Takte vorzuzählen, bevor du im „letzten Takt" vor Beginn eines Musikstückes „richtig vorgibst".

Die gebräuchlichste Art der „richtigen Vorgabe" (Tempomarkierung) im 4/4-Takt geschieht folgendermaßen (das Zeichen ↓ verdeutlicht den „beat"):

↓ ↓ | ↓ ↓ ↓ ↓ ‖
1 2 | 1 2 3 4 ‖ Beginn des Musikstückes

Klopfen mit den Stöcken und/oder Zählen

f

Die richtige Haltung der Trommelstöcke ist Grundbedingung für sauberes Schlagen. Prüfe deshalb ständig nicht nur die korrekte Haltung der Stöcke, sondern auch die richtige Bewegung von Händen, Handgelenken und Armen.

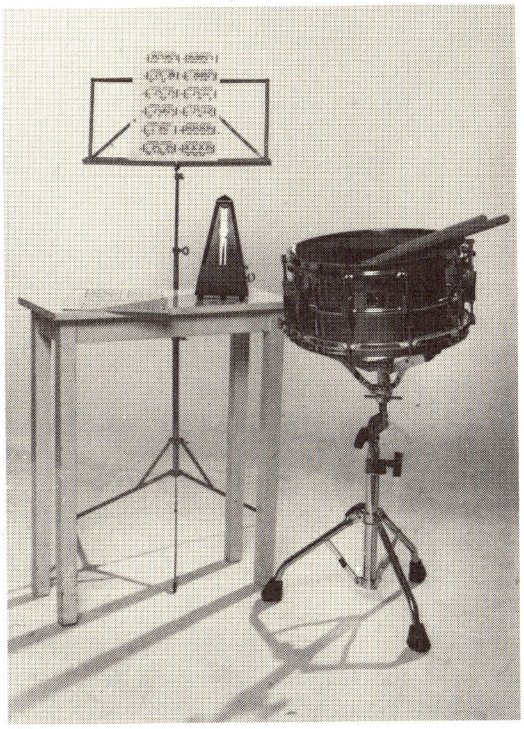

Abb. 20

g

Verwende bei allen Übungen (soweit möglich!) Dein Practice-Pad, ein Metronom, sowie schwerere Trommelstöcke zur intensiveren Ausbildung der Handgelenke (Abb. 20).

TIPS

Erfolgserlebnisse sind sehr wichtig. Damit sich diese frühzeitig einstellen und du natürlich auch mehr Spaß und Freude beim Spielen und Durchstudieren der einzelnen Übungen empfindest, versuche gleich von Anfang an nicht nur „richtig zu üben" (unter Beachtung der Punkte a-g!), sondern auch *sinnvoll* vorwärtszugehen.

Das vorliegende Buch von vorne nach hinten durchzupauken hat wenig Sinn. Besser ist es, sich einen „Übungs- oder Spielplan" zusammenzustellen, dessen Ablauf stets gleichbleibt, inhaltlich aber ständig variiert werden kann. An meinem nachstehenden „Fünf-Punkte-Spielplan" kannst du dich orientieren!

1.

Vorbereitung zum Trommeln (Lockerungsübungen, Aufwärm-Übungen, Schlagfiguren).

2.

Schlagtechnische Studien (alle Rudiments, unterschiedlich akzentuiert).

3.

Spiel nach Noten (alle Übungen, Rhythmen usw.). Übe und spiele Rhythmen nicht wahllos durcheinander! Konzentriere dich jeweils auf eine Stilrichtung! Dieses Vorgehen ist für das Stilempfinden der jeweiligen Rhythmengruppe sehr förderlich.

4.

Üben und Spielen nach Schallplatten, Tonbandaufnahmen, usw. Diese beliebte und nützliche Übungsform trägt wesentlich zur Entwicklung des eigenen, persönlichen Stilempfindens (feeling) bei. Dabei kommt es nicht darauf an, alles exakt nachspielen zu wollen, sondern nach eigenem Empfinden „mitzuspielen" und im Tempo zu bleiben. Mit einem guten Kopfhörer ist diese Methode am erfolgreichsten. Stelle die Lautstärke so ein, daß du beides, – die Musik und dein Schlagzeugspiel – deutlich hörst!

5.

Solospiel (Übertragung der grundlegenden Schlagtechniken – Punkt 2! – auf das gesamte Drum-Set; Triolen, Improvisation – vergleiche dazu Stunde 26, Seite 147 – ! – usw.).

Vorbereitung zum Trommeln

⑩ Wichtiges über …

Rudiments
Grundfiguren
Akzentsetzung

Die *Rudimental-Technik* ist für den Schlagzeuger von unschätzbarem Wert. Rudiments sind bestimmte Schlagfiguren, die aus der amerikanischen Marschmusik stammen. Sie bestehen aus einer Reihe gleicher, aber unterschiedlich akzentuierter Schläge und werden auch in unregelmäßigem Wechsel auf verschiedenen Trommeln und Becken gespielt (Paradiddles). Als Grundrudiments gelten weltweit die 26 „Standard American" Drum Rudiments (siehe Seite 108).
Mit dem Erlernen der Rudiments soll und muß so früh wie möglich begonnen werden, da sie sowohl zu guter Stockkontrolle, als auch zu einwandfreier Schlagtechnik verhelfen. Je öfter Rudiments geübt werden, desto besser und vielseitiger wird das gesamte Spiel am Drum-Set, insbesondere auf der Snare-Drum. Die drei wichtigsten Rudiments

1. *Einzelschlagwirbel* (Single-Stroke-Roll),
2. *Doppelschlagwirbel* (Double-Stroke-Roll) und
3. *Flam* (bestehend aus leichtem Vorschlag und Hauptschlag)

gelten als Grundlage für alle weiteren Schlagverbindungen. Neue, interessante und vielseitig anwendbare, ja sogar eigene, stilprägende Rudiments können geschaffen werden. Die Variationsmöglichkeiten untereinander sind endlos.
Wir werden Rudiments in späteren Stunden nach und nach kennen- und spielen lernen.

Die *Grundfiguren* (durch Handwechsel oder durch Akzente unregelmäßig unterteilte Schlagfolgen, bzw. Rudiments in vereinfachter Form) stellen die Finger- oder Stockkontrollübungen des modernen Schlagzeugers dar und sind deshalb besonders wichtig. Sie bezwecken zweierlei: Erstens die Vergrößerung der Beweglichkeit beider Hände und zweitens eine Stärkung des Gefühls für (unregelmäßige) Akzentuierung.

Die nachstehende Aufstellung zeigt die 16 möglichen Grundfiguren (ohne Akzente) bei einer Folge von vier Vierteln.

	♩	♩	♩	♩	
	L	L	L	L	
	R	L	L	L	
	L	R	L	L	→ Single Paradiddle
Umstellung des „Single Paradiddle" ←	L	L	R	L	
	L	L	L	R	
	R	R	L	L	→ Double Stroke Roll
	R	L	R	L	→ Single Stroke Roll
	R	L	L	R	→ Inward Paradiddle
	L	R	R	L	→ Inward Paradiddle
	L	R	L	R	→ Single Stroke Roll
	L	L	R	R	→ Double Stroke Roll
	R	R	R	L	
Umstellung des „Single Paradiddle" ←	R	R	L	R	
	R	L	R	R	→ Single Paradiddle
	L	R	R	R	
	R	R	R	R	

Die nachfolgenden Übungen behandeln Schlagfolgen mit Akzentuierung.

Die *Akzentsetzung* ist einer der wichtigsten Faktoren im modernen Schlagzeugspiel (siehe auch Stunde 14, Seite 70). Akzente muß man ganz bewußt setzen. Jedesmal, wenn du einen Akzent setzen willst, den man ja durch kräftigeres Anschlagen erzielt, hebst du den Stock bis etwa in Augenhöhe, um ihn dann in der Art des „Peitschenknalls" auf das Fell herabzuschlagen. Richtiges Akzentuieren erfordert viel Übung. Nachdem du „bewußtes Akzentuieren" oft genug geübt hast, wirst du jedoch bald in der Lage sein, die betreffenden Akzente automatisch zu erkennen, um sie dann sofort spielen zu können.

4/4-Takt

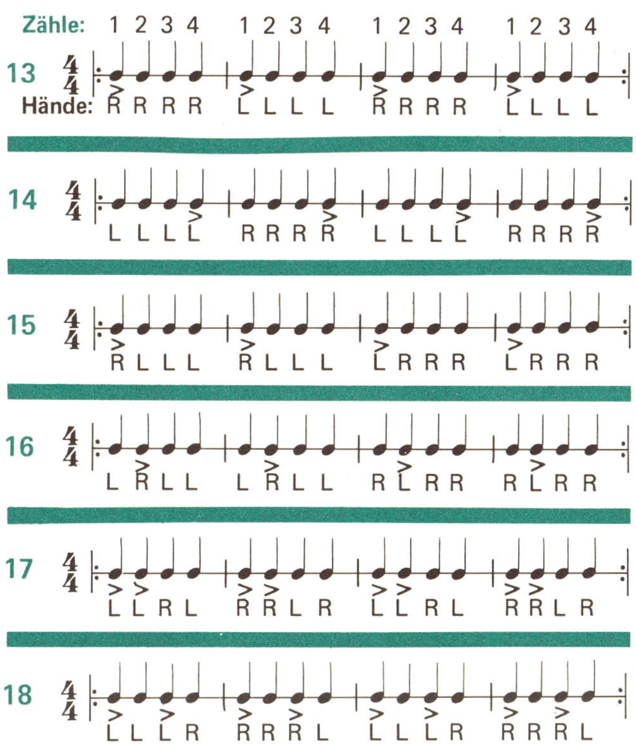

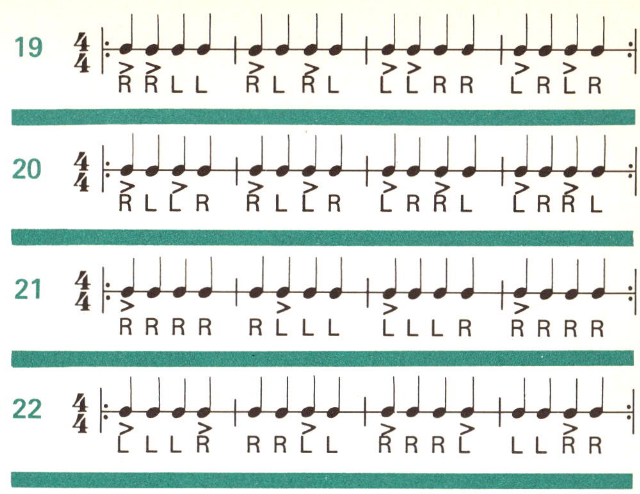

3/4-Takt

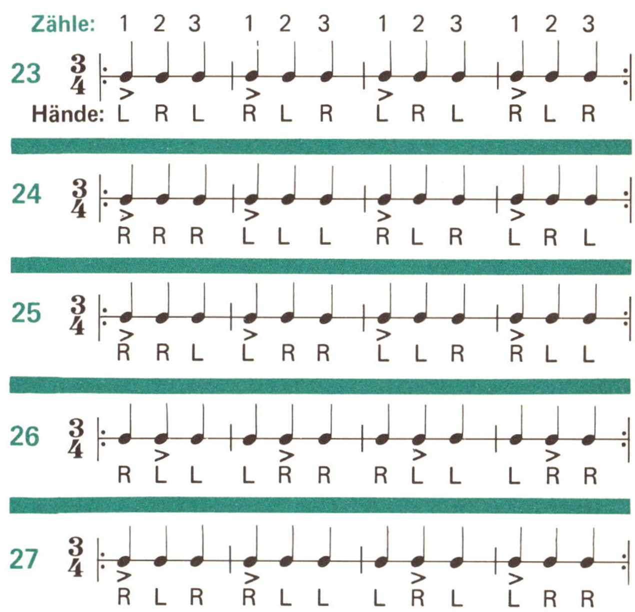

Übung macht perfekt!
Schnelligkeit kommt automatisch!

Übung macht perfekt...

...Schnelligkeit kommt automatisch.

von A-Z
1000
TIPS
FÜR DIE
GITARRE
Jetzt blick' ich durch!
Mike Eulner
Jacky Dreksler
Voggenreiter-Verlag

II. Teil

1. Stunde
Über Bass Drum und Hi-Hat (Einführung)

Die Bass Drum ist für den modernen Drummer sehr wichtig. Die rechte Fußtechnik hat sich im Laufe der Zeit so wesentlich verfeinert, daß sie die Funktion einer „dritten Hand“ bekommt. Durch das Bass Drum-Pedal (Fußmaschine) wird der Kontakt mit dem Bass Drum-Fell hergestellt. Fußschlegel sind meist aus Filz und Holz, aber auch aus Kork und Leder.

Bei der Ausführung des Schlages ist darauf zu achten, daß der Fuß mit seiner gesamten Lauffläche auf dem Pedal aufliegt (Abb. 21 + 22). Die Bewegung selbst – vor und zurück – kommt in der Hauptsache aus dem Fußgelenk, wird aber dabei voll vom ganzen Bein unterstützt. Achte darauf, daß sich auch die Zehen mitbewegen!

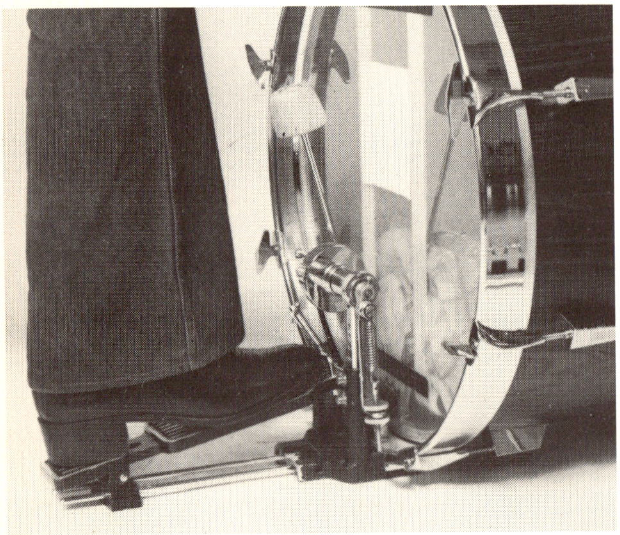

Abb. 21

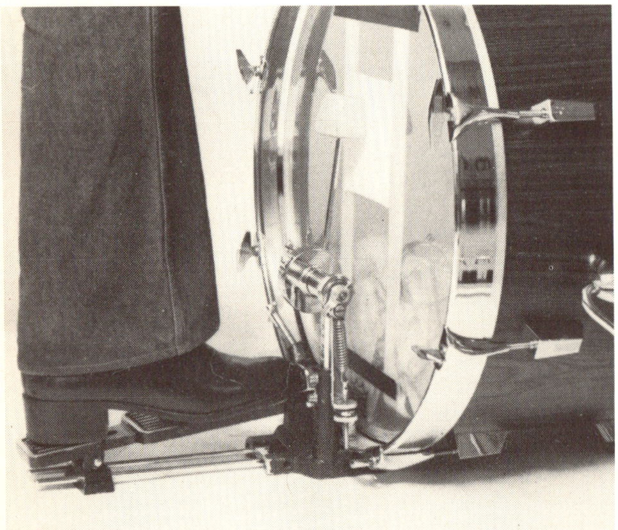

Abb. 22

Will man harte Akzente setzen oder einen kräftigeren Anschlag erzielen, so erfolgt der Schlag mit dem Vorderfuß allein. Dabei liegt die Ferse nicht auf dem Pedal auf, sondern ist leicht angehoben (Abb. 23). Diese verstärkte Schlagweise ermöglicht auch schnelle Doppelschläge (Sprungschlag).

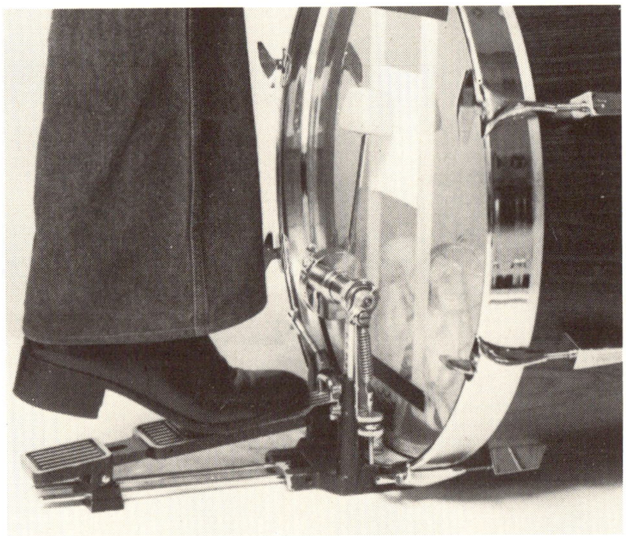

Abb. 23

Nimm dir für die nachstehenden zwei Übungen genügend Zeit. Sie sollen zunächst das Gefühl für den Grundrhythmus stärken. Verwende auch hier das Metronom, um sowohl exakte Schläge als auch Tempokonstanz in unterschiedlichen Tempi zu erreichen.

♩= 80–176!

Zähle:

1	2	3	4
Pedal niederdrücken	Fuß zurückheben	Pedal niederdrücken	Fuß zurückheben

28

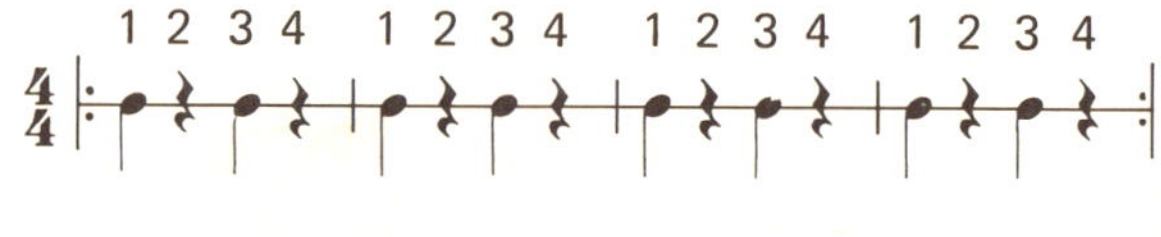

Diese Übung stellt den „Standard-Vierschlag-Rhythmus" dar, in welcher der Fuß bei jedem Viertel das Pedal niederdrückt. Sobald der Kontakt zwischen Bass Drum und Schlegel hergestellt wurde, kehrt der Fuß sofort in seine Ausgangslage zurück. Dies ist die wichtigste Grundübung für den rechten Fuß. Übe ausdauernd und sorgfältig!

29

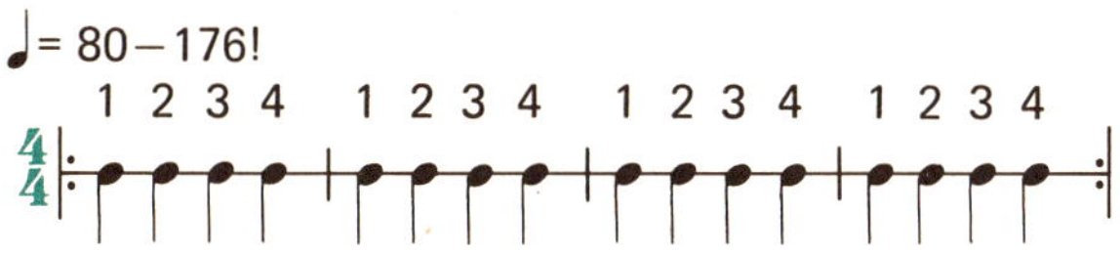

Als Anfänger wirst du bemerken, daß die Muskeln, je schneller das Tempo wird, in der Beinvorderseite zu schmerzen beginnen. Das ist natürlich; der einzige Weg, dies zu übergehen, ist beständiges Üben mit dem Fußpedal, einschließlich „Fußgelenklockerungsübung!"

Das Hi-Hat (Abb. 24) auch Beckenmaschine genannt, wird mit dem linken Fuß bedient. In Zusammenarbeit mit der rechten Hand oder beiden Händen gleichzeitig entstehen sehr vielfältige, interessante Rhythmen. Gehen wir zunächst von simplen Vorübungen aus, um wiederum, wie vorher beim rechten Fuß, das Gefühl für den Grundrhythmus zu kräftigen.

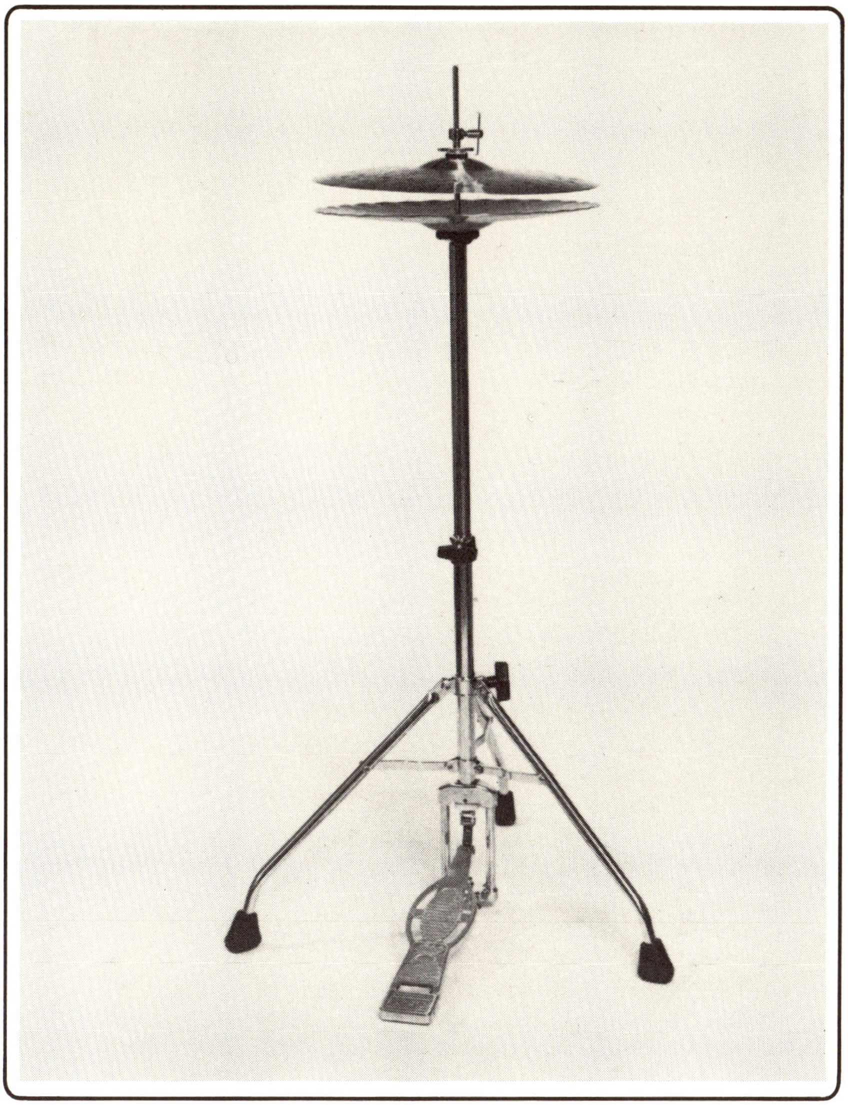

Abb. 24

Der wichtigste Grundrhythmus mit dem Hi-Hat ist die Akzentuierung auf „2“ und „4“. Schlage Übung 30 zuerst mit den linken Fuß allein. Erst wenn du dich einigermaßen sicherfühlst, trete auch die Fußnoten auf „1“ und „3“ mit. Verwende dabei wieder das Metronom!

Zähle: 1 2 3 4 1 2 3 4 1 2 3 4 1 2 3 4

30
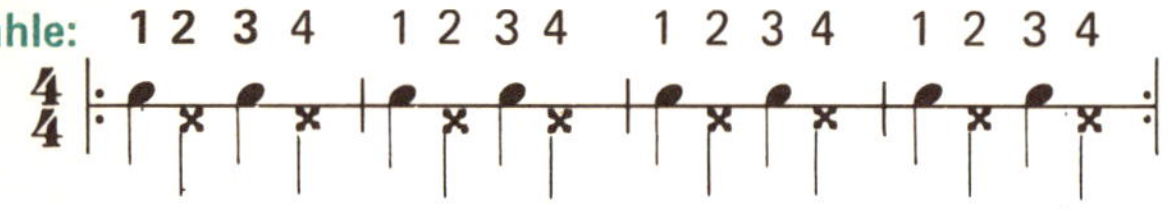

Du siehst, im Prinzip ist dieser Wechsel „von Fuß zu Fuß“ dasselbe wie der Wechselschlag der Hände „von Hand zu Hand“. Für den Grundrhythmus des Hi-Hat gibt es nun eine spezielle Schlagweise, die zur Erlangung eines unnachgiebigen, absolut konstanten Tempos führt. Diese Schaukelstuhltechnik

1	2	3	4
o	+	o	+
Ferse	Zehen	Ferse	Zehen

o = Hi-Hat Cymbals sind *offen*

\+ = Hi-Hat Cymbals sind *geschlossen*

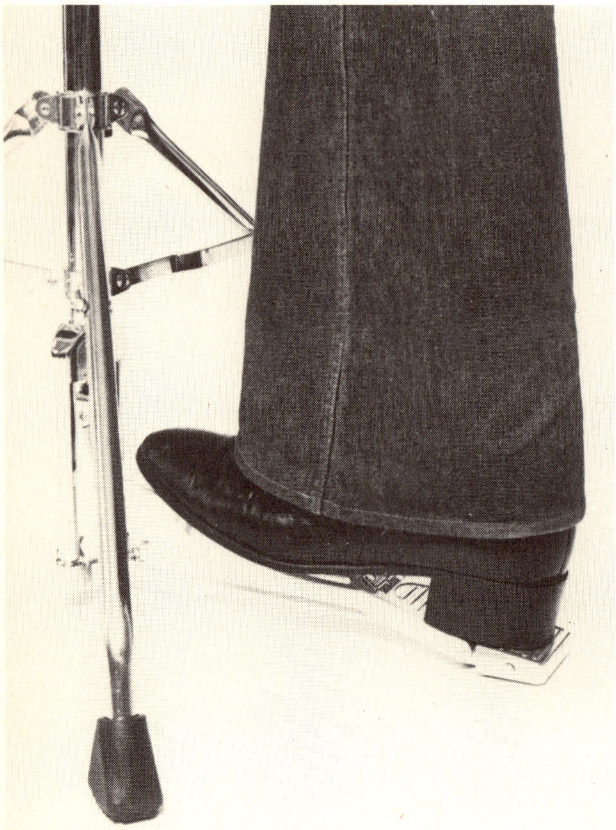

Abb. 25

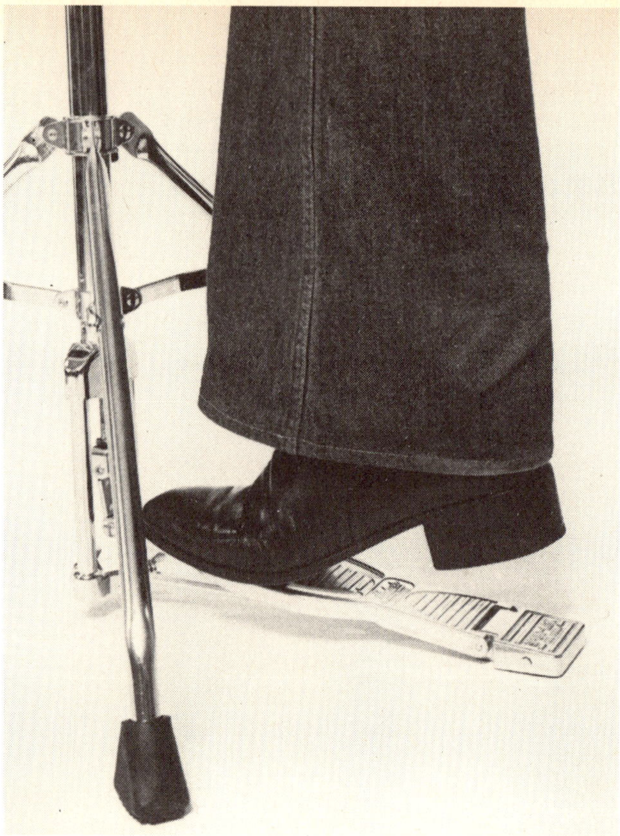

Abb. 26

solltest du sehr sorgfältig erlernen, zuerst Hi-Hat allein, dann wieder mit der Bass Drum zusammen – wie Übung 30. Beim linken Fuß ist noch darauf zu achten, daß sich die Zehen beim Hochgehen auf „1“ und „3“ kaum vom Pedal abheben (Abb. 25 + 26).

Übung 31 zeigt den „Standard-Vierschlag-Rhythmus“ mit der Bass Drum, während das Hi-Hat wie gehabt auf „2“ und „4“ akzentuiert. Die Ferse des linken Fußes geht gleichzeitig mit dem Schlag auf „1“ und „3“ des rechten Fußes auf die Bass Drum nach unten.

Zähle: 1 2 3 4 1 2 3 4 1 2 3 4 1 2 3 4

o + o + o + o + o + o + o + o +

31
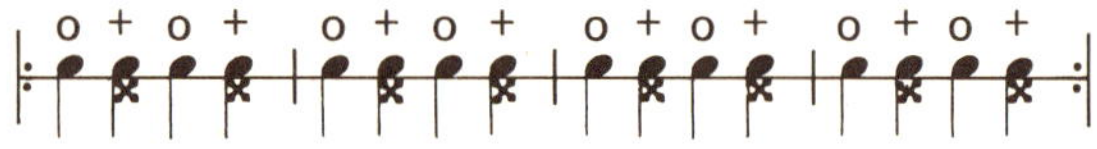

TIP

Verwende die Übungen 30 und/oder 31 (Hi-Hat auf „2“ und „4“ plus Bass Drum leicht auf allen Schlägen des „beat“) bei allen weiteren Snare-Drum-Übungen im 4/4-Takt (anfangs mit Metronom!). Im 2/4-Takt liegt die Hi-Hat Betonung jeweils auf dem „und!“

Die folgenden fünf Stunden behandeln eine grundlegende und deshalb sehr wichtige Trommeltechnik, das Schlagen *„von Hand zu Hand".* Die elementaren Übungen machen dich schrittweise mit den Noten- und Pausenwerten vertraut.
Beginne die Übungen jeweils rechts und auch links! Ein vollkommener Drummer muß beide Hände gleichmäßig gut beherrschen, was bei planmäßigem Üben nicht allzu schwer zu erreichen ist.

Das Schlagen „von Hand zu Hand" werden wir mit dem „Single Stroke Roll" (Stunde 7, Seite 49) ausführlich erlernen.

Obwohl der Anfänger darauf achten sollte, die Übungen dieser fünf Stunden konsequent im „von Hand zu Hand"-Stil zu schlagen, ist es nicht als Fehler anzukreiden, wenn teilweise „rechtsbetont" gespielt wird. Eine rechtsbetonte Spielweise kann sowohl sehr stilprägend sein, als auch zu größerer Tempokonstanz und Genauigkeit führen. Dies gilt jedoch nur für „Rechtshänder" (bei „Linkshändern" wäre es demzufolge umgekehrt)! Vergleiche dazu die Schlagweisen der folgenden Beispiele:

1.

R L R L R L
L R L R L R
R R L R R L

2.

R L R L R L
L R L R L R
R L R R L R

3.

R L R L R L
L R L R L R
R L R R R L

4.

R L R L R L
L R L R L R
R R L R L R

2. Stunde
Viertelnoten – Viertelpausen

4/4-Takt

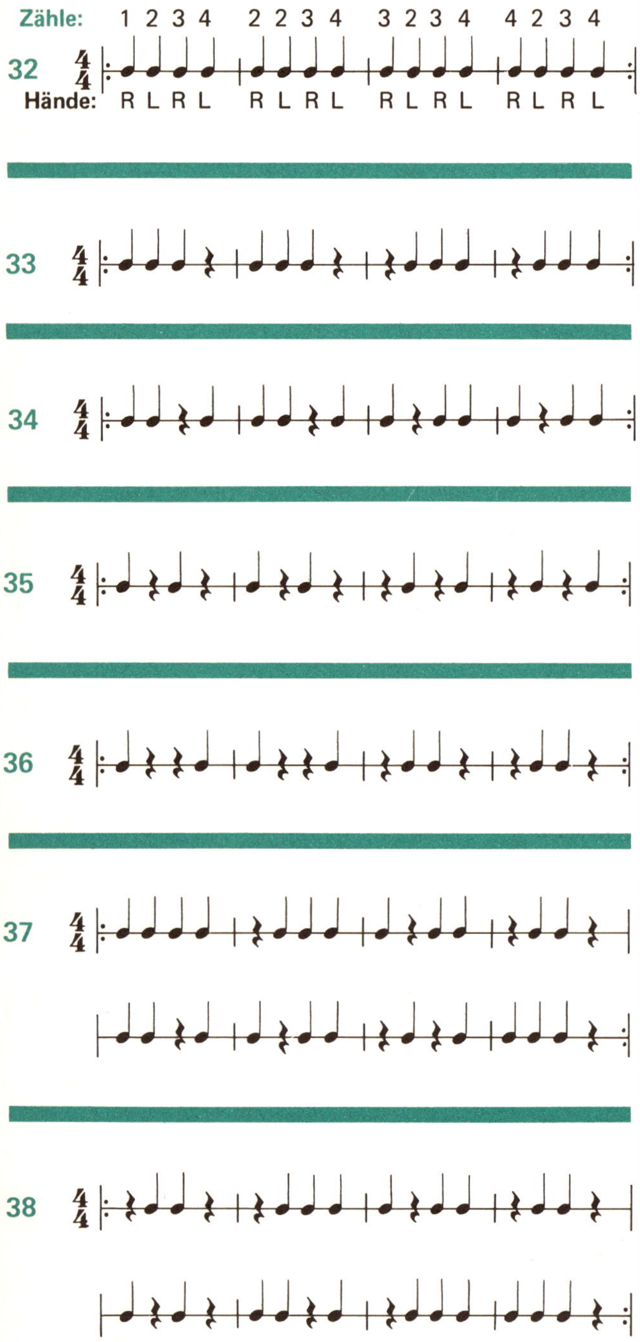

3/4-Takt

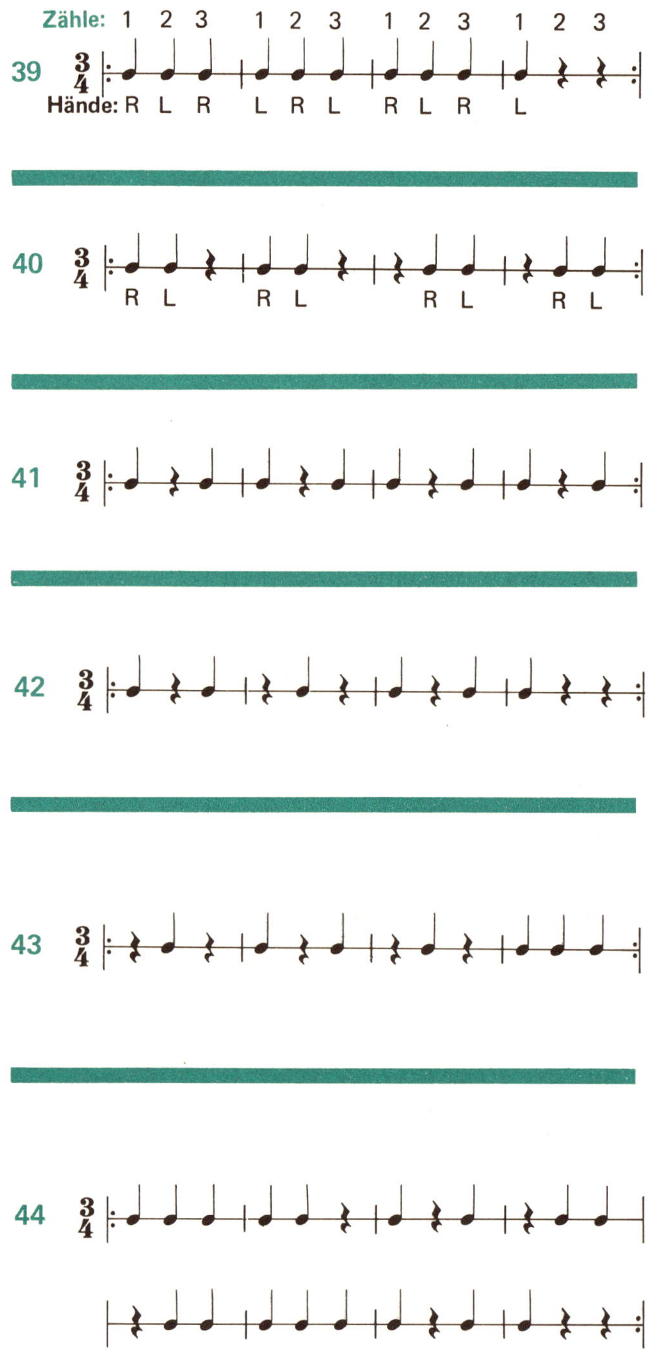

3. Stunde
Viertel- und Achtelnoten

4/4-Takt

45 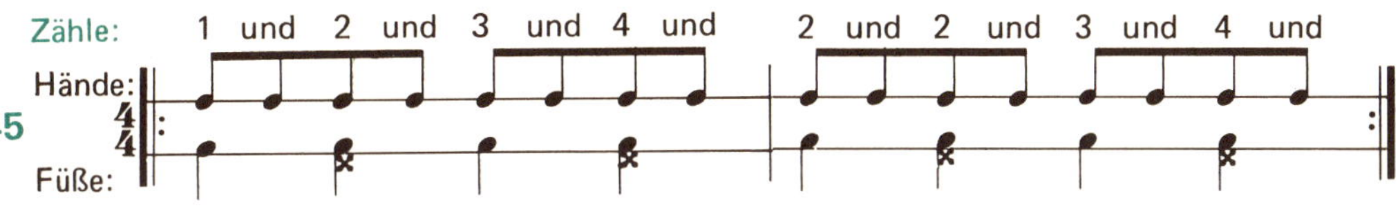

46 

47 

48 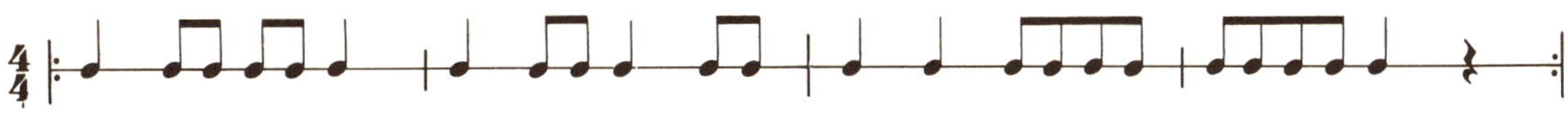

49 

50 

51 

52 

53 

54 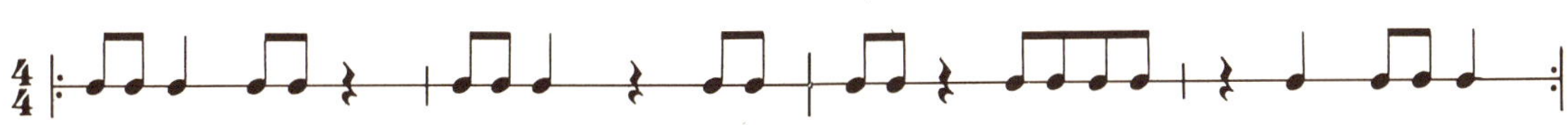

3/4-Takt

55
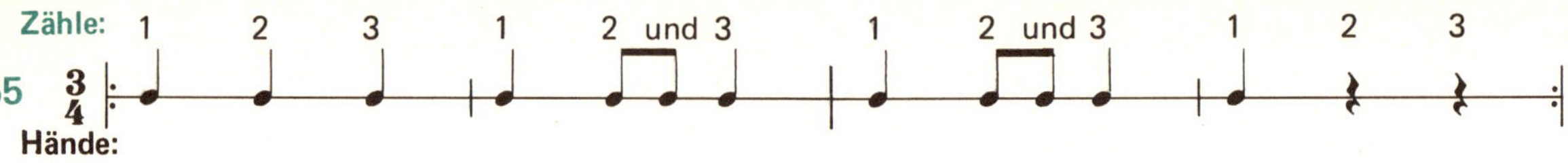

56

57

58

59
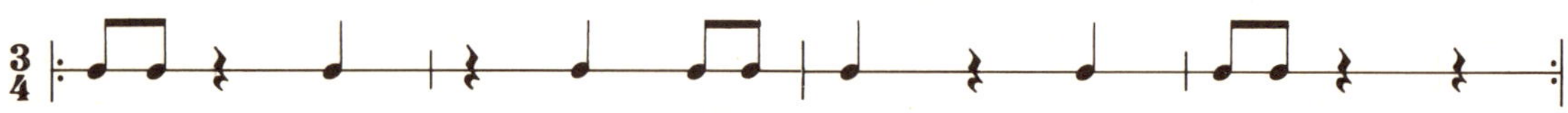

60

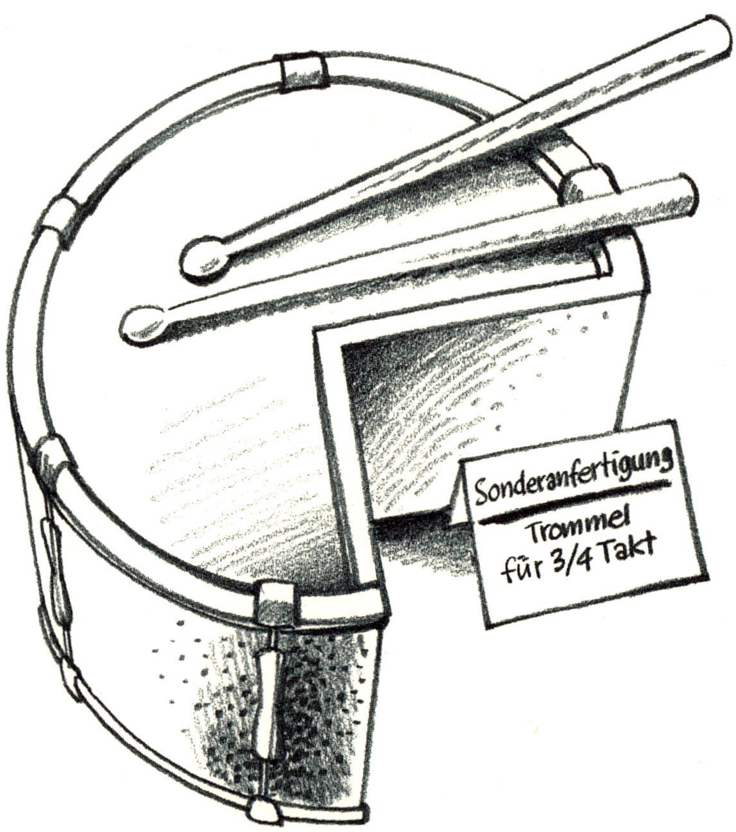

4. Stunde

Ganze-, Halbe-, Viertelnoten und Pausen/Achtelnoten

4/4-Takt

3/4-Takt

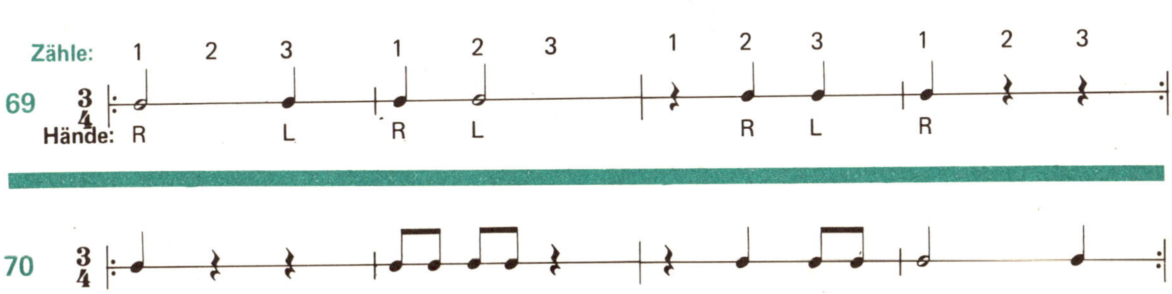

5. Stunde

Achtelpausen – Achtelnoten

4/4-Takt

Zähle: 1 2 3 4 und 2 2 3 4 und 3 2 3 4 und 4 2 3 und 4

71 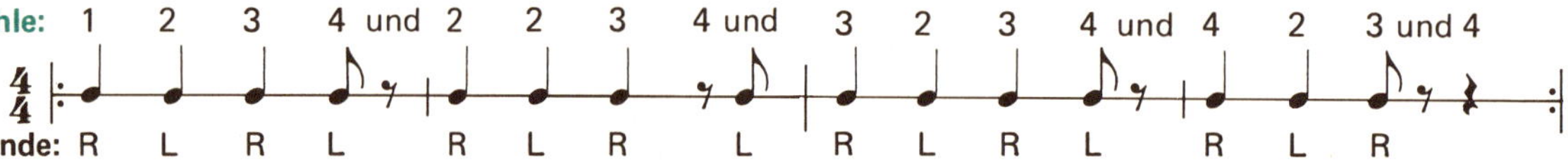

Hände: R L R L R L R L R L R L R L R

72 

73 

74 

75 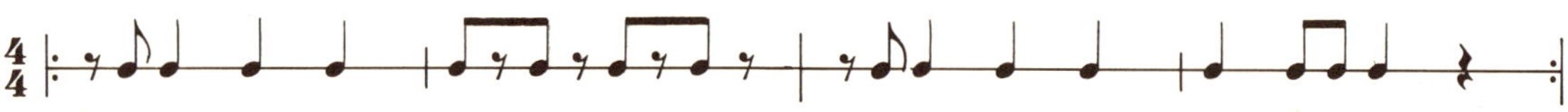

76 

77 

78 

79 

80 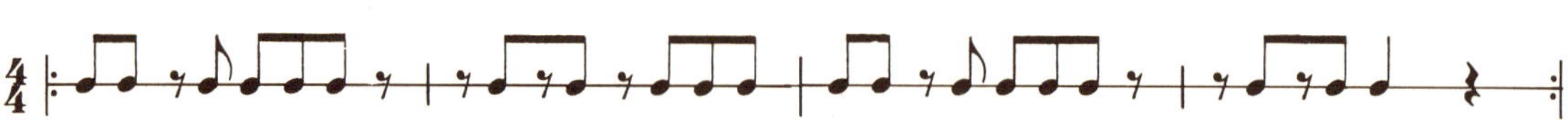

81 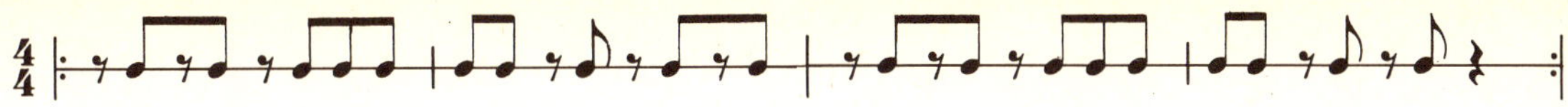

82 

83 

84 

85 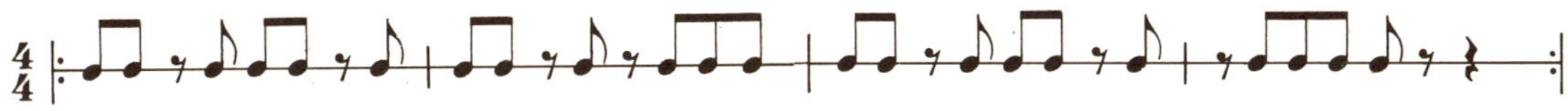

86 

87 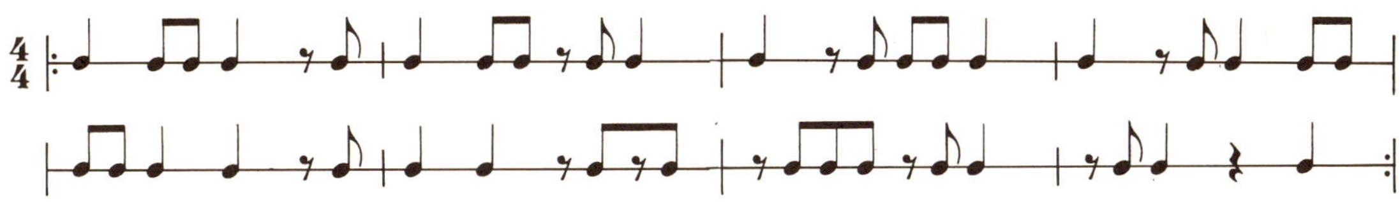

88 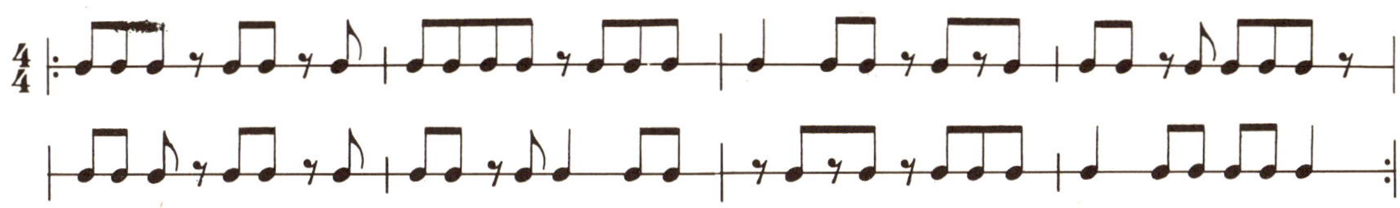

3/4-Takt

89 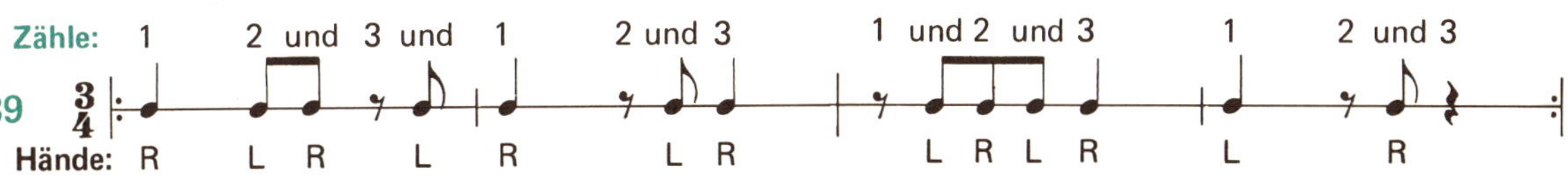

90 

91 

92
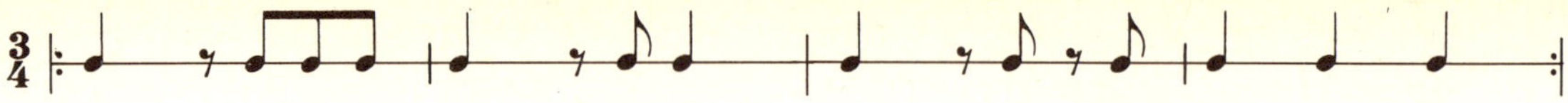

93

94

95

6. Stunde

Sechzehntelnoten mit Viertel-, Achtel- und Sechzehntelpausen

96
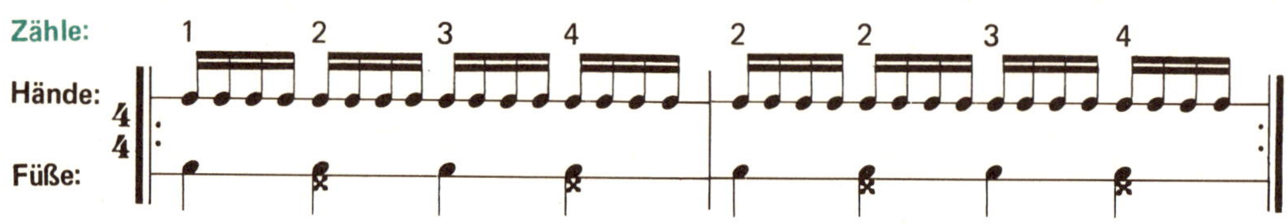

97

98

99
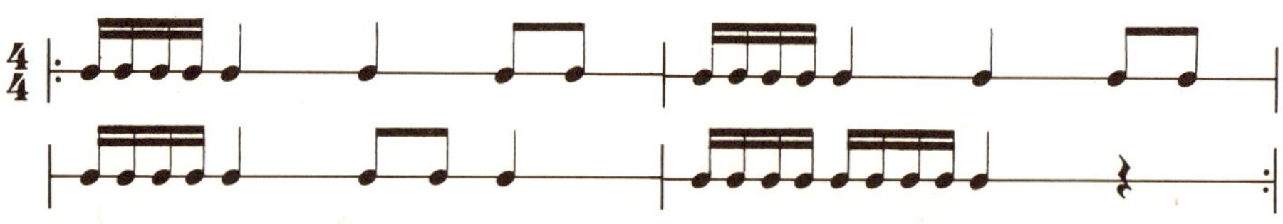

100 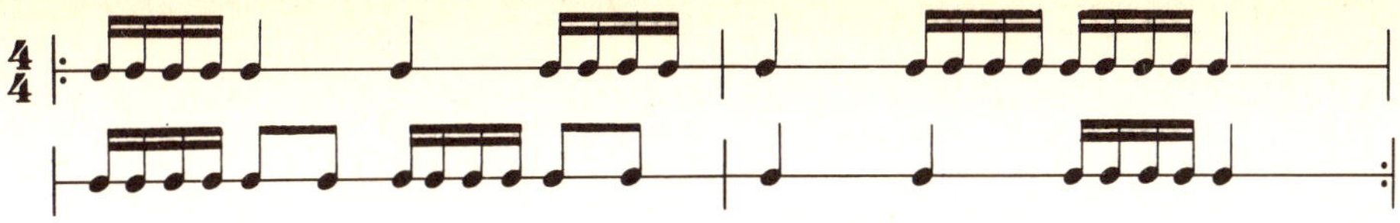

101 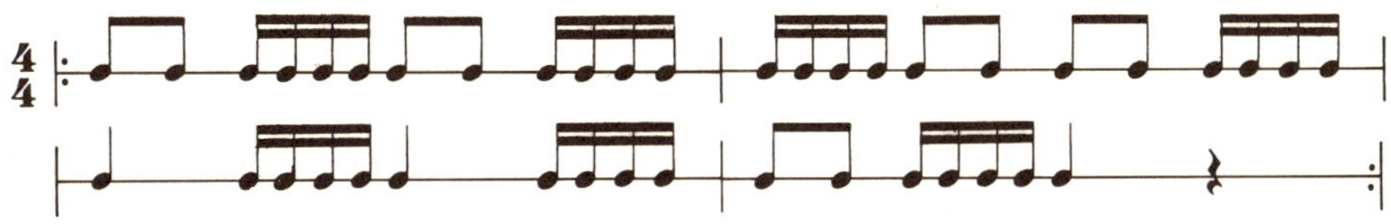

102 

103 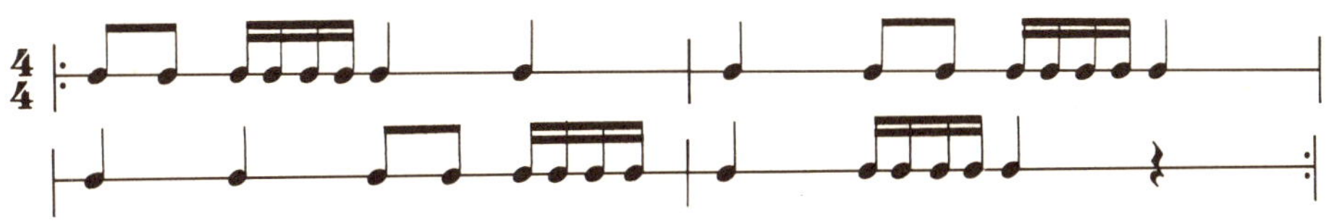

Zähle:

104 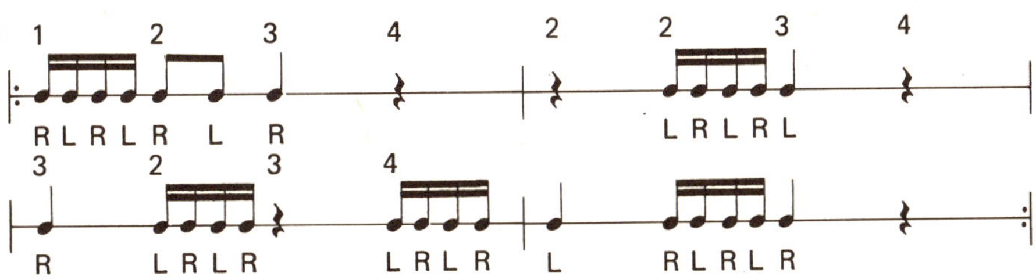

Hände:

105 

106 

107 

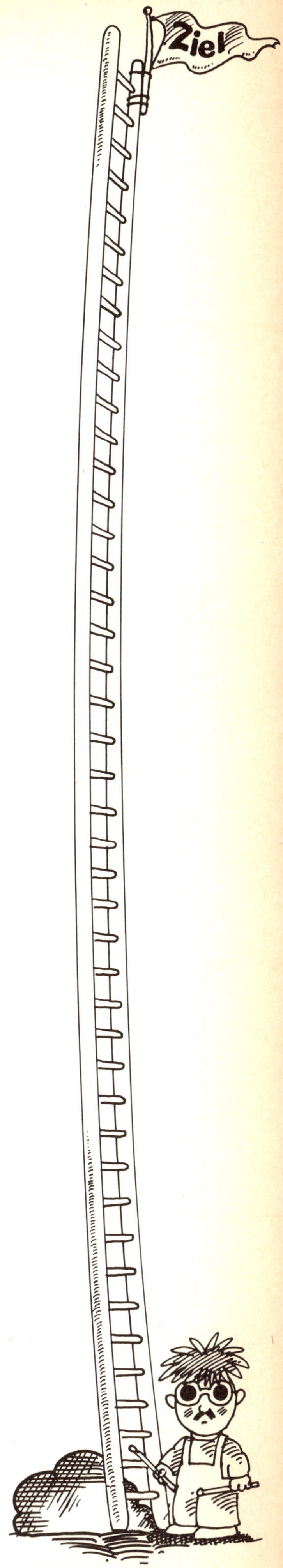

108
109
Zähle: 1 2 3 4 2 2 3 4
110
Hände: R L R L R L R L R L R L R L R L R L R L
3 2 3 4 4 2 3 4
R L R L R L R L R L R L R L R L R L
111
112
113
114
115

Zähle: 1 2 3 4 2 2 3 4
116 4/4
Hände: R L R L R L R L R L R L R L R L R L R L R L R
3 2 3 4 4 2 3 4
L R L R L R L R L R L R L R L R L
117 4/4
118 4/4
119 4/4
120 4/4
121 4/4
Zähle: 1 2 3 4 2 2 3 4
122 4/4
Hände: R L R L R L R L R L R L R L R L R
3 2 3 4 4 2 3 4
L R L R L R L R L R L R L R L R L R L
123 4/4

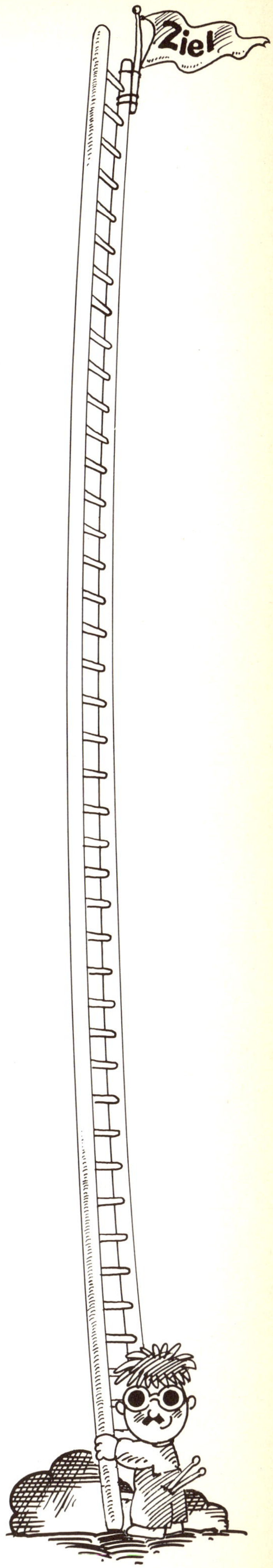

Ziel

124
125
126
127
Zähle: 1 2 3 4 2 2 3 4
128
Hände: R L R L R L R L R L R L RL R L R L
3 2 3 4 4 2 3 4
R L R L R L R L R L R L R L R L R L R
129
130
131
132

133

134
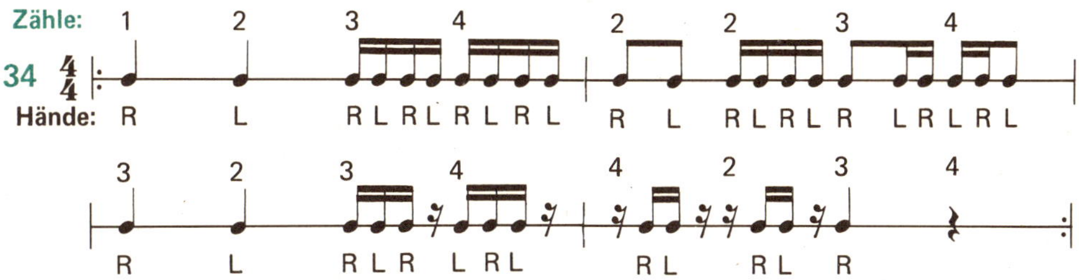

135

136
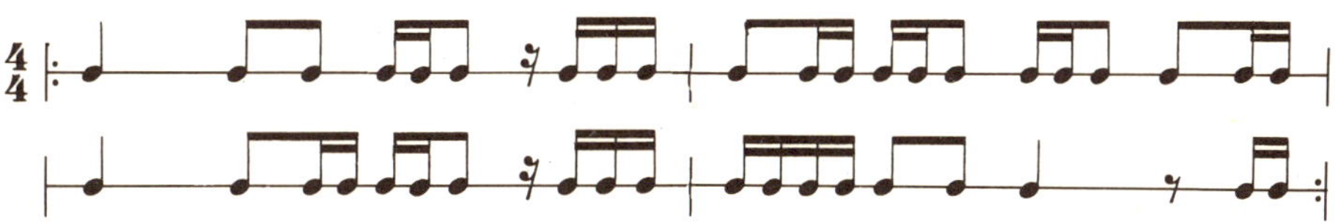

3/4-Takt

137

138

139

140
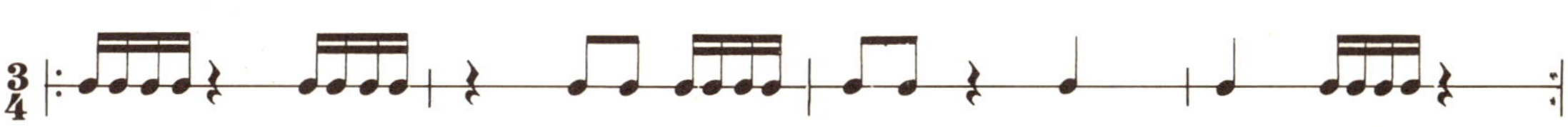

141

142
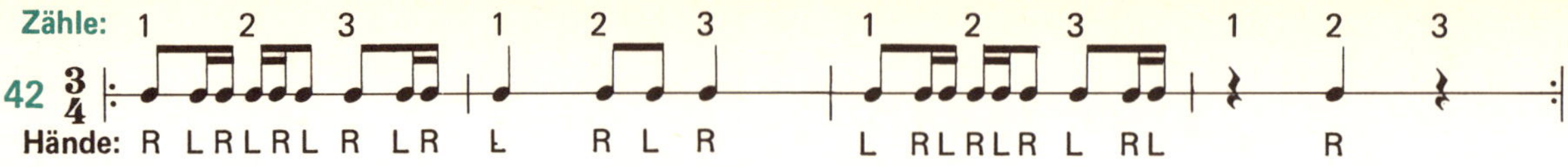

143

144

145

146
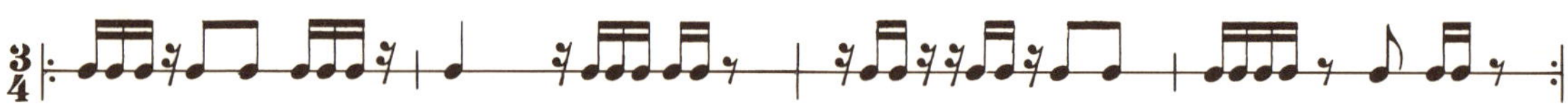

7. Stunde
Der „Single Stroke Roll" – „Einzelschlagwirbel"

Der „Single Stroke Roll" gilt als wichtigstes Rudiment. Im Schlagzeugspiel erreicht man damit schnelle, gleichmäßig klingende Einzelschläge. Der „Single Stroke Roll" sollte immer als „Aufwärmübung" vor dem Üben oder vor dem Zusammenspiel mit der Band verwendet werden.

In den vorhergehenden Stunden hast du dir in erster Linie das „Schlagen aus dem Handgelenk" erarbeitet. Diese lockere Schlagweise wird durch den „Single Stroke Roll" im schnellen Tempo weiter entwickelt. Um dir aber auch im langsamen Tempo eine exakte, gleichmäßig klingende Schlagweise anzueignen, mußt du zu dem Schlagen aus dem Handgelenk die Schultern, Ellbogen und Armgelenke voll integrieren. Betrachte dazu die Abbildungen 27–31 (linke Hand) sowie 32–36 (rechte Hand)!

Abb. 27

Abb. 28

Abb. 29

Abb. 30

Abb. 31

Die Spitze des Stockes ruht in ihrer Ausgangsstellung auf dem Practice-Pad. Der Schlag erfolgt durch eine ungezwungene, ausführliche, volle Armbewegung, wobei das Handgelenk vollkommen locker bleibt. Während sich der Arm nach oben bewegt – der Ellbogen bewegt sich dabei aufwärts und auswärts –, hängt die Hand schlaff nach unten. Sofort anschließend geht der Arm wieder nach unten, wobei das Handgelenk gleichzeitig nach oben schwingt, um dann aus dieser Position auf das Practice-Pad herabzuschlagen.

Durch diesen „Handgelenkschwung" wird die nötige Kontrolle des Handgelenks erreicht. Zu beachten ist, daß die Spitze des Stockes niemals die Aufschlagrichtung verläßt bzw. immer direkt über der Aufschlagstelle des Pads verbleibt.

Studiere diese Schlagtechnik sehr sorgfältig, zu Beginn jeweils mit einer Hand allein!

Abb. 32

Abb. 33

Abb. 34

Abb. 35

Abb. 36

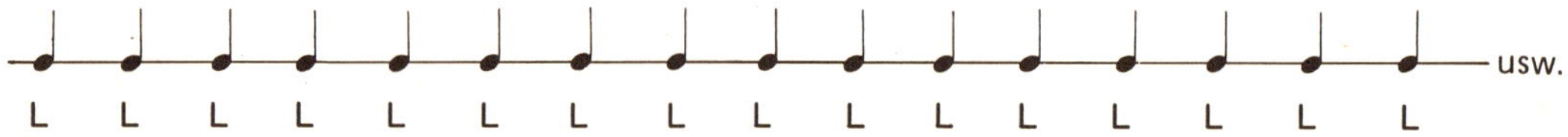

L L L L L L L L L L L L L L L L
oder R R R R R R R R R R R R R R R R

Übe sehr langsam (♩ = ca. 40–52!) und solange, bis du dich im Ablauf der Bewegung völlig sicher fühlst!

„Single Stroke Roll"-Übung

offen (langsam) – geschlossen (schnell) – offen (langsam)

Nachdem du die Vorübung beherrschst, können wir zum eigentlichen Erlernen des „Single Stroke Rolls" (von Hand zu Hand) fortschreiten. Beide Stockspitzen ruhen jetzt zugleich auf dem Pad. Achte dabei auf die Haltung der Arme und Ellbogen. Die Ellbogen sollen soweit vom Körper entfernt sein, daß die Arme völlige Bewegungsfreiheit haben.

Die Kraft beim Trommelschlagen ist von der lockeren und entspannten Armhaltung abhängig, da sie in Wirklichkeit aus dem Schultergelenk kommt.
Beginne zuerst mit der linken Hand und studiere hierfür den nachfolgend aufgegliederten Bewegungsablauf bei allmählicher Temposteigerung. So durchläufst du jede einzelne Metronomgeschwindigkeit („von Kerbe zu Kerbe") mit maschineller Präzision. Nimm dir dafür genügend Zeit!!

♩ = 60–200!
In diesem Tempo werden Schultern, Ellbogen, Arm- und Hangelenke voll eingesetzt.

♩ = ca. 100–152 (bei doppelter Schlaggeschwindigkeit – 1 Metronomtick = 2 Schläge LR)!
Hier bewegen sich noch Ellbogen, Arm- und Handgelenke.

♩ = ca. 152–208! Bei ebenfalls doppelter Schlaggeschwindigkeit sind nur noch Arm- und Handgelenke tätig.

♩ = 104–unbegrenzt, soweit möglich (bei vierfacher Schlaggeschwindigkeit – 1 Metronomtick = 4 Schläge LRLR)! Jetzt sind nur noch die Handgelenke allein in Bewegung, was bedeutet, daß sich der „Single Stroke Roll" schließt (geschlossener Wirbel).

Wenn du diesen Punkt erreicht hast, versuche das Tempo so lange zu halten, bis die Handgelenke ermüden. Ohne Unterbrechnung wickelt sich dieser Vorgang dann in umgekehrter Reihenfolge ab, bis zurück zur Startgeschwindigkeit (offener Wirbel).

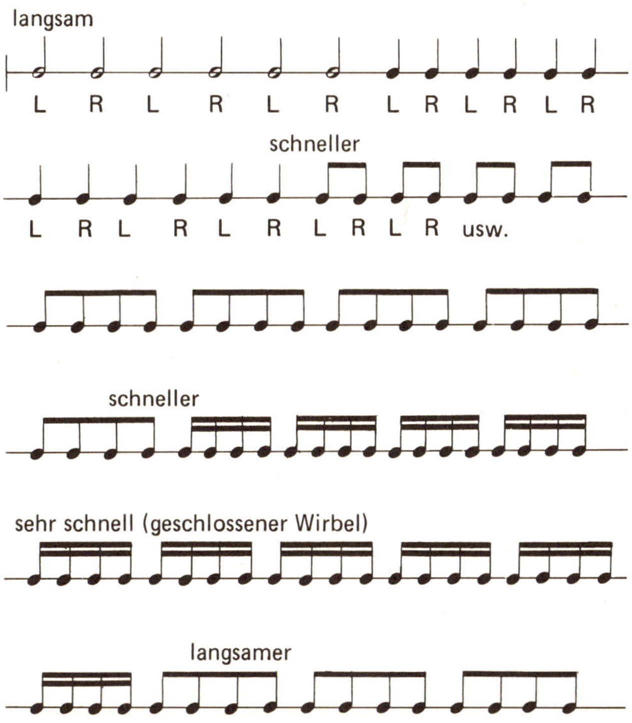

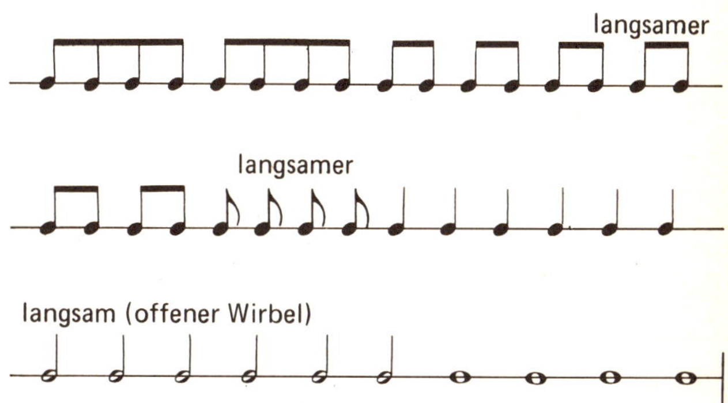

Beachte, daß das Klangvolumen der Schläge vom Anfang bis zum Ende der Übung gleich bleibt. Ein langsamer Schlag mit voller Bewegung sollte also nicht lauter klingen, als ein schneller Schlag aus dem Handgelenk. Spiele mit entspannten Muskeln! Sehr reizvoll ist der „Single Stroke Roll", wenn er in Form von Triolen gespielt wird. Doch davon in späteren Stunden.

8. Stunde
... eine interessante Figur

Diese Spielfigur könnte theoretisch auch so  geschrieben werden, wird aber sehr häufig in der angegebenen Form notiert. Das interessante dabei sind die unterschiedlich spielbaren Schlagfolgen der Hände:

a)	R L	L R L	L R L	L R L	L
b)	R L	R L R	L R L	R L R	L
c)	L R	R L R	R L R	R L R	R
d)	R L	L L R	R R L	L L R	R
e)	R R	L L R	R L L	R R L	L

oder

f) nur mit der rechten Hand
g) nur mit der linken Hand
h) mit beiden Händen gleichzeitig.

Tolle Möglichkeiten, was? Viel Spaß beim Üben!

4/4-Takt

Zähle:

147

Hände: nach Belieben

148

149

150

151

152 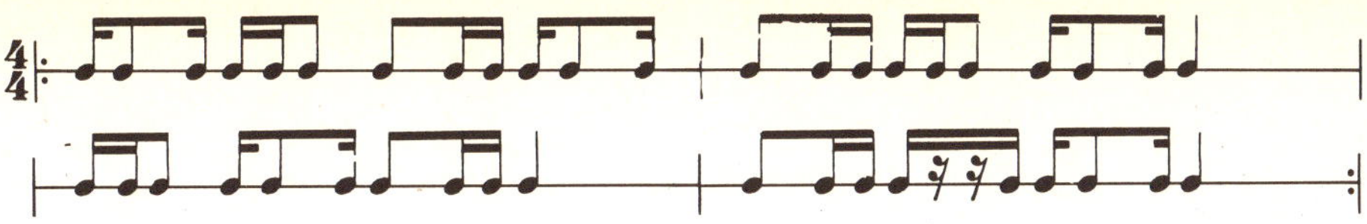

Zähle:

153 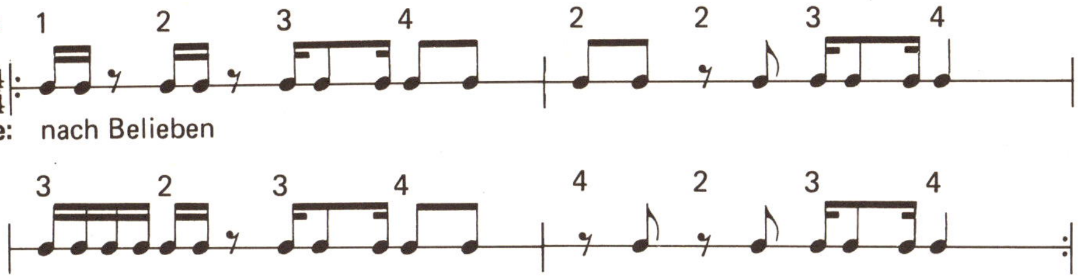

Hände: nach Belieben

3/4-Takt

Zähle:

154 

Hände: nach Belieben

155 

9. Stunde
Mach mal 'nen Punkt

Ein Punkt unmittelbar nach einer Note verlängert diese immer um die Hälfte ihres ursprünglichen Wertes (dies gilt ebenso für punktierte Pausenzeichen).

Beispiele:

Punktierte Halbe Note entspricht Halbe Note + Viertelnote

𝅗𝅥. **entspricht** 𝅗𝅥 ♩ **(3/4)**

Punktierte Viertelnote entspricht 1/4 Note + 1/8 Note

♩. **entspricht** ♩ ♪ **(3/8)**

Punktierte Achtelnote entspricht 1/8 Note + 1/16 Note

♪. **entspricht** ♪ 𝅘𝅥𝅯 **(3/16)**

Genau lesen ist wichtig!

Zähle:

156 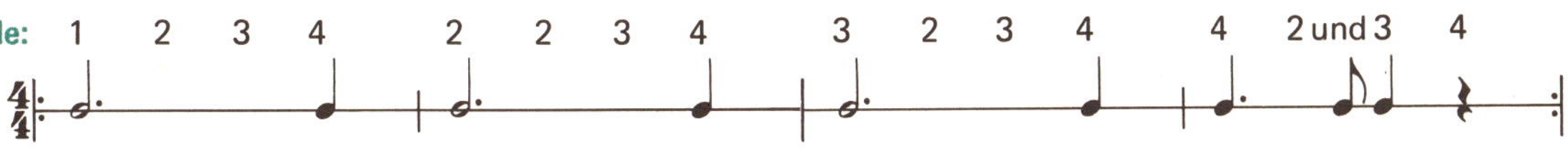

157 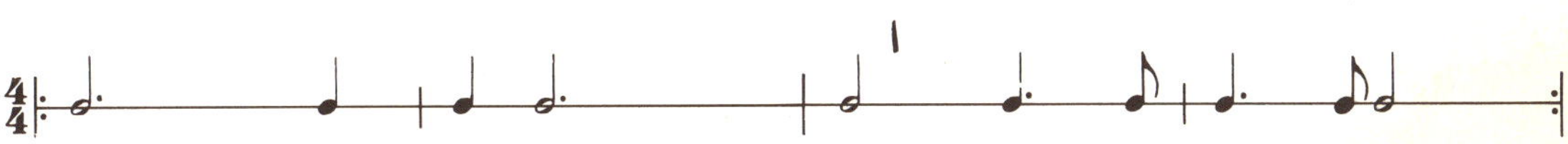

158
159
160
161
162
163
164
165
166
Zähle:
1 2 3 4 2 2 3 4
167
3 2 3 4 4 2 3 4

168 

169 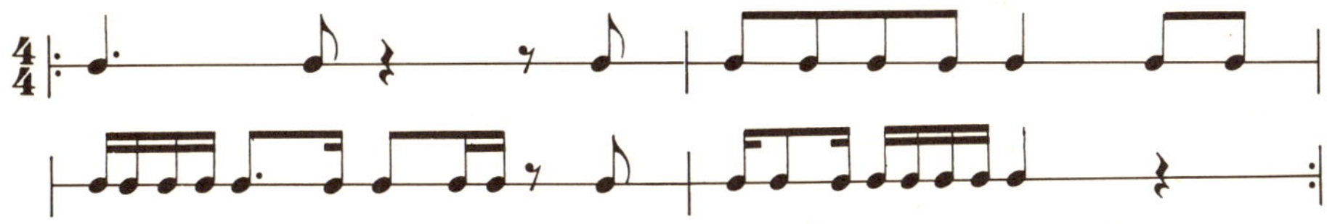

170 

171 

172 

3/4-Takt

Zähle: 1 2 3 1 2 3 1 2 3 1 2 und 3

173 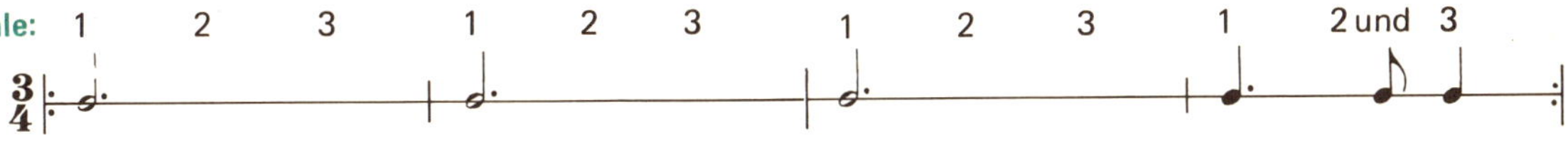

174 

175 

176 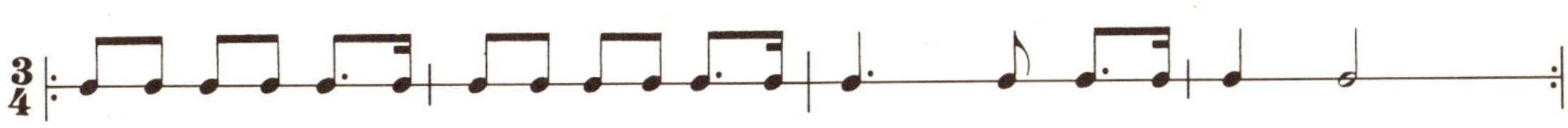

177 

10. Stunde
Das 6/8-Feeling

Bis jetzt haben wir uns in allen vorhergehenden Stunden mit Taktarten beschäftigt, welche die Viertelnote als gemeinsamen Nenner aufwiesen (4/4, 3/4). Nun, beim 6/8-Takt, ist es die Achtelnote. Der 6/8-Takt (3/8 + 3/8) gehört ebenso wie der 4/4-Takt (2/4 + 2/4) zu den zusammengesetzten Taktarten. Der 3/4-Takt zählt zu den einfachen Taktarten (siehe auch Seite 8). Im 6/8-Takt zählt man: 1 – 2 – 3 – 4 – 5 – 6 / 1 – 2 – 3 – 4 – 5 – 6 / usw. Zu beachten ist hier, daß sich der natürliche Akzent auf den Zahlen „1" und „4" (1 – 2 – 3 – 4 – 5 – 6) befindet! Achte in den folgenden „Acht-Takt-Übungen" darauf! Als Kontrolle kannst du die Akzentuierung auf „1" und „4" mit dem rechten Fuß markieren. Vergiß nicht, lieber langsam und sauber zu spielen, als schnell und schlampig! Übung macht perfekt – Schnelligkeit kommt automatisch!

178
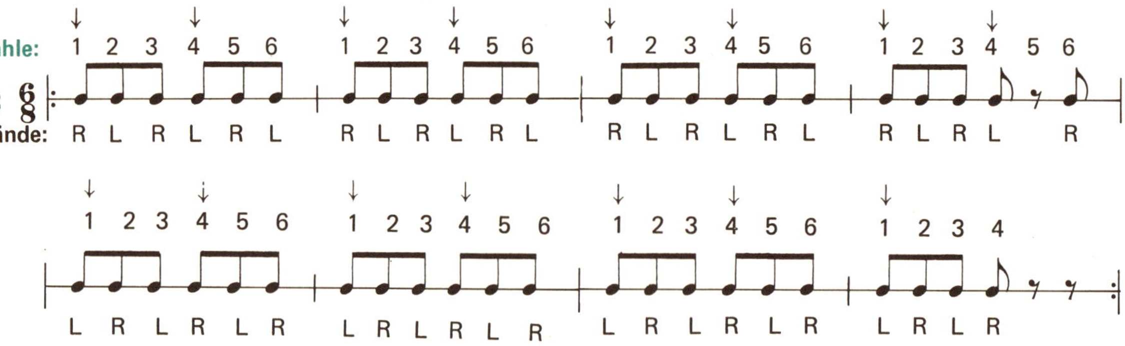

179

180
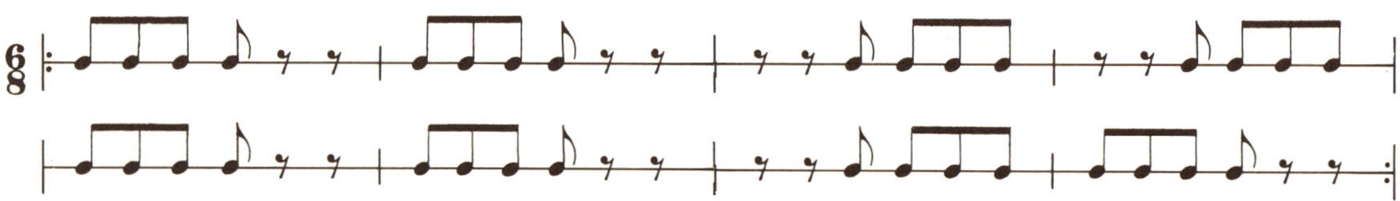

181
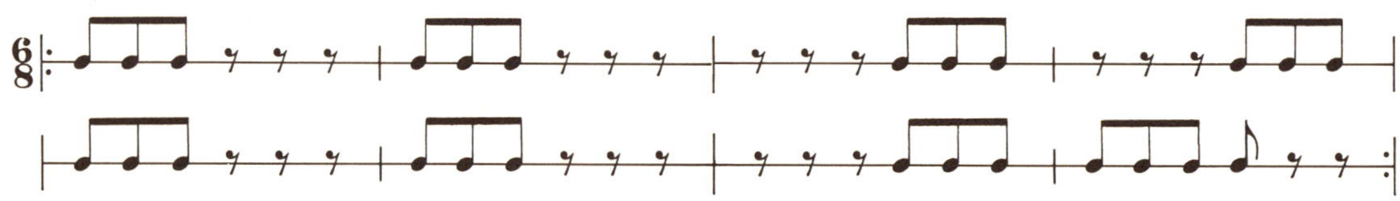

182
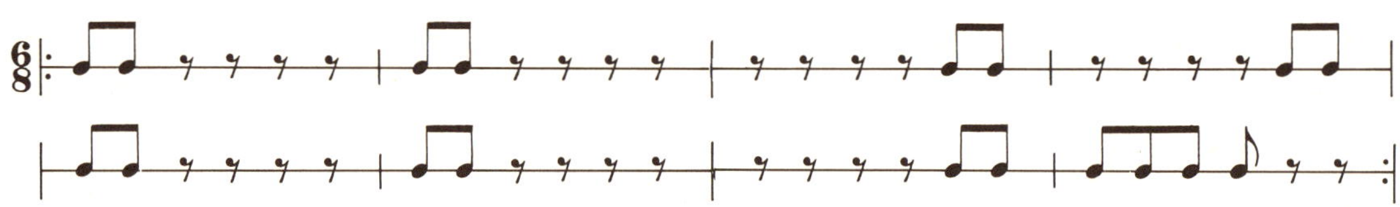

183
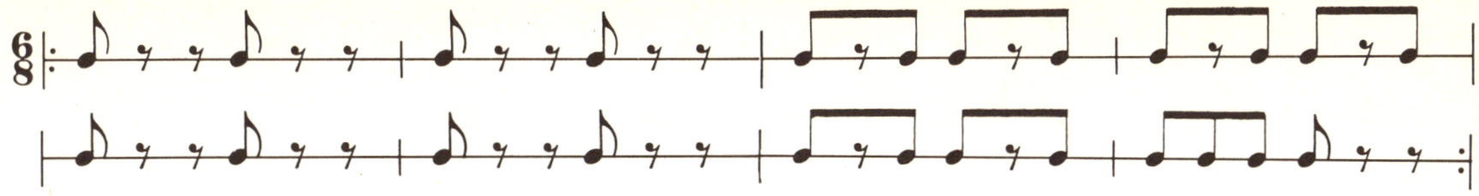

184

185

186
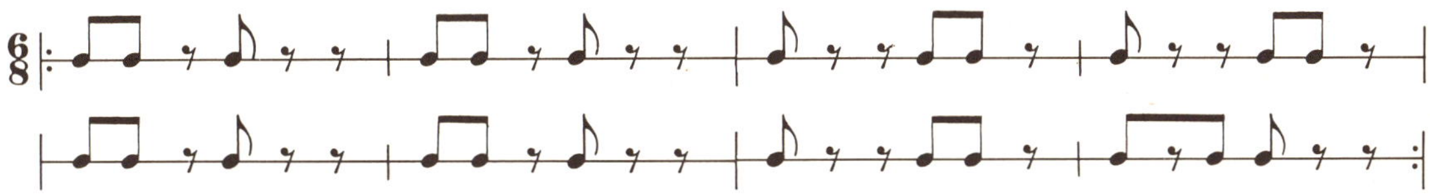

187
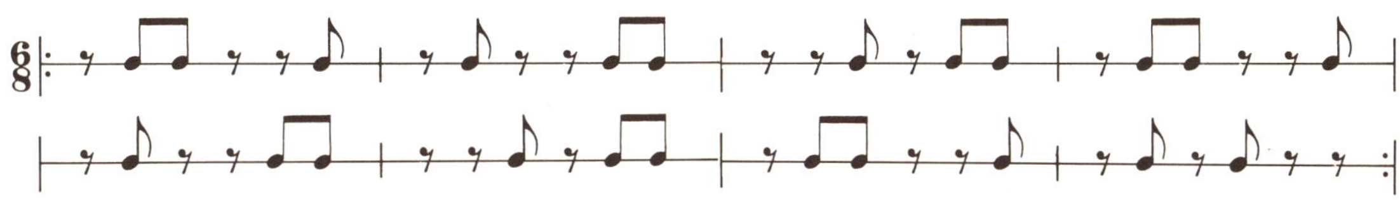

11. Stunde
Der „Double Stroke Roll“ – „Doppelschlagwirbel“

Nach dem „Single Stroke Roll“ (siehe 7. Stunde) kommen wir nun zum „Double Stroke Roll“, der zweiten wichtigen Wirbelart.

Sehr bekannt ist der „Double Stroke Roll“ auch unter den Bezeichnungen „Long Roll“ und „Mühle“, aber auch als „Papa-Mama“-System. Er gilt nach wie vor als „Schlüssel zum modernen Schlagzeugspiel“. Jeder Drummer sollte sich deshalb eingehend mit dem „Long Roll“ beschäftigen, denn alle „kürzeren Wirbel“, wie z. B. „Five Stroke Roll“, „Seven Stroke Roll“, usw. leiten sich von ihm ab. Wenn du den „Double Stroke Roll“ beherrschst, wird es dir nicht mehr besonders schwerfallen, auch die „kürzeren Wirbel“ zu spielen.

Kennzeichnend für den „Double Stroke Roll‘ sind die gleich lauten, deutlich hörbaren Doppelschläge der linken und der rechten Hand. Um diese nicht gerade leichte Technik zu erlernen, müssen wir Schritt für Schritt vorwärtsgehen. Die größte Schwierigkeit besteht dabei im „reibungslosen Übergang vom Handschlag zum Fingerschlag“. Der „Long Roll“ (offen – geschlossen – offen) soll immer „relax“, d. h. mit vollkommen entspannten Muskeln gespielt werden. Gleichmäßig perlend und „ohne Stottern“, jedoch deutlich, kräftig und dynamisch – jeder einzelne Schlag –, so soll er „dahinfließen“.

I. Vorbereitende Übungen für den „Double Stroke Roll“

Linke Hand
Beginnen wir nun die Übungen für den „Double Stroke Roll“ mit der linken Hand allein.

Erster Schlag
Denke zurück an die Startgeschwindigkeit des „Single Stroke Rolls“, die Ausführung ist genau dieselbe.

Also: im Bewegungsablauf werden Schultern, Ellbogen, Arm- und Handgelenke voll eingesetzt. Der Stock schwingt hoch bis in Kopfhöhe, um dann sofort wieder in seine Ausgangsposition zurückzukehren. Während der ganzen Bewegung bleibt das Handgelenk schlaff und locker.

Zweiter Schlag
Hat nun die Spitze des Trommelstocks nach dem ersten Schlag das Pad berührt, wird der Stock automatisch mehrere Zentimeter vom Pad zurückprallen. Während dieses natürlichen „Rückpralls“ wird der Stock jetzt ein zweites Mal hochgehoben, jedoch nur bis zur „halben Höhe“ des ersten Schlages. Der Bewegungsablauf verringert sich also im Gegensatz zum ersten Schlag etwa um die Hälfte. Da aber der zweite Schlag die gleiche Stärke haben muß wie der erste, wird der Niederschlag aus dieser halben Höhe kräftiger betont. Diese „bewußt kräftigere Betonung“ ist für die Ausbildung des zweiten Schlages unbedingt erforderlich!

Merke:
1. Schlag: „ganze Höhe“ (nicht betont)
2. Schlag: „halbe Höhe“ (betont)

Der vollständige Ablauf dieser „Doppelschlagbewegung“ soll fließend ohne Anstrengung und ohne Unterbrechung erfolgen. Studiere die nachstehende Übung sehr sorgfältig! Beginne sehr langsam!

♩ = ca. 52:

Sprich:

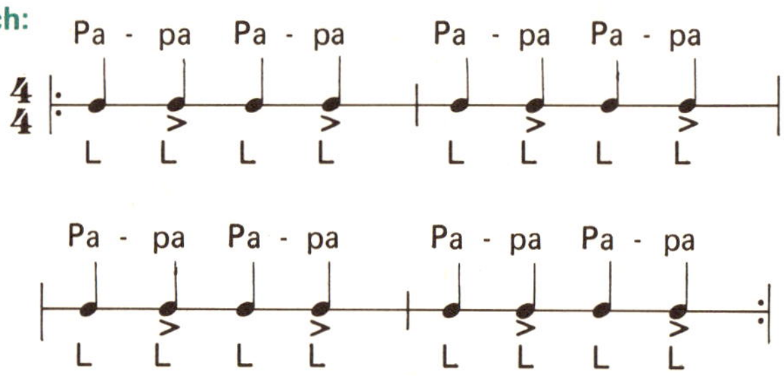

Rechte Hand
Du hast nun mit der linken Hand einen „fließenden Bewegungsablauf“ entwickelt. Okay.
Die Ausführung des „Doppelschlages“ mit der rechten Hand brauche ich nicht mehr näher zu beschreiben. Sie ist mit den beiden Schlägen der linken Hand vollkommen identisch. Paß jedoch auf, daß der Stock beim „automatischen Rückprall“ nach dem ersten Schlag nicht zu weit zurückspringt. Halte ihn deshalb unter Kontrolle!

> **Merke**
>
> 1. Schlag: „ganze Höhe" (nicht betont)
> 2. Schlag: „halbe Höhe" (betont)

Übe sehr sorgfältig! Beginne wieder sehr langsam!

♩ = ca. 52!

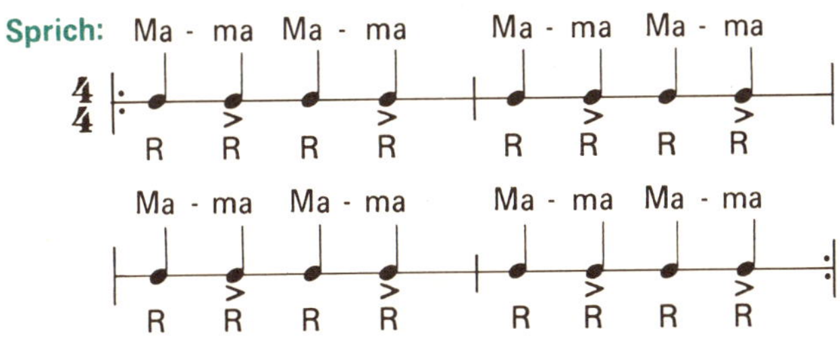

Wenn du dich nach beträchlichem Zeitaufwand in den vorbereitenden Übungen sicher fühlst – du hast dir dabei einen relaxen, zuverlässigen Bewegungsablauf angeeignet – kannst du mit dem „langen Wirbel" beginnen. Er wird dir bald sehr viel Freude bereiten.

> **TIP**
>
> Übe, wenn möglich, vor einem großen Spiegel. Du kannst so den Bewegungsablauf besser kontrollieren und beobachten. Gerade bei so monotonen, aber wichtigen Übungen wie diesen, ist es von Vorteil, eine gute optische Kontrolle zu haben, um von vornherein krasse Haltungs- oder Schlagfehler auszuschalten.

II. Der „Double Stroke Roll" (Fortsetzung)

Das Zusammenwirken der beiden Doppelschläge – der linken und der rechten Hand – ergibt nun die Startgeschwindigkeit für den „offenen" (langsamen) Wirbel. Ganz allmählich wird dann das Tempo gesteigert, bis zu dem Punkt, wo sich die Doppelschlagfolge „schließt", also als „geschlossener" (schneller) Wirbel bezeichnet wird.
Die linke Hand führt nun die ersten beiden Schläge aus. Zugleich bewegt sich die rechte Hand vom Pad nach oben, um sofort für den nächsten Doppelschlag bereit zu sein. Umgekehrt geht jetzt die linke Hand hoch, sobald die rechte Hand die beiden Schläge ausführt, um den Doppelschlag zu wiederholen, usw. So geht es nun ununterbrochen Doppelschlag auf Doppelschlag.

Beachte in den nachstehenden Übungen folgende Punkte:

1. Achte auf gleiche Schlagstärke (denke an: 1. Schlag nicht betont, 2. Schlag betont).

2. Sprich anfangs laut mit: Pa-pa, Ma-ma, Pa-pa, Ma-ma usw!

3. Spiele nach Metronom, mehrere Minuten täglich! Gehe dabei langsam „von Kerbe zu Kerbe"! (60 – 63 – 66 – 69 – 72 – 76 – usw!)

Wie beim „Single Stroke Roll" verringert sich auch hier der Bewegungsablauf von „zuerst Schultern, Ellbogen, Arm- und Handgelenken" bis zu „nur noch Handgelenke", je weiter sich die Schlaggeschwindigkeit erhöht.

♩ = 60–200!

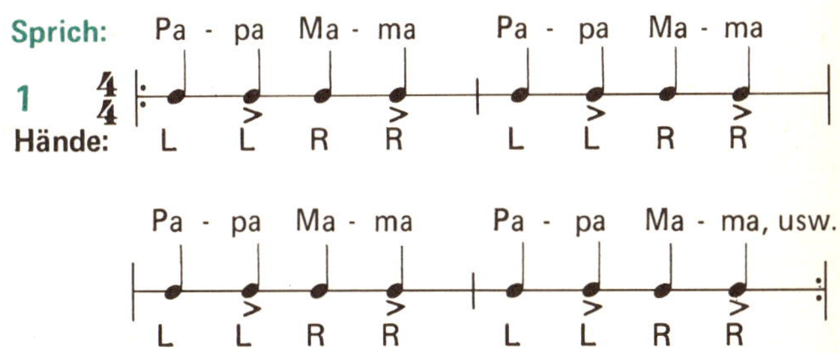

♩ = 100–200 (doppelte Schlaggeschwindigkeit – 1 Metronomtick = 2 Schläge ).

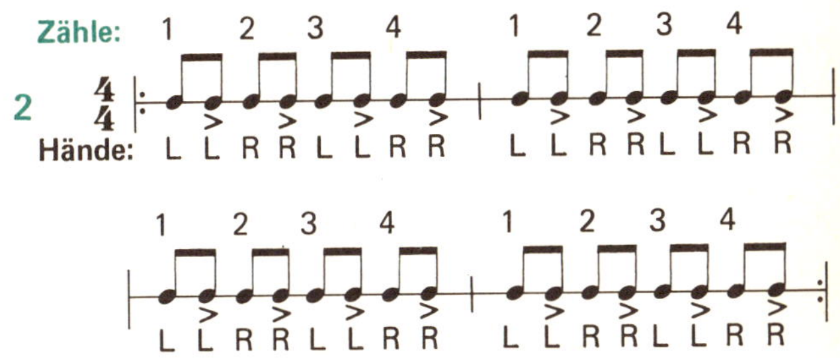

♩ = 100–112 (vierfache Schlaggeschwindigkeit – 1 Metronomtick = 4 Schläge ).

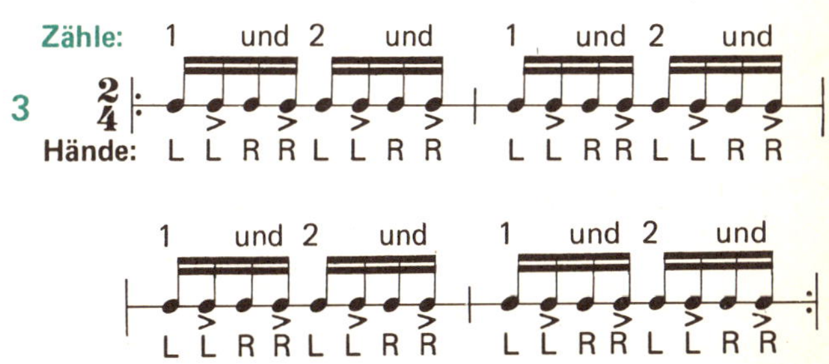

Wenn du die Übungen bis zum Metronomtempo ca. 112 beherrschst, hast du den schwierigsten Teil des „Double Stroke Rolls" erreicht, nämlich den Übergang vom Handschlag zum Fingerschlag (bounce). Hier beginnt sich der Wirbel zu „schließen".
Diese vollkommen neue Schlagtechnik ermöglicht es dem Drummer, die Schlaggeschwindigkeit noch um ein Vielfaches zu erhöhen. Sie ist eine der interessantesten und wichtigsten Schlagtechniken überhaupt.
Doch kommen wir zur näheren Erläuterung:
Der erste Schlag bleibt so wie er ist, wird also von Unterarm und Handgelenk ausgeführt. Eine entscheidende Veränderung ergibt sich jetzt beim zweiten Schlag. Während die Hand nach Ausführung des ersten Schlages unten bleibt, wird der Rückprall des Trommelstocks in der Hauptsache abgefangen

a) von Zeigefinger und Ringfinger (Klassische Haltung, linke Hand)

b) durch den 2., 3. und 4. Finger gemeinsam (Paukenhaltung), indem sie von unten gegen den Stock gezogen werden.

Da sich die Hand nicht mehr, wie bei den vorhergehenden Übungen 1–3, mit dem Rückprall zurückbewegt, wirken die Finger als Kontrollhebel und zwingen dadurch den Stock zu einem zweiten Schlag. Beide Schläge müssen auch hier deutlich zu hören sein. Der kontrollierte Fingerschlag muß die gleiche Stärke (Klangfülle) bringen wie der Handschlag. Schlage deshalb den ersten Schlag nicht zu laut. Denke daran, daß du immer mit entspannten Muskeln, also locker und relax, ohne Verkrampfung spielst. Übe diesen schwierigsten Punkt des Doppelschlag-Wirbels sehr sorgfältig!

Merke

1. Schlag = Handschlag (H)
2. Schlag = Fingerschlag (F)

♩ = 112– . . .! (1/4-Metronomtick = 4 Schläge).

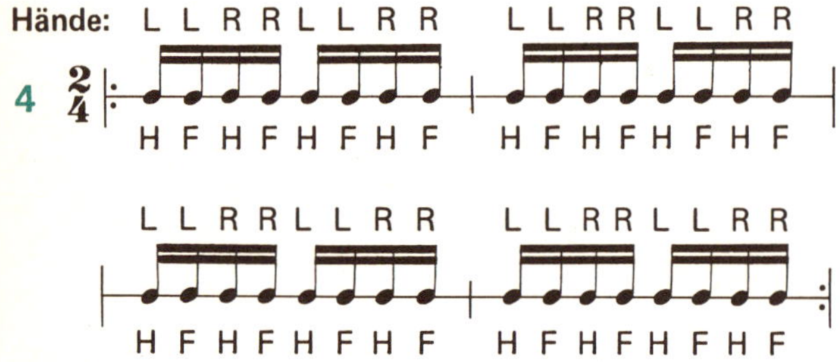

Wenn Du diese „kombinierte Hand- und Fingerschlagtechnik" beherrschst, wird es dir nicht mehr schwerfallen, das Tempo weiter zu steigern.

III. Der „Double Stroke Roll" (komplett)

Du hast nun die Technik des langen Wirbels vom langsamen Anfangstempo (offen) bis zu einer dir angenehmen Geschwindigkeit (geschlossen) erlernt. Um den Wirbel bzw. die Wirbelübung zu vervollständigen, mußt du nun die Geschwindigkeit in umgekehrter Reihenfolge wieder bis zur Startgeschwindigkeit (offen) verlangsamen. Die nachstehende Übung des kompletten „Doppelschlag-Wirbels" solltest du nun bei jeder Gelegenheit (vor dem eigentlichen Üben, vor gemeinsamen Sessions, vor und nach Auftritten, usw.) durchspielen. Halte dabei das Tempo im geschlossenen Wirbel solange, bis deine Handgelenke ermüden, dann werde wieder langsamer bis zum „offenen" Tempo. Beginne nicht sofort wieder, sondern gönne dir eine kleine Pause zur Entspannung! Versuche nicht schneller zu spielen, als du wirklich kannst, sonst werden die Schläge unexakt und unsauber! Beginne abwechselnd zuerst links, dann rechts! Denke daran: *Schnelligkeit kommt automatisch*!

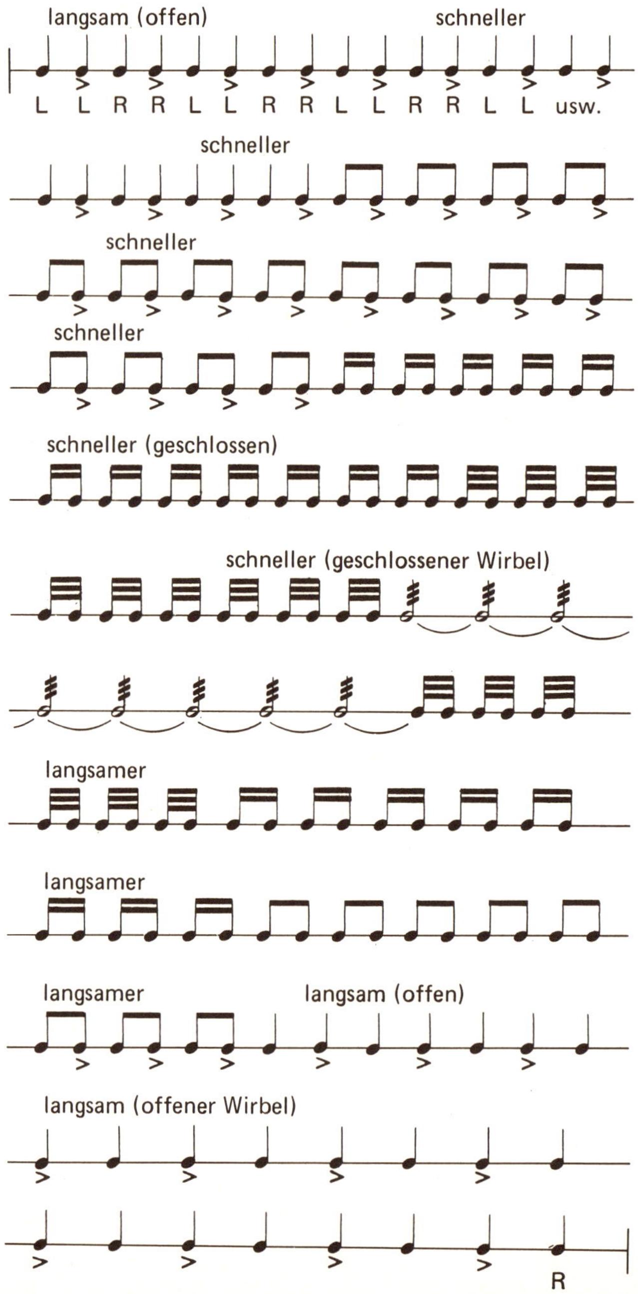

12. Stunde
Triolen

Eine Triole ist eine Gruppe von drei gleichwertigen Noten, die je nach dem Notenwert der Triolenfigur im Zeitraum von einer oder zwei Zählzeiten gespielt werden. Triolen gehören zu den interessantesten und reizvollsten Rhythmen, die wir je kennenlernen werden.

a) Vierteltriolen

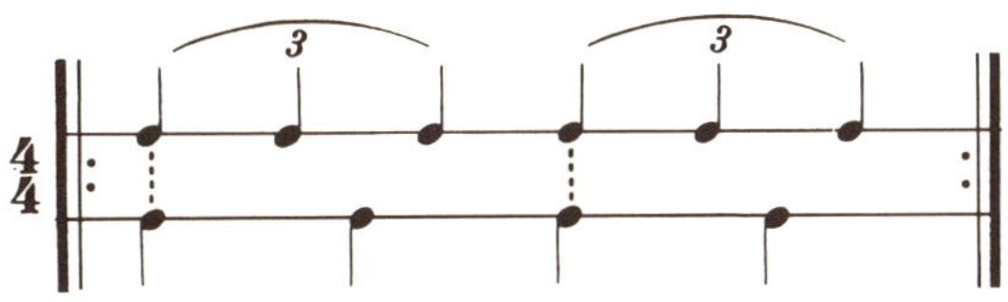

Wie du siehst, fallen der erste und vierte Triolenschlag oben mit dem ersten und dritten Viertelschlag unten zusammen. Dieser „6" gegen „4", bzw. „3" gegen „2" Rhythmus ist einer der wichtigsten Grundrhythmen der afrikanischen (afroamerikanischen) Musik.

b) Achteltriolen

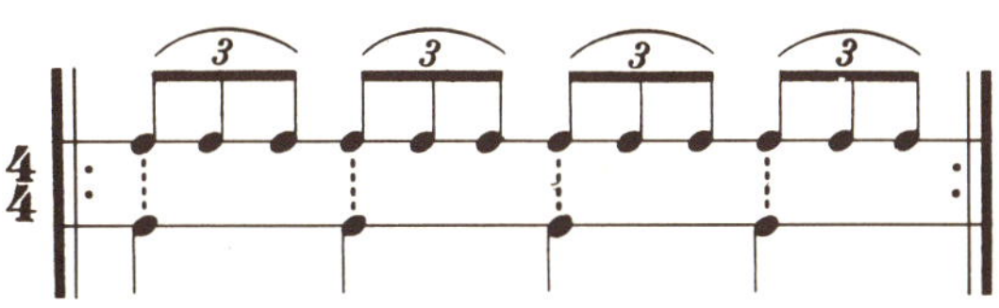

Hier fällt der erste und vierte Triolenschlag oben mit dem ersten und zweiten Viertelschlag unten zusammen. Achteltriolen finden in der heutigen Musik am häufigsten Anwendung und sind deshalb besonders wichtig.

Die nachfolgenden Triolen-Übungen solltest du stets in den vier einfachen Möglichkeiten durchspielen:

1. nur mit der linken Hand (L)
2. nur mit der rechten Hand (R)
3. „von Hand zu Hand" (RLRL oder LRLR)
4. mit beiden Händen gleichzeitig (synchron). Dabei stehen dir verschiedene Variationsmöglichkeiten offen, z. B. linke Hand = SD, rechte Hand = LTT, oder L = SD, R = Cym. usw.

Behandle jede der Übungen als Einzelproblem. Studiere immer nur eine Übung, bis du sie vollkommen beherrschst. So wirst du schneller vorwärtskommen, als wenn du jede Übung nachlässig hintereinander schlägst.

Kontrolliere sämtliche Übungen in Verbindung mit der „Hi-Hat-Übung 31", oder nur mit dem rechten Fuß *leicht* auf allen vier Zählzeiten!

188
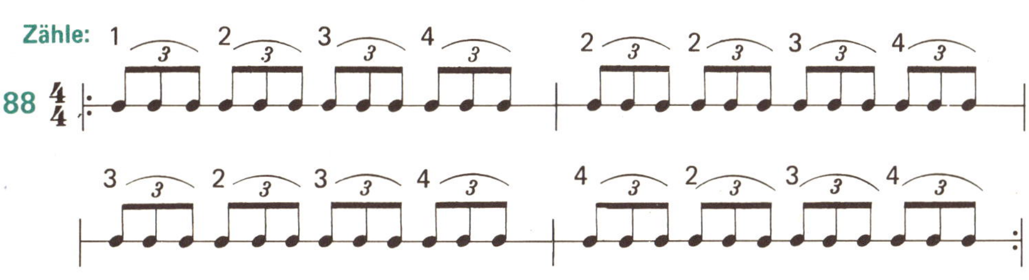

189
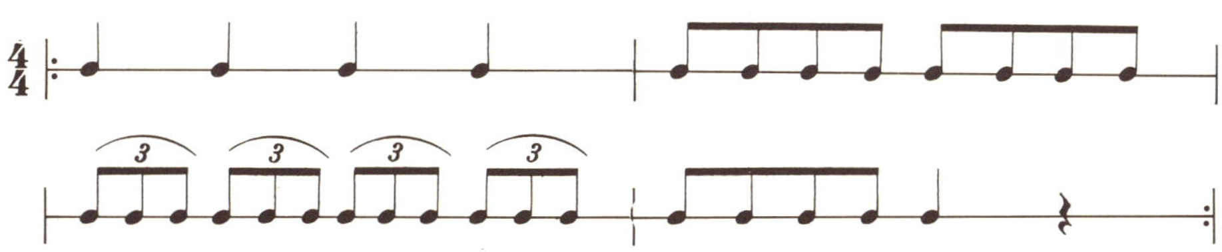

190
191
192
193
194
195
196
197

198
199
Fuß:
Zähle: 1 2 3 4 2 2 3 4 3 2 3 4 4 2 3 4
200
201
202
203
204
205
206
207
208

209
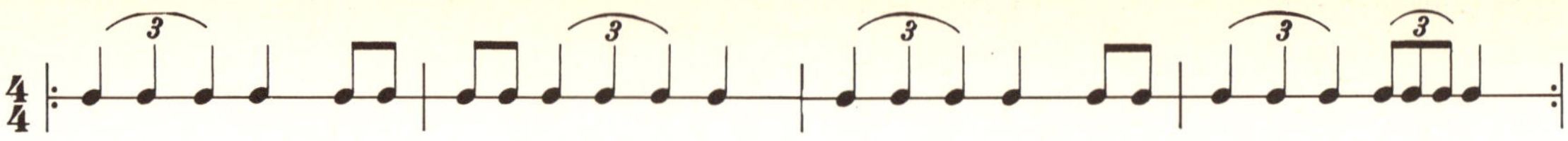

Zähle:

210
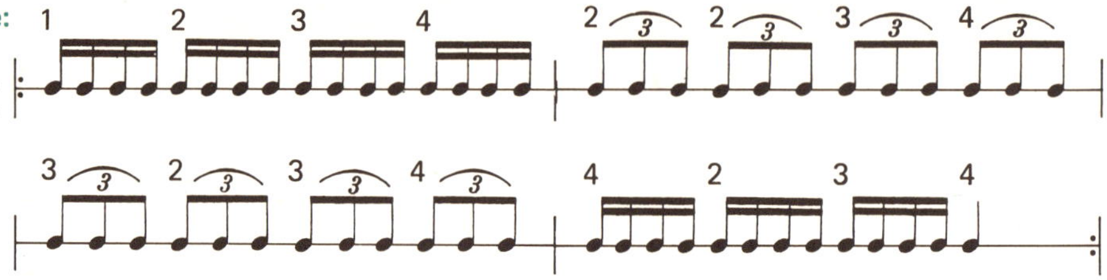

211
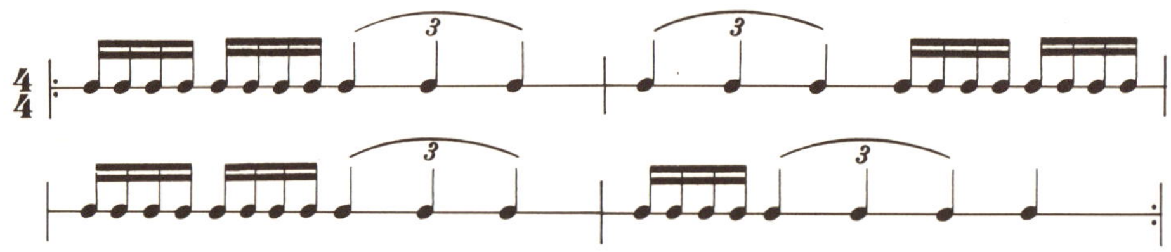

212
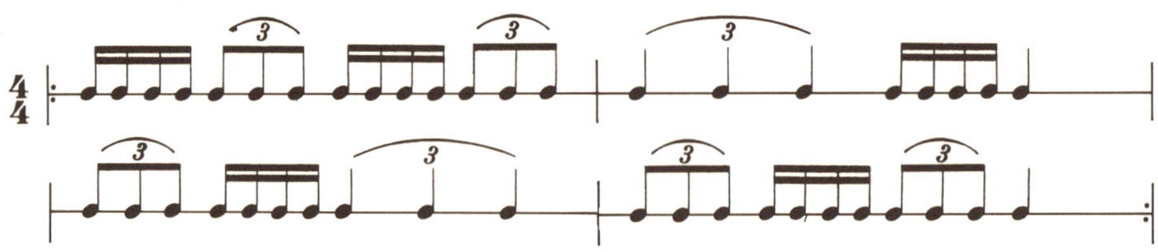

13. Stunde
Sechzehntel-Triolen

Zu den Viertel- und Achteltriolen der vorhergehenden Stunde kommen nun noch *„Sechzehntel-Triolen"*. Diese Figur können wir auch als *„Doppel-Triole"* bezeichnen, weil hier im Zeitraum einer Zählzeit eine Gruppe von sechs gleichwertigen Noten gespielt wird:

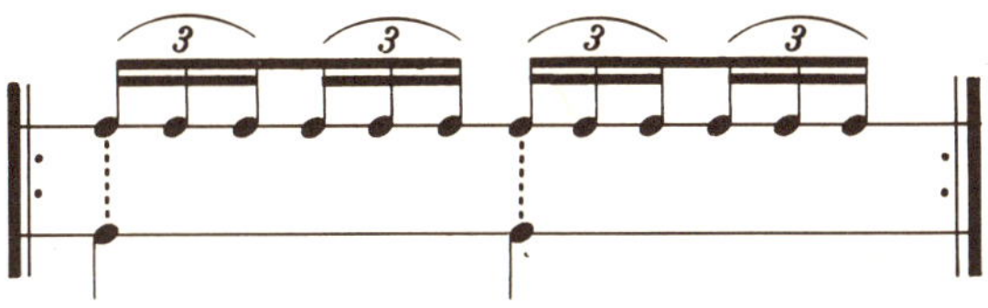

Der erste und siebente Triolenschlag oben fällt mit dem ersten und zweiten Viertelschlag unten zusammen.

Studiere die nachfolgenden Übungen sehr sorgfältig und wie immer zuerst langsam. Spiele „von Hand zu Hand!"

Zähle:

213 

214 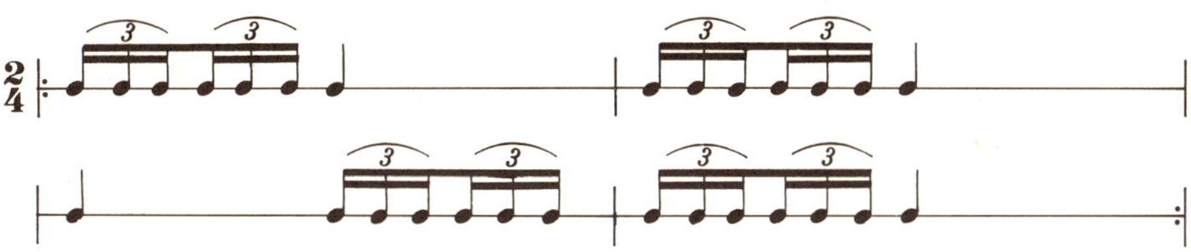

215 

216 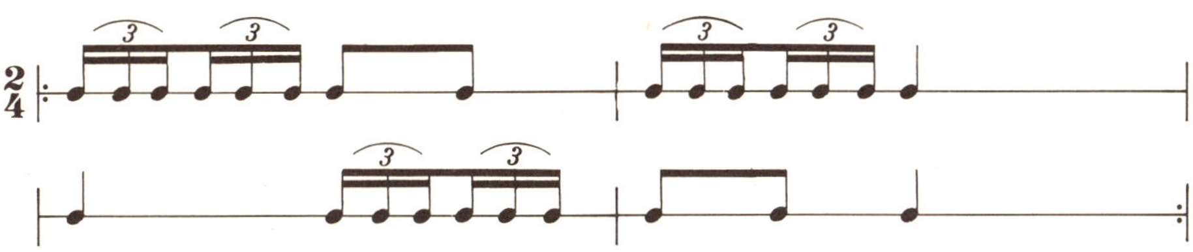

217 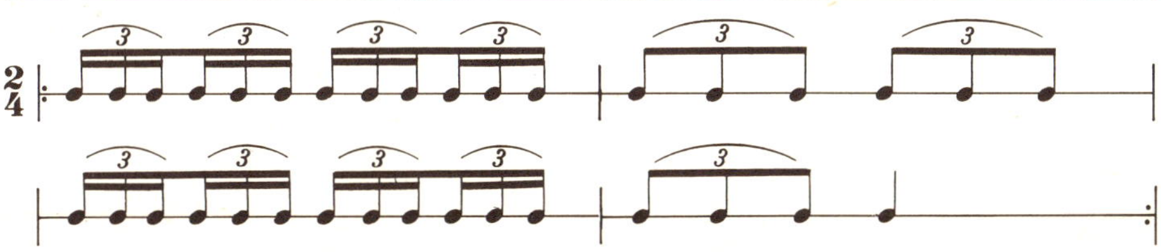

Zähle:

218

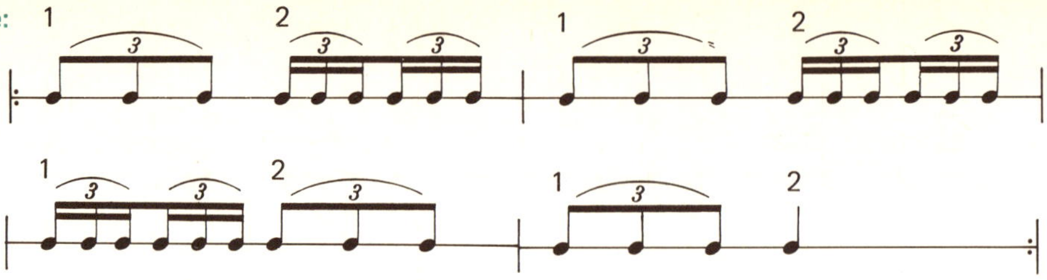

219

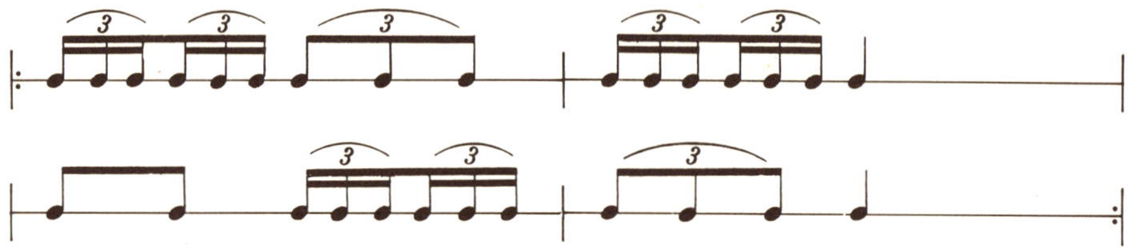

220

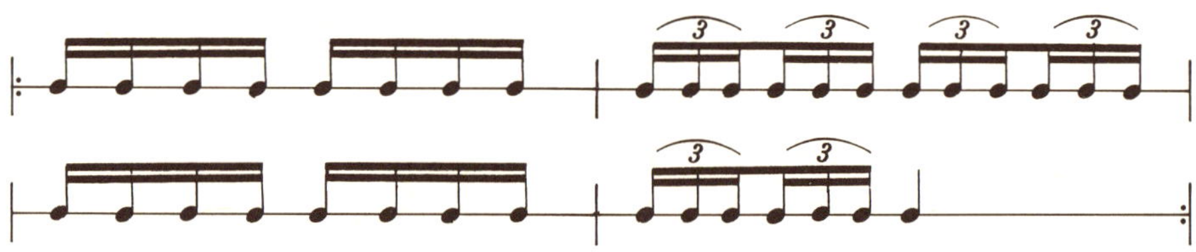

221

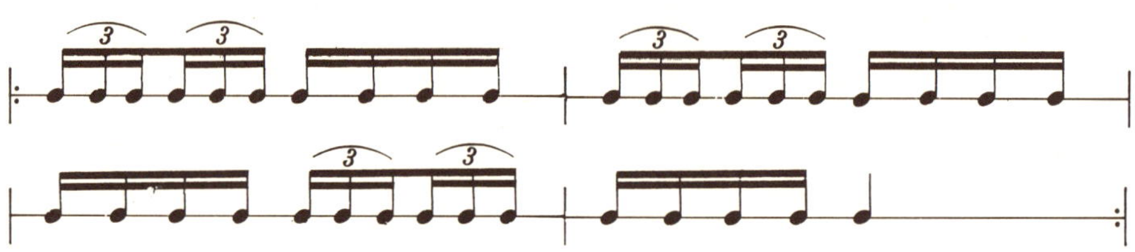

222

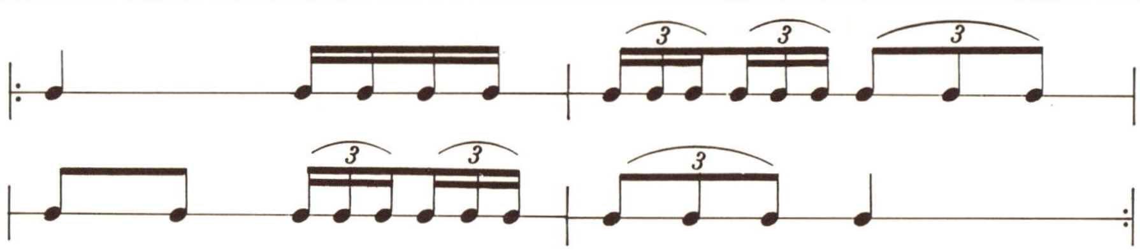

Zähle:

223

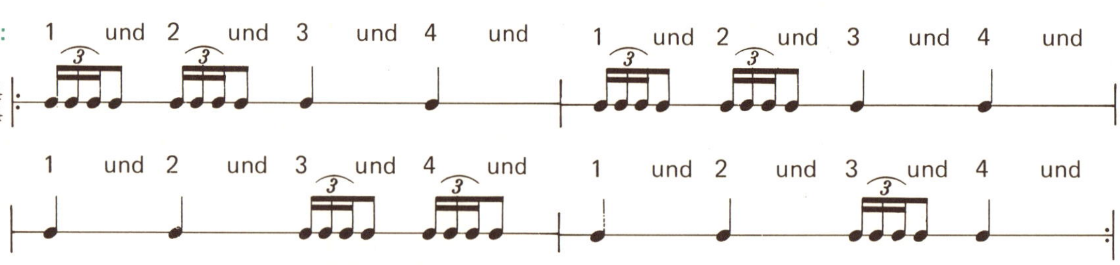

224

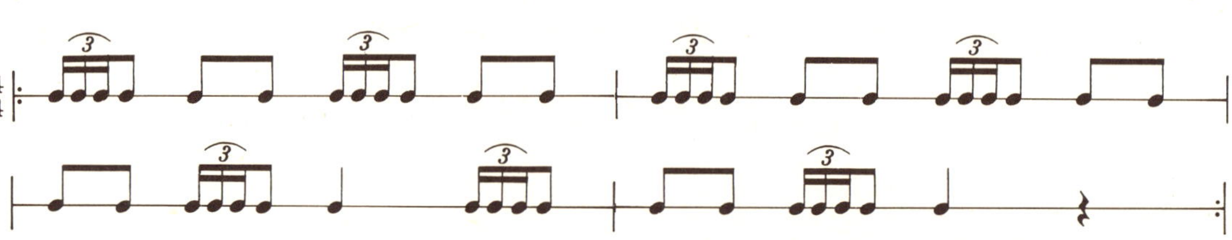

225
226
227
Zähle: 1 und 2 und 3 und 4 und 1 und 2 und 3 und 4 und
228
1 und 2 und 3 und 4 und 1 und 2 und 3 und 4 und
229
230
231

232
233
Zähle: 1 und 2 und 3 und 4 und 1 und 2 und 3 und 4 und
1 und 2 und 3 und 4 und 1 und 2 und 3 und 4 und
234
235
236
237
238
Zähle: 1 und 2 und 3 und 4 und 1 und 2 und 3 und 4 und
1 und 2 und 3 und 4 und 1 und 2 und 3 und 4 und

239

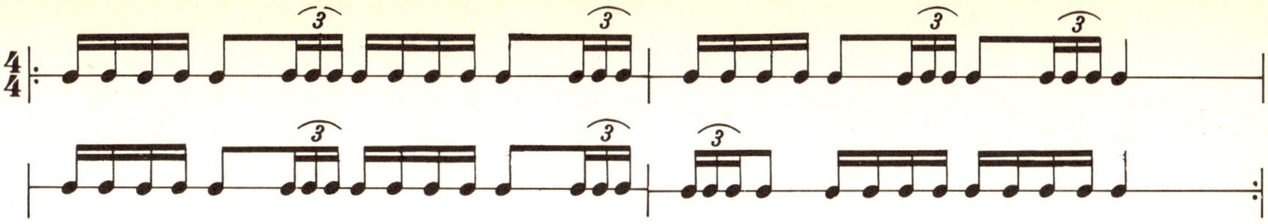

240

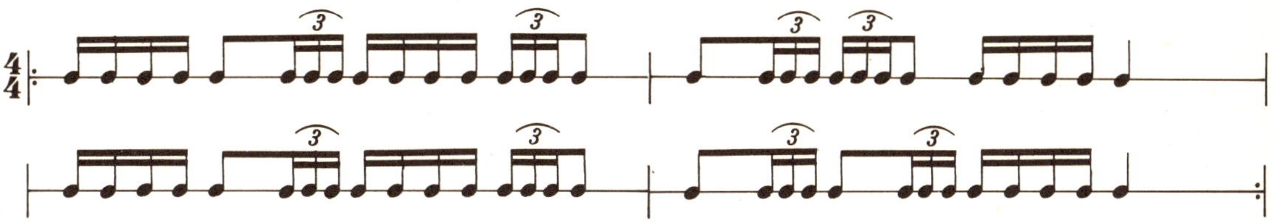

241

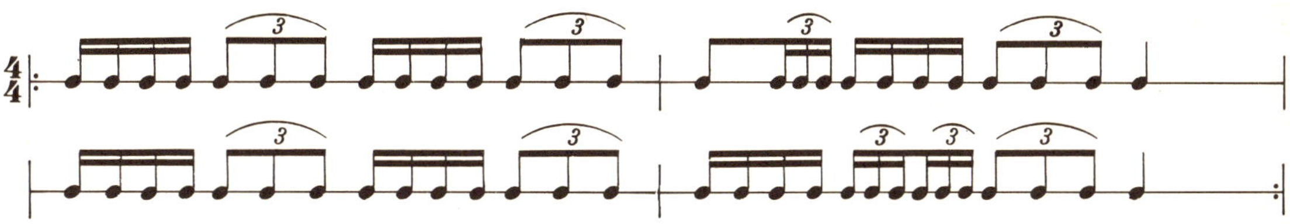

242

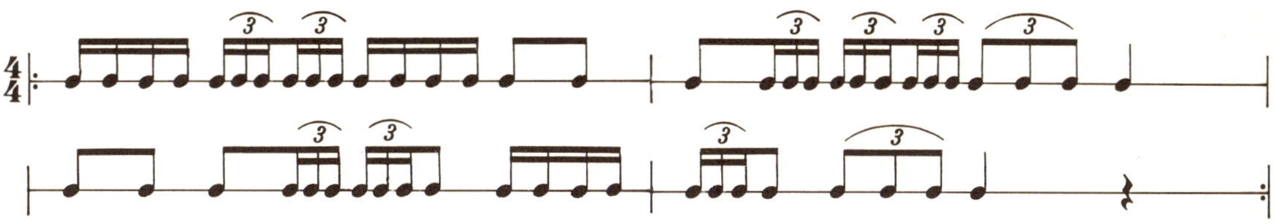

Die „Sechzehnteltriolen-Figur"

(Doppel-Triole)

kann auch so  notiert sein.

(Sextole)

Weitere Zusammenfassungen im Wert einer Viertelnote sind z. B.

(Quintole)

(Septole)

14. Stunde
Akzentsetzung im Single Stroke Roll

Um das Schlagzeugspiel farbiger, dynamischer und interessanter zu gestalten, verwenden wir Akzente (>). Ohne eine gezielte Akzentsetzung würde das Trommeln sehr bald monoton und lasch wirken. Jeder Akzent soll sich deutlich von den übrigen, in normaler Lautstärke gespielten Schlägen abheben. Die Markierung eines Akzentes (siehe auch Seite 29) wird durch kräftigeres Niederschlagen erzielt. Dabei kann der Niederschlag sowohl auf die Trommel selbst, als auch auf die Kante (Randschlag) erfolgen. Kantenschläge sind jedoch in ihrer Ausführung wesentlich schwieriger und erfordern eine eigene Technik sowie viel Übung. (Näheres dazu siehe 27. Stunde „Rim Shots", Seite 151)!

Die Anschlaghöhe für einen Akzent wird vom Tempo bestimmt. Um die jeweilige Tempokonstanz zu bewahren ist es also logisch, daß die Anschlaghöhe für einen Akzent im schnellen Tempo geringer ist als in einem langsamen Tempo (erinnere dich an die Ausführung von Rudiments)!

Die folgenden Übungen in Sechzehntelnoten und Achteltriolen sollen veranschaulichen, wie enorm sich eine immer gleichbleibende Schlagfolge nur durch unterschiedliche Akzentsetzung verändern kann. Studiere unter Zuhilfenahme des „Standard-Vierschlag-Rhythmus' " (Bass Drum *leicht* auf allen Schlägen des „beat")!

Übe immer zuerst langsam!

a) Sechzehntelnoten

Zähle:

243
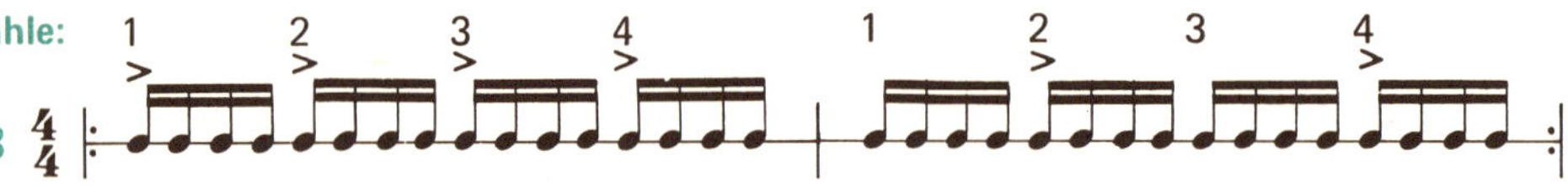

244

245

246

247

248

b) Achteltriolen

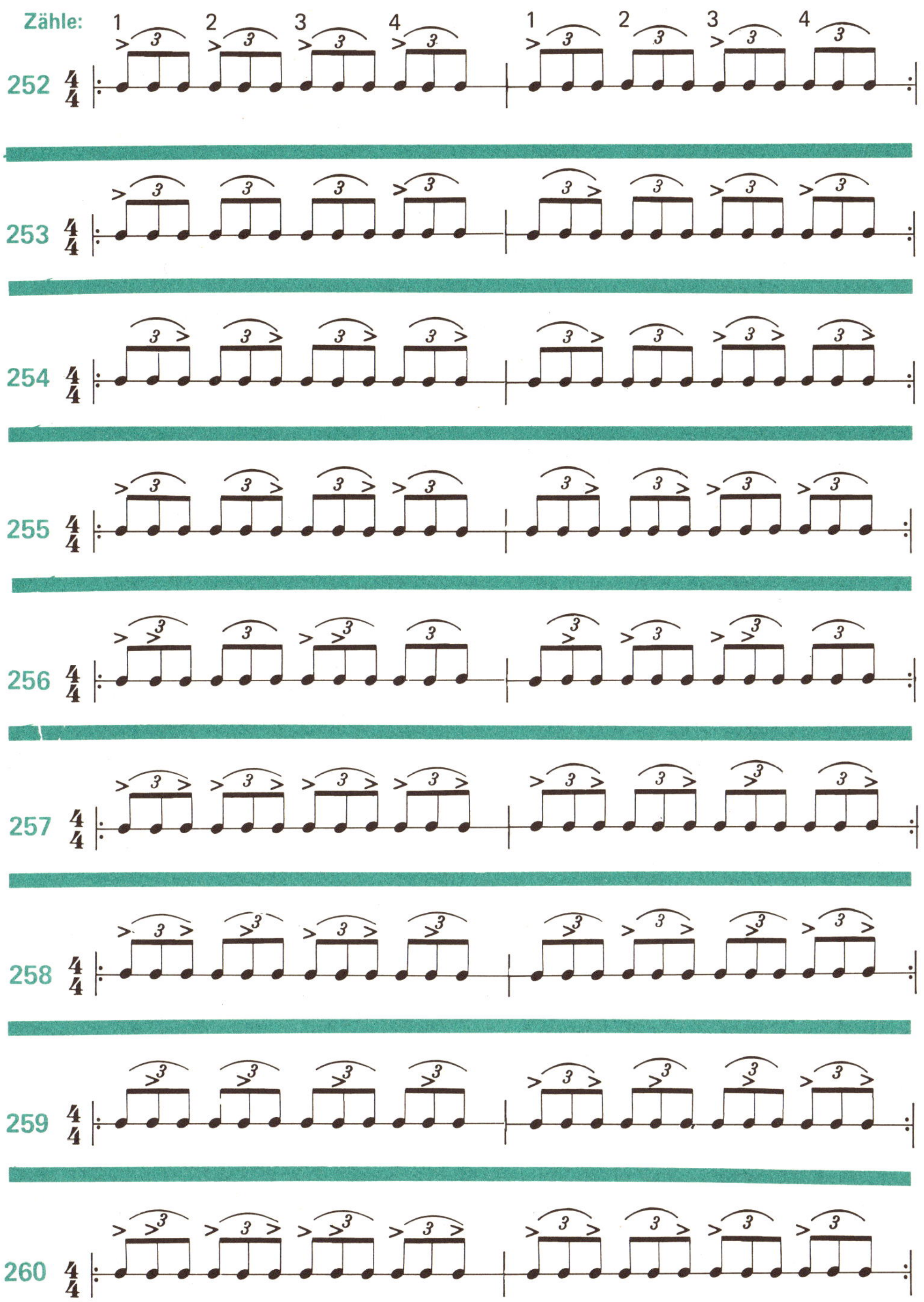

Nachdem du durch beständiges Üben ausreichend Fähigkeiten im Akzentsetzen entwickelt hast, stehen dir eine Vielzahl Variations- und Spielmöglichkeiten offen. Im Solospiel oder als „fill in" (fill in = etwas ausfüllen, hier: Takt ausfüllen), aber auch als „eigenständige Rhythmusform" erweist sich die Akzentsetzung als sehr nützlich.
Spiele sämtliche Übungen auch auf den Hi-Hat-Becken, auf dem Stand-Tom-Tom, über verschiedene Tom-Toms (einschließlich der Snare Drum), usw. . . .! (siehe dazu auch 19. Stunde, Seite 81).
Denke dir selbst Übungen aus! Merke dir bestimmte Akzentfolgen und mache dir Notizen!

FILL IN

15. Stunde

Rhythmische Kombinationsübungen für Snare Drum und Bass Drum

Die nachfolgenden Kombinationsübungen fördern das Gefühl der Unabhängigkeit zwischen den Händen und dem rechten Fuß. Sie beinhalten:

a) Akzente

b) Haltebogen. (Übungen 265, 267, 268, 271, 272, 274, 276, 279 und 280). Die zweite, durch den Haltebogen verbundene Note wird *nicht* angeschlagen!

c) *Schlagfolge*

usw. (Übungen 274–280). Diese Schlagfolge wird im modernen Schlagzeugspiel sehr häufig angewandt. Übung 275 zeigt diese Schlagfolge in drei verschiedenen Notierungsarten. Spiele diese Übungen auch wie angegeben „von Hand zu Hand!"

Zähle: 1 2 3 4 2 2 3 4 3 2 3 4 4 2 3 4

261
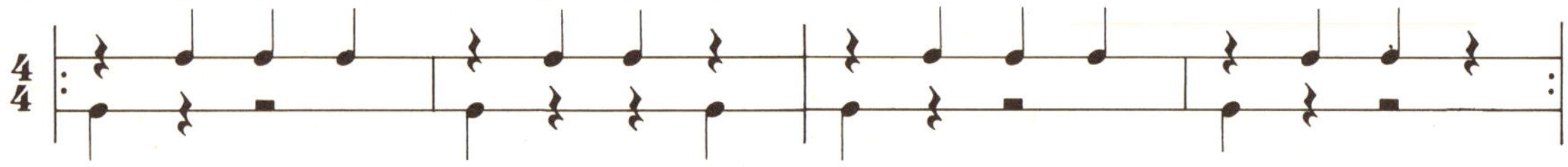

262
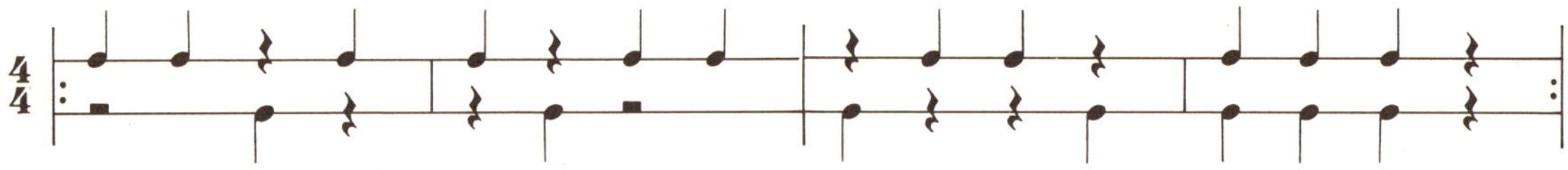

263
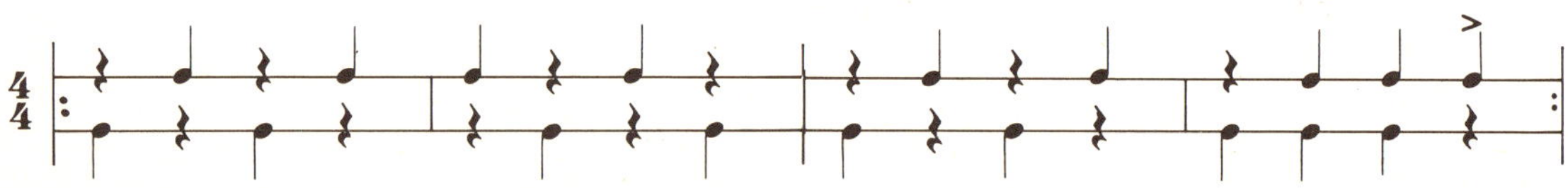

264
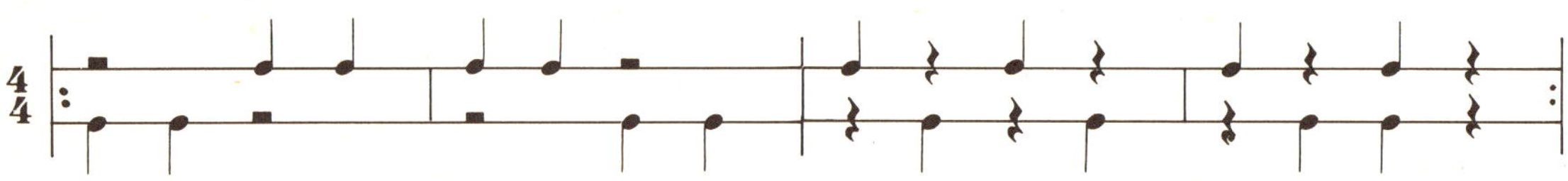

265
266
267
268
269
Zähle: 1 2 3 4 2 2 3 4
270
3 2 3 4 4 2 3 4
271
272

273

274

275

276
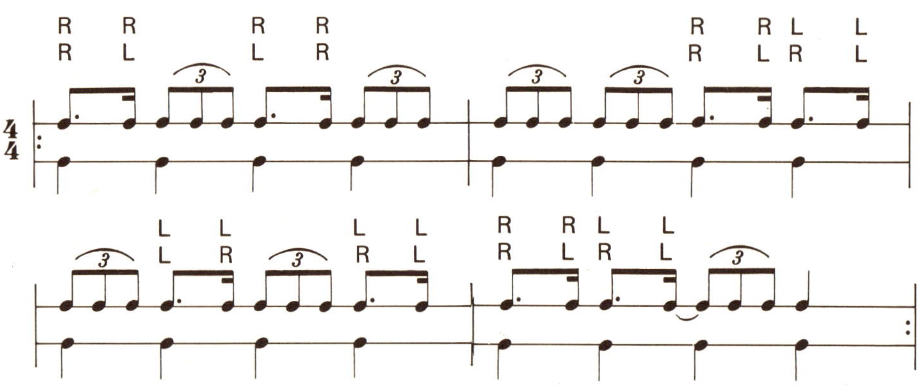

277

278
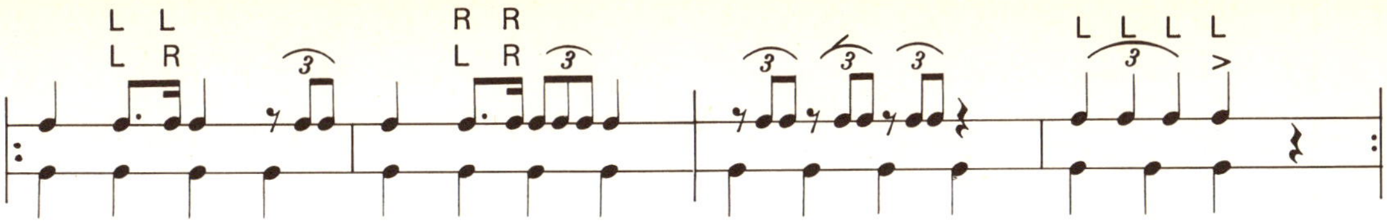

279
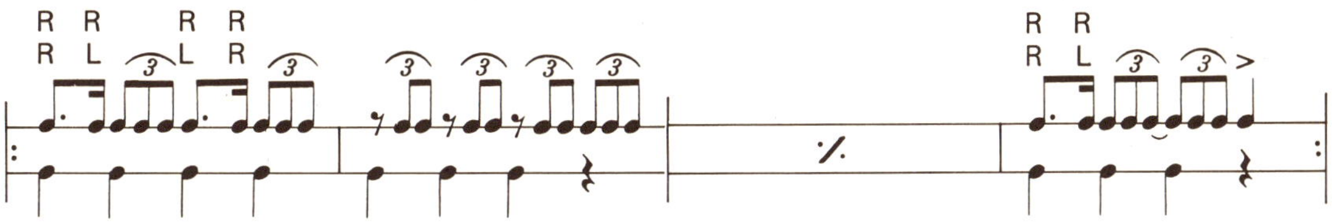

280

16. Stunde
Triolen-Übungen

Mit ungleichmäßigem Wechsel der Hände ohne Akzente

Wie ich in der 12. Stunde schon erwähnt habe, gehören Triolen zu den interessantesten und reizvollsten Rhythmen. Die hier angeführten (Achtel-) Triolenübungen dienen als Stockkontroll-Übungen; sie stärken und festigen ebenso die Geschicklichkeit. Alle Übungen gleichen sich, soweit es die Notation betrifft. Der deutliche Unterschied zeigt sich in der verschiedenartigen Spielweise. Jede einzelne Übung ist besonders wichtig! Du kannst diese Triolen-Verbindungen späterhin sehr gut anwenden, z. B. im Solo oder als „spezielle Rhythmusform" im Musikstück selbst.

Studiere alle Übungen wieder sehr sorgfältig und achte insbesondere auf „richtige Spielweise im Wechsel der Hände!"

Übung 281 hast du bereits in früheren Stunden kennengelernt. Sie stellt die einfachste Triolenverbindung dar, – „von Hand zu Hand" (gleichmäßiger Wechsel der Hände ohne Akzente). Beginne die Übungen abwechselnd, einmal links – einmal rechts und langsam!

Wiederholung macht perfekt!

281

282

283

284

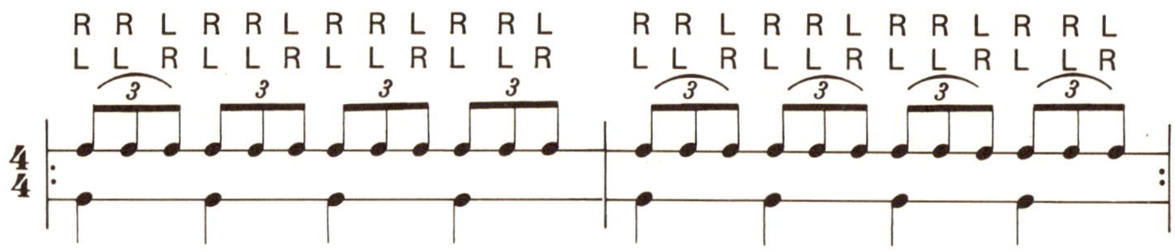

285

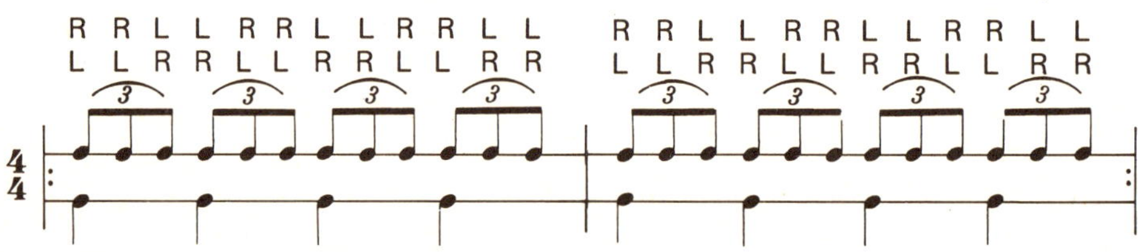

286

287

288

289

290

291 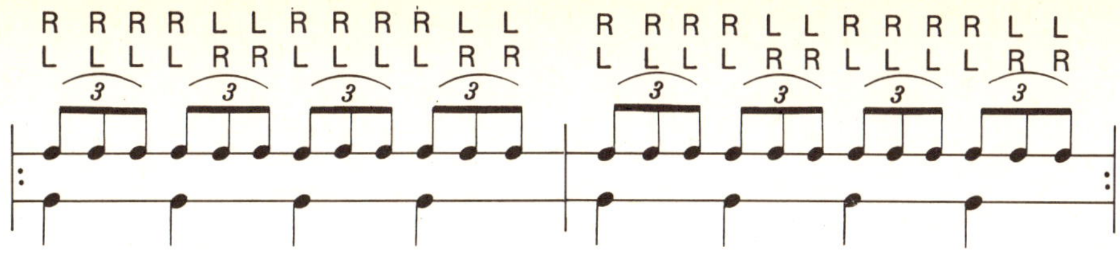

292 

17. Stunde
Der Presswirbel

Mit dem *Presswirbel* lernst du die *dritte wichtige Wirbelart* kennen. Die Ausführung des Presswirbels erfordert eine gänzlich neue Schlagtechnik. Dabei werden die Stöcke gegen das Fell gepreßt, um sie solange wie möglich „ausschlagen" zu lassen. Es entstehen hierdurch in kürzester Zeit mehrere Schläge hintereinander – eine sehr geschätzte, populäre und reizvolle Schlagvariante in der heutigen Jazz- und Popmusik.

Wir studieren den Presswirbel wie jede andere grundlegende Schlagtechnik auf Snare Drum oder Practice-Pad.

Im Gegensatz zu der „Auf- und Abwärtsbewegung" des Einzelschlagwirbels, gleicht die Ausführung des Presswirbels mehr einer „Rührbewegung": mit dem Aufschlag wird der Stock gegen den Körper gezogen, anschließend vom Körper weg. Dieser kreisförmige Bewegungsablauf wird im „offenen Tempo" durch Arm- und Handgelenke erzeugt. Im „geschlossenen Tempo" ist dagegen nur noch Handgelenkbewegung erforderlich (Rührbewegung der Hände: R = im Uhrzeigersinn, L = gegen den Uhrzeigersinn; siehe Abb. 37)!

Abb. 37

Drei interessante Spielmöglichkeiten sind nennenswert:

1. in gegenüberliegender Position, rechter Stock rechter Rand, linker Stock linker Rand (Abb. 38).

Abb. 38

2. Am oberen Fellrand in direkter Position vor dem Spieler (Abb. 39.).

Abb. 39

3. Am linken Fellrand (Abb. 40). (bei 2. und 3. sind die Stockspitzen sehr eng zusammen.)

Abb. 40

TIP

Einen optimal vibrierenden, gleichmäßig lauter werdenden Preßwirbel erzeugst du am besten, wenn du die Trommelstöcke während der kräftiger werdenden Rührbewegung vom äußeren Fellbereich zum Zentrum des Trommelfelles ziehst.

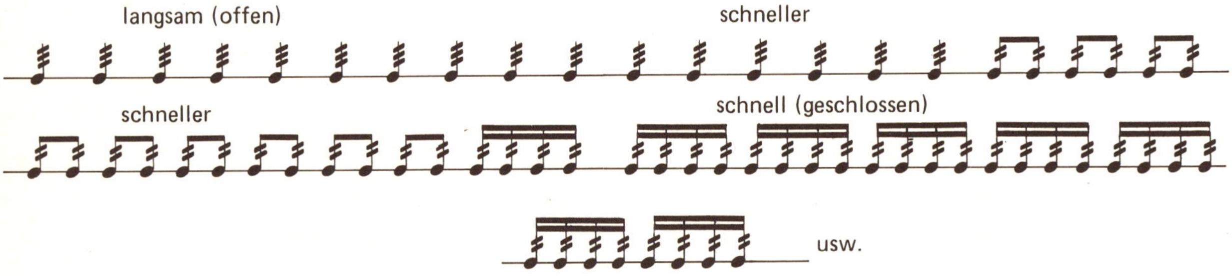

Übe solange, bis der Presswirbel fein und gleichmäßig klingt!

Übe auch  und

!! maximale Rührbewegung = laut (forte)!!
!! minimale Rührbewegung = leise (piano)!!

18. Stunde
Der „Flam“

Der ,,Flam'' ist nach dem Einzelschlag- und Doppelschlagwirbel das dritte wichtige Rudiment. Diese drei Schlagfolgen gelten als Grundlage für alle weiteren Schlagverbindungen. Sie sollten deshalb immer wieder geübt werden.
Der ,,Flam'' besteht aus zwei Schlägen, dem ,,Hauptschlag'' und dem ,,Vorschlag'', einer unmittelbar davorliegenden, sehr leicht gespielten Verzierungsnote. Geschlagen wird der Flam abwechselnd, also ,,von Hand zu Hand''.
Beim ,,Linke Hand Flam'' befindet sich der rechte Trommelstock nur knapp über dem Practice-Pad, während man den linken Stock wesentlich höher darüberhält (Abb. 41). Ist diese Position erreicht, schlägt man *gleichzeitig* auf das Pad herab, wobei der rechte Trommelstock infolge des geringeren Abstandes eher aufschlägt als der linke Stock. Der linke Stock schlägt, ausgehend von der höheren Position, etwas kräftiger herab, um sich deutlich von der vorhergehenden Verzierungsnote zu unterscheiden. Durch den Wechsel der Hände entsteht der ,,Rechte Hand Flam'' (Abb. 42)!
Bevor du mit den eigentlichen Flam-Übungen beginnst, rate ich dir, sowohl den ,,linke Hand Flam'' als auch den ,,Rechte Hand Flam'' einzeln zu üben. Für den Flam (offen – geschlossen – offen) gelten wieder die gleichen Regeln wie beim ,,Einzelschlagwirbel'' (siehe Seite 49 – 51). Denke daran: Sauberes, kontrolliertes Spielen ist wichtiger als Geschwindigkeit!

Linke Hand Flam

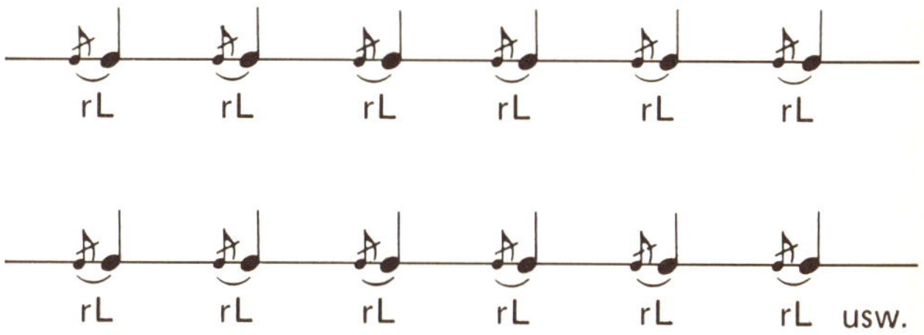

Rechte Hand Flam

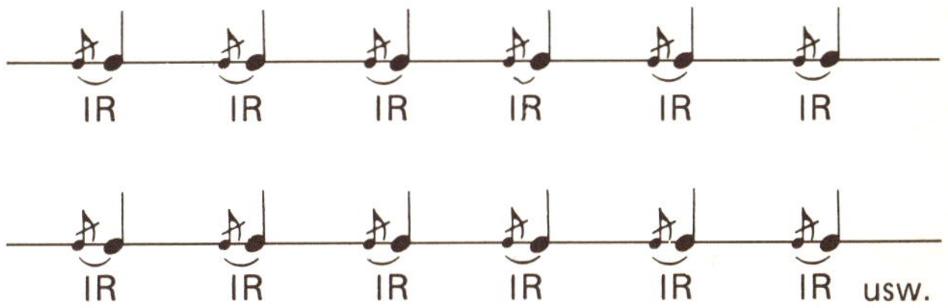

Übe sehr langsam und beobachte den Bewegungsablauf der Hände (wenn möglich vor einem großen Spiegel)!

Abb. 41

Abb. 42

Von Hand zu Hand Flam
(offen – geschlossen – offen)

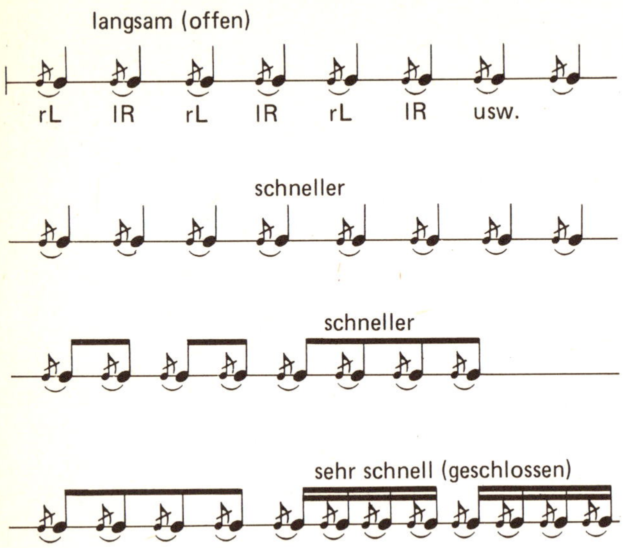

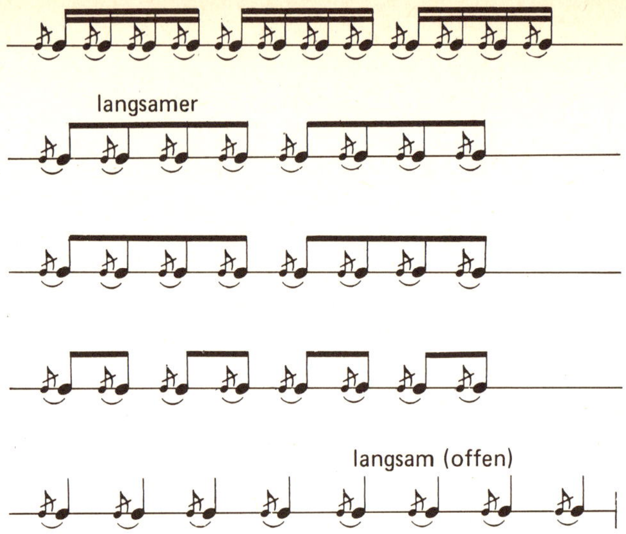

Die nachfolgenden „Flam-Übungen" sollen nur als Anregung dienen. Stelle dir in erster Linie eigene Übungen auf! Zähle mit!

Flam-Übungen

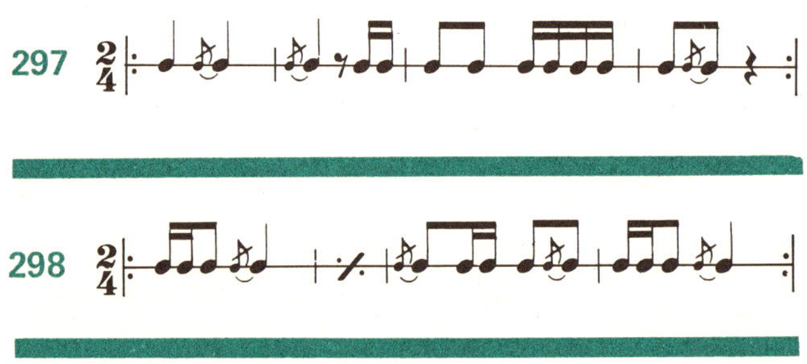

Standard-Marscheinleitung: ♩ = 120!

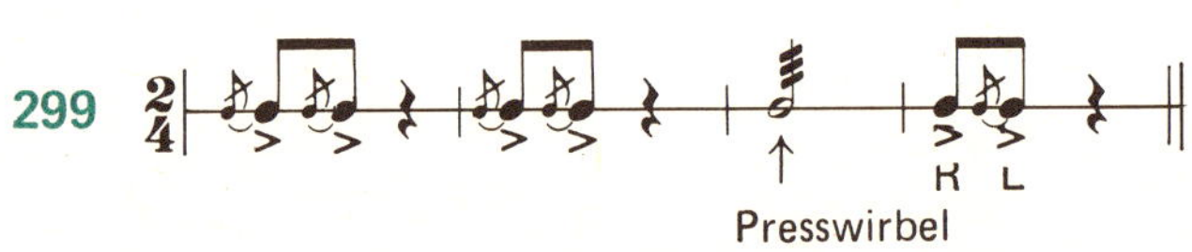

19. Stunde
Die Tom-Toms

Die Grundmaterialien für die Herstellung von Tom-Toms sind in erster Linie verschiedene Hölzer und seit einigen Jahren auch Fiber-Glass. Fiber-Glass-Trommeln sind aus einem Guß, Holztrommeln aus mehrfach verleimten Holzschichten, welche in verschiedenen Stärken (3-12fach verleimt) angeboten werden. Diese Holzkessel werden dann noch lackiert oder mit speziellen, farbigen Oberflächen aus Kunststoff beklebt. Während Fiber-Glass-Trommeln einen etwas synthetischen, aber sehr klaren Sound haben, erzeugen die Holztrommeln einen weicheren, wärmeren und volleren Ton. Zur Gruppe der Tom-Toms gehören: Hänge-Tom-Toms, Stand- oder Floor-Tom-Toms, Roto-Toms, Rocket(tuned)-Toms und Concert- oder Melodic-Tom-Toms. Die Größen liegen zwischen 6″ x 5 1/2″ und 18″ x 16″ inch.

Im Großen und Ganzen gelten für das Spiel auf den Tom-Toms dieselben Regeln wie für die Snare Drum, so daß sich alle bisherigen Übungen auf die Tom-Toms übertragen lassen. Der große Unterschied macht sich bemerkbar, wenn man alle Trommeln zugleich verwendet. Dadurch entstehen sehr interessante, vielschichtige Kombinationen. Die Möglichkeiten sind unbegrenzt. Sehr interessant sind in diesem Zusammenhang „Kreuzschläge" (linke Hand überkreuzt die rechte Hand, um auf eine rechtsliegende Trommel zu schlagen, rechte Hand überkreuzt die linke Hand, um auf eine linksliegende Trommel zu schlagen). Im allgemeinen ist beim Spiel auf den Tom-Toms die „Paukenhaltung" zweckmäßiger, da Tom-Tom-Felle die Schläge nicht so stark zurückwerfen wie ein Snare-Drum-Fell. Dabei kannst du die Stöcke auch umdrehen, so daß das stärkere Ende nach vorne zeigt.

Studiere die nachstehenden Übungen sehr sorgfältig! Die Übergänge von einer Trommel zur anderen müssen sehr fließend, also „ohne Stottern" geschlagen werden. Das Zeichen ↓ verdeutlicht einen Kreuzschlag (R = rechts überkreuzt links, L = links überkreuzt rechts).

Übungen 300—315 werden „von Hand zu Hand" geschlagen und beginnen jeweils mit der rechten Hand.

300
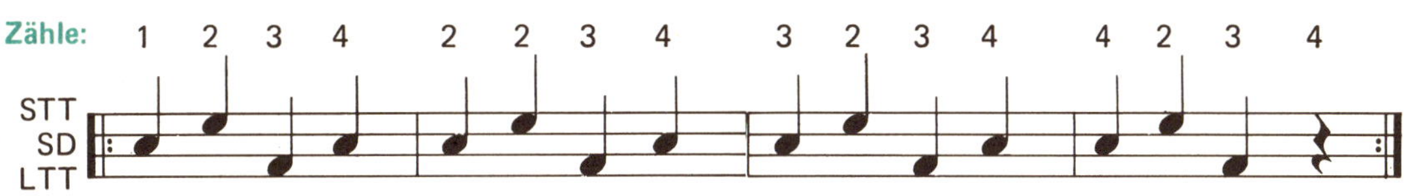

301

302

303
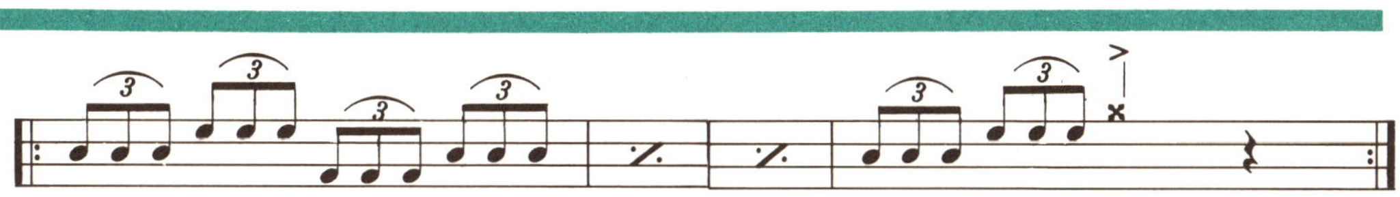

304

305

306

307

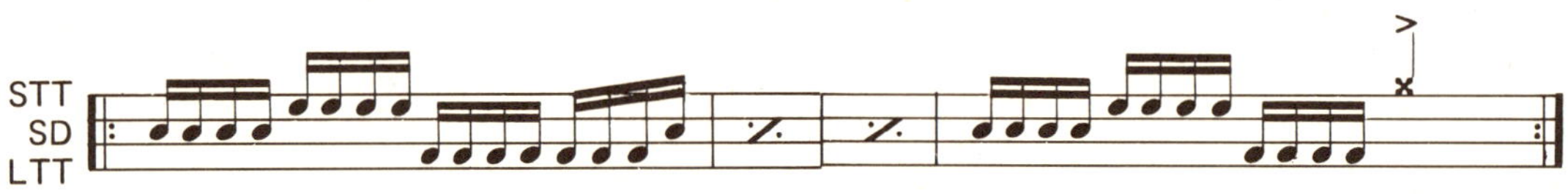

308

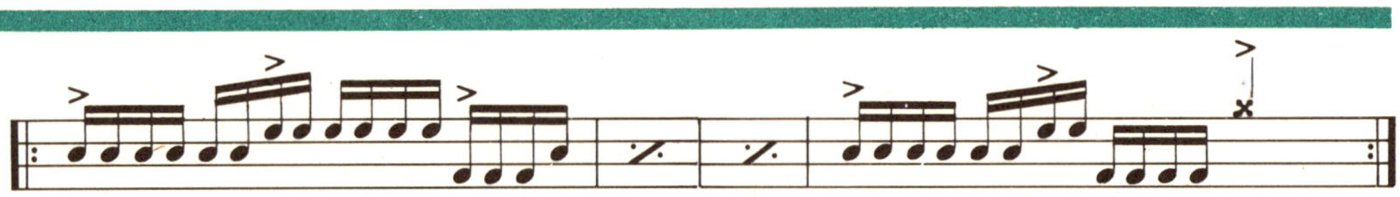

309

310

311

312

313

314

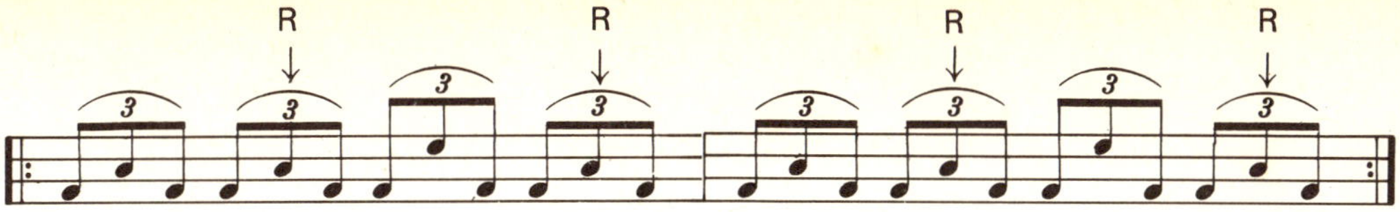

315

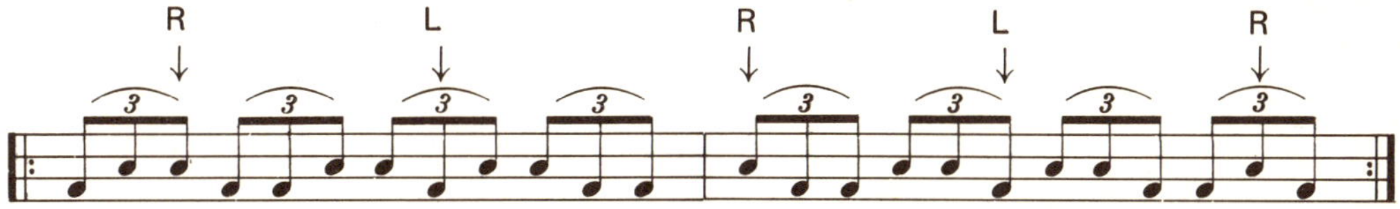

Übungen 316–318 zeigen sehr interessante Triolenverbindungen zwischen rechter Hand, linker Hand und rechtem Fuß. Beachte die Schlagfolgen der Hände!

316

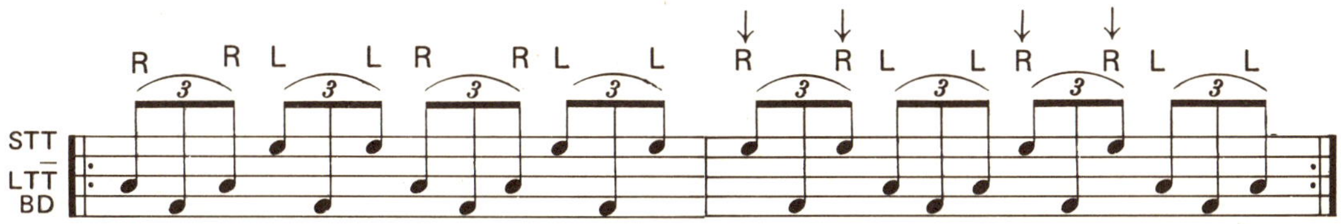

317

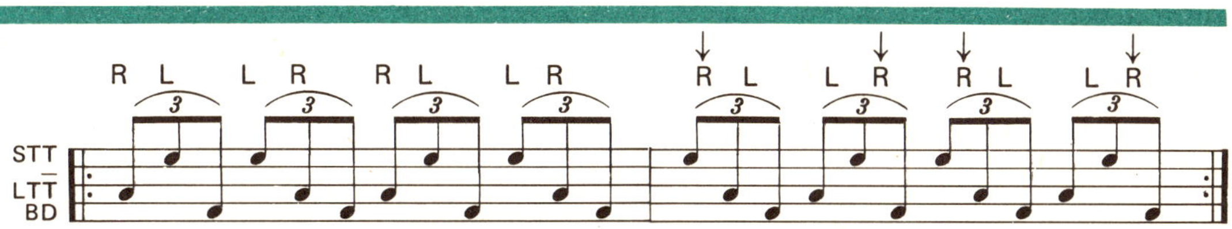

318

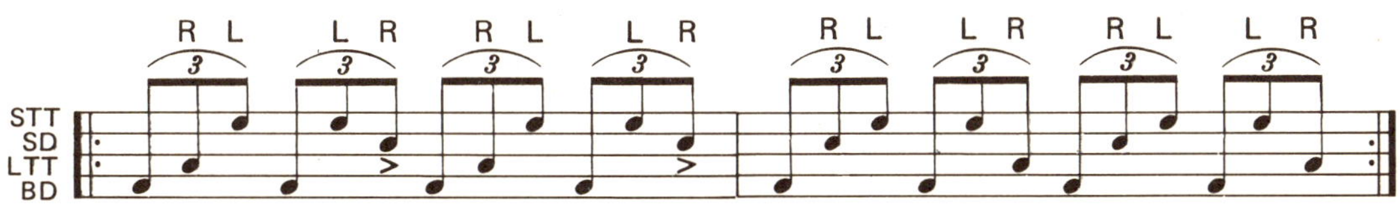

Übung 319 behandelt das Schlagen beider Stöcke gleichzeitig (simultan) auf zwei verschiedene Trommeln. Diese Schlagweise ist in der modernen Unterhaltungsmusik, sowie in Rock und Jazz immer wieder anzutreffen.

319

L = SD, R = STT + LTT! L = SD + STT, R = LTT!

Um deinen eigenen persönlichen Stil zu formen, empfehle ich dir selbst kreativ zu sein. Denke dir eigene Übungen aus! Erinnere dich an die Grundfiguren (Seite 28), an die Akzentsetzung (Seiten 70–72), an Triolen-Übungen (Seiten 75–77), an die Flam-Übungen (Seiten 79–80), usw. Spiele auch frei nach Gefühl. Deiner eigenen Kreativität und Phantasie sind keine Grenzen gesetzt. Viel Spaß!

20. Stunde
Die Becken (Cymbals)

Um den Anforderungen der heutigen Musik gerecht zu werden, ist es empfehlenswert, mehrere Becken zu verwenden. Die spieltechnischen Eigenschaften und Klangnuancen der Cymbals leisten einen erheblichen Beitrag zum „modernen Schlagzeugsound".

Wir unterscheiden drei Cymbal-Haupttypen:
1. Crash, 2. Medium, 3. Ride

Als wichtigstes Cymbal gilt nach wie vor das „Ride-Cymbal". Dieses Cymbal wird hauptsächlich für einen präzisen, durchgehenden und lebendigen „Ride-Effekt" eingesetzt. Meistens ist es aber genauso für einen kraftvollen, aggressiven „Crash" geeignet. Für den „Ride-Effekt" schlägt man das Cymbal mit der Stockspitze an. Um einen kraftvollen „Crash" zu erzeugen, wird das Cymbal mit dem Stock im Randbereich angeschlagen.

a) Die wichtigsten Grundrhythmen für Cymbal oder Hi-Hat (+ Snare Drum)

Studiere die nachfolgenden Grundrhythmen sehr aufmerksam. Beginne jede Einzelübung sehr langsam und konzentriert, bis du dich sicher fühlst. Erst dann solltest du an schnellere Tempi herangehen. Spiele alle Beckenübungen in Verbindung mit der Hi-Hat-Betonung auf „2" und „4" plus Bass Drum *leicht* auf allen Schlägen des „beat" (zuerst ohne Snare Drum, nach einiger Übung mit Snare Drum)!

Tonbeispiel 1

Viertelnoten

(320)

Tonbeispiel 2

Achtelnoten

(321)

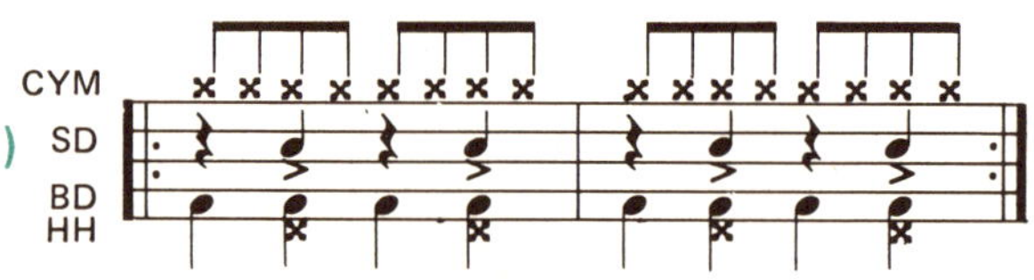

Achteltriolen

Tonbeispiel 3

(322)

Sechzehntelnoten

Tonbeispiel 4

(323)

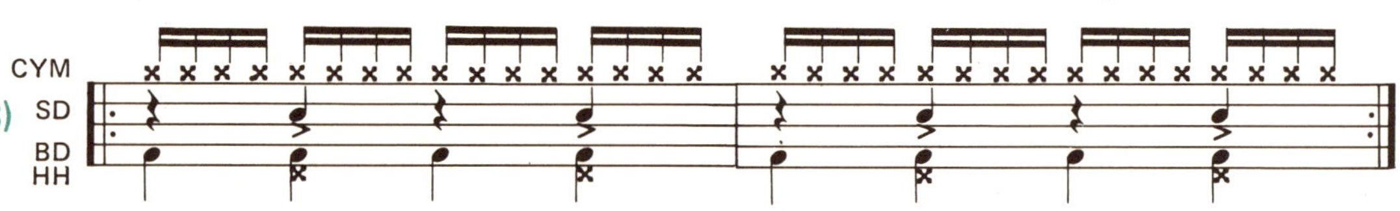

Punktierte Achtel- und Sechzehntelnoten (Shuffle)

Tonbeispiel 5

(324)

b) Grundrhythmus 6: Swing

Mit dem „Swing"-Rhythmus wollen wir uns ausführlicher beschäftigen. Hier zunächst der Grundrhythmus:

Tonbeispiel 6 Tempo ad lib.*

(325)

* = Tempo nach Belieben

Der Grundrhythmus des „Swing" gilt als fundamentale Begleitformel des gesamten vierschlägigen Jazz. Für das Spiel auf dem Becken solltest du dir, insbesondere für schnellere Tempi, die skizzierte Schlagbewegung angewöhnen. Diese Bewegung von Seite zu Seite, bzw. „gegen den Uhrzeigersinn" vermittelt allmählich ein besonders swingendes und fließendes Rhythmusgefühl. Achte dabei auf den leichten Akzent auf „2" und „4"!

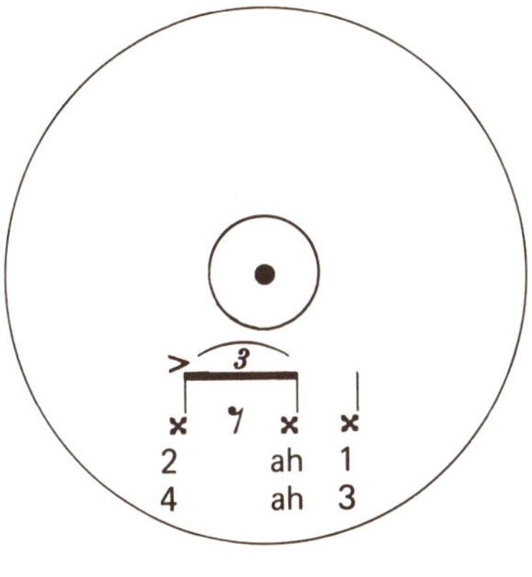

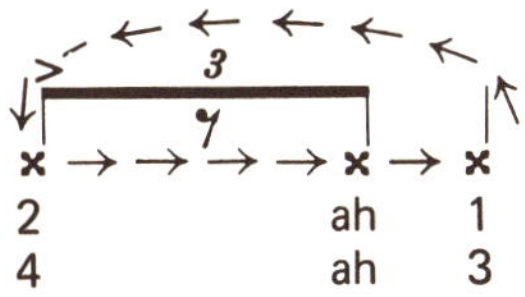

Bewegungsablauf bei schnellem Beckenschlag auf dem „Ride-Cymbal"

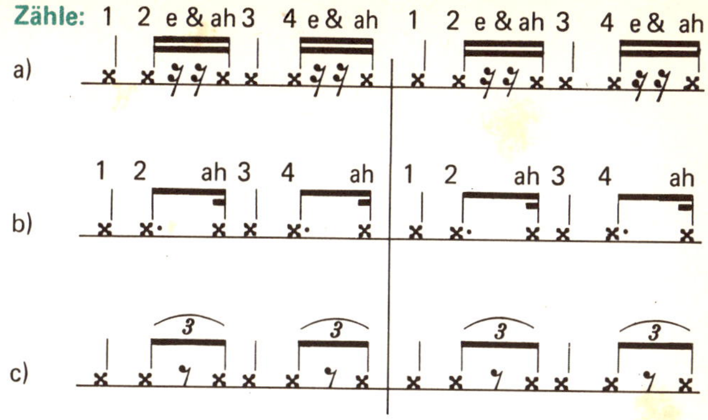

Die in der Regel punktierte und so notierte  *„Standard-Schreibweise"* von Übung b) – abgeleitet von Übung a) – wird

sinngemäß so phrasiert:  Übung c).

Deshalb verwende ich in den folgenden 4/4-Takt-Übungen (1.-3. Takt = Grundrhythmus, 4. Takt = Solorhythmus), sowie im 3/4- und 5/4-Takt die Umsetzung von der punktierten Figur in eine *„erste und dritte Achtel-Triolenfigur"*. Übe sorgfältig, zuerst ohne Snare Drum! Wiederhole mehrmals!

326 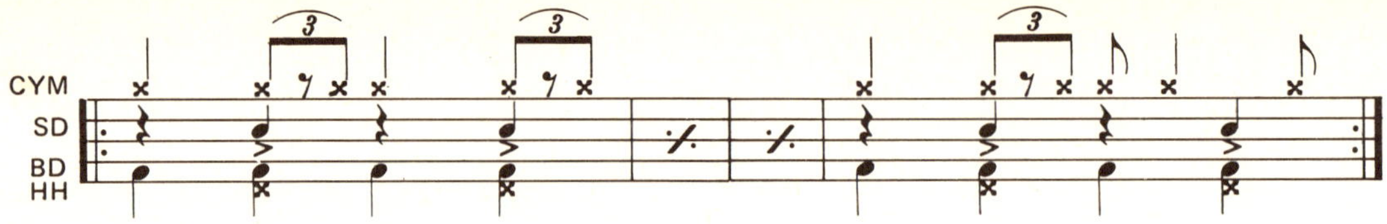

327 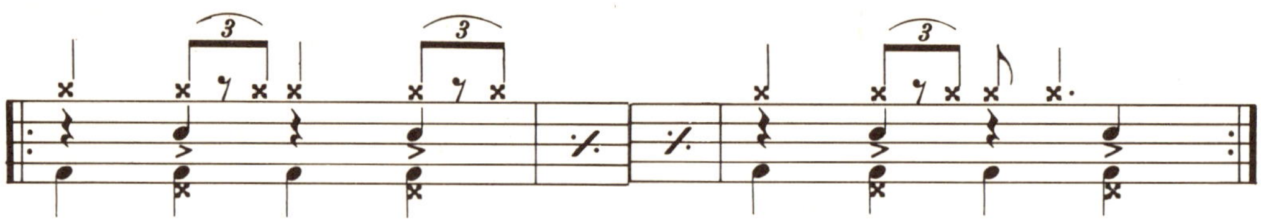

328 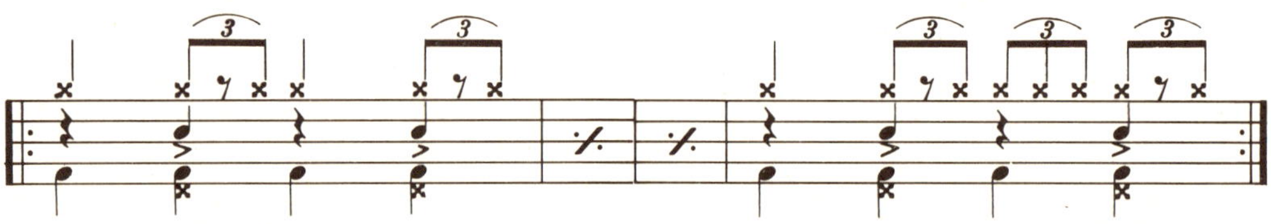

329 

330 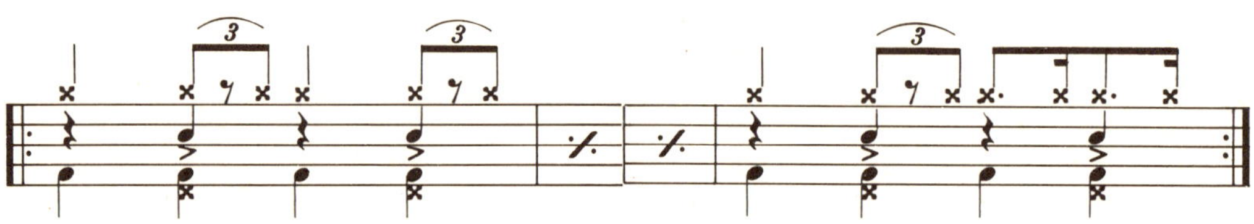

331 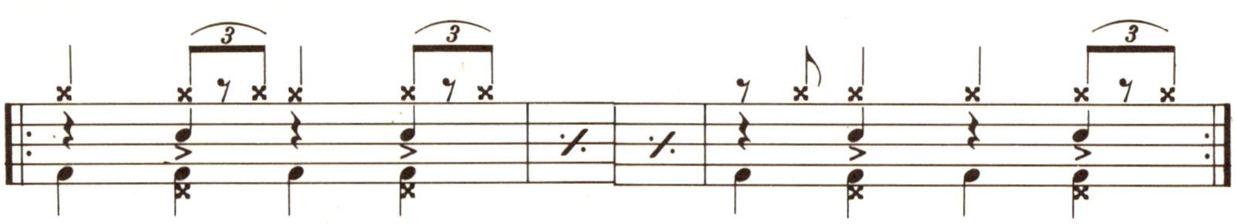

332 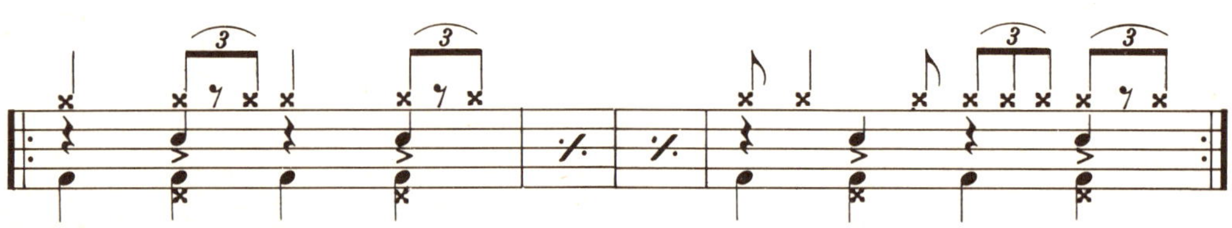

333 

334

335

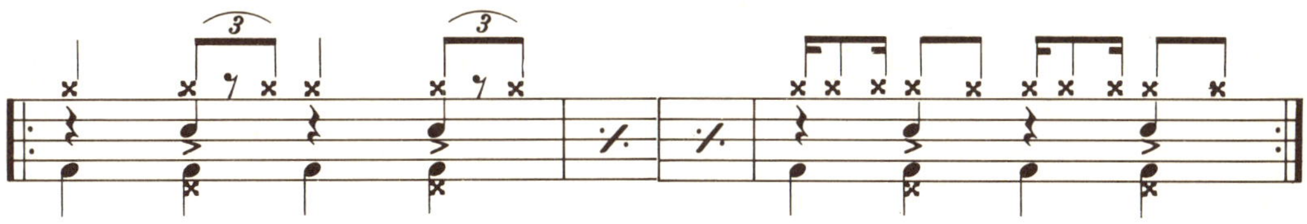

336

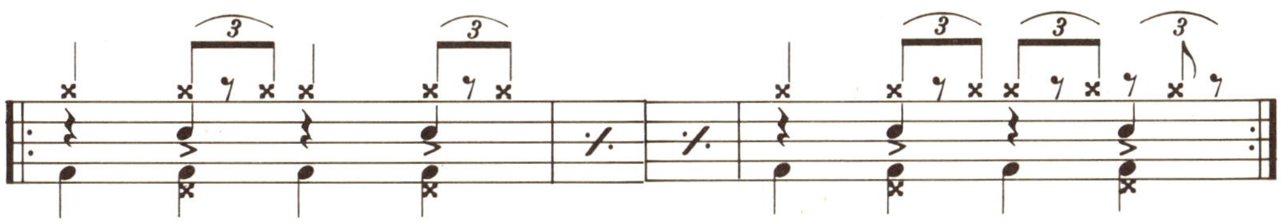

337

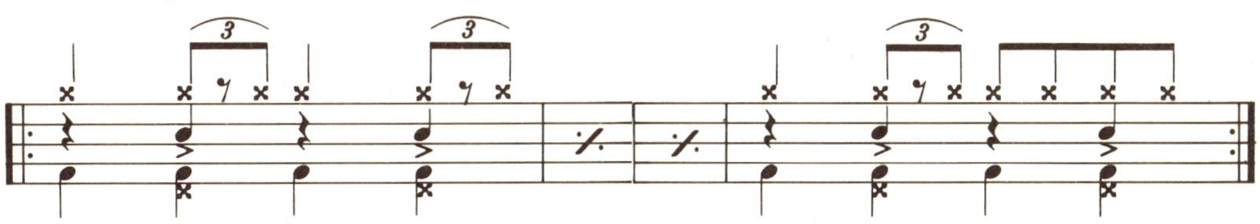

338

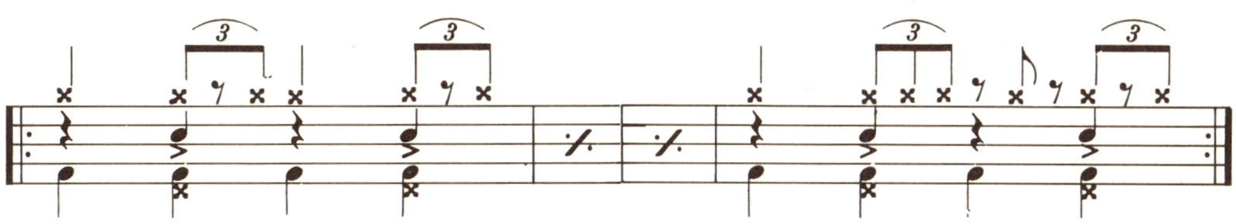

339

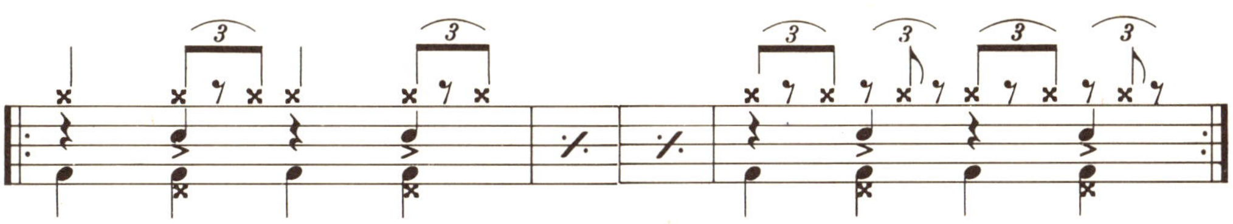

340

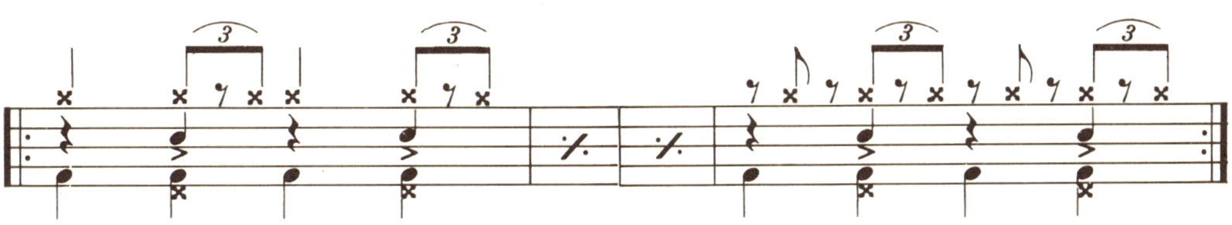

3/4-Takt

Grundrhythmus: 3/4 – Swing
Zähle: 1 – 2 – 3
BD auf: „1"
HH auf: „2" und „3"
SD auf: „2" und „3"

341

342
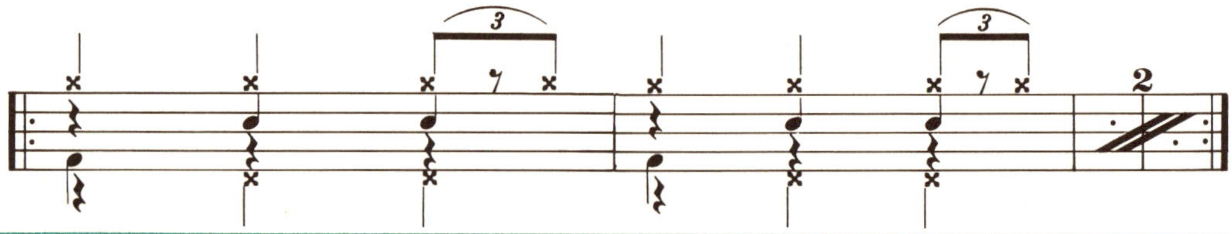

343
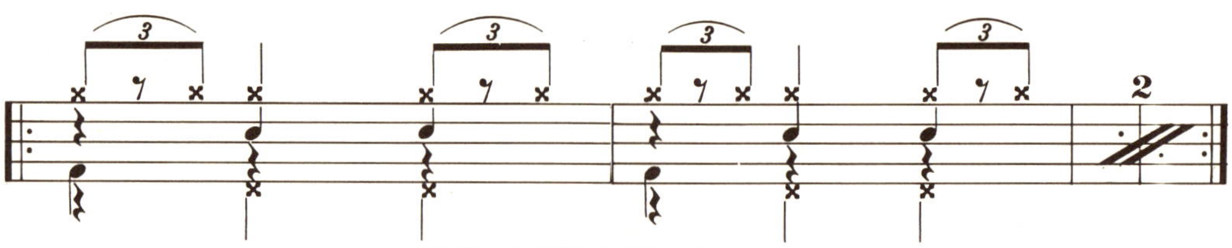

344

5/4-Takt

Grundrhythmus: 5/4 – Swing
Zähle: 1 – 2 – 3 – 4 – 5
(oder: 1 – 2 – 3 – 1 – 2)
BD auf: „1"
HH auf: „2" und „4"
SD auf: „2" und 4"

345
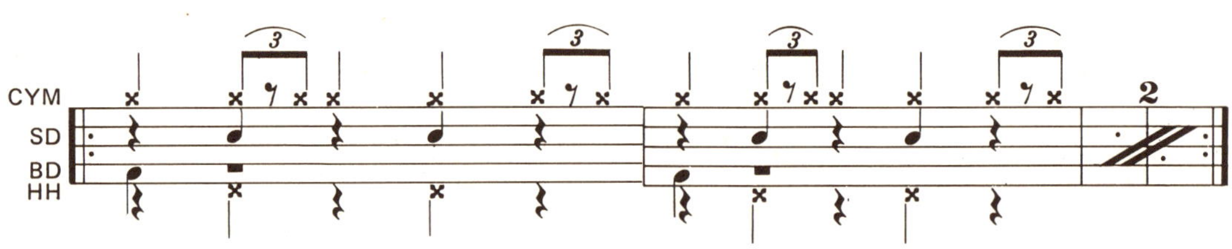

346
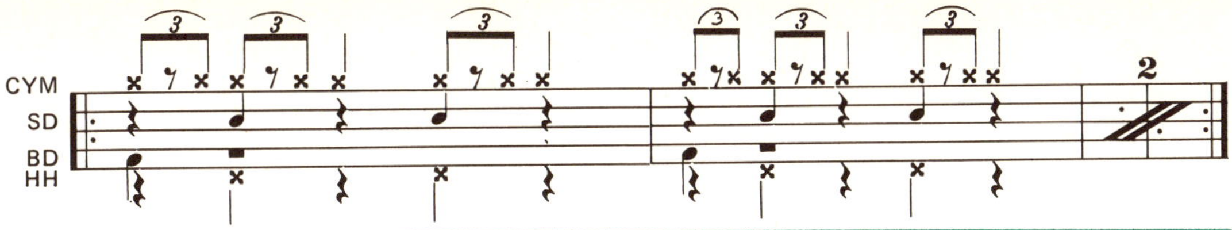

347
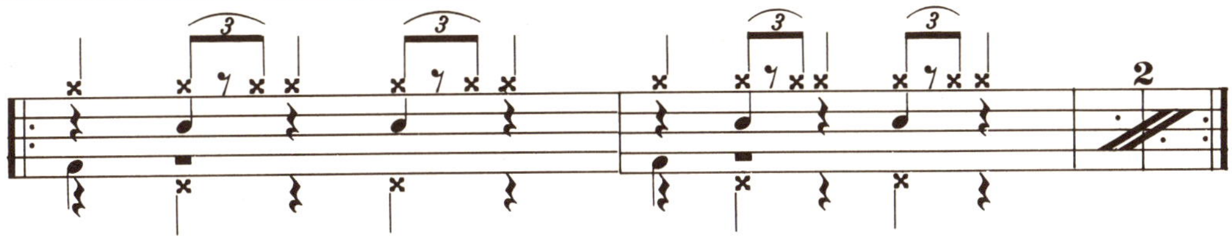

Weitere Rhythmen im 3/4- und 5/4-Swing siehe 25. Stunde, Absatz f).

21. Stunde

Das Hi-Hat (Fortsetzung)

Nachdem du dir eine grundlegende Hi-Hat-Technik mit dem linken Fuß angeeignet hast (siehe 1. Stunde, Seite 34), kommen wir in dieser Stunde zu drei weiteren Hi-Hat-Rhythmen des linken Fußes, jedoch bereits in Verbindung mit Bass Drum, Snare Drum und Cymbal.

Außer der regelmäßigen Hi-Hat-Betonung auf „2" und „4", welche einen swingenden Rhythmus erzeugen kann, sind ebenso die Betonungen auf *„Viertelnoten"*, *„Achtelnoten"*, und schließlich auf dem *„und"* der Achtelnoten sehr populär. Studiere die folgenden Beispiele:

1 (348)
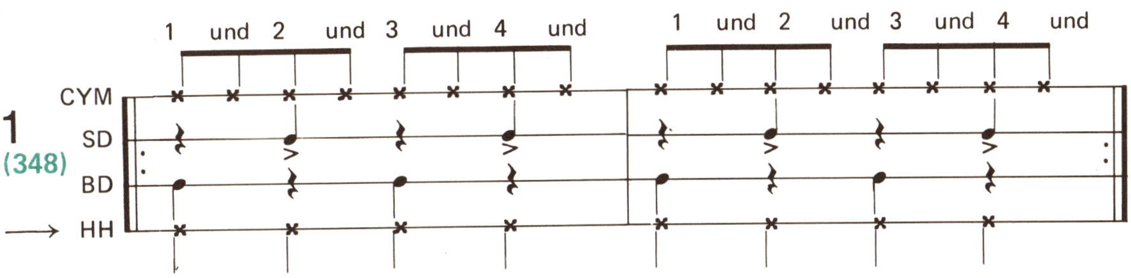

2 (349)
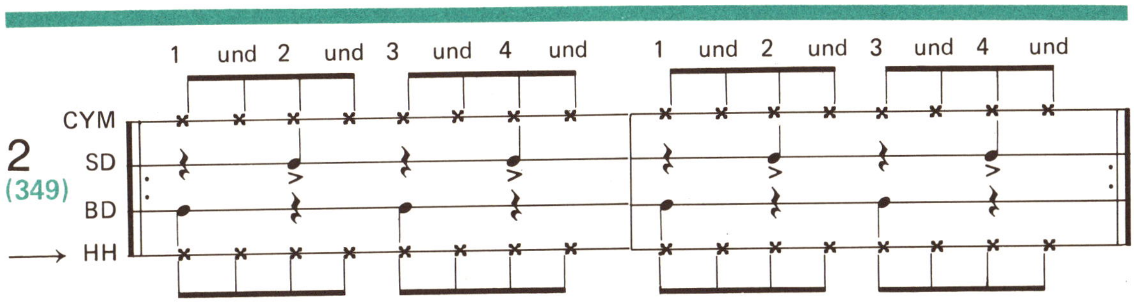

3 (350)
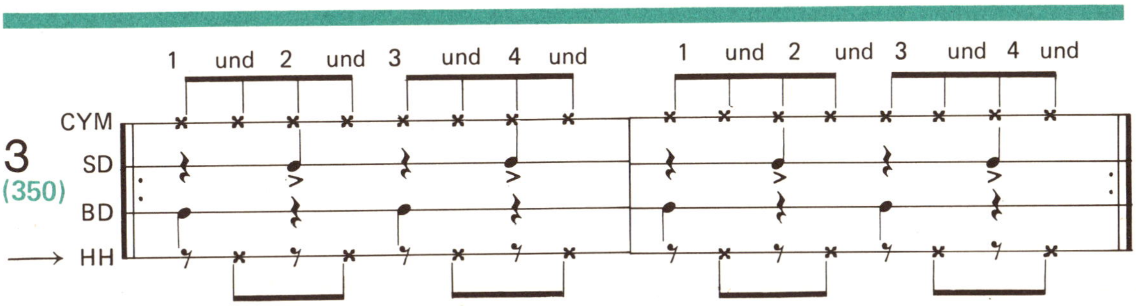

Für das Spiel auf dem Hi-Hat mit dem Stock (rechte Hand) sind zwei Anschlagarten nennenswert:

a) mit der Spitze des Trommelstockes (Abb. 43). Durch diese Anschlagart entsteht ein brillianter, schmissiger, aber auch ein feiner, ausgeglichener Klang.

b) mit dem vordersten Drittel des Trommelstocks am äußersten Rand (Abb. 44). Hiermit wird ein schwerer, rockiger, Klang erzeugt.

TIP

Ein je nach Anschlagstärke leicht- bis aggressiv-sprühender Klang entsteht, wenn die Hi-Hat-Cymbals minimal geöffnet bleiben. Die Cymbalränder müssen sich noch berühren (Regulierung durch den Fuß!).

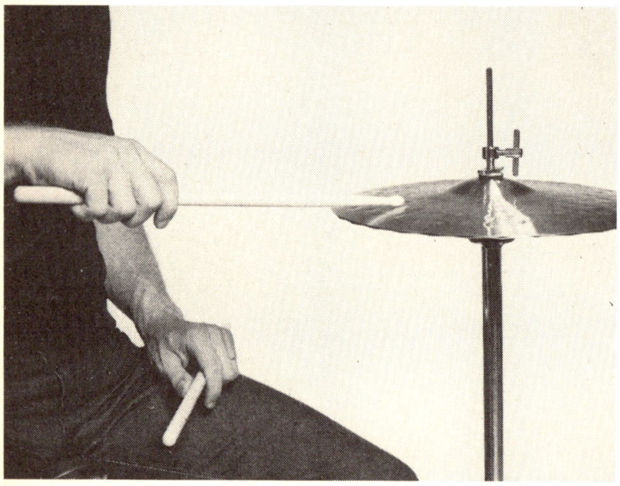

Abb. 43

Abb. 44

Verwende für das Spiel auf den Hi-Hat-Becken in erster Linie die bereits beschriebene „Paukenhaltung" (siehe Seite 23). Für sehr schnelle Tempi (Sechzehntel!) empfehle ich dir die „Fingerkontrolltechnik 3" (siehe Seite 24).

22. Stunde
Die „kürzeren Wirbel“ (Short Rolls)

Um „Kurzwirbel“ sauber und exakt spielen zu können, gilt die Beherrschung von „Single Stroke Roll“ und „Double Stroke Roll“ als unbedingte Voraussetzung. Sämtliche Kurzwirbel werden als „abzuleitende Formen“ dieser beiden grundlegenden Wirbeltechniken und -arten angesehen.

Die Notierung von Wirbeln erfolgt durch Abkürzungen:

Notation

Ganze Note (1 Strich)

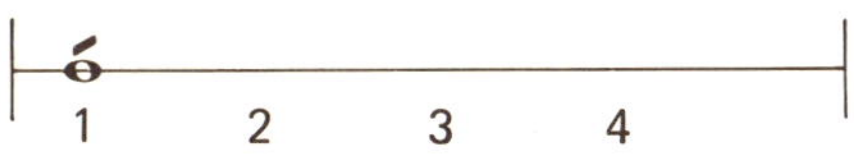

Ausführung

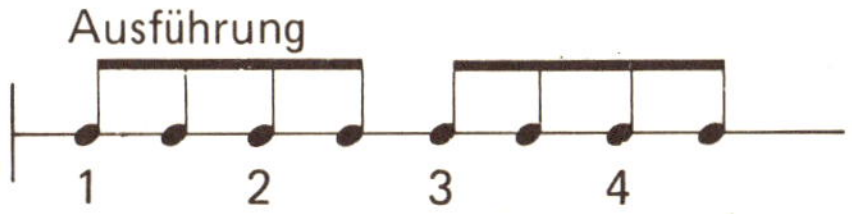

Notation

Ganze Note (2 Striche)

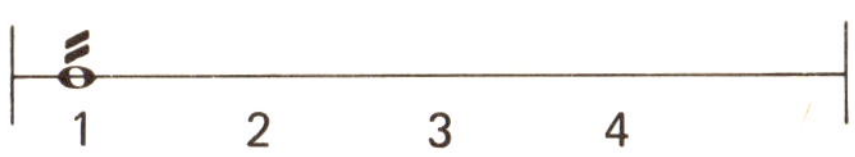

Ausführung

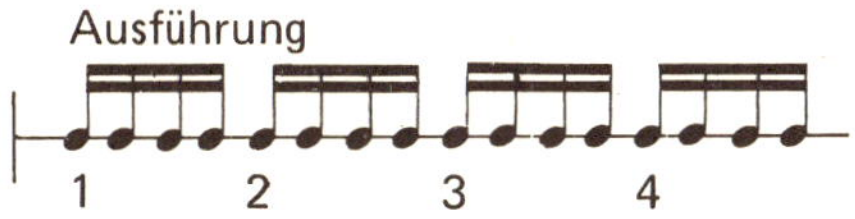

Notation

Ganze Note (3 Striche)

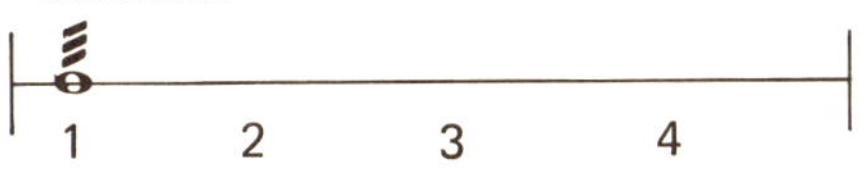

Ausführung

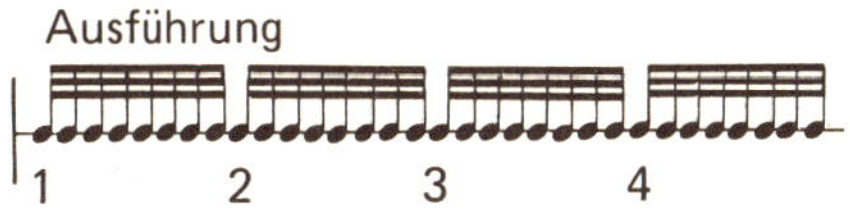

(Ganze-Noten-Wirbel)

Dabei gelten die ein, zwei und drei Striche über der Note auch für Halbe- und Viertelnoten. Bei Achtel-Noten wird der Notenwert noch einmal halbiert:

(16-tel)

(32-tel)

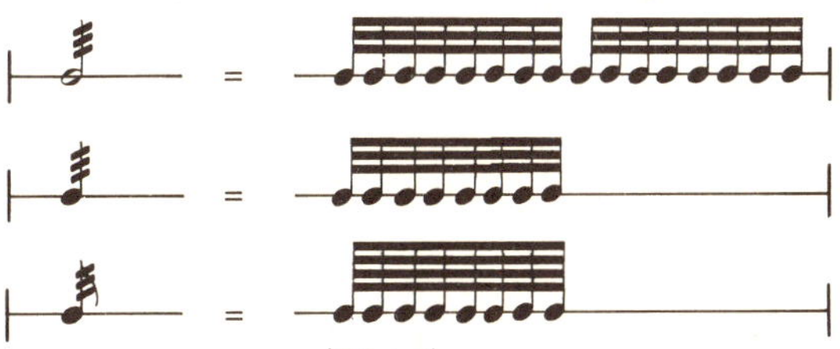

(64-tel)

Alle Kurzwirbel sind wichtig. Die mit !!! gekennzeichneten Formen werden besonders häufig angewandt. Für die gebräuchlichen Notationsbeispiele gilt meist ♩ = 112–120! Wiederhole solange, bis jede Übung in diesem oder dem jeweils angegebenen Tempo sauber und gleichmäßig klingt! Beachte die Akzente!

I. „Single Stroke Short Rolls“ – „Einzelschlag-Kurzwirbel“ (Ruffs)

Alle kurzen Schlagfiguren, welche sich vom Single Stroke Roll ableiten lassen – also abwechselnd rechts und links (links und rechts!) geschlagen werden – bezeichnet man als „Ruff“.

a) Three Stroke Ruff (Figur von „3“) !!!

351

Kleingedruckte Noten, auch Verzierungsnoten genannt (siehe Flam, Ruffs, Ratamacues, usw.), sind immer möglichst kurz vor der Hauptnote zu spielen!

352

353
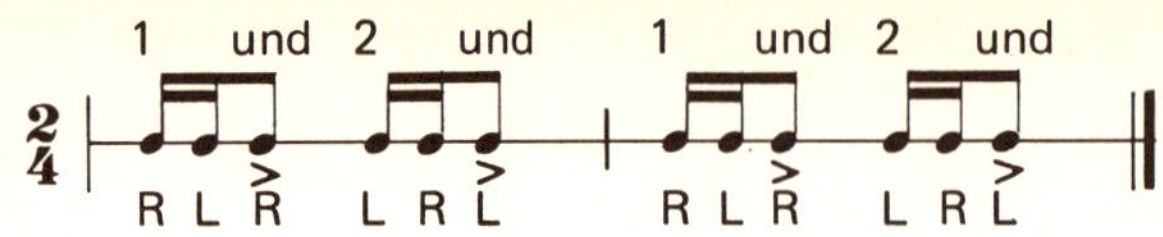

b) Four Stroke Ruff (Figur von „4") !!!

354

355

356

c) Five Stroke Ruff (Figur von „5") !!!

357
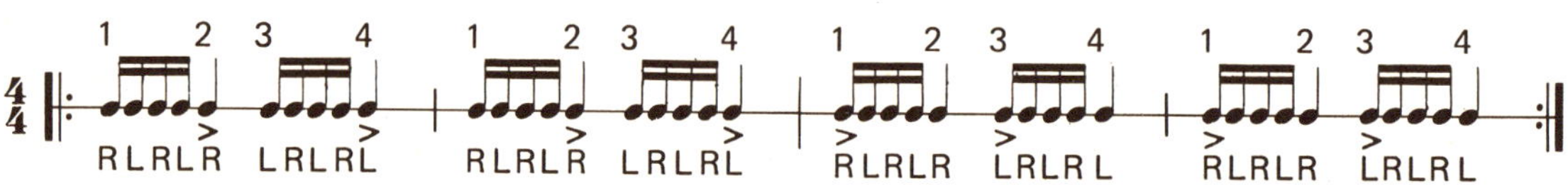

358
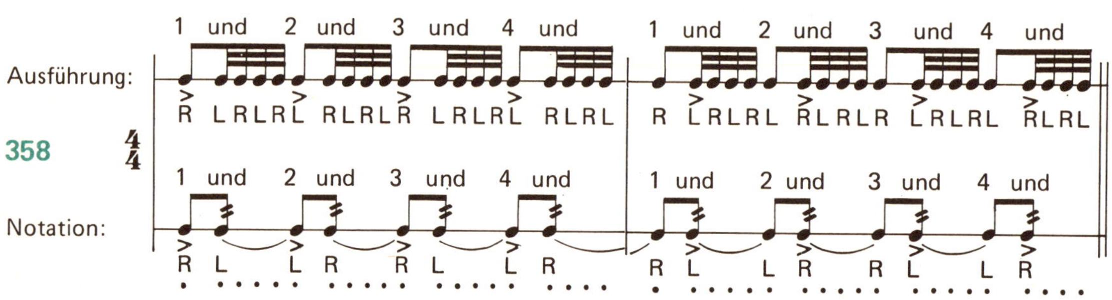

359
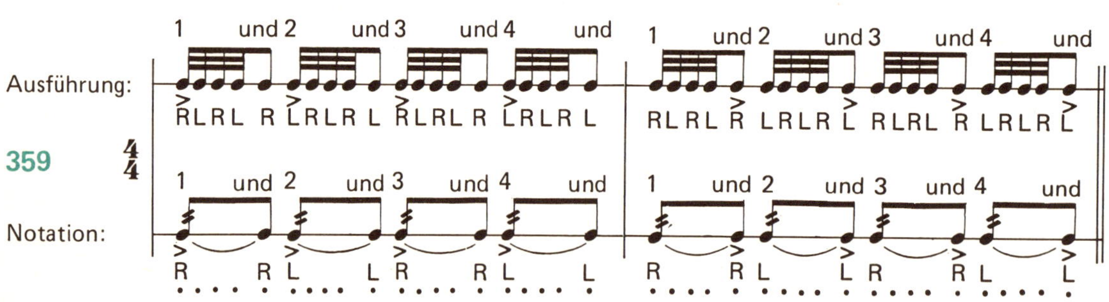

Punkte, welche über oder unter der Notation erscheinen, entsprechen jeweils der Anzahl der zu spielenden Noten.

Zahlenangaben zwischen oder über der Notation – sie sind der schnelleren Lesbarkeit wegen zweckmäßiger als Punkte –, haben dieselbe Bedeutung!

d) Seven Stroke Ruff (Figur von „7“)

360
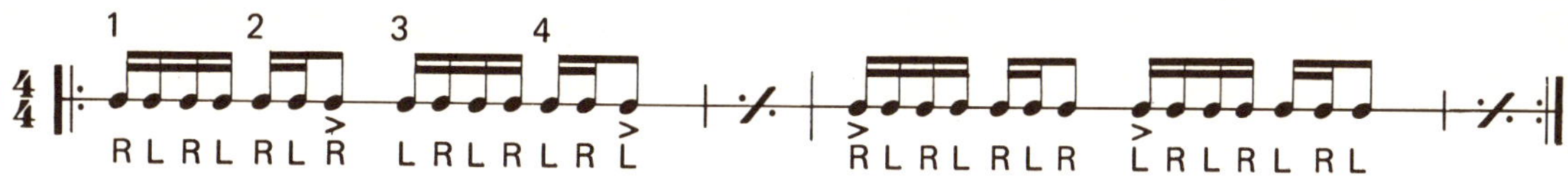

361
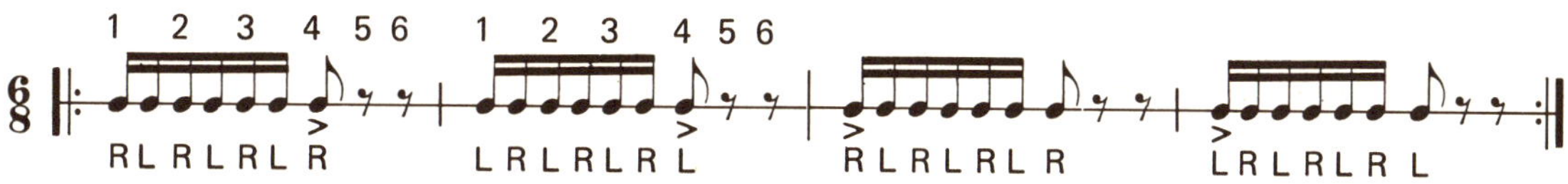

𝅗𝅥 = 112–120, jedoch zuerst langsam!

362
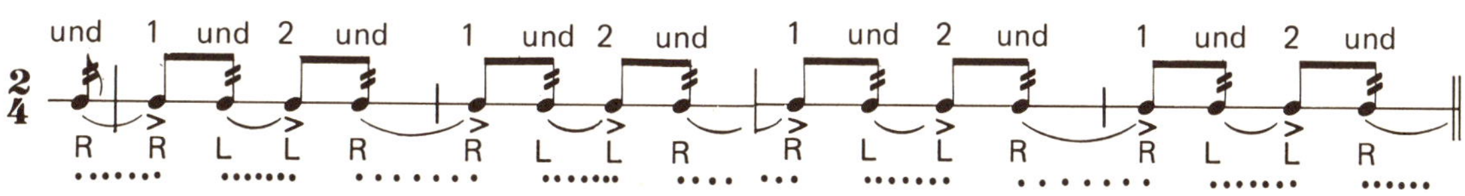

363
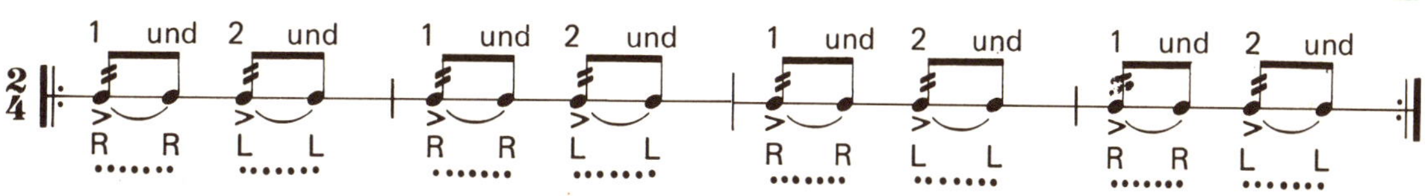

e) Nine Stroke Ruff (Figur von „9“)

364

♩ = 112–120, jedoch zuerst langsam!

365
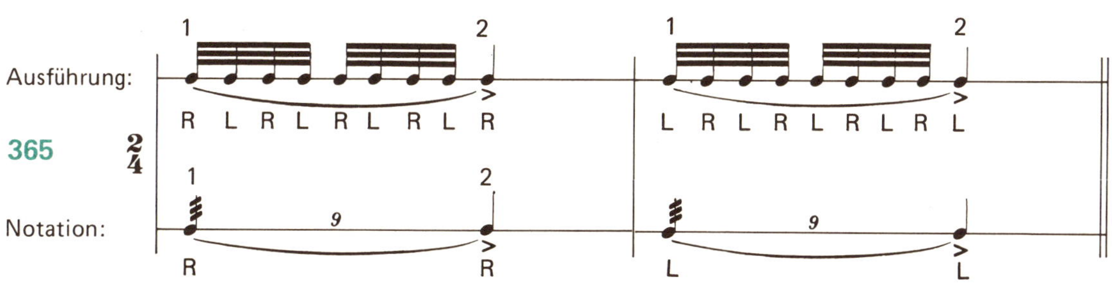

366
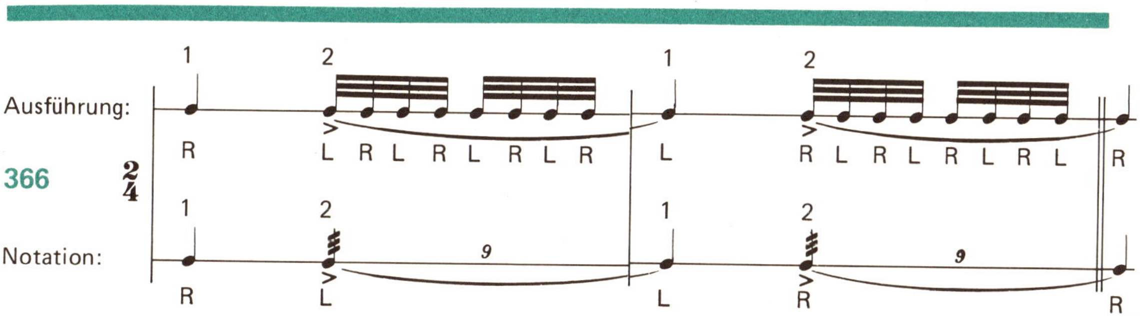

II. „Double Stroke Short Rolls" – „Doppelschlag-Kurzwirbel"

a) „Ruff" oder „Half Drag" !!!

Der „Ruff" bzw. seine herkömmliche Spielweise besteht aus einem Doppelschlag mit darauffolgendem betonten Einzelschlag (abgewandelte Spielweise = Three Stroke Ruff). Er kann sowohl abwechselnd geschlagen werden, was technisch schwieriger ist, als auch nicht abwechselnd gespielt werden, wobei diese Möglichkeit für schnellere Tempi besser geeignet ist. Studiere beide Arten!

367

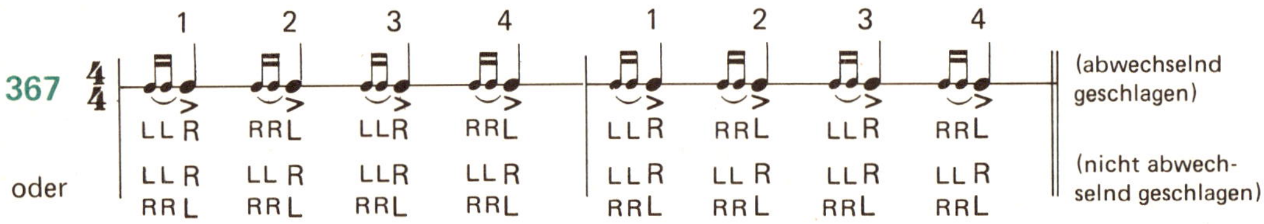

368

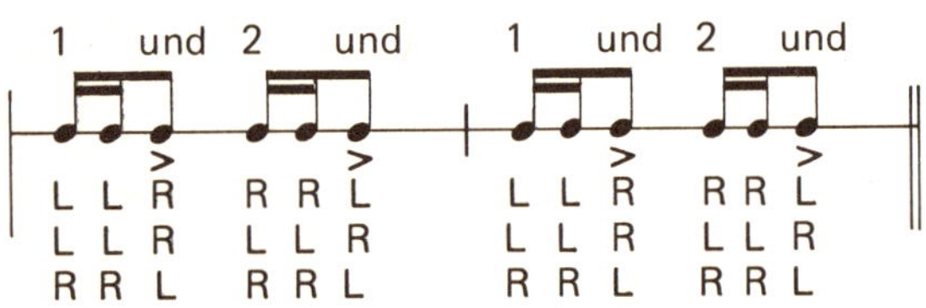

369

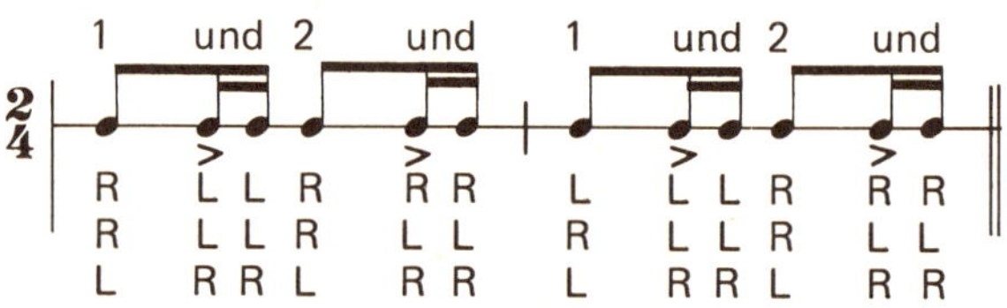

b) „Five-Stroke-Roll" („Wirbel von 5") !!!

Der „Five-Stroke-Roll" besteht aus zwei Doppelschlägen mit darauffolgendem Einzelschlag.

370

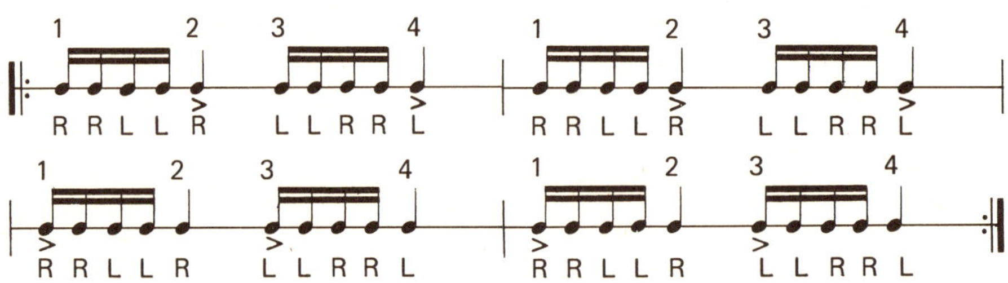

371

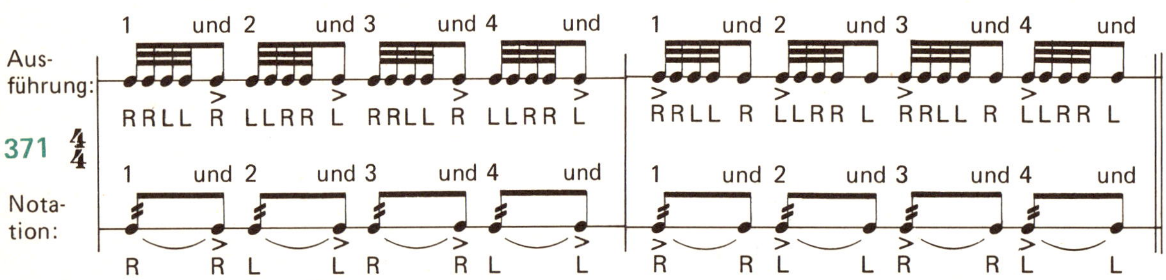

372

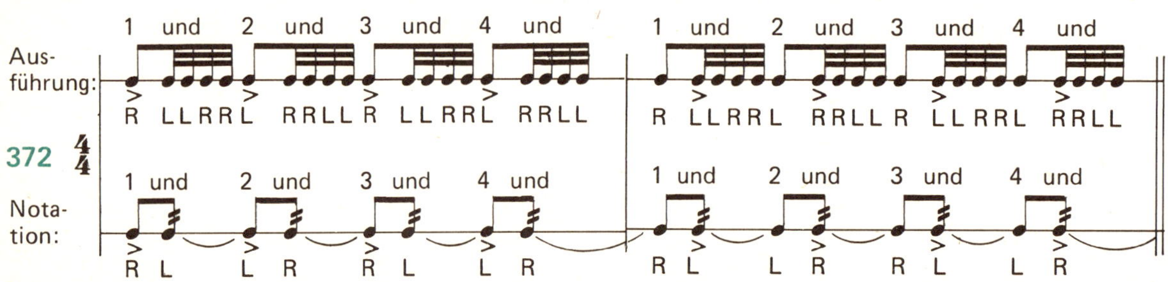

c) „Six-Stroke Roll" („Wirbel von 6")

Der „Six-Stroke Roll" besteht aus zwei Doppelschlägen und zwei betonten Einzelschlägen. Alle geradzahligen Kurzwirbel (6-, 8-, 10-Stroke Roll, usw.) enden mit zwei, meist betonten Einzelschlägen!)

373
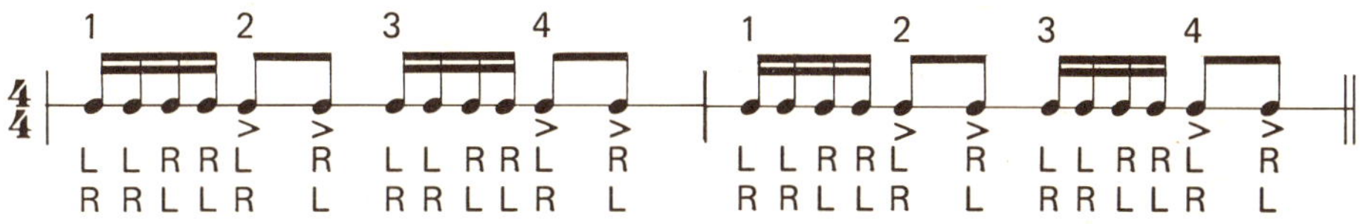

374
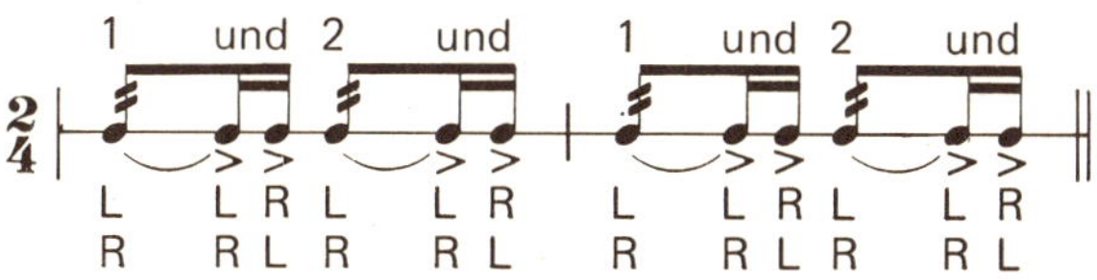

d) „Seven-Stroke Roll" („Wirbel von 7") !!!

Der „Seven-Stroke Roll" besteht aus drei Doppelschlägen mit darauffolgendem Einzelschlag. Beginne immer „nur links"!

375

376
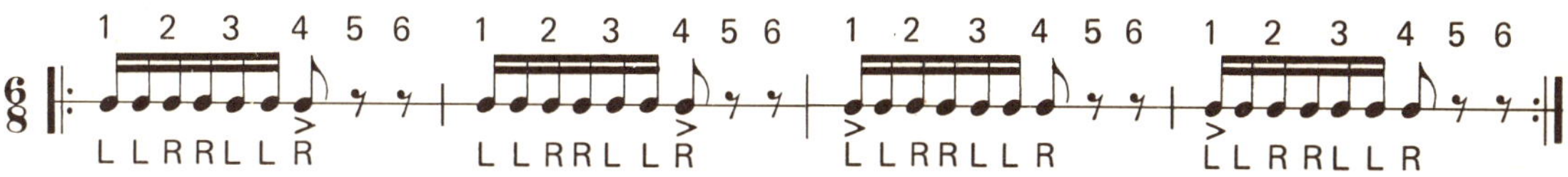

Ausführung:

377

Notation:
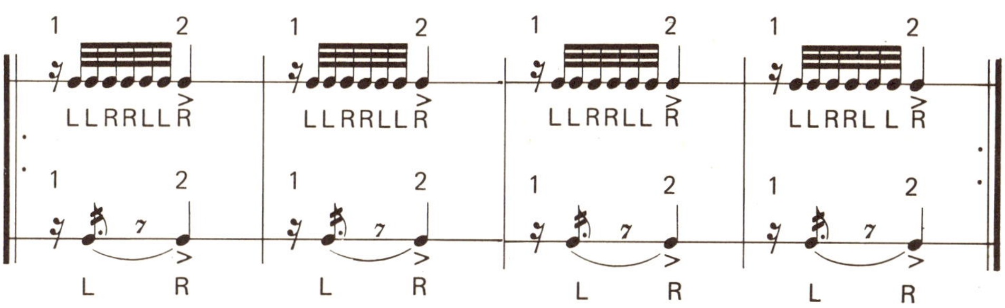

Ausführung:

378

Notation:
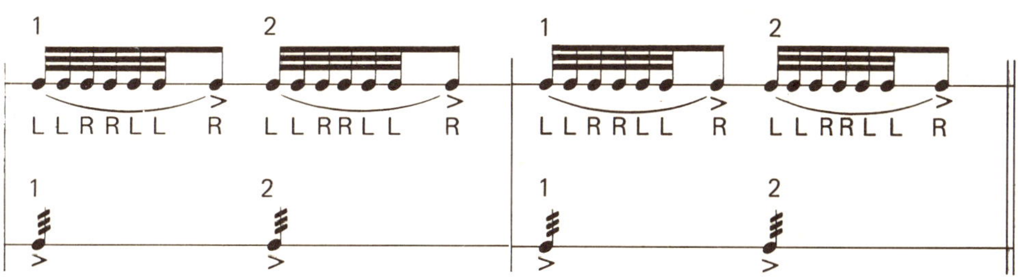

e) „Nine-Stroke Roll" („Wirbel von 9")

Der „Nine-Stroke Roll" besteht aus vier Doppelschlägen mit darauffolgendem Einzelschlag.

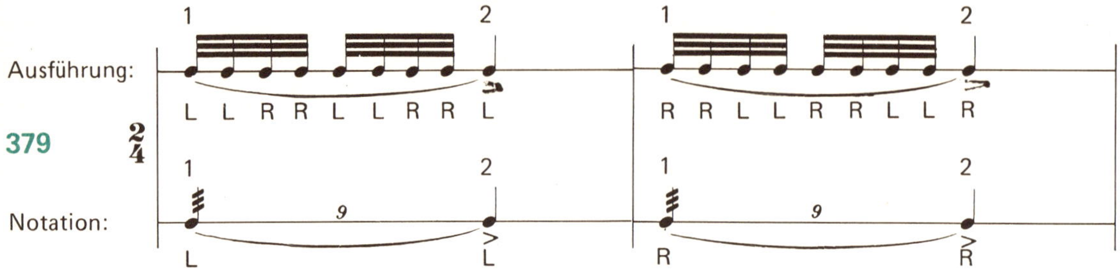

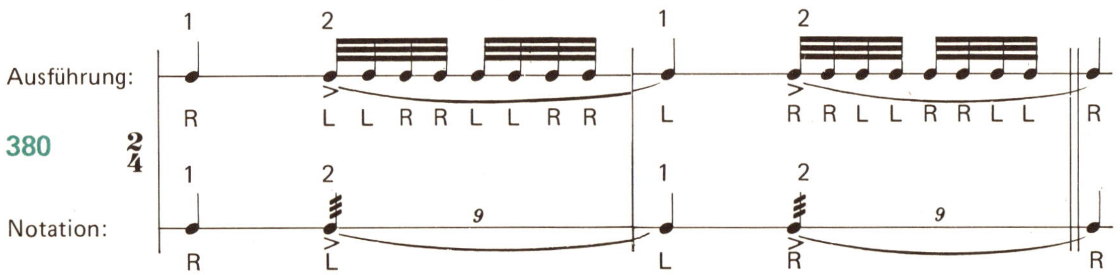

Weitere Kurzwirbel: 10-Stroke Roll, 11-Stroke Roll, 13-Stroke Roll, 15-Stroke Roll, 17-Stroke Roll (siehe Rudiments komplett, Seite 108)!

III. Kombinationsübungen mit Kurzwirbeln

Nach beträchtlichem Zeitaufwand und somit ausgiebigem Studium des „Doppelschlagwirbels" und der von ihm abzuleitenden Kurzwirbel, dürfte es dir nicht mehr besonders schwerfallen, die nachfolgenden Kombinationsübungen zu erlernen. Übe nicht schneller als ♩ = 120! Spiele immer locker und entspannt (relax!).

Studiere in Verbindung mit der *Hi-Hat-Betonung* (im 2/4-Takt jeweils auf dem „und", im 3/4-Takt auf „2" und „3", im 4/4-Takt auf „2" und „4") und/oder Bass Drum *leicht* auf allen Schlägen des „beat" (im 3/4-Takt nur auf „1")!

RELAXE

a) Five-Stroke Roll („Wirbel von 5")

382
383
384
385
386
387
388
Flam
389
390
391
392

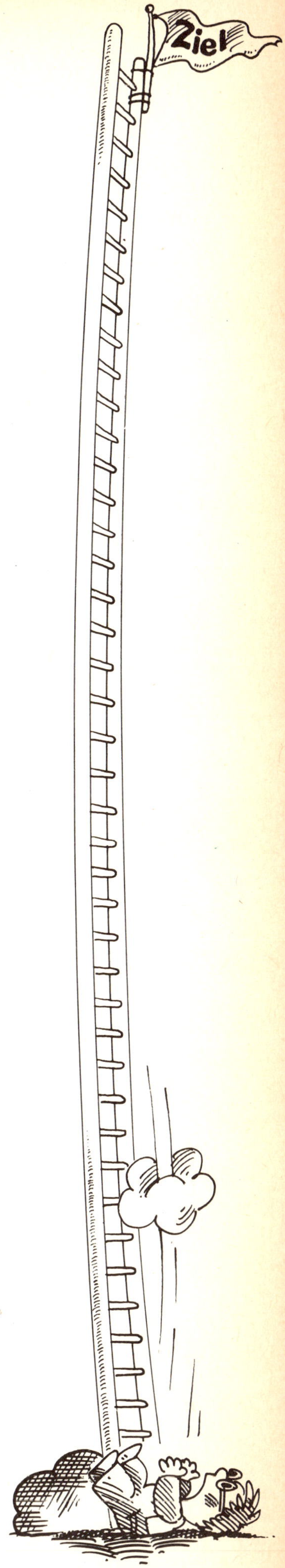
Ziel

b) Seven-Stroke Roll („Wirbel von 7")

393
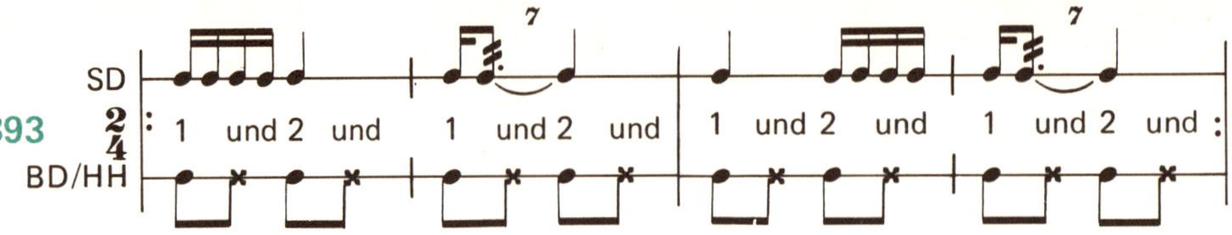

394
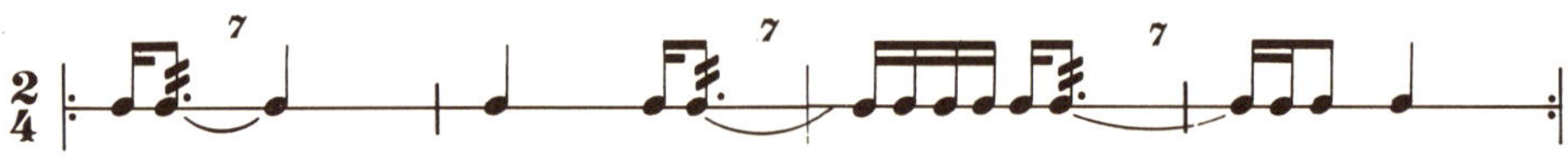

395
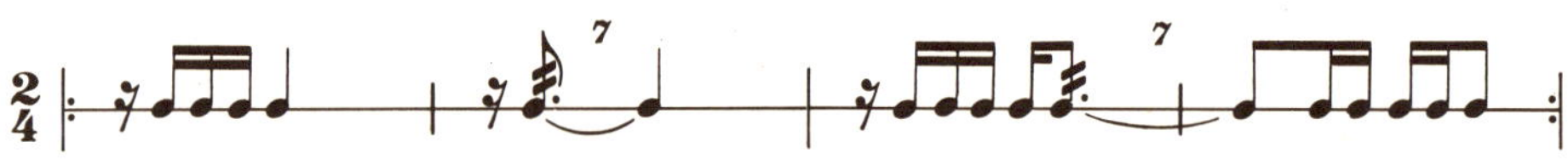

396
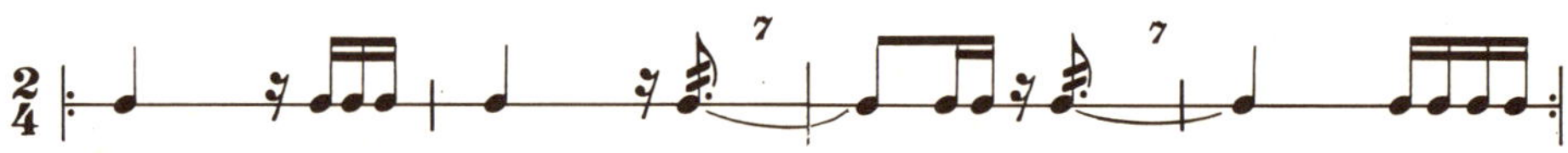

397
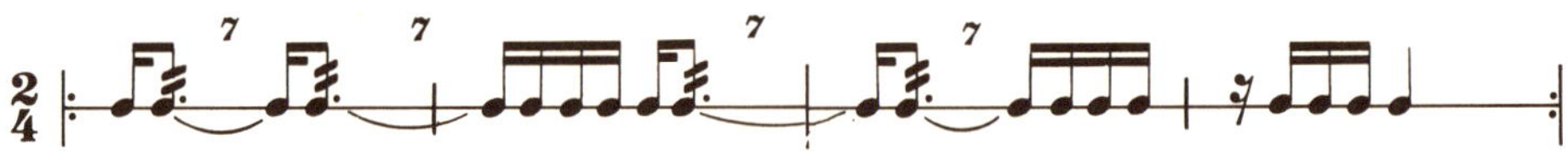

398
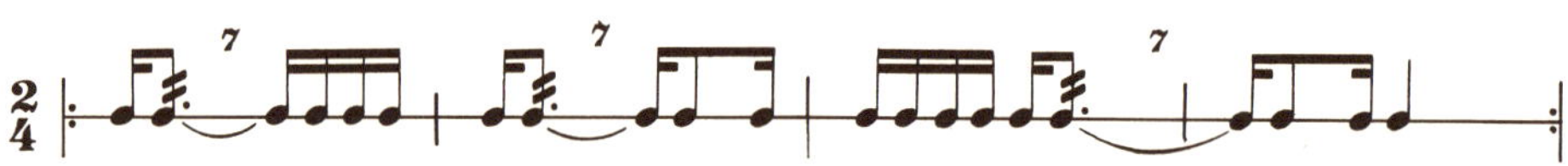

399
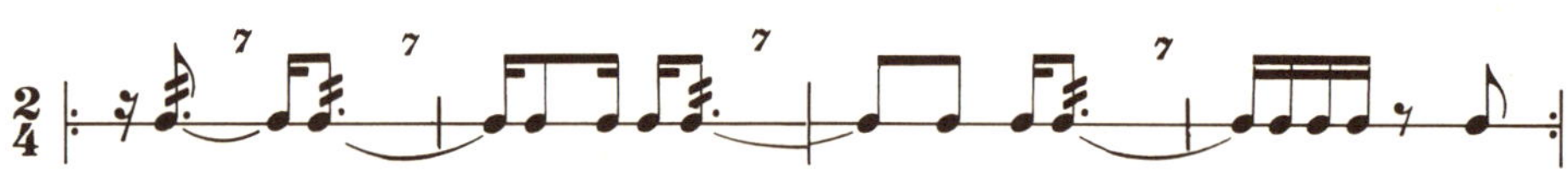

400

401
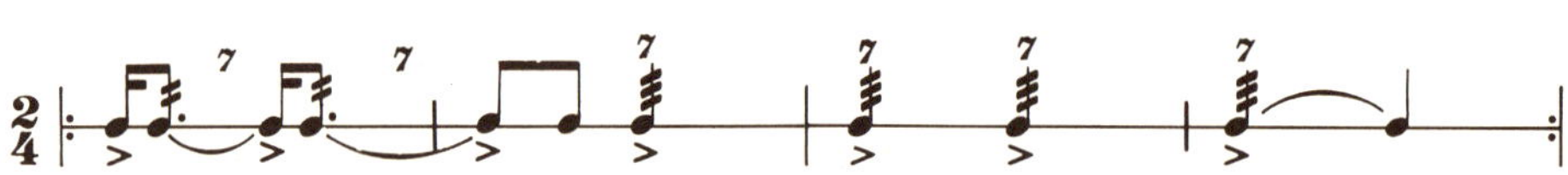

402

c) Nine-Stroke Roll („Wirbel von 9") / Seventeen-Stroke Roll („Wirbel von 17")

403
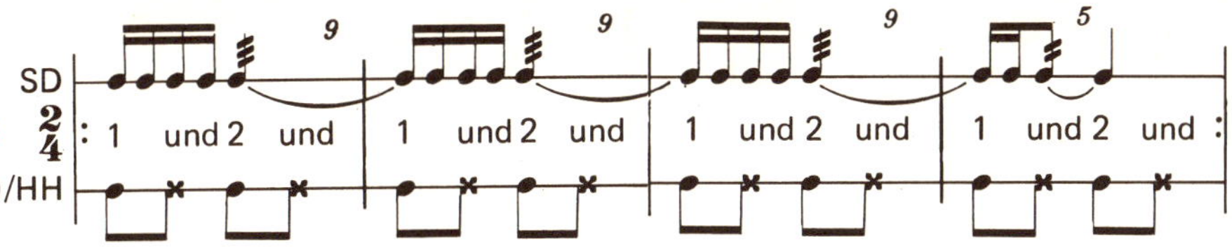

404

405
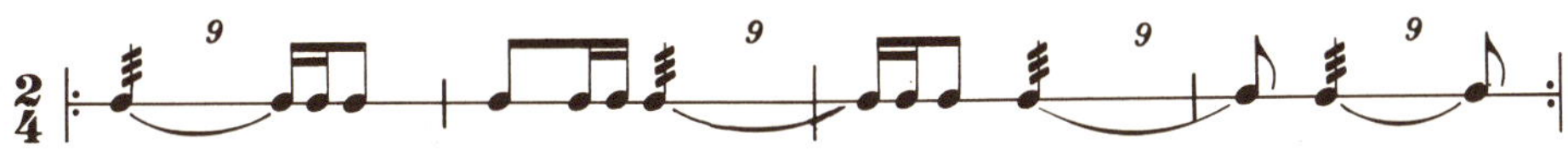

406

407

d) Five-, Seven-, Nine- und Seventeen-Stroke Roll („Wirbel von 5-, 7-, 9- und 17")

408
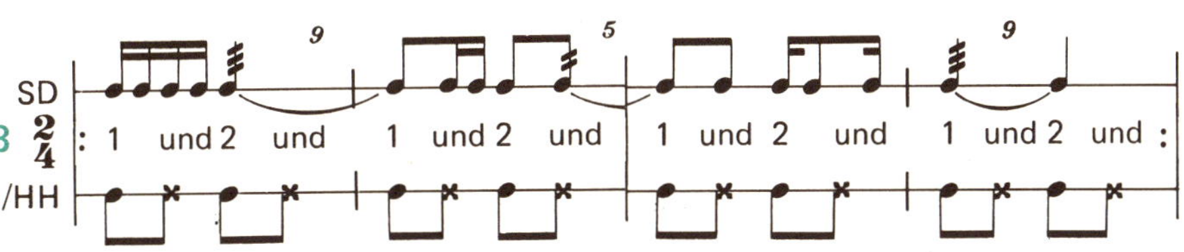

409
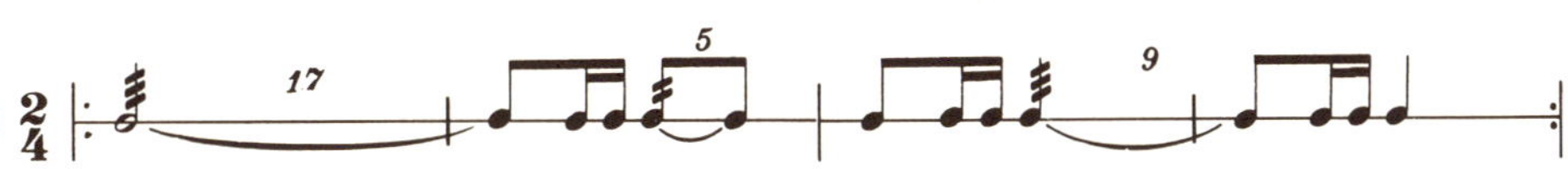

410

411

412
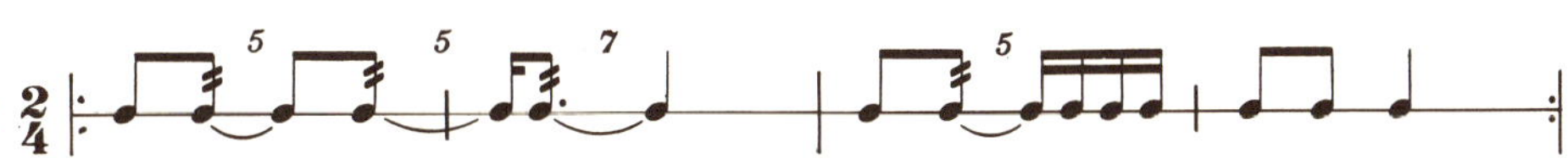

413
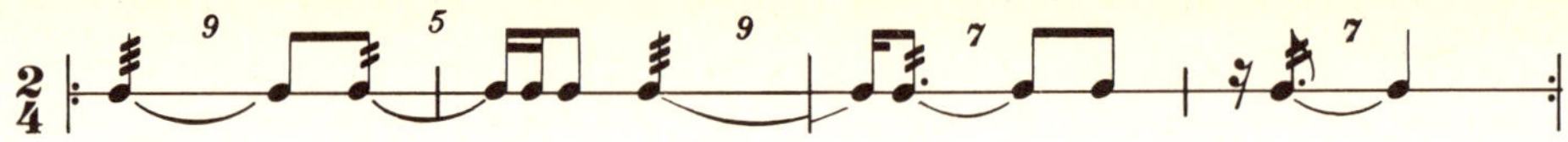

414

415

416

417

3/4-Takt

418
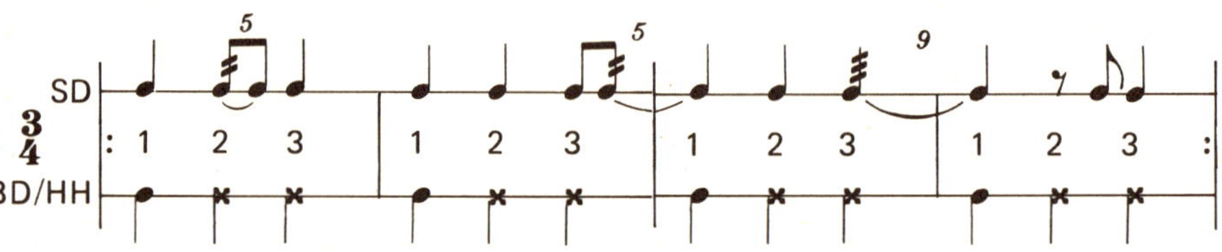

419

420
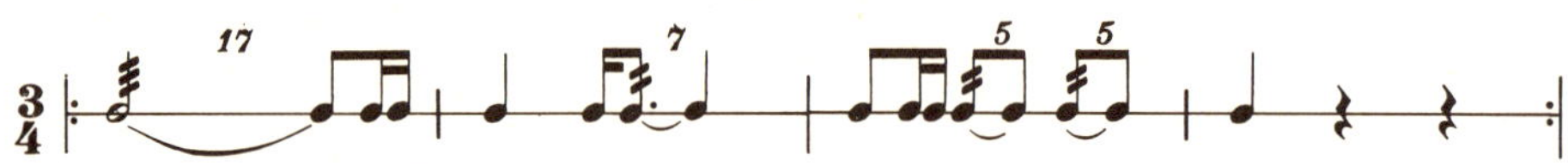

421

422

4/4-Takt

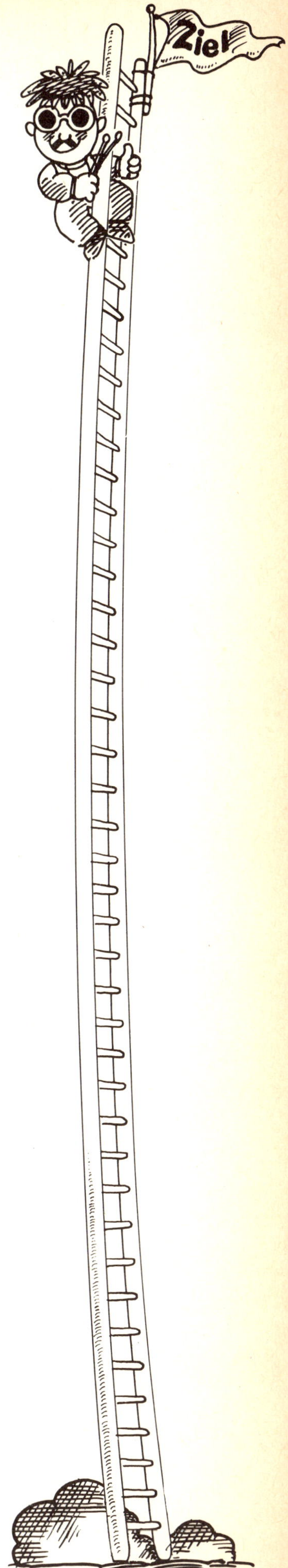

430 

431 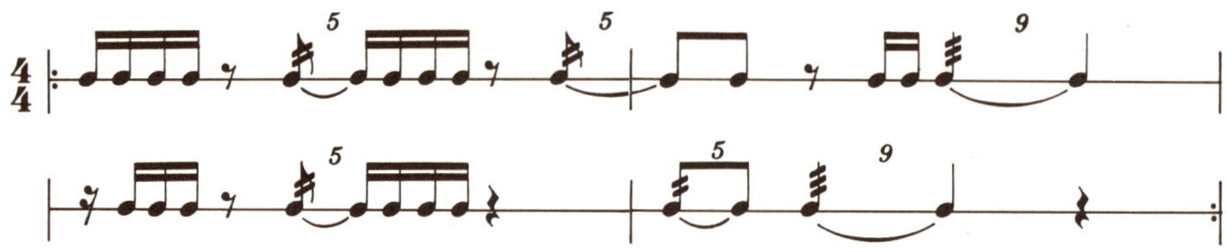

432 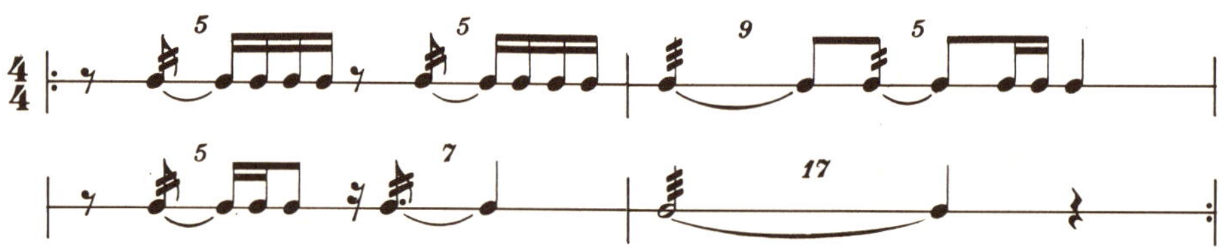

433 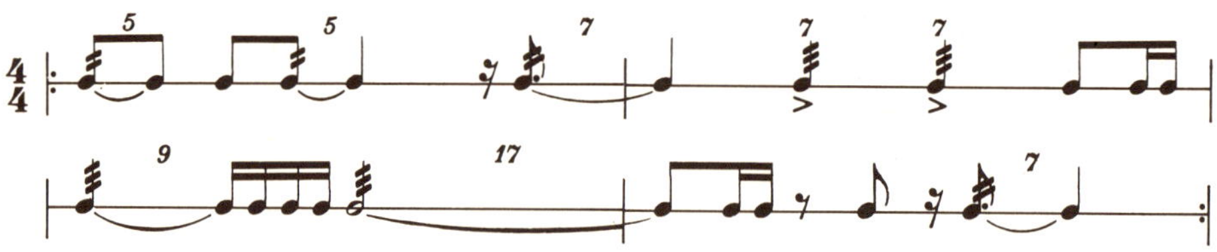

434 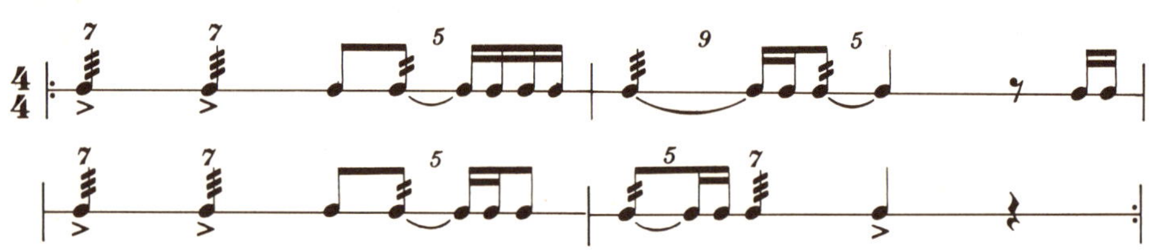

23. Stunde
Paradiddles

„Paradiddles" sind zusammengesetzte Schlagverbindungen, bestehend aus Einzel- und Doppelschlägen, welche sowohl unterschiedlich akzentuiert, als auch in unregelmäßigem Wechsel auf verschiedenen Trommeln oder Becken gespielt werden.

Paradiddle-Figuren finden in allen Musikrichtungen, hauptsächlich aber an Solostellen Verwendung. Die wichtigsten Elemente bei der Ausführung von „Paradiddles" sind

a) *Genauigkeit* (in bezug auf die Schlagtechnik!)
b) *Gleichmäßigkeit* (in bezug auf konstanten Rhythmus!).

Studiere deshalb alle Paradiddle-Übungen sehr sorgfältig und aufmerksam und achte insbesondere auf die Akzente! *Nicht vergessen: HH-Betonung + BD leicht* auf allen Schlägen des „beat!"

a) Single Paradiddle

Der „Single Paradiddle" besteht aus zwei Einzelschlägen und einem Doppelschlag:

(der natürliche Akzent liegt auf dem ersten Schlag!)
(links beginnend) = linke Hand Paradiddle
(rechts beginnend) = rechte Hand Paradiddle

♩ = 80–120 (gilt für alle Übungen)

435
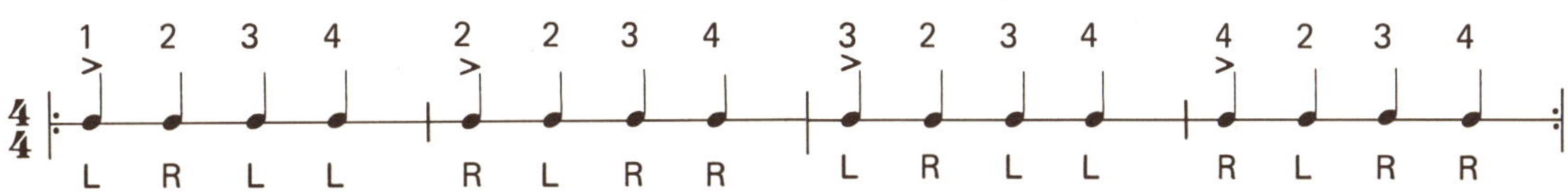

436
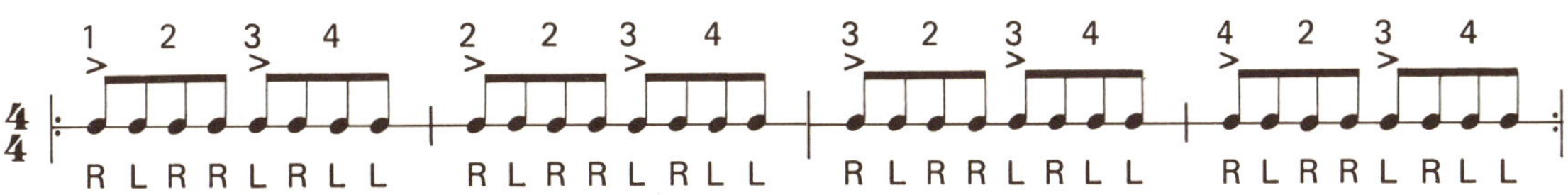

437
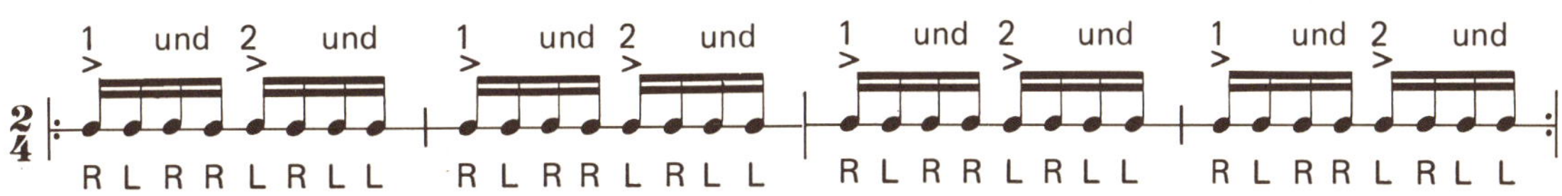

Außer der natürlichen Akzentuierung auf der ersten Note wird „freies Akzentuieren" auf anderen Notenwerten von modernen Drummern bevorzugt. Studiere sorgfältig!

438
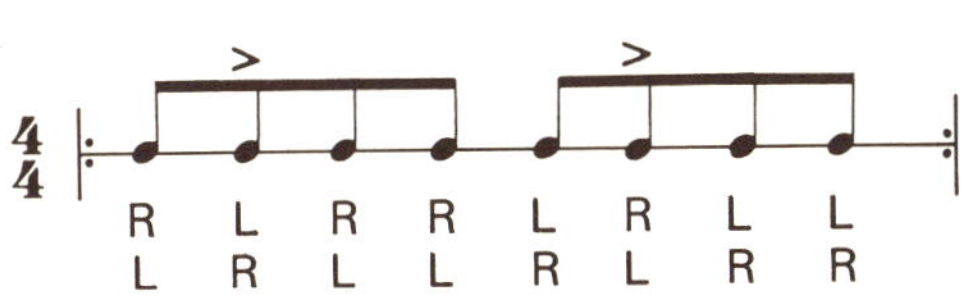

439

440 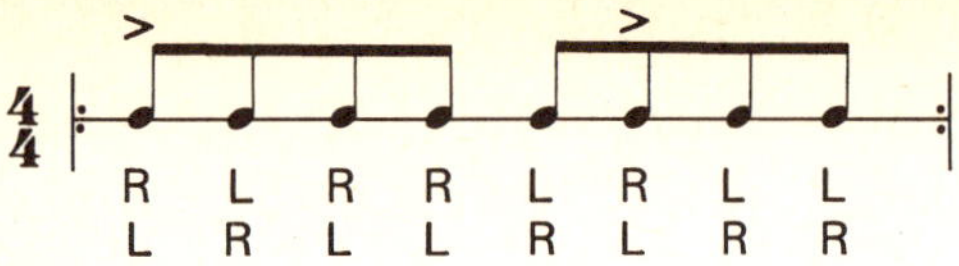

441 

442 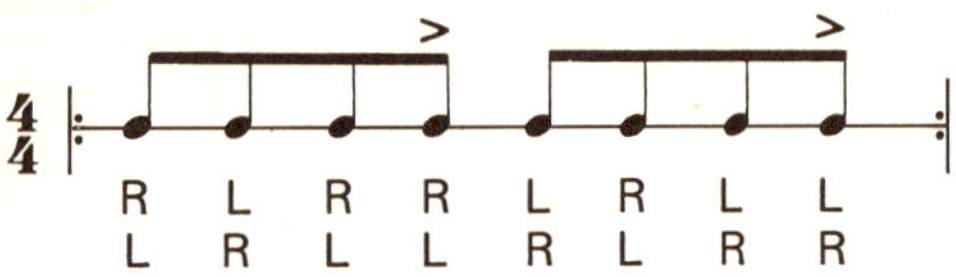

443 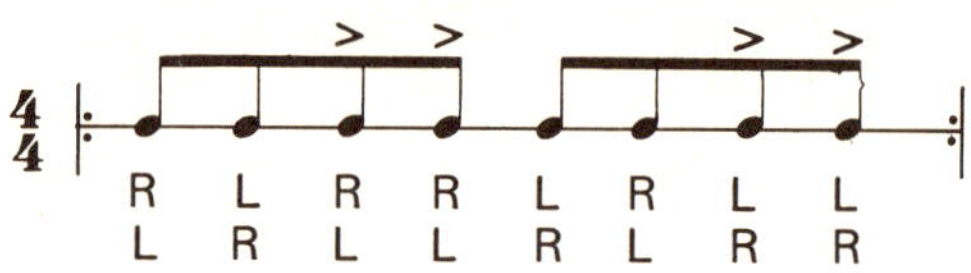

Eine weitere, oft gespielte Variante des Single Paradiddle ist der *Inward Paradiddle*. Dabei wird der Doppelschlag „RR" oder „LL" der ursprünglichen Single Paradiddle-Figur durch Umstellung derselben in die Mitte verlagert. Solche „Umstellungen" (Permutationen), sind mit jeder x-beliebigen Schlagfigur möglich!

444 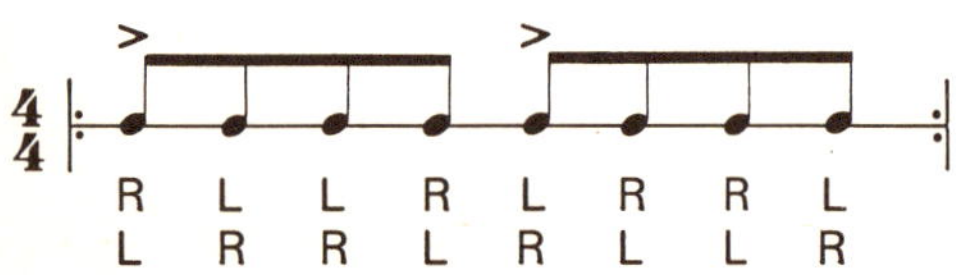

445 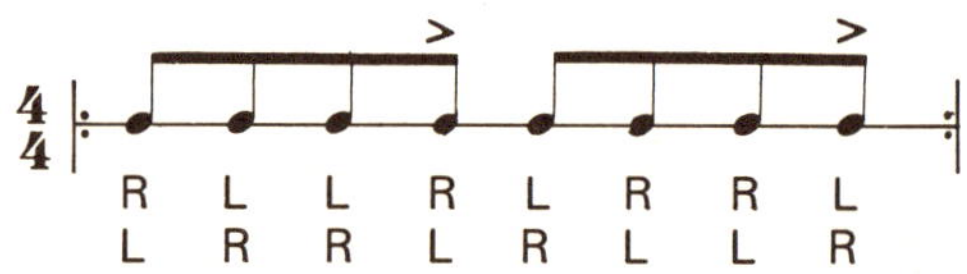

446 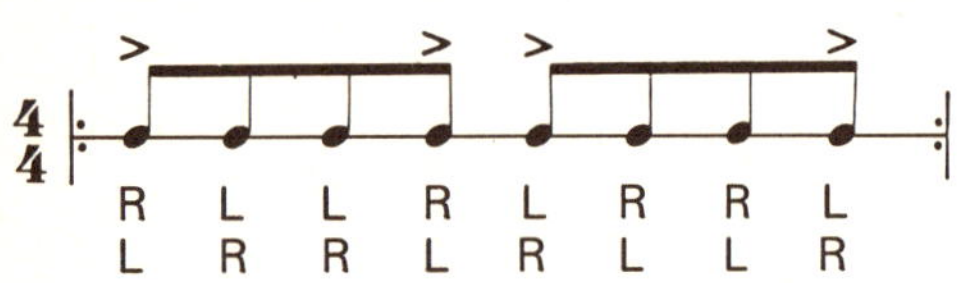

447 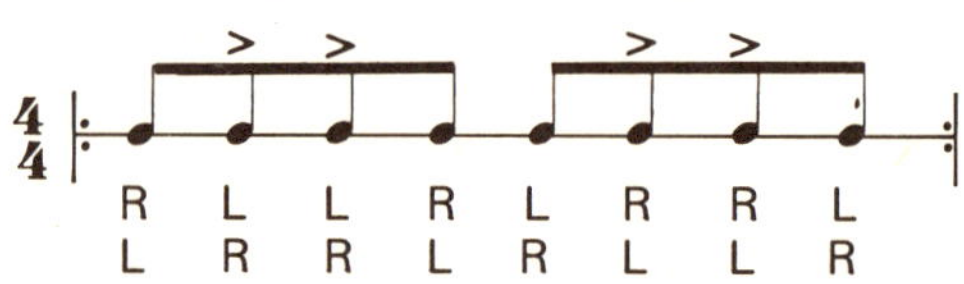

Sehr interessant und vielseitig anwendbar ist in diesem Zusammenhang die Umwandlung der Paradiddle-Figuren in „Triolenform". Vergleiche dazu auch die Triolen-Übungen, 16. Stunde, Seiten 75–77.

Single Paradiddle in *Triolenform*

448 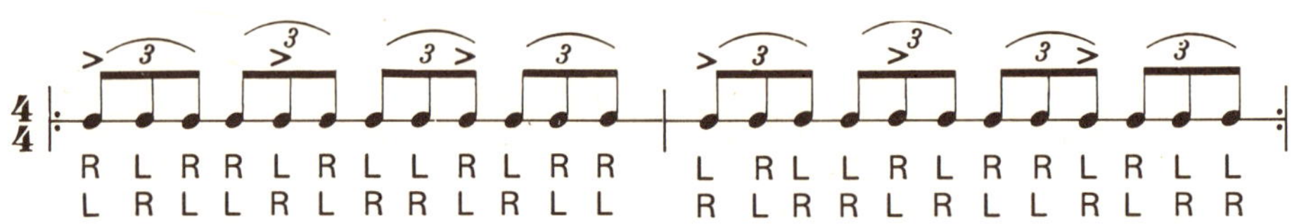

Inward Paradiddle in *Triolenform*

449 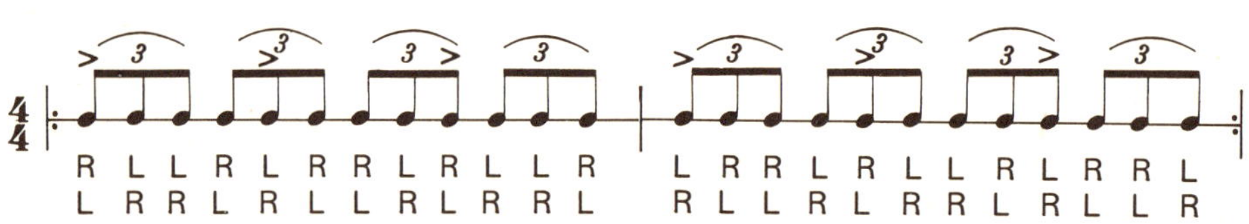

b) Double Paradiddle

Der „Double Paradiddle" besteht aus vier Einzelschlägen mit darauffolgendem Doppelschlag. Der natürliche Akzent liegt wieder auf der ersten Note.

450 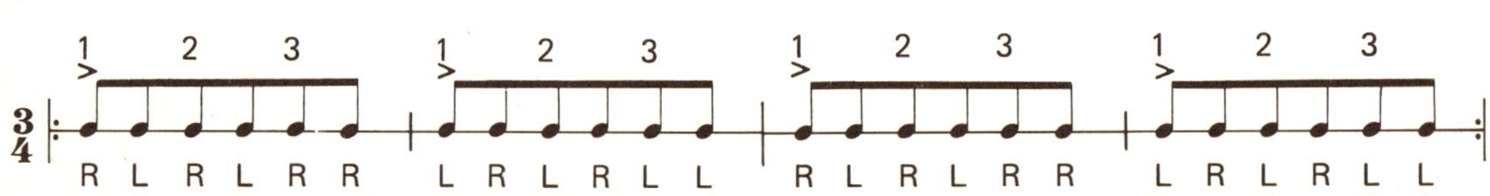

451 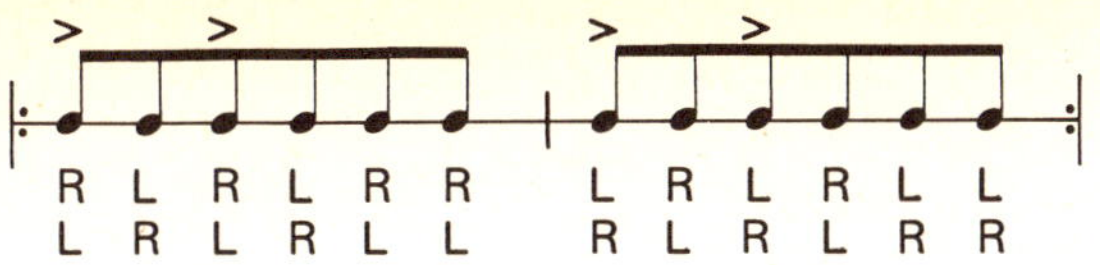

452 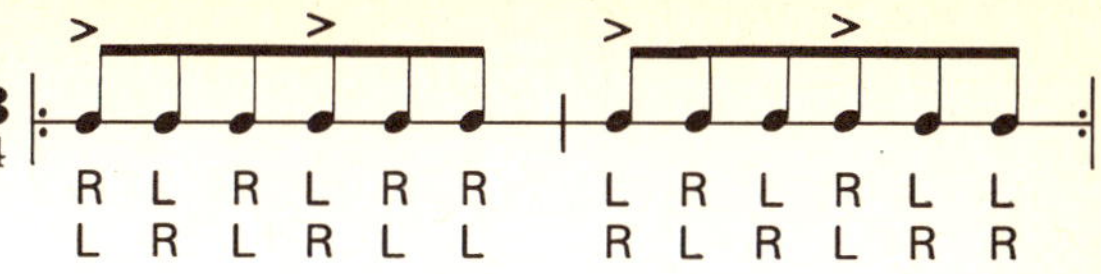

Double Paradiddle in *Triolenform*

453 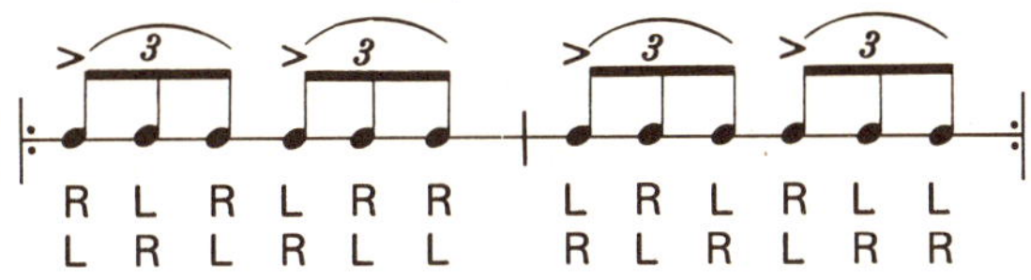

454 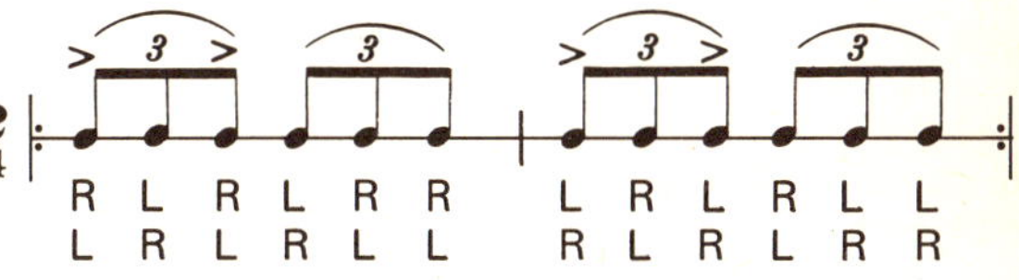

c) Triple Paradiddle

Der „Triple Paradiddle" besteht aus sechs Einzelschlägen mit darauffolgendem Doppelschlag.

455 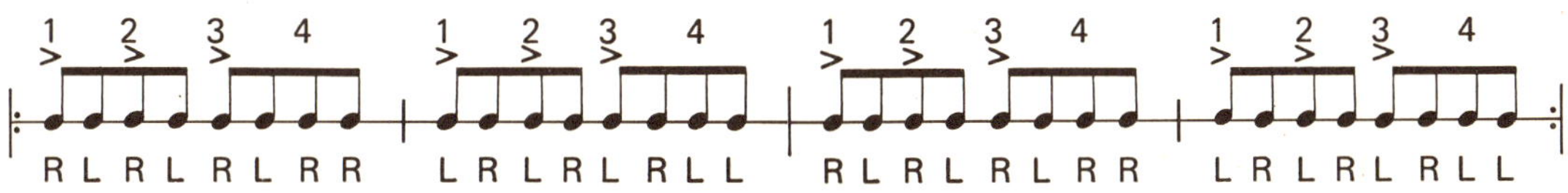

456 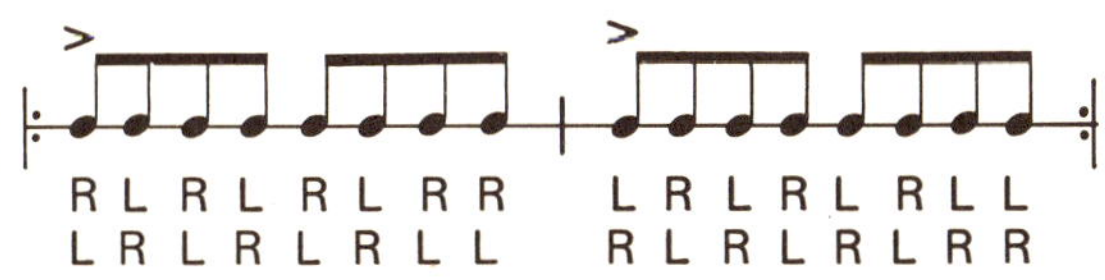

457 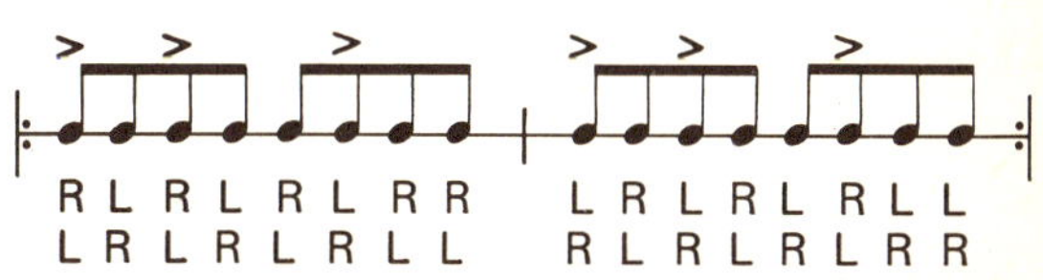

Triple Paradiddle in *Triolenform*

458 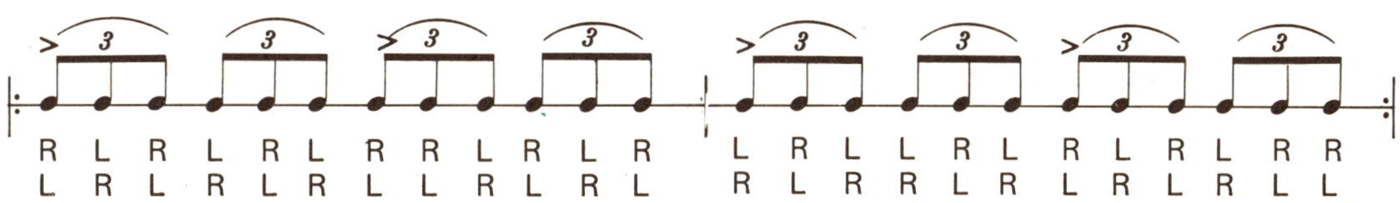

d) Paradiddle-Übungen

In diesen Übungen sind keine Akzente angegeben. Trage deshalb Akzente „nach eigenem Empfinden" ein. Bevor du dies tust, ist es aber ratsam, jede Übung zuerst wie angegeben, also ohne festgelegte Betonung, durchzuspielen und beherrschen zu lernen, da bei einem Gesamtverstehen Akzentuierungsvorstellungen sowohl gefühlsmäßig, als auch technisch besser zu verwirklichen sind.

459 

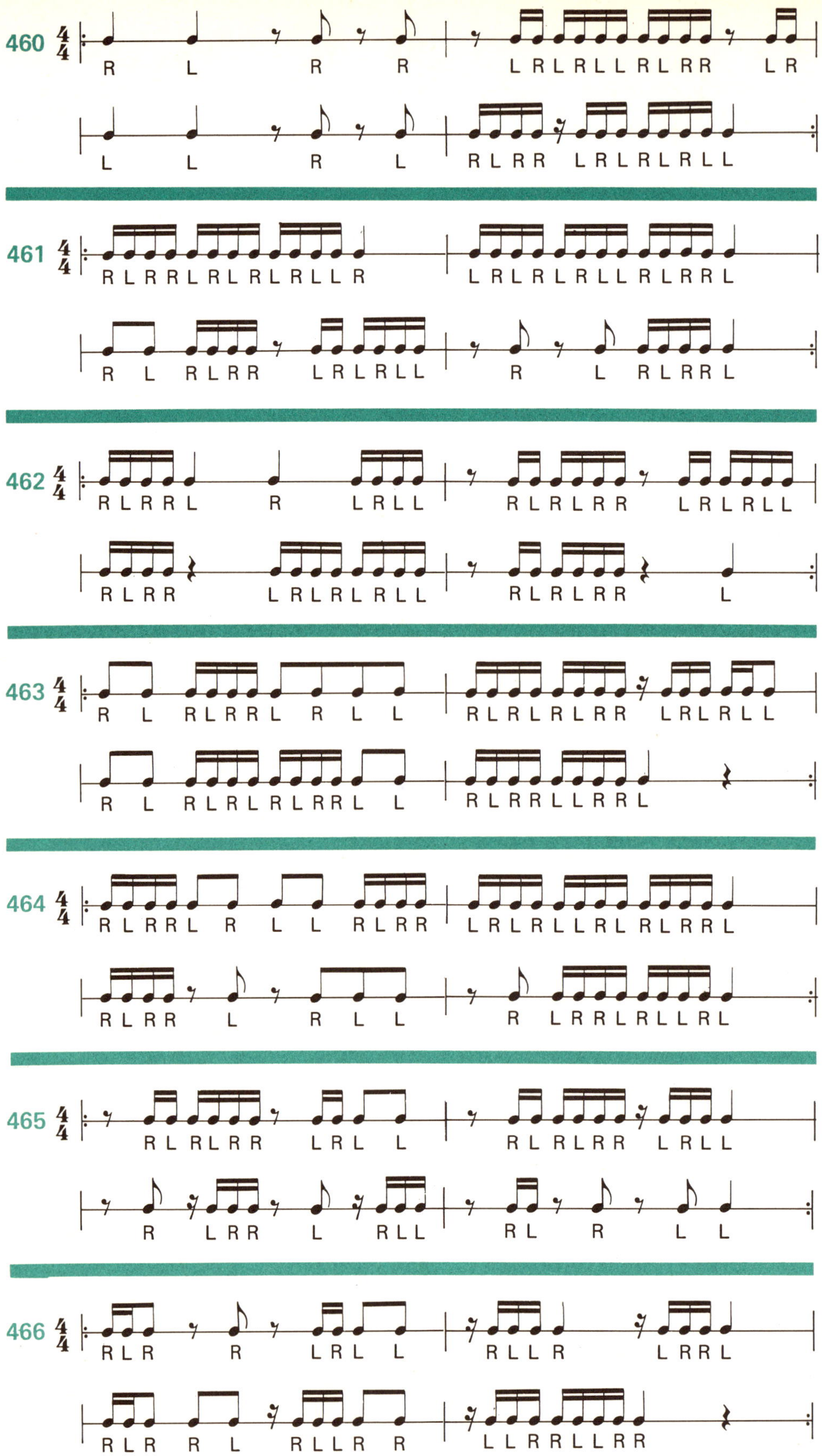
460
R L R R L R L R L L R L R R L R
L L R L R L R R L R L R L R L L
461
R L R R L R L R L R L L R L R L R L R L L R L R R L
R L R L R R L R L R L L R L R L R R L
462
R L R R L R L R L L R L R L R R L R L R L L
R L R R L R L R L R L L R L R L R R L
463
R L R L R R L R L L R L R L R L R R L R L R L L
R L R L R L R L R R L L R L R R L L R R L
464
R L R R L R L L R L R R L R L R L L R L R L R R L
R L R R L R L L R L R R L R L L R L
465
R L R L R R L R L L R L R L R R L R L L
R L R R L R L L R L R L L
466
R L R R L R L L R L L R L R R L
R L R R L R L L R R L L R R L L R R

Übungen 467–470 behandeln Paradiddle-Figuren in Verbindung mit Kurzwirbeln.

467
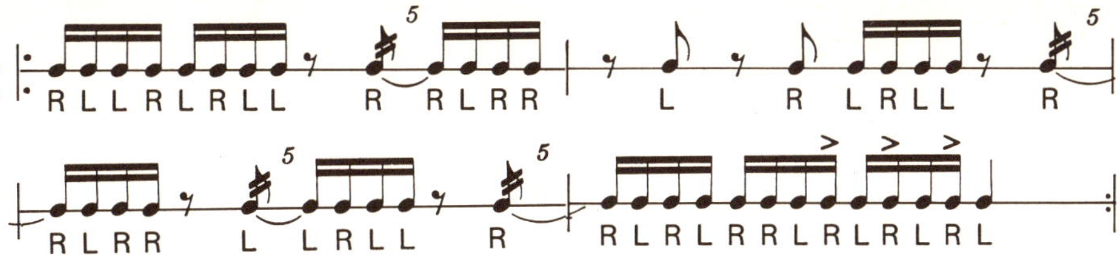

468
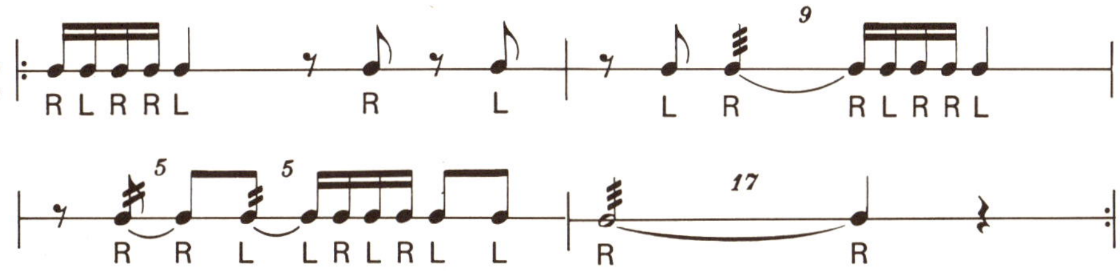

469
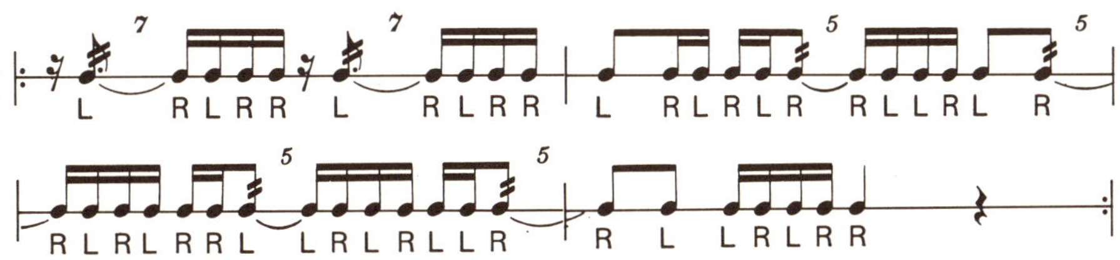

470
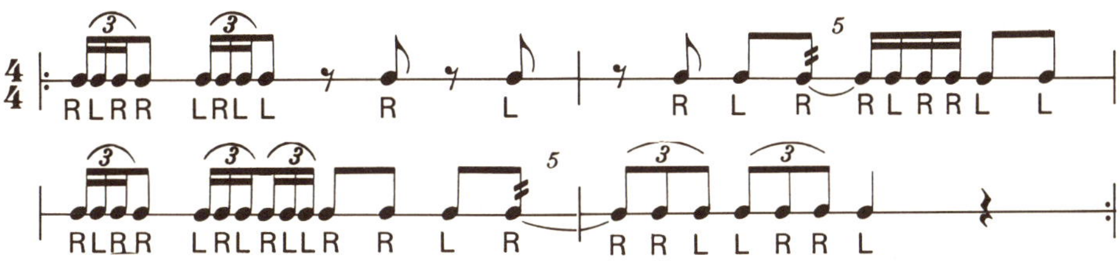

Wichtig ist nun, daß du wieder selbst kreativ wirst. Verwirkliche deshalb deinen eigenen, persönlichen Einfallsreichtum durch „freies, spontanes Spiel nach Gefühl und rhythmischen Vorstellungen!" So erhältst du mit der Zeit ein vielfältiges Schlagrepertoire, was sich z. B. im Solospiel günstig auswirken kann. Viel Spaß!

Eine sehr interessante Möglichkeit hierfür bieten auch die „Paradiddle-Rhythmen" (Seite 141, Abschnitt g)!

24. Stunde
Die „Rudiments“ (komplett)

Mit der Gesamtaufstellung der *26 Standard American Drum Rudiments* schließt sich der 2. Teil dieses Buches.
Objektiv betrachtet gelten die 26 Rudiments als ,,Maßstab'' für jeden modernen Drummer. Die Variationsmöglichkeiten über diese festgelegten Drum Rudiments hinaus sind jedoch endlos.

Erinnern wir uns: Drum Rudiments sind genauer betrachtet nur Kombinationen der drei grundlegenden Stockbewegungen:
a) *Single Stroke Roll* Einzelschlagwirbel)
b) *Double Stroke Roll* (Doppelschlagwirbel) und
c) *Flam* (Vorschlag).

Mit diesen drei Grundbewegungen ist es also möglich, unzählige neue und interessante, rhythmische Figuren bzw. ,,zusammengesetzte Schlagverbindungen'' zu schaffen. Diese könnten ausnahmslos als ,,Rudiments'' bezeichnet werden.

26 Standard American Drum Rudiments

Alle Rudiments werden *offen (langsam) – geschlossen (schnell) – offen (langsam)* geübt!

Long Roll

1
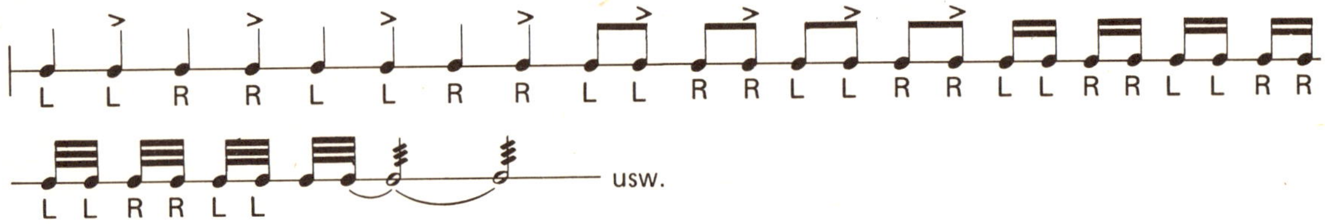

Five-Stroke Roll

2
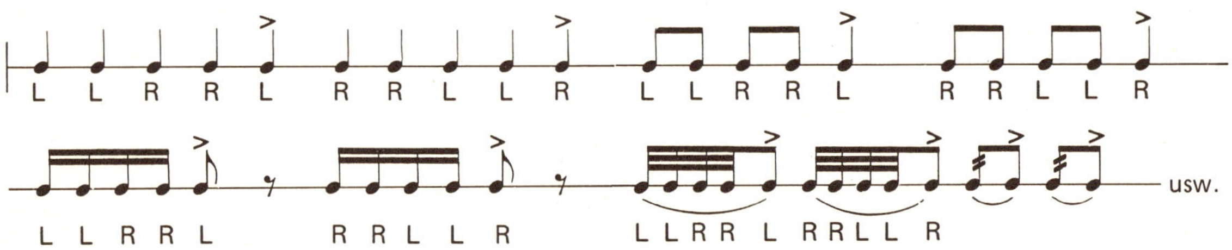

Seven-Stroke Roll

3
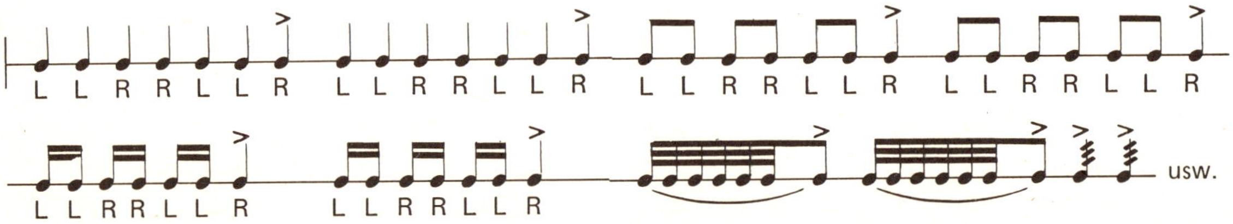

Flam

4

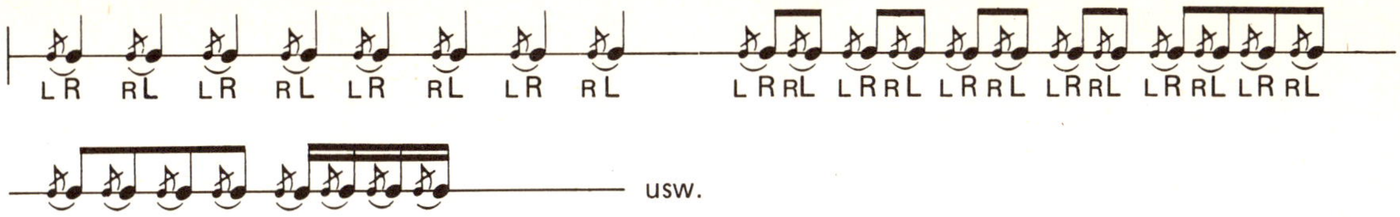

Flam Accent Nr. 1

5

Flam Paradiddle

6

Flamacue

7

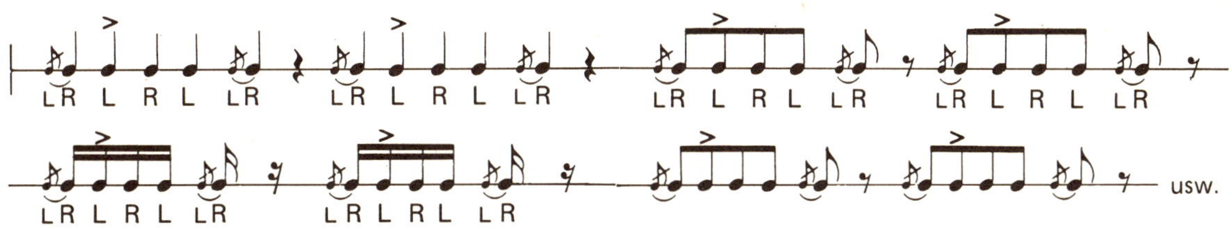

Ruff

8

Single Drag

9

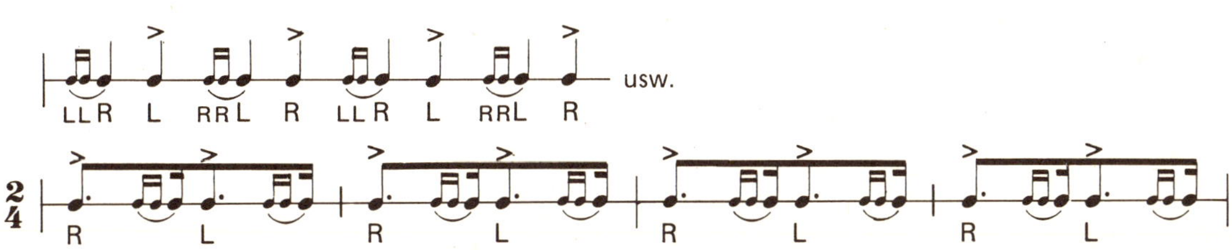

Double Drag

10

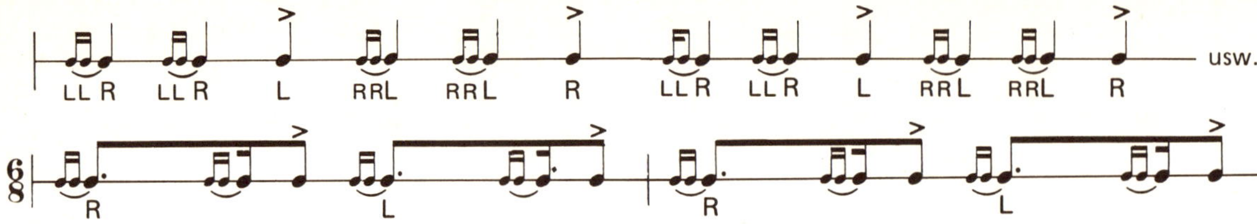

Double Paradiddle

11

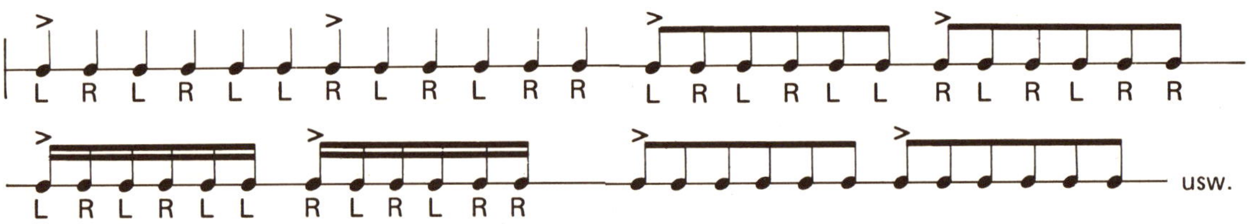

Single Ratamacue

12

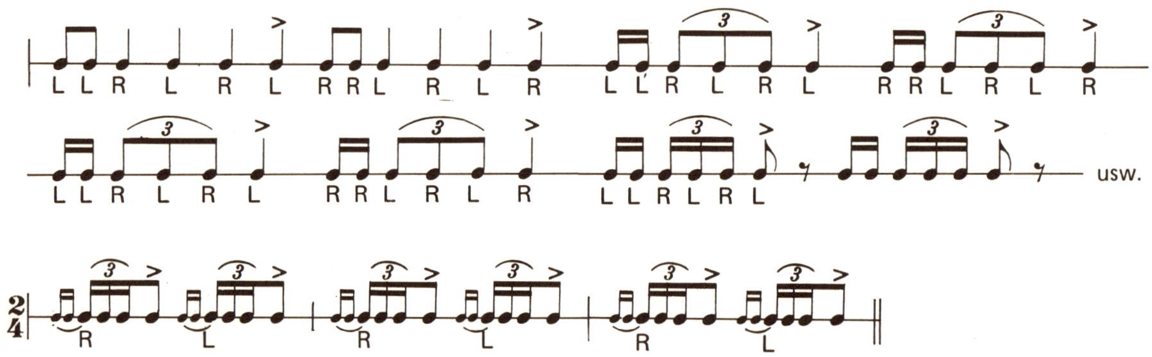

Triple Ratamacue

13

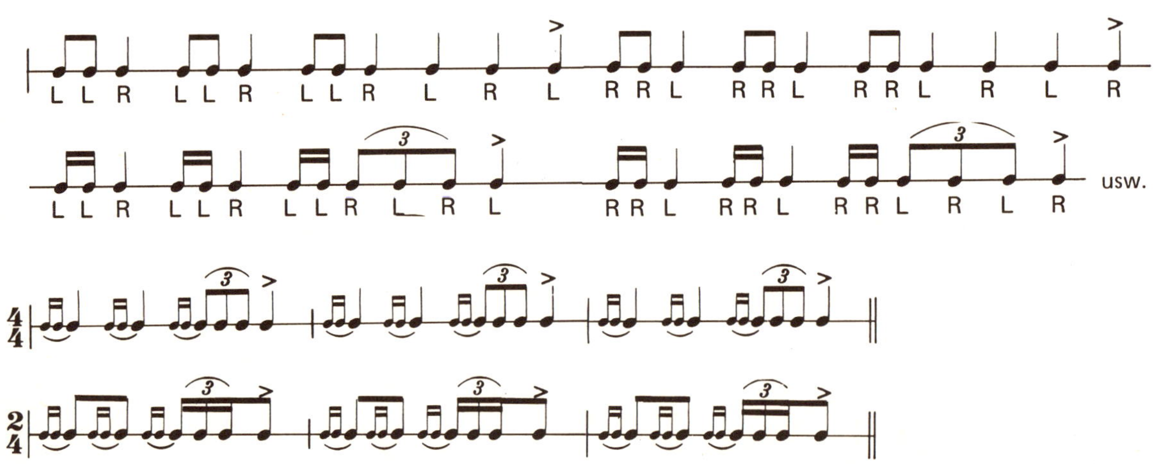

Single Stroke Roll

14

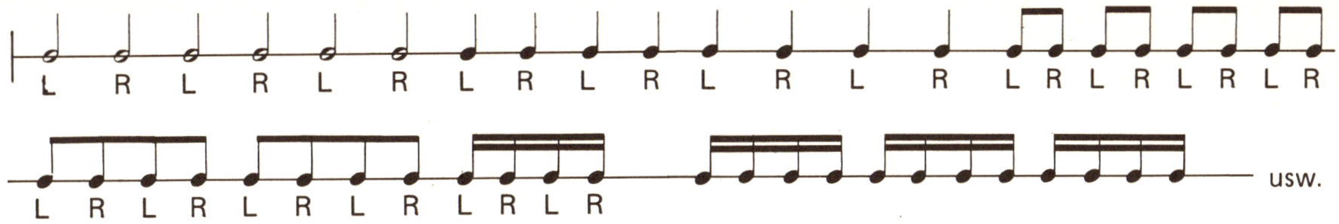

Nine Stroke Roll

15

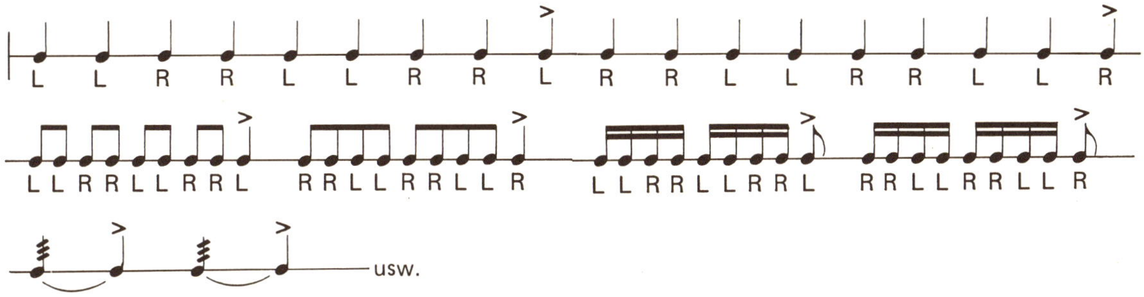

Ten Stroke Roll

16

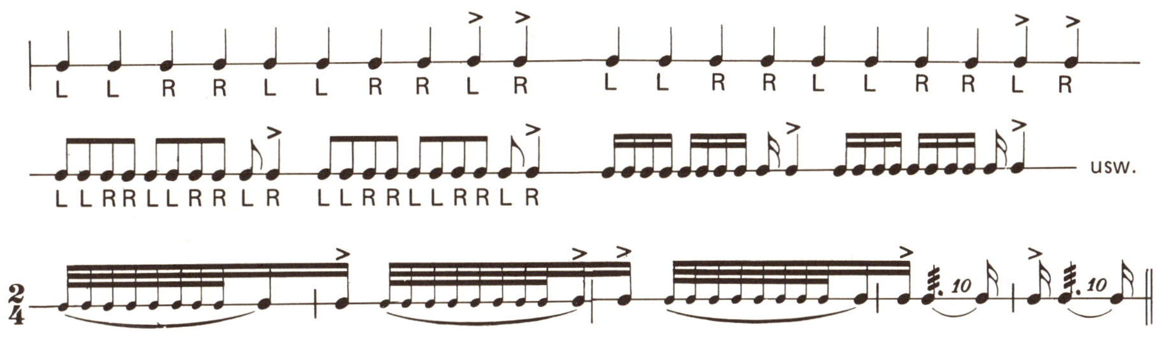

Eleven Stroke Roll

17

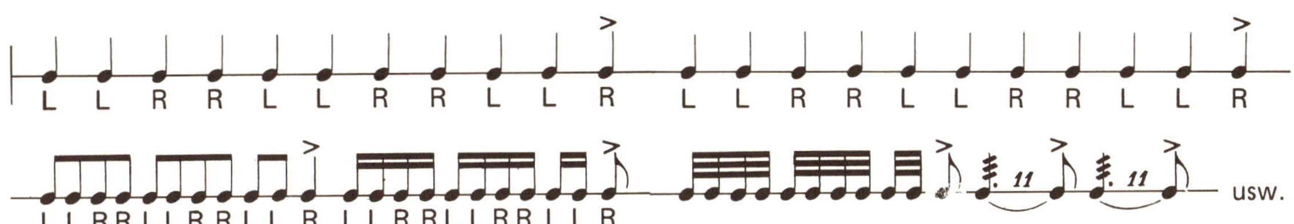

Thirteen-Stroke Roll

18

Fifteen-Stroke Roll

19

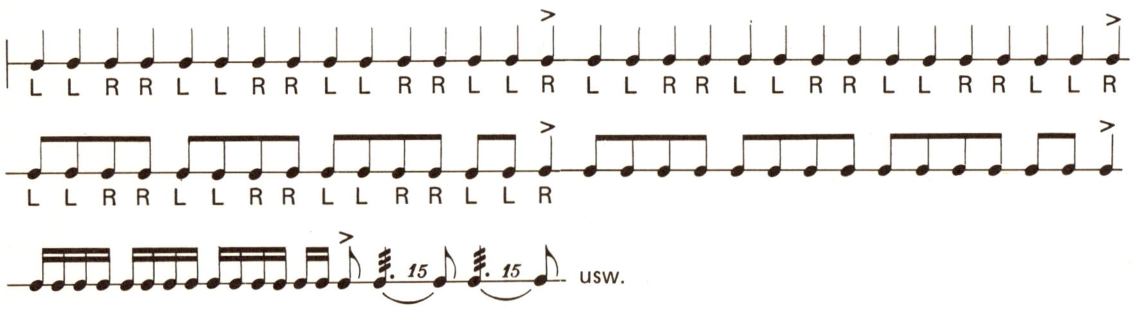

Flam Tap

20

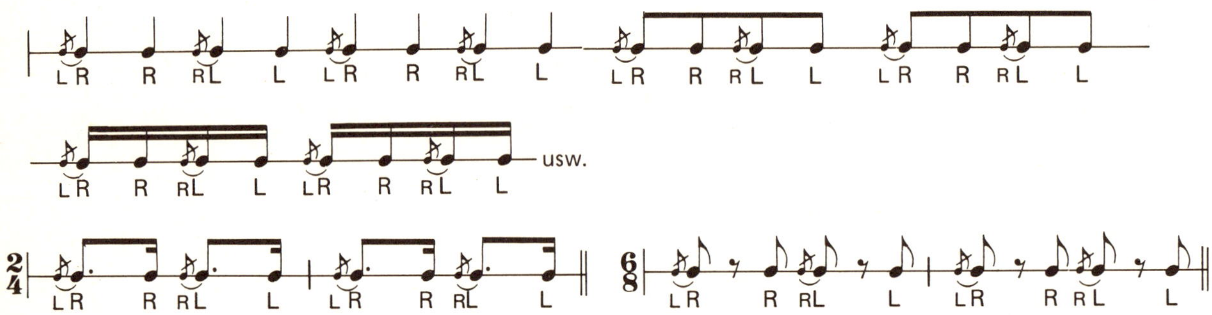

Single Paradiddle

21

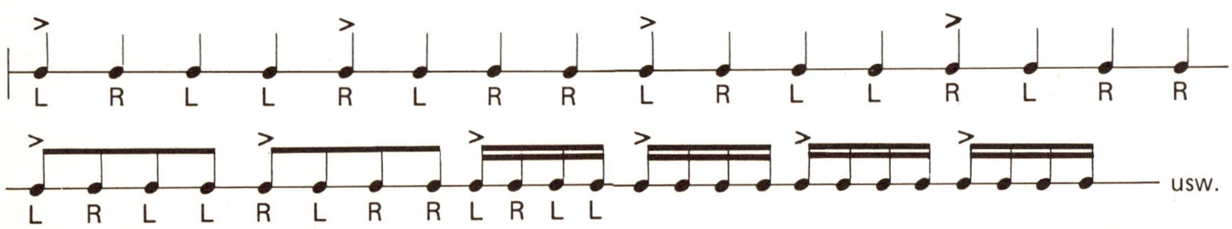

Drag Paradiddle Nr. 1

22

Drag Paradiddle Nr. 2

23

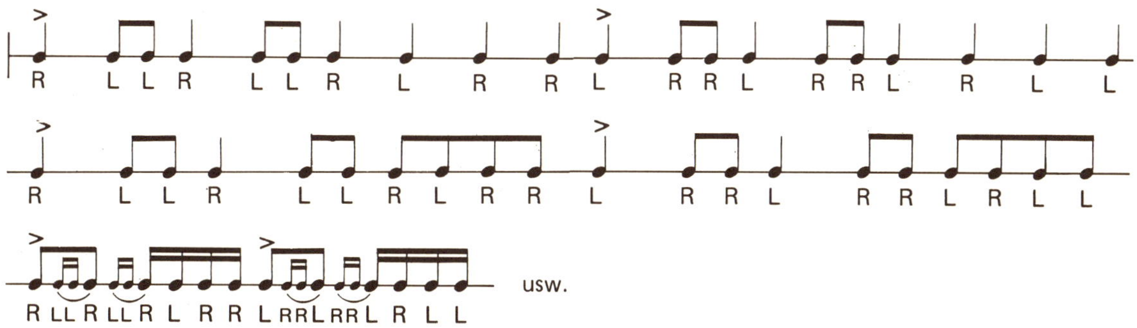

Flam Paradiddle-Diddle

24

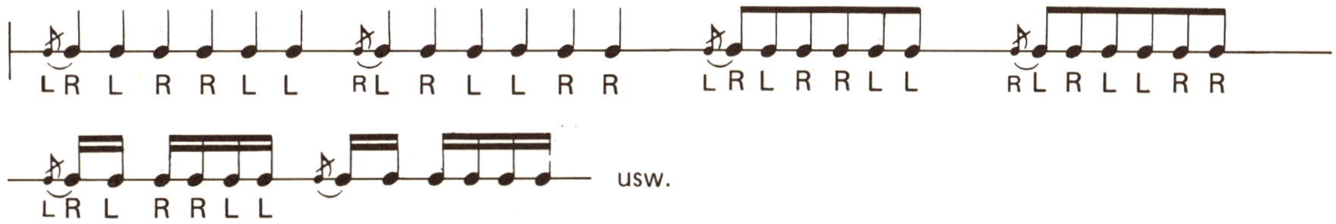

Ratatap

25

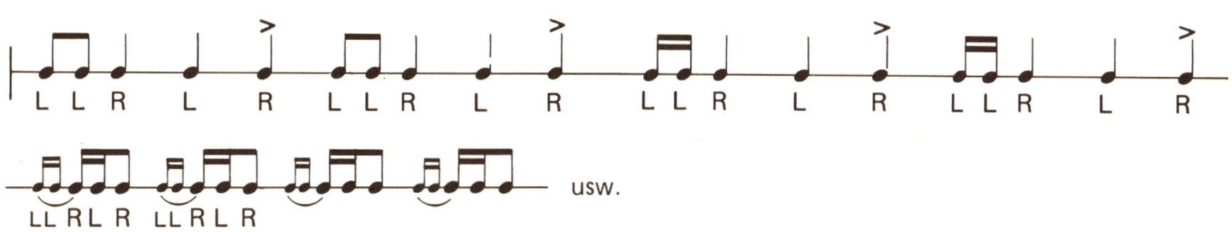

Double Ratamacue

26

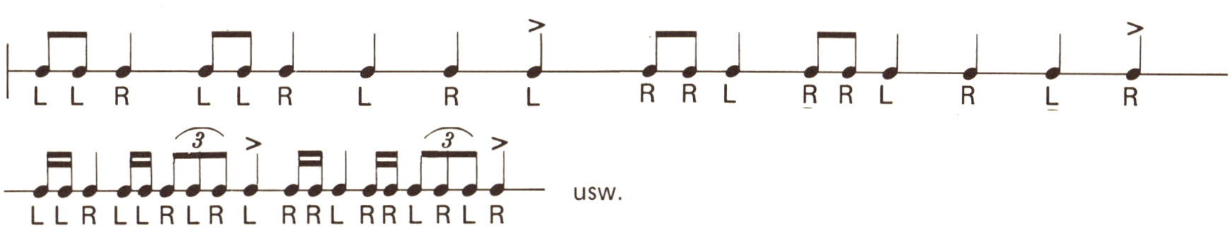

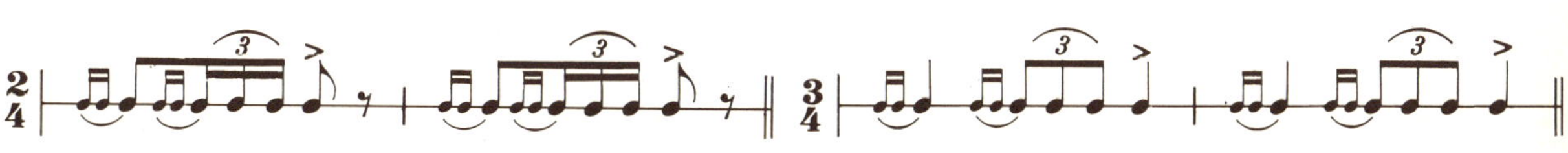

Die Fähigkeit, einen Rhythmus in Noten
aufzuschreiben, ist von unschätzbarem Wert.
Versuche deshalb, dir jeden Rhythmus,
den du hörst „lebhaft vorzustellen!"
So wirst du bemerken, daß sich dein
„Notenlesen" ständig verbessert!

Alles lesen zu können, was du spielst,
alles spielen zu können, was du liest,
alles aufschreiben zu können, was du hörst,
und alles vergessen zu können,
um „frei nach dem Gefühl" zu spielen,
das sollte deine höchst erstrebenswerte
Fähigkeit als Schlagzeuger sein.

III. Teil

25. Stunde
Kombinationsübungen für Snare Drum, Bass Drum, Hi-Hat und Cymbal

Mit dieser Stunde beginnt für den Drummer eines der interessantesten und vielfältigsten Kapitel überhaupt, nämlich die „unterschiedliche Zusammenarbeit von Händen und Füßen", oder besser gesagt die *Koordinierte Unabhängigkeit.*
Um „Koordinierte Unabhängigkeit" oder – wie wir auch noch formulieren könnten – das „sichere Zusammenwirken von Händen und Füßen beim Spielen unterschiedlicher Rhythmen" zu erlernen, müssen wir Schritt für Schritt vorwärts gehen. Dabei ist es wesentlich sinnvoller und erfolgreicher, sich mit jeder Einzelübung ausführlich zu beschäftigen, als ruhelos auf jede weitere Übung loszustürzen. Die angegebene Reihenfolge der Spielmöglichkeiten soll dir helfen auch schwierige Rhythmen zu meistern.

Spiele mit:
1. den Händen allein
2. den Füßen allein
3. rechter Hand und rechtem Fuß
4. linker Hand und linkem Fuß
5. beiden Händen und rechtem Fuß
6. linker Hand und beiden Füßen
7. beiden Händen und beiden Füßen (kompletter Rhythmus)

Die Hi-Hat-Betonung mit dem linken Fuß ist in den meisten Beispielen *nicht mehr* eigens notiert. Spielt also die rechte Hand
- auf dem Hi-Hat, so bleiben die Hi-Hat-Becken (soweit nicht extra angegeben) geschlossen,
- auf einem Becken, dann gilt die Akzentuierung auf „2" und „4"!

Ich empfehle dir jedoch, auch die drei anderen Hi-Hat-Rhythmen (siehe 21. Stunde, Seite 89) mit einzubeziehen.
Achte insbesondere auf konstantes Tempo! Spiele immer zuerst langsam, jedoch nicht schwerfällig, sondern mit Begeisterung! Bringe deinen Körper mit ins Spiel! Je öfter du die Übungen wiederholst, umso besser wirst du sie beherrschen.

Merke

beat (Schlag) = Bezeichnung für gleichbleibenden Grundschlag im Jazz/Popmusik.
dagegen:
off beat (vom Schlag weg). Bei dieser Bezeichnung werden Rhythmus oder Melodieakzente verlagert. Im Jazz wird dieser Begriff auch als Synonym für „Swing" und „Drive" verwendet. Allgemeiner Sprachgebrauch: *Synkopen.*

I. Populäre Rhythmen

. . . Pop . . . Rock . . . Rhythm & Blues . . . Soul . . . Shuffle . . . Jazz . . . Folk . . . Reggae . . . Funk . .

a) Beckenrhythmus: Viertelnoten

471
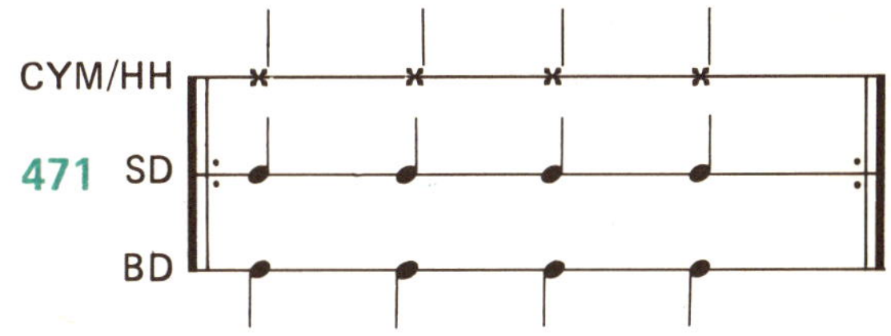

472
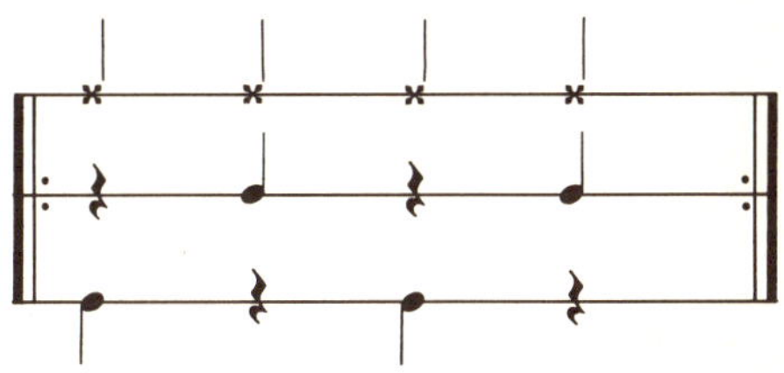

473
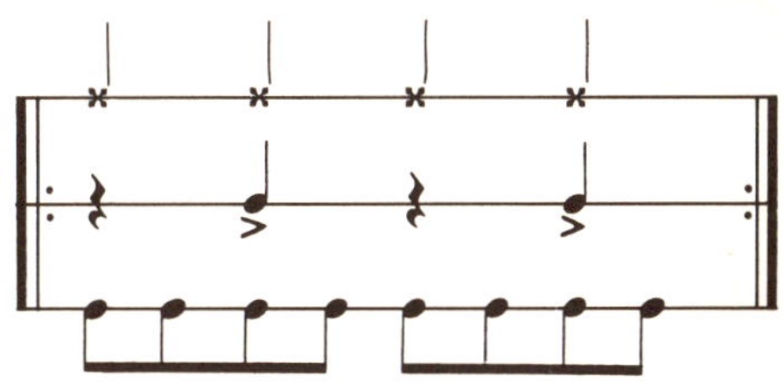

474
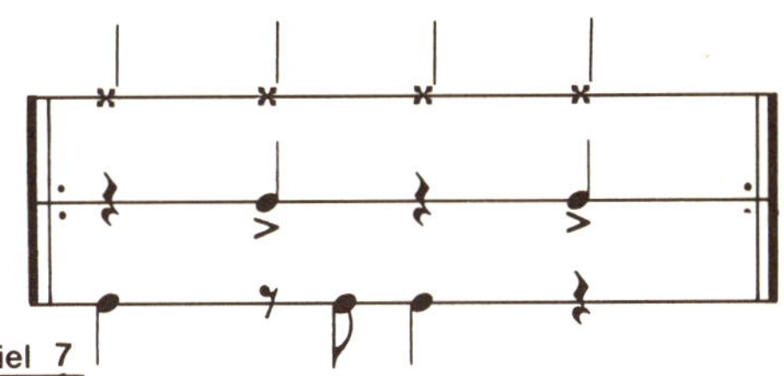

Tonbeispiel 7

475
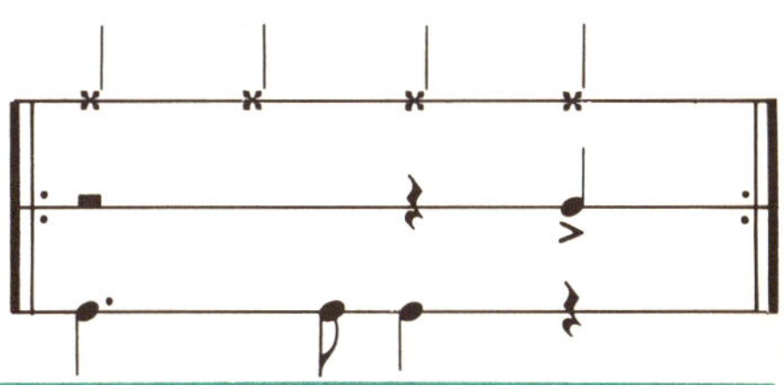

476
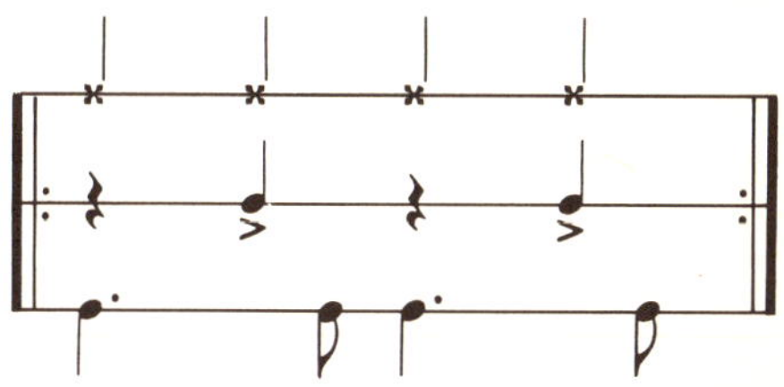

477
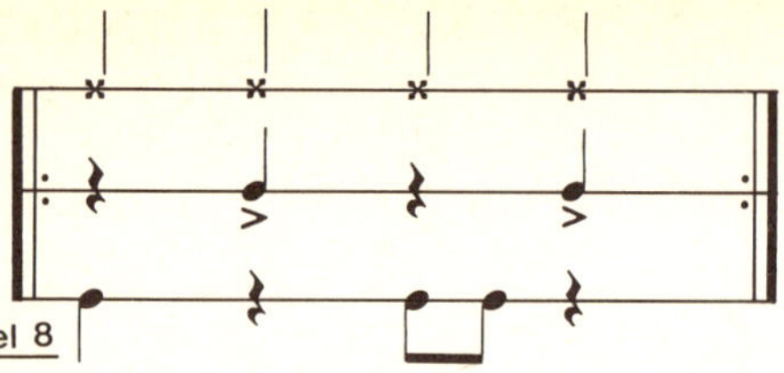
Tonbeispiel 8

478
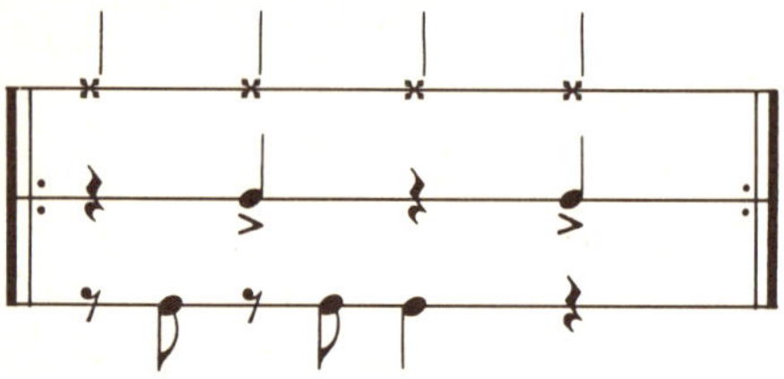

479
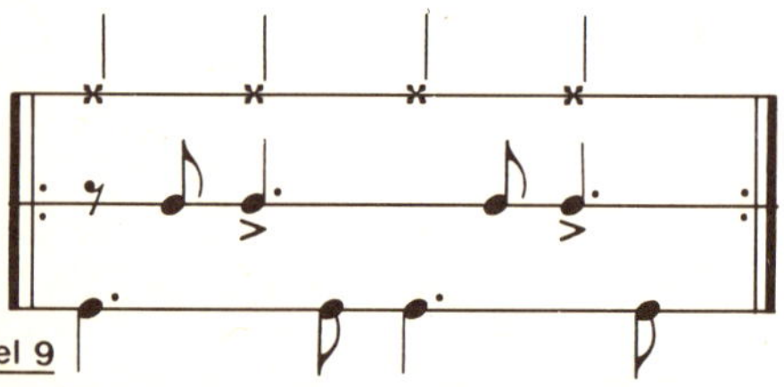
Tonbeispiel 9

480
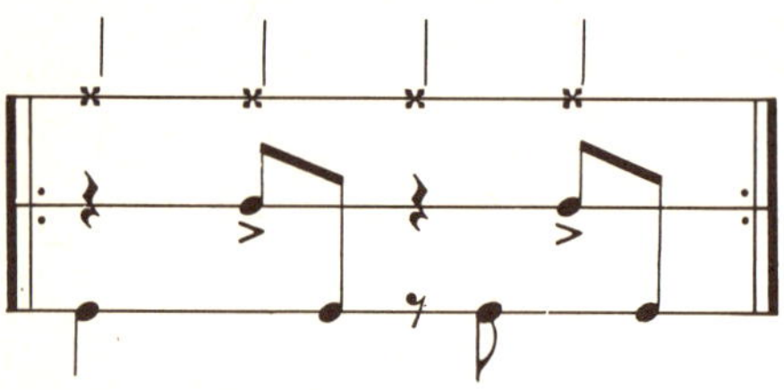

Shuffle

Shuffle-Rhythmen werden in den verschiedensten Musikrichtungen, wie z. B. in der Popmusik, im Rock- und Soul, oder auch im Jazz angewandt. Dabei werden auf dem Hi-Hat oder einem Cymbal meist Viertelnoten oder punktierte Achtel- und Sechzehntelnoten (siehe Absatz e) in dieser Stunde) gespielt.
Die folgenden Übungen enthalten Viertelnoten auf Hi-Hat oder Cymbal und punktierte Achtel- und Sechzehntelnoten zwischen Snare Drum und Bass Drum. Die natürliche Betonung ist auf „2" und „4".

CYM/HH
481 SD
BD
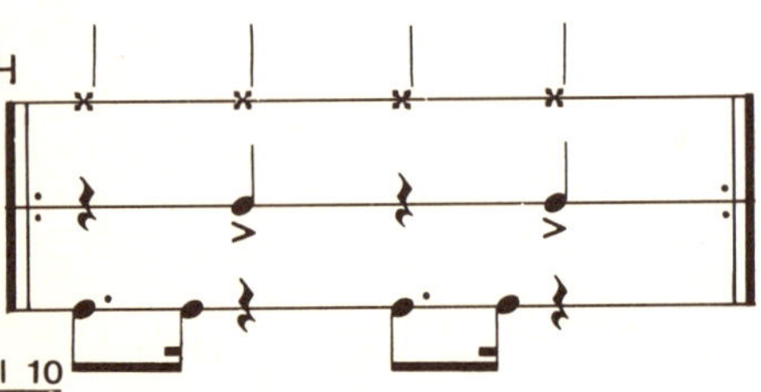
Tonbeispiel 10

482
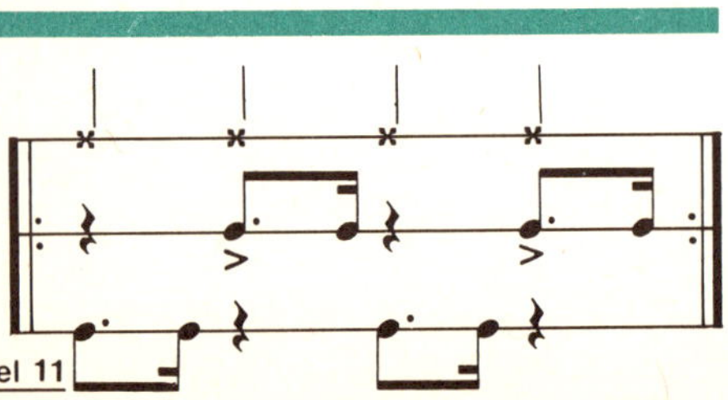
Tonbeispiel 11

483
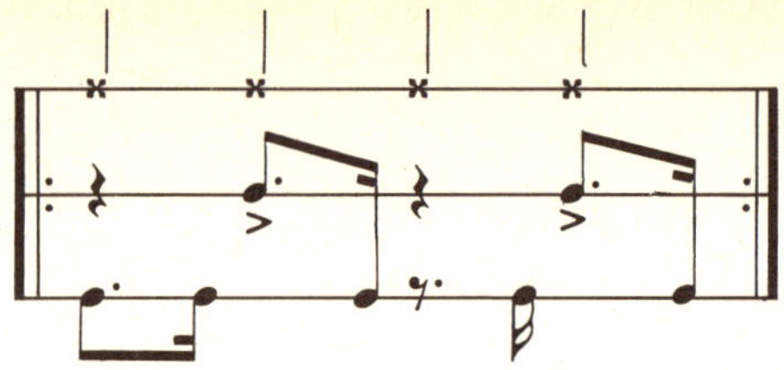

484
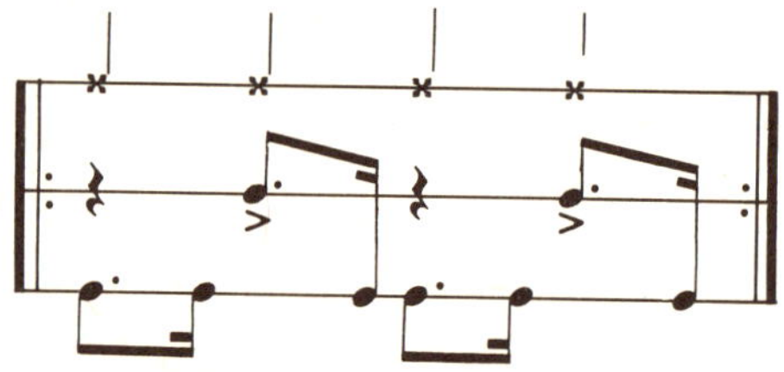

485
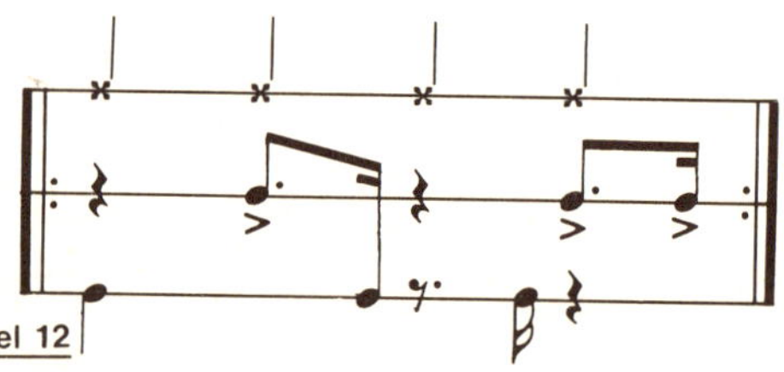
Tonbeispiel 12

486
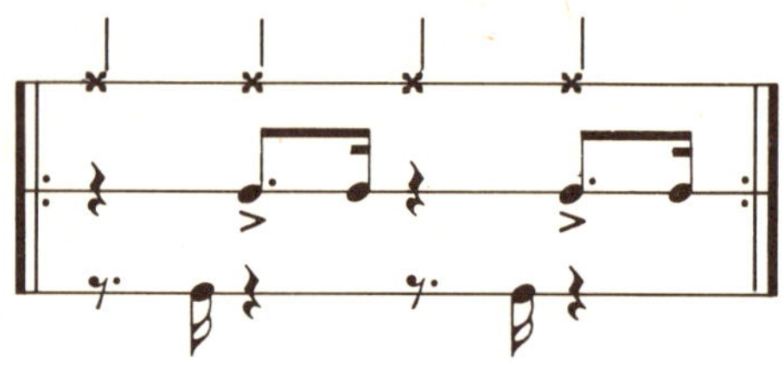

b) Beckenrhythmus: Achtelnoten

CYM/HH
487 SD
BD
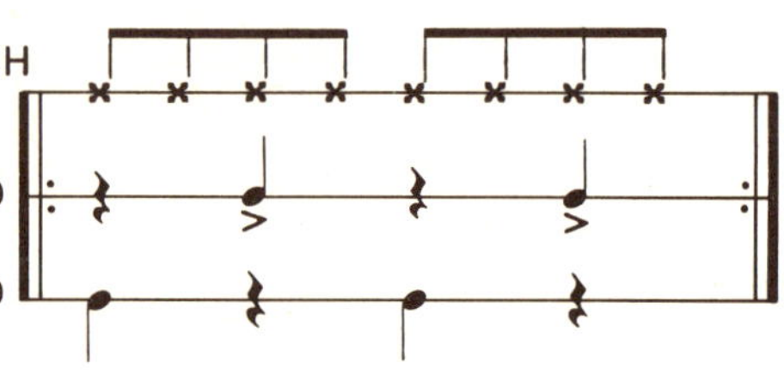

488
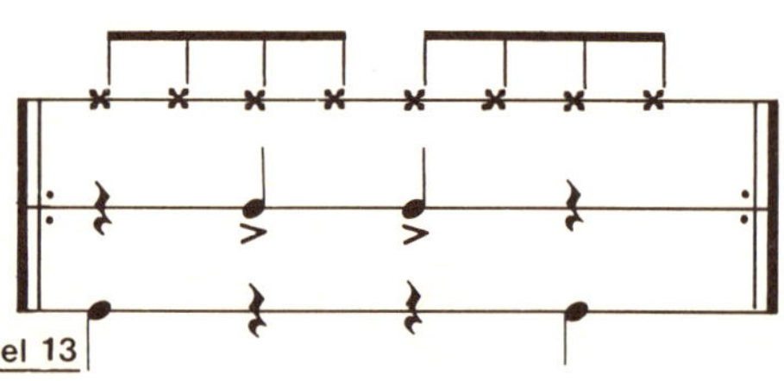
Tonbeispiel 13

489
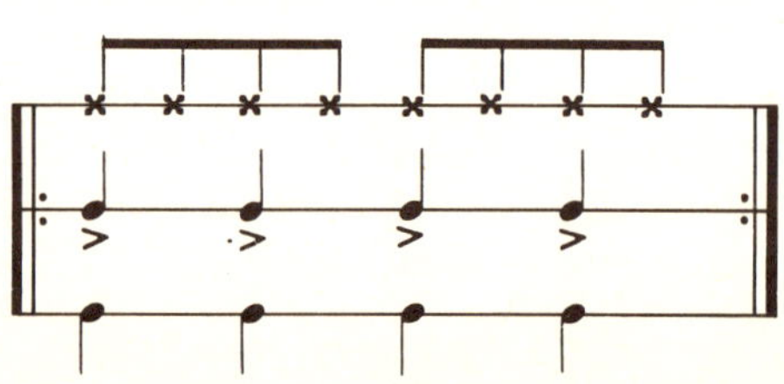

490
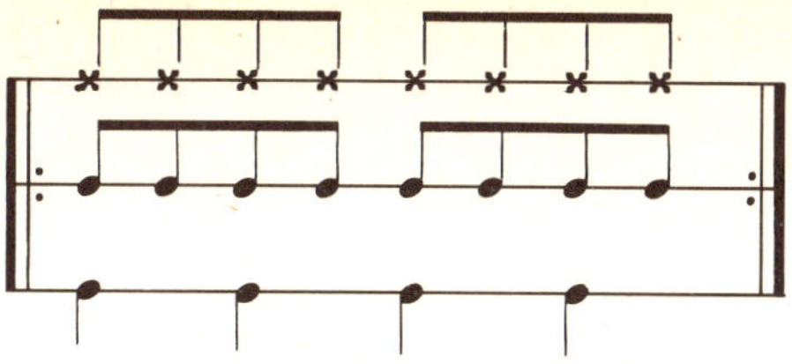

491
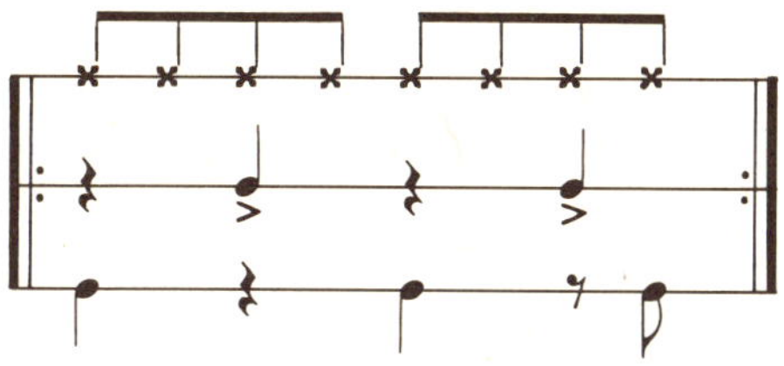

492
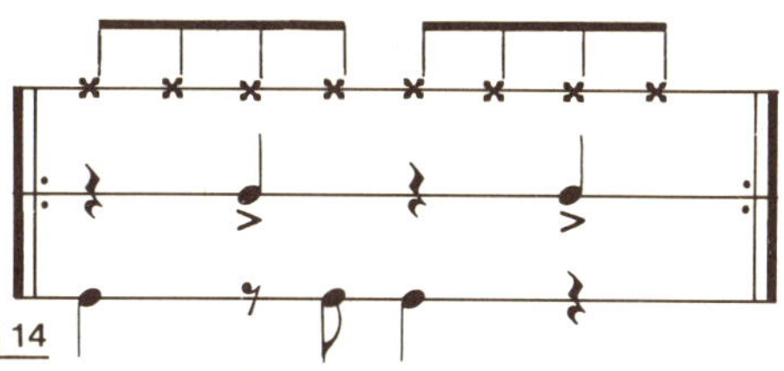
Tonbeispiel 14

493
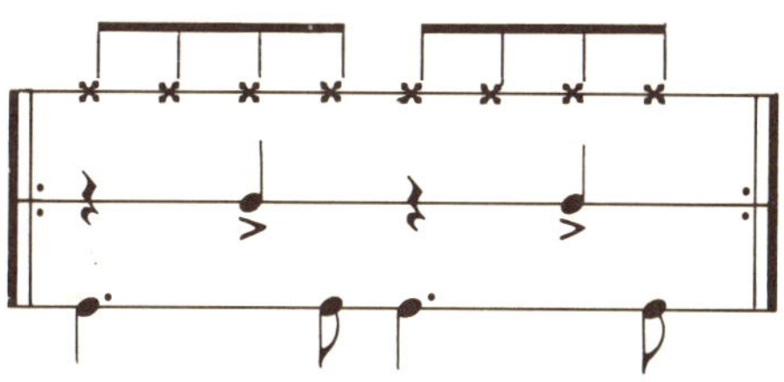

494
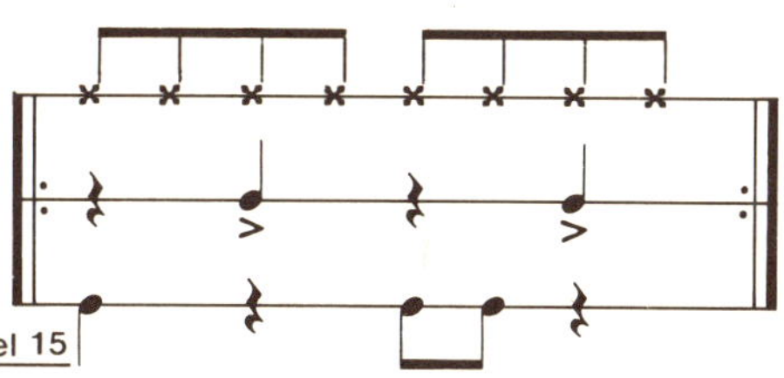
Tonbeispiel 15

Rock'n Roll: ♩ = ca. 176!

495
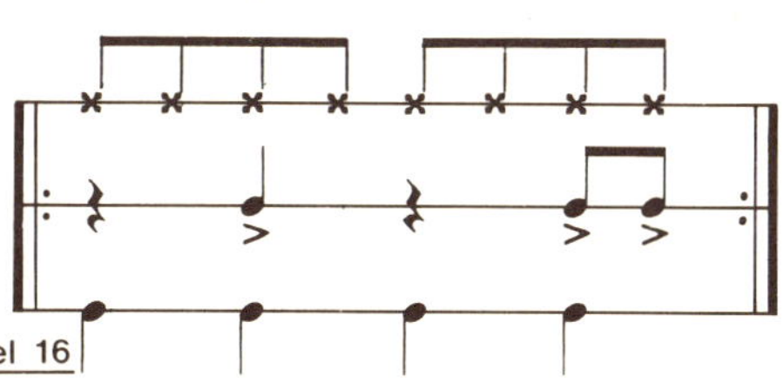
Tonbeispiel 16

Twist: ♩ = ca. 160!

496
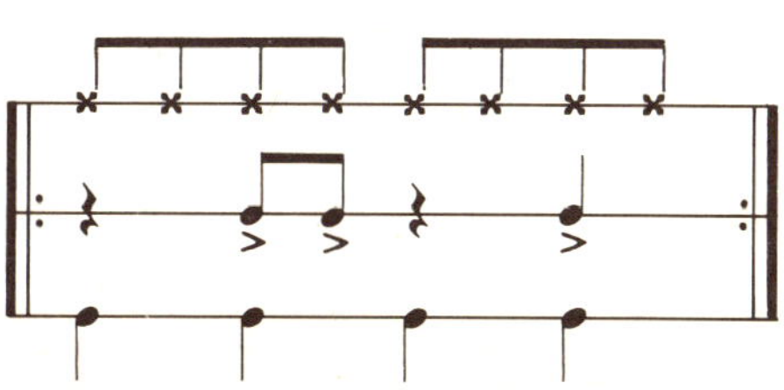

497
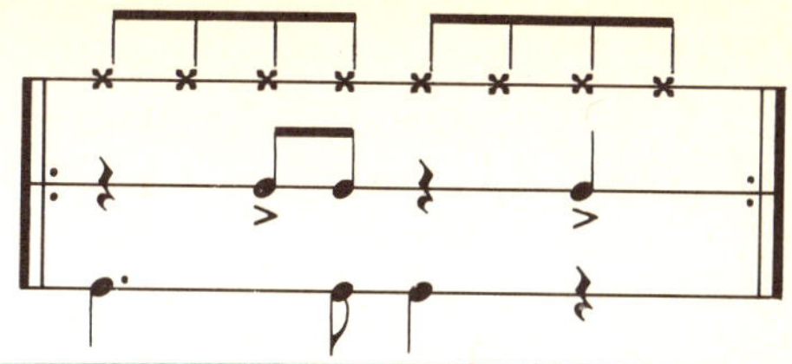

498
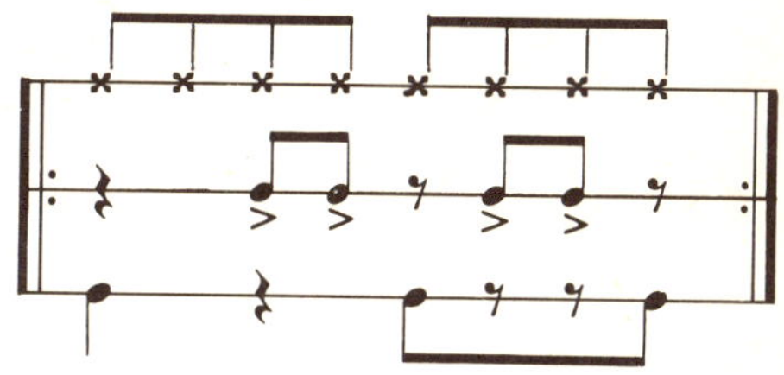

499
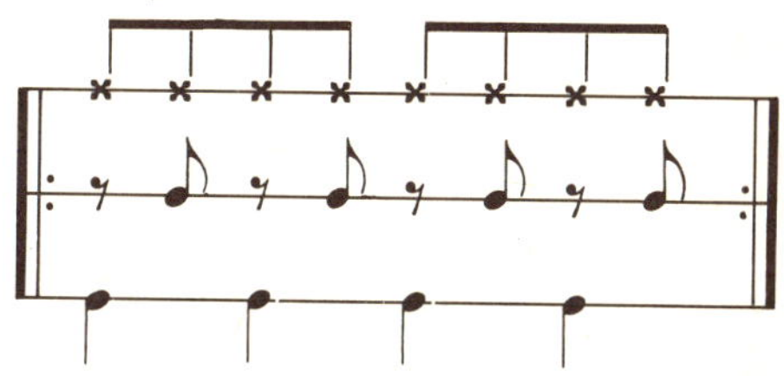

500
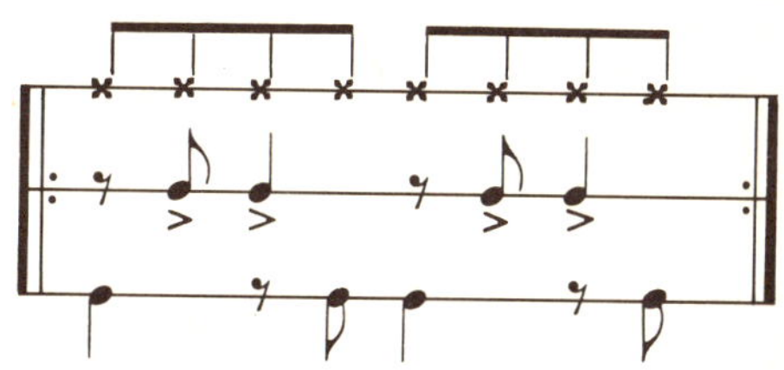

501
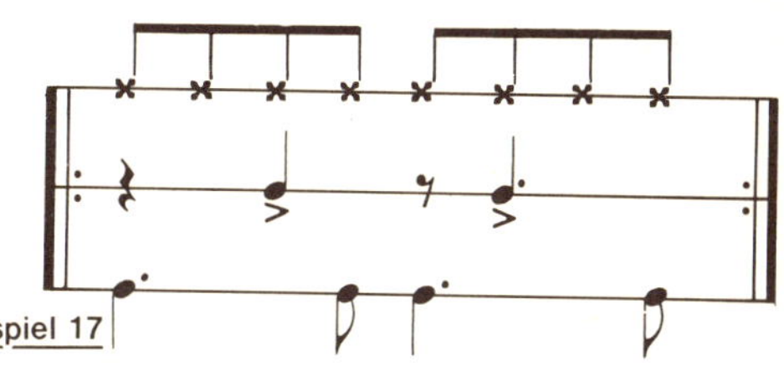
Tonbeispiel 17

502
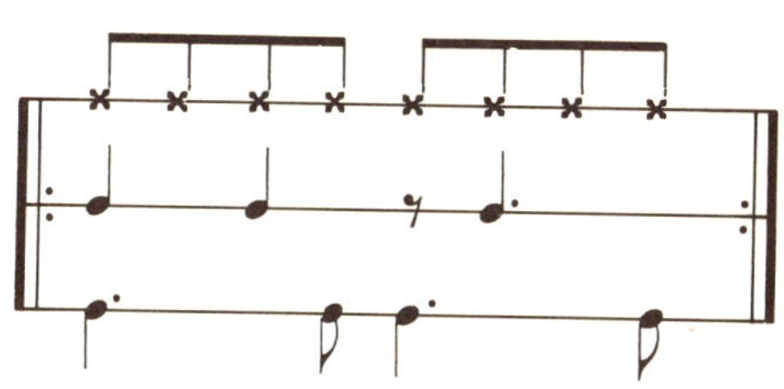

Betonte Bass Drum

Hier spielt die Bass Drum – wie schon in einigen der vorhergehenden Übungen – sehr oft auf dem „und" des Schlages. Diese Spielweise ist insbesondere in den verschiedenen Stilrichtungen der Rockmusik (Hard Rock, Jazz Rock, Rock'n Roll, usw.) sehr gebräuchlich.

CYM/HH

503 SD

BD

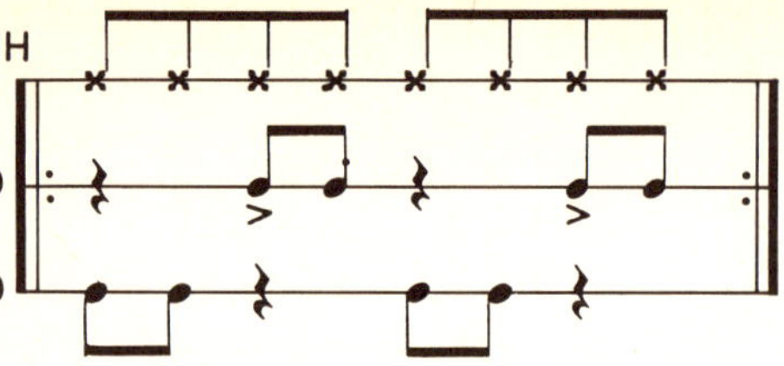

504

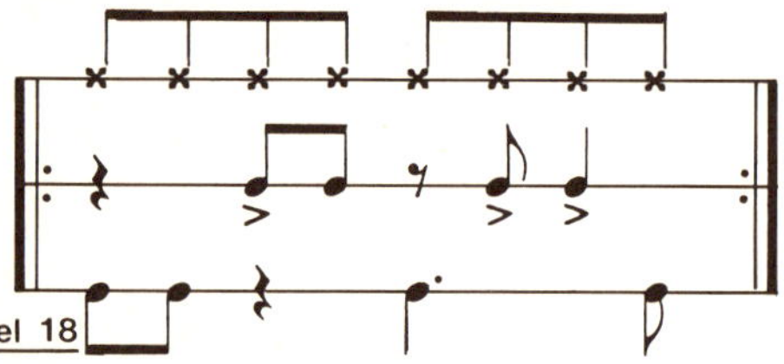

Tonbeispiel 18

505

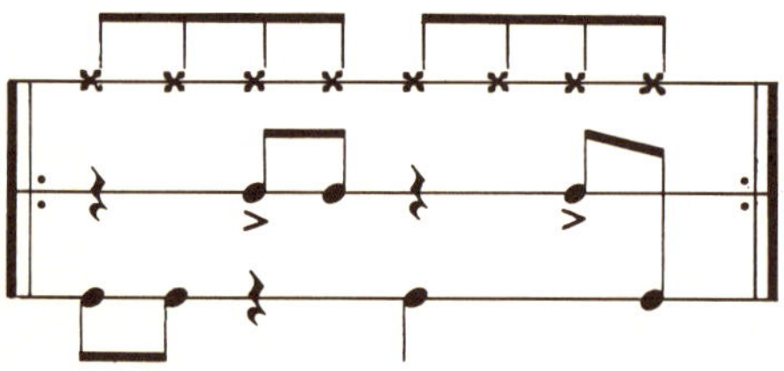

506

Tonbeispiel 19

507

508

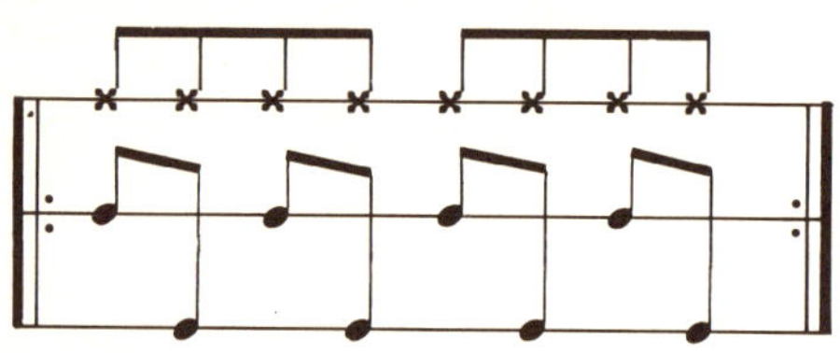

509

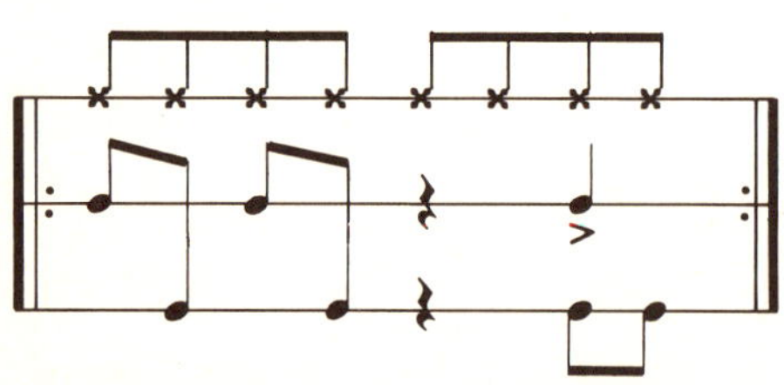

510

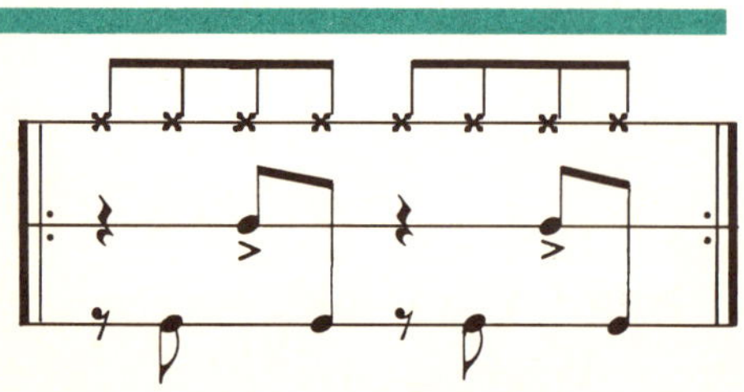

511

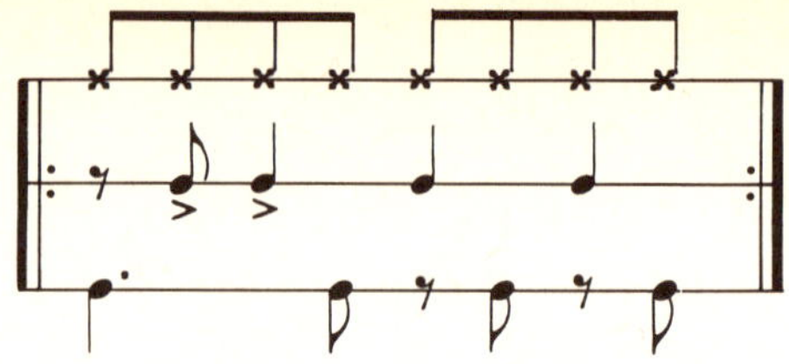

512

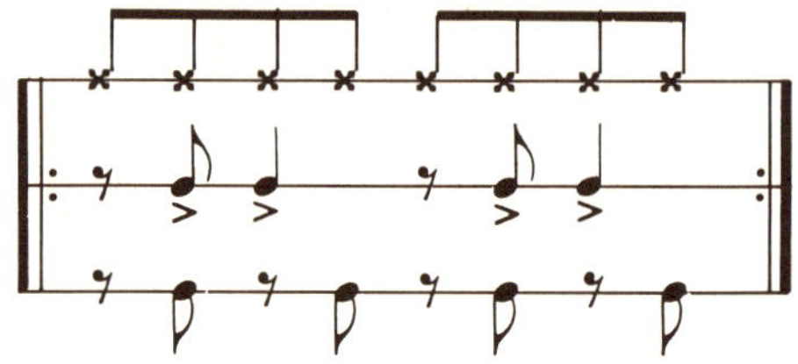

513

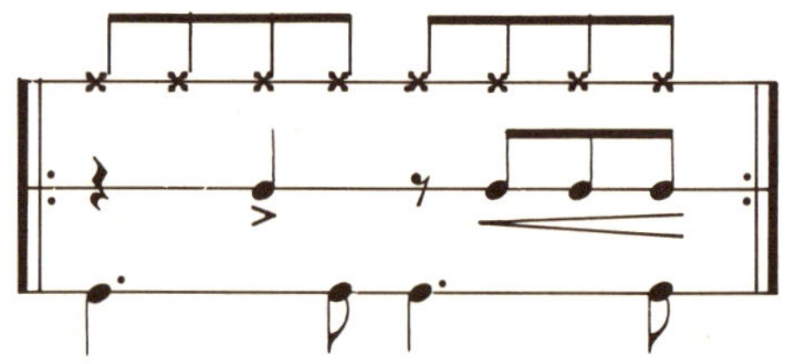

514

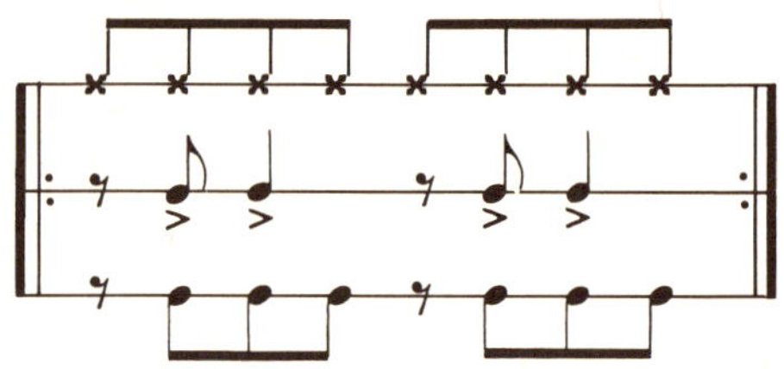

Sechzehntelnoten

CYM/HH

515 SD

BD

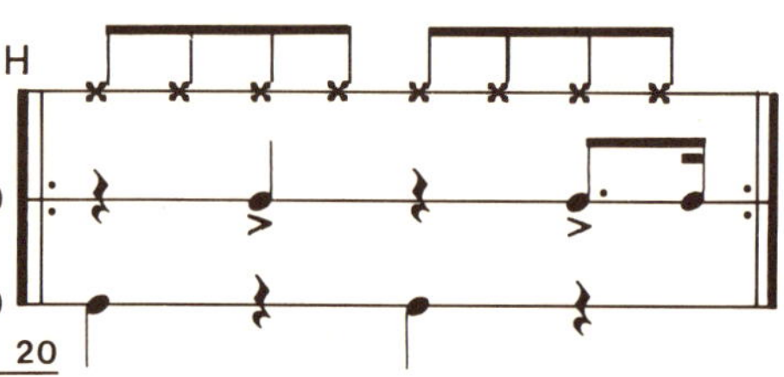

Tonbeispiel 20

516

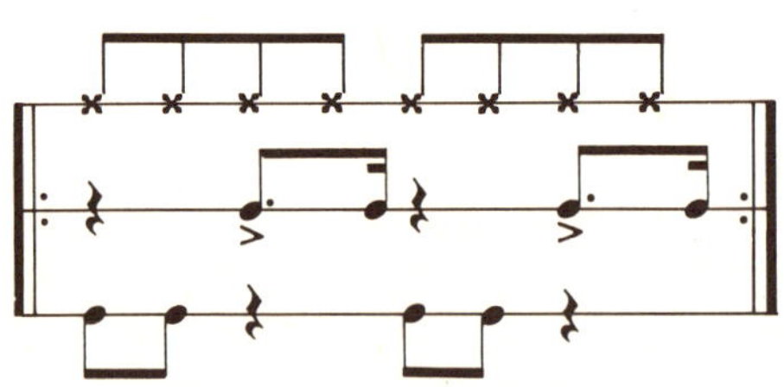

517

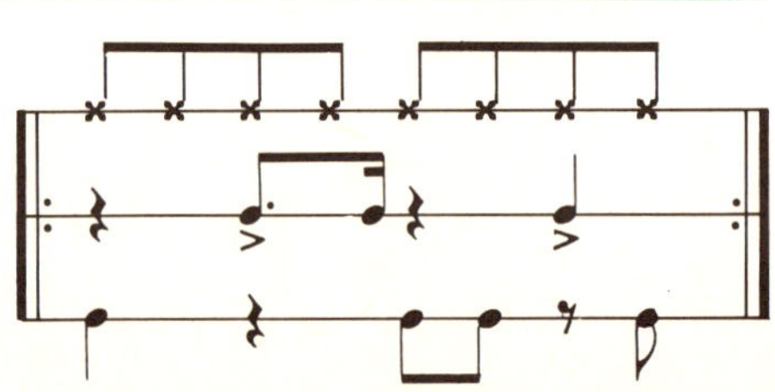

518
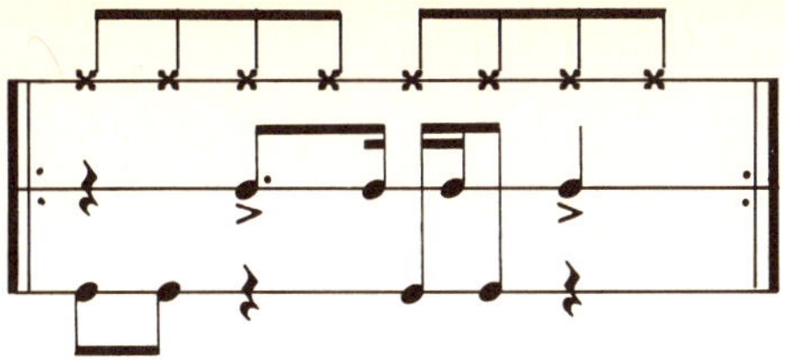

519
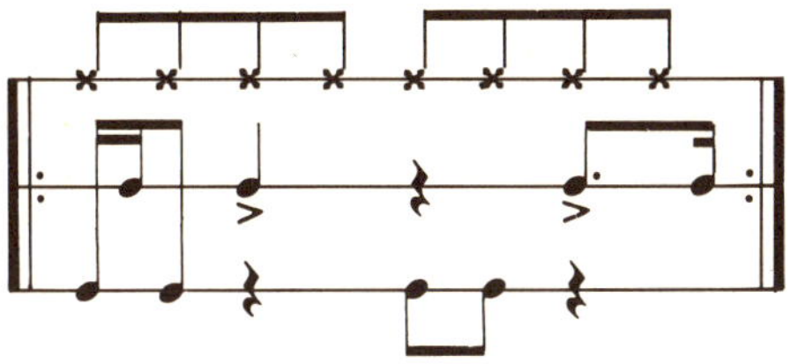

520
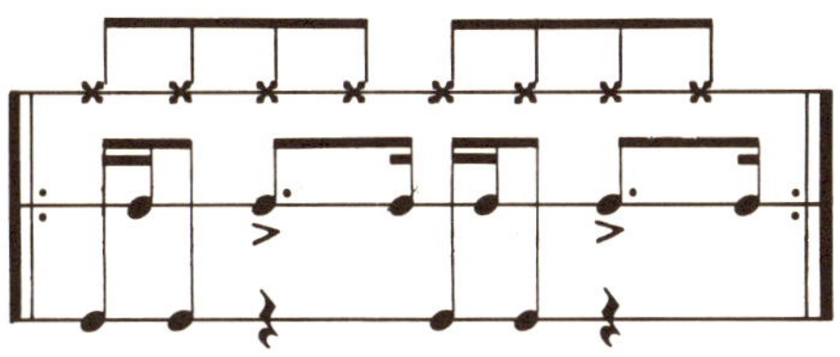

521
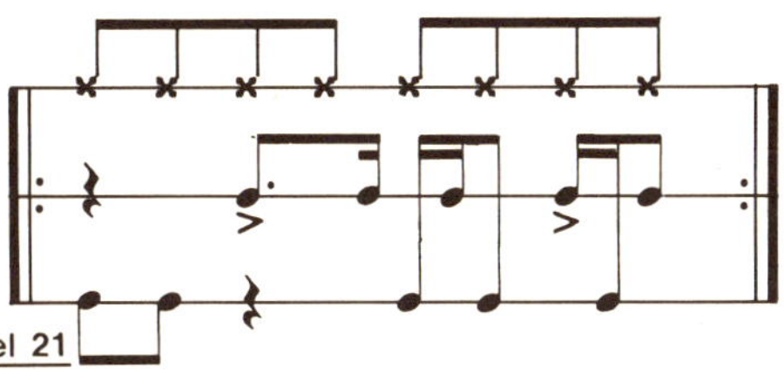
Tonbeispiel 21

522
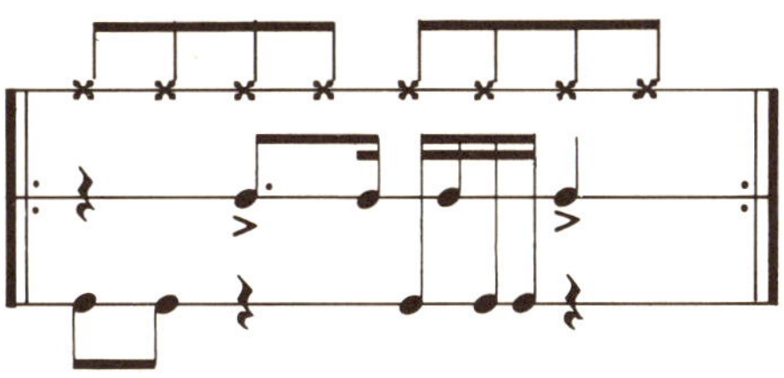

523
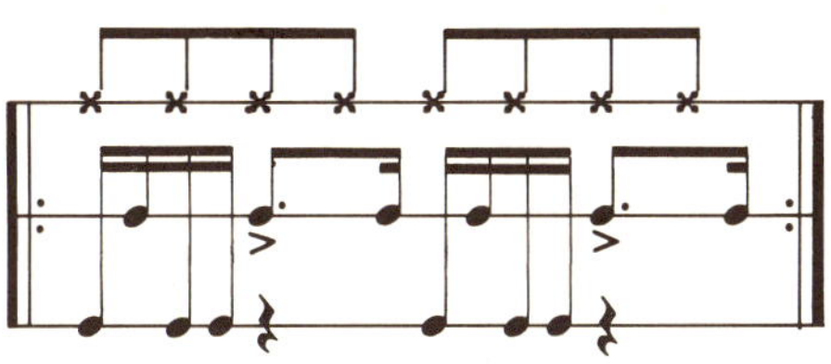

524

525
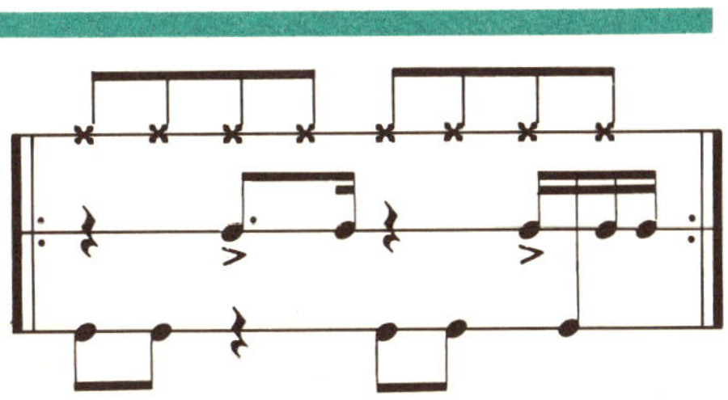

526

Tonbeispiel 22

527
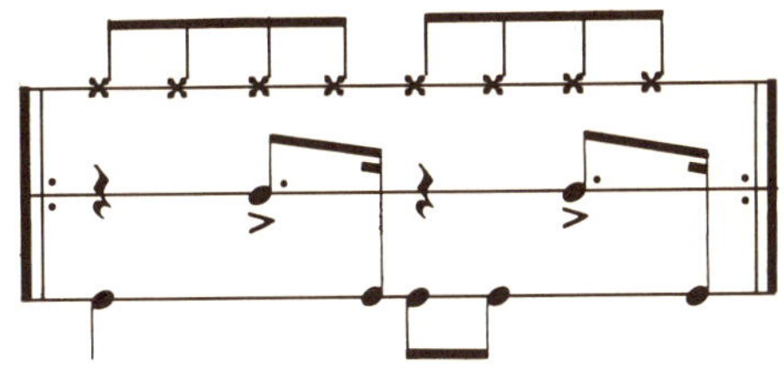

528
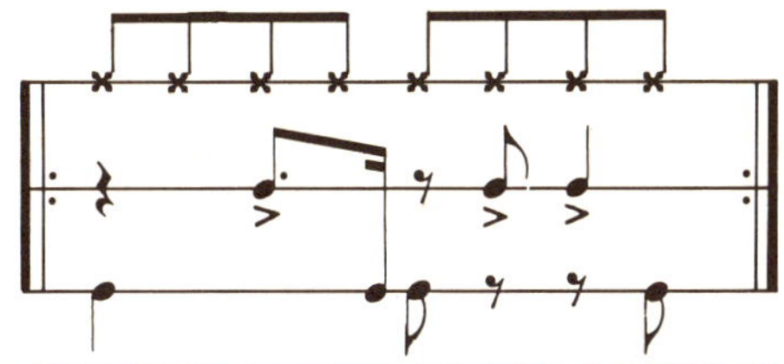

529
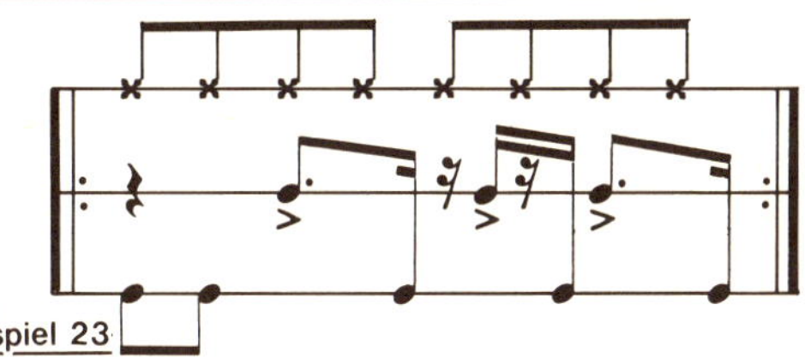
Tonbeispiel 23

530
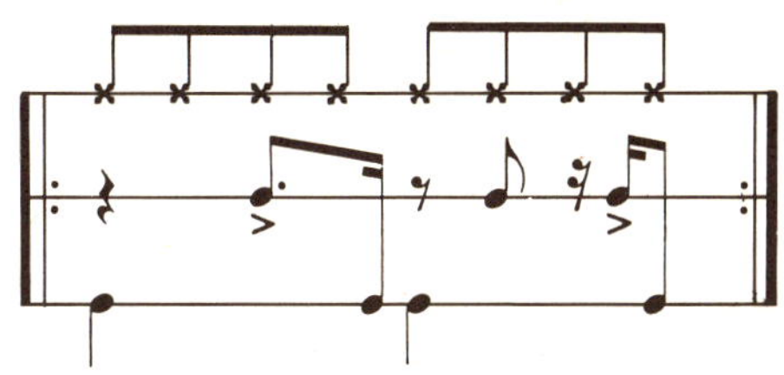

531
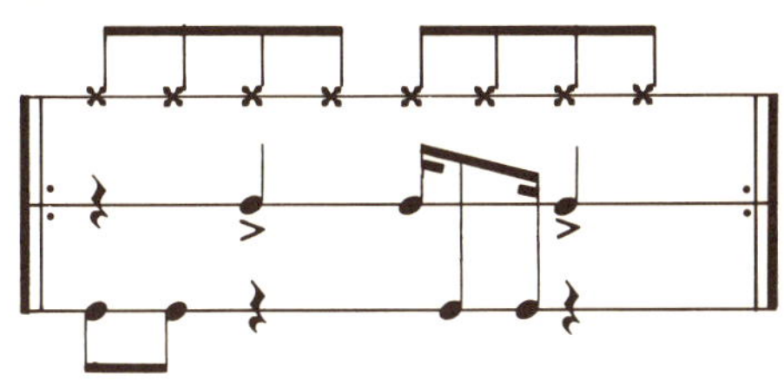

532
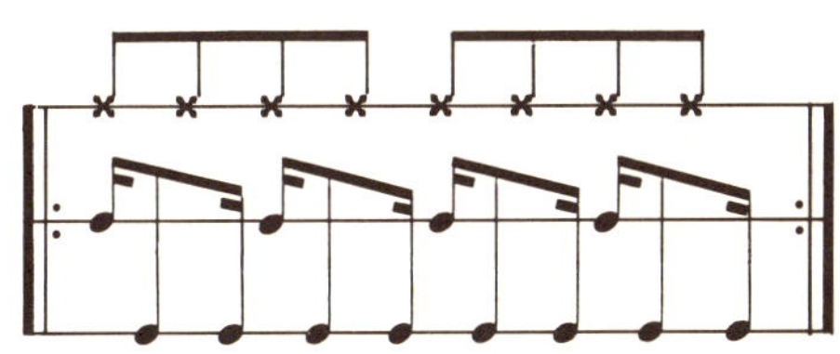

533
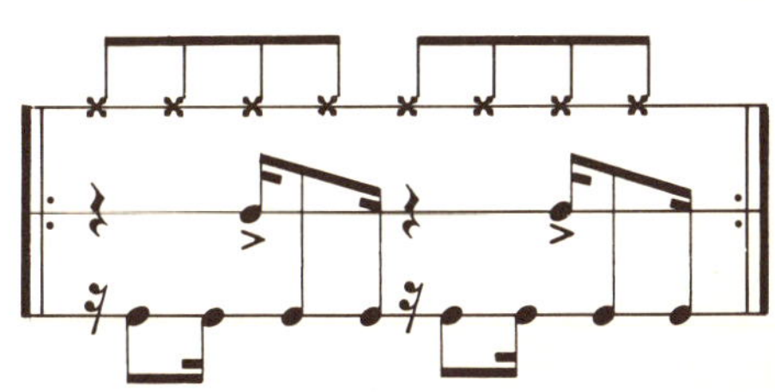

534

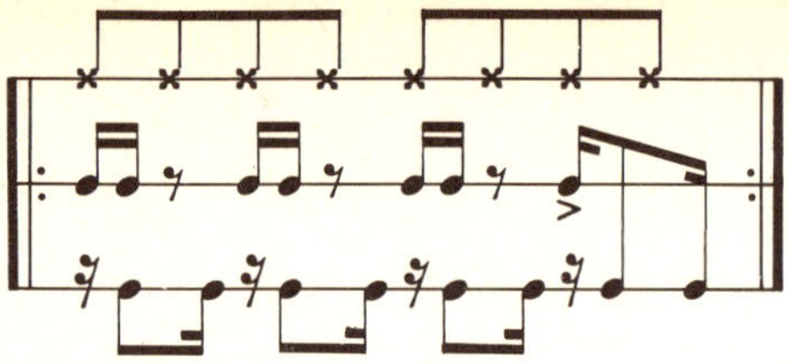

535

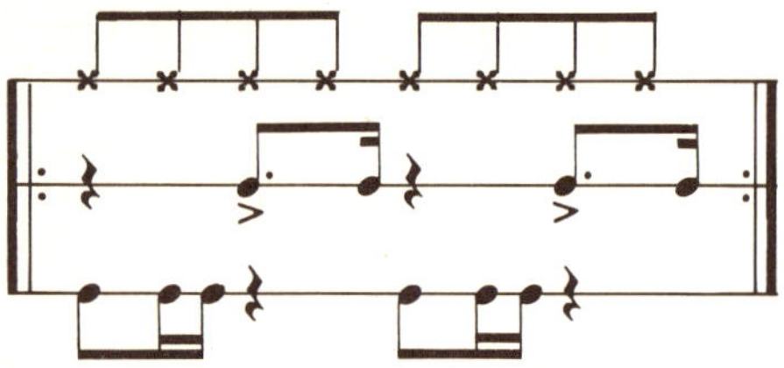

536

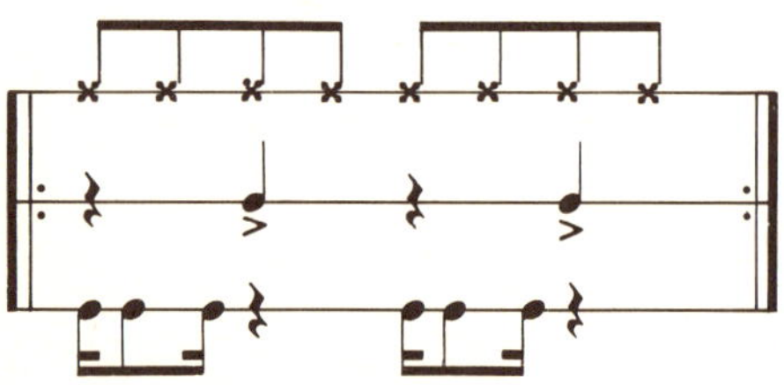

537

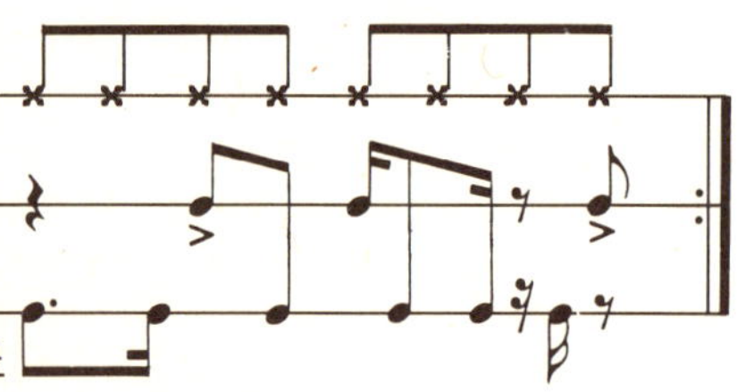

Tonbeispiel 24

538

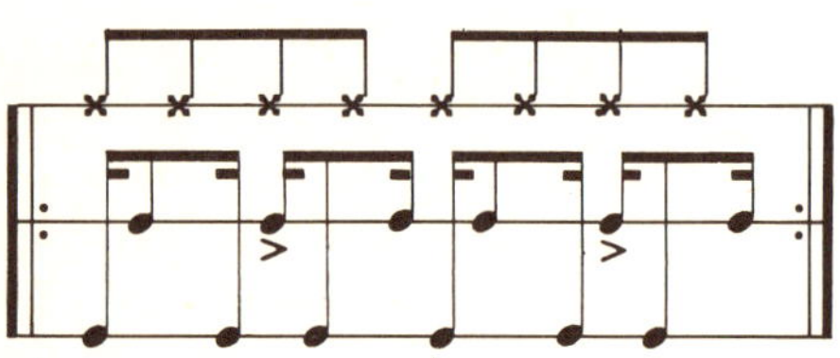

539

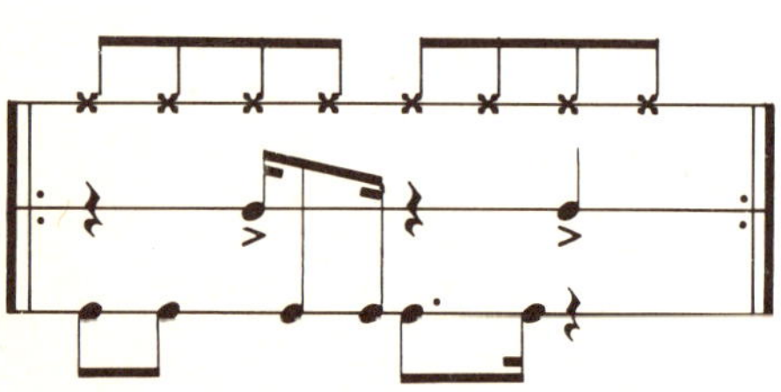

540

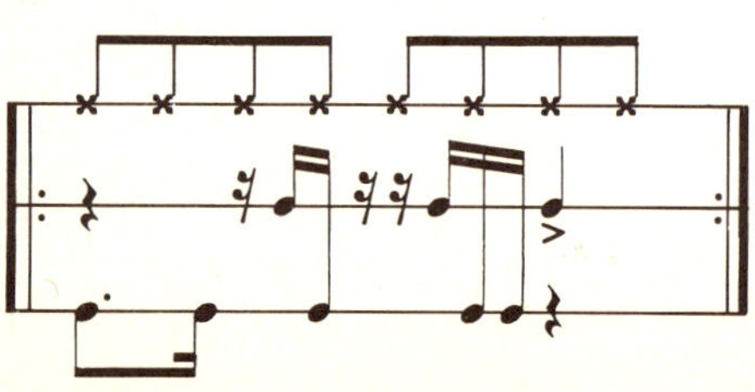

Synkopen

Wird ein ursprünglich gleicher Rhythmusablauf durch eine Verlagerung des Schwerpunktes verändert, dann entsteht ein „außer-Takt-Rhythmus", die „Synkope". Durch diese Schwerpunktverlagerung löst sich die gleichmäßige, harte Betonung auf „2" und „4" (im 4/4-Takt) gänzlich auf, wird aber weiterhin „gespürt". Dieser Vorgang kann sehr stilprägend sein und wird deshalb in der Popmusik, im Rhythm & Blues, Hard Rock, Jazz Rock usw. häufig angewandt. Studiere die *2-Takt-Übungen* sehr sorgfältig!

CYM/HH

541 SD

BD

Tonbeispiel 25

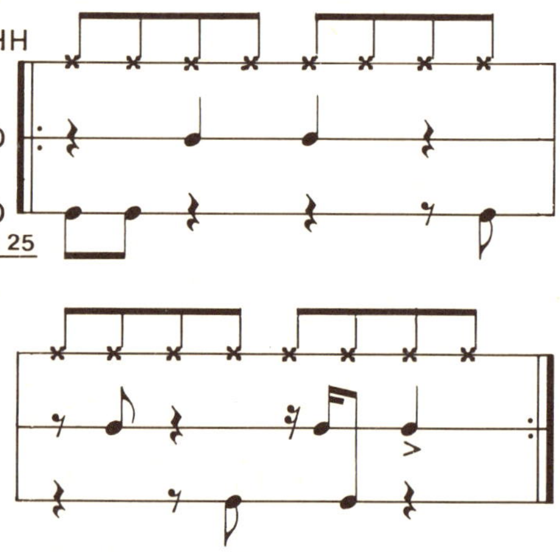

542

543

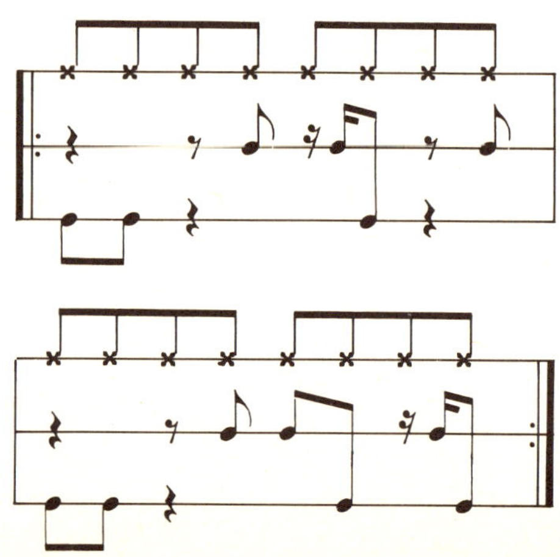

544

545
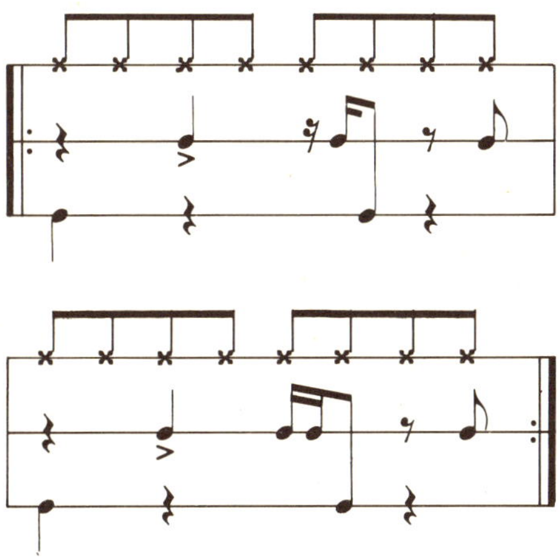

546
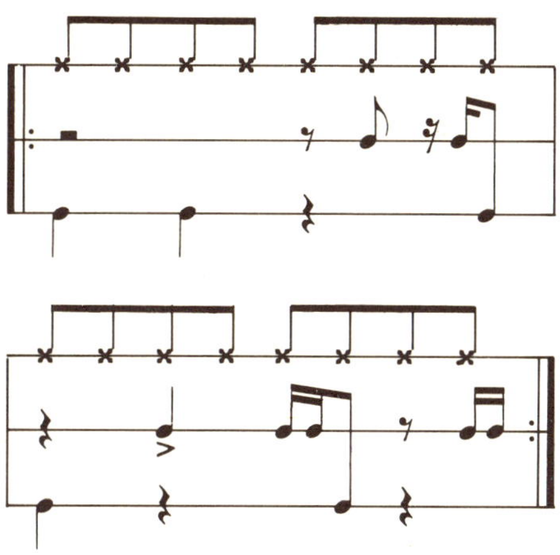

547

548

Öffnen und Schließen der Hi-Hat-Becken

Das Öffnen (o = offen) und Schließen (+ = geschlossen) der Hi-Hat-Becken ist sehr beliebt und wirkungsvoll. Besonders effektvoll sind Hi-Hat-Akzente, wenn man sie zugleich mit der Bass Drum betont.
Bei „Achtelnoten-Hi-Hat-Rhythmen" sind drei unterschiedliche Möglichkeiten des Öffnens und Schließens der Hi-Hat-Becken gegeben:

1. „off" the beat (auf dem „und")
2. „on" the beat (auf den jeweiligen „Zähleinheiten")
3. „on" und „off" the beat (im „Mischverhältnis")

Die nachstehende Aufstellung zeigt nur einige der vielen Möglichkeiten des „Öffnens und Schließens der Hi-Hat-Becken" bei einer Folge von „acht Achtelnoten". In Verbindung mit Snare Drum und Bass Drum entstehen tausenderlei Variationen. Sei selbst kreativ!

– „off" the beat –

1	und	2	und	3	und	4	und
+	+	+	+	+	+	+	o
+	+	+	+	+	o	+	o
+	+	+	o	+	o	+	o
+	o	+	o	+	o	+	o
+	o	+	o	+	o	+	+
+	o	+	o	+	+	+	+
+	o	+	+	+	+	+	+
+	o	+	+	+	o	+	+
+	+	+	o	+	+	+	o
+	o	+	+	+	+	+	o
+	+	+	o	+	o	+	+
+	o	+	+	+	o	+	o

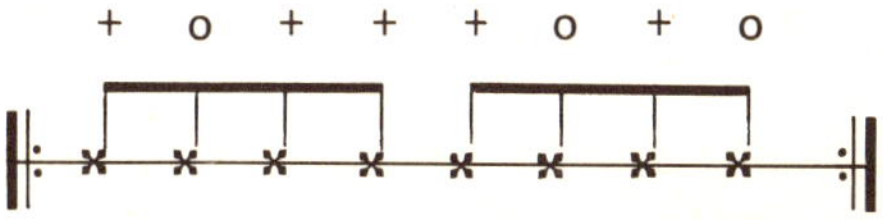

– „on" the beat –

1	und	2	und	3	und	4	und
+	+	+	+	+	+	o	+
+	+	+	+	o	+	o	+
+	+	o	+	o	+	o	+
o	+	o	+	o	+	o	+
o	+	o	+	o	+	+	+
o	+	o	+	+	+	+	+
o	+	+	+	+	+	+	+
o	+	+	+	o	+	+	+
+	+	o	+	+	+	o	+
o	+	+	+	+	+	o	+
+	+	o	+	o	+	+	+
o	+	+	+	o	+	o	+

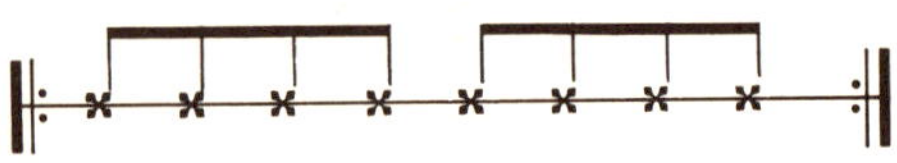

– „on" und „off" the beat –

1	und	2	und	3	und	4	und
o	+	+	+	+	o	+	+
+	o	+	+	+	+	o	+
+	+	o	+	+	+	+	o
o	+	+	o	+	+	+	+
+	o	+	+	o	+	+	+
o	+	+	o	+	+	o	+
+	o	+	+	o	+	+	o
o	+	o	+	+	o	+	+
o	o	+	+	+	o	o	+

1	und	2	und	3	und	4	und
o	o	+	+	+	+	+	+
+	+	o	o	+	+	+	+
+	+	+	+	o	o	+	+
+	+	+	+	+	+	o	o
o	o	+	+	o	o	+	+
+	+	o	o	+	+	o	o
o	+	o	+	+	o	+	o
o	o	+	o	+	+	o	+
+	o	o	+	+	+	o	o

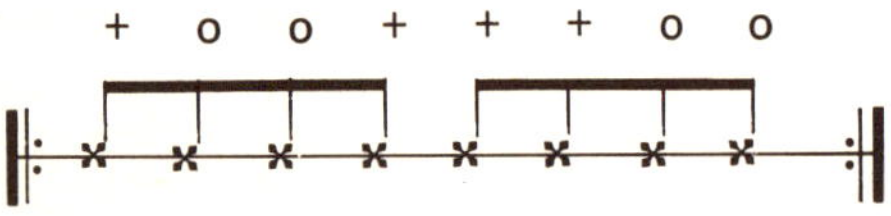

549

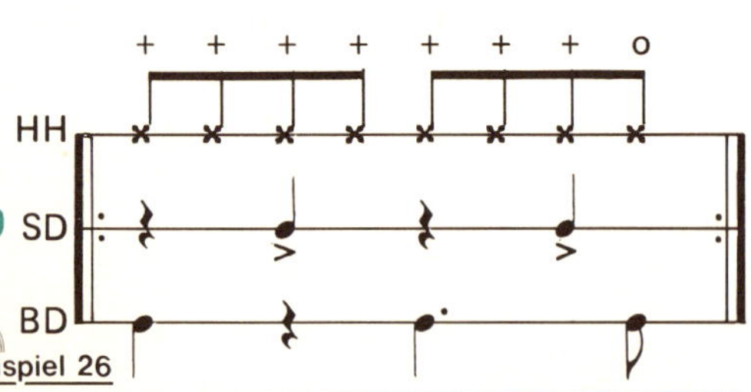

Tonbeispiel 26

550

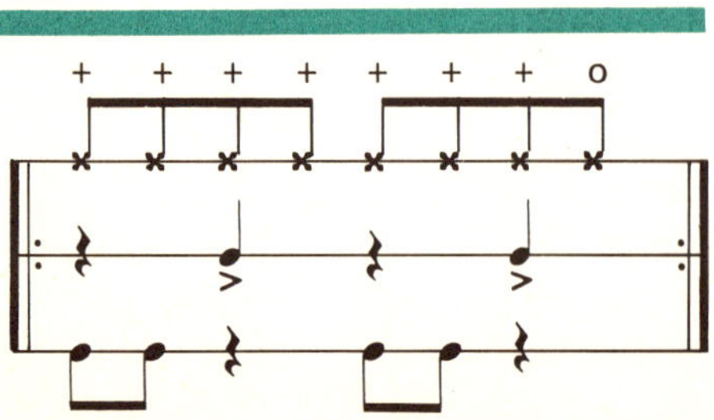

551

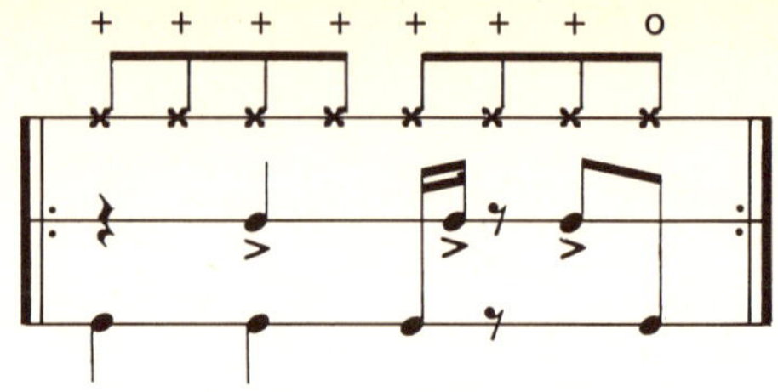

552

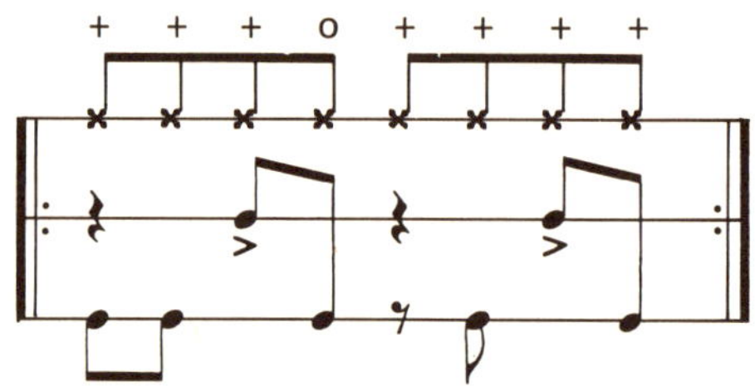

553

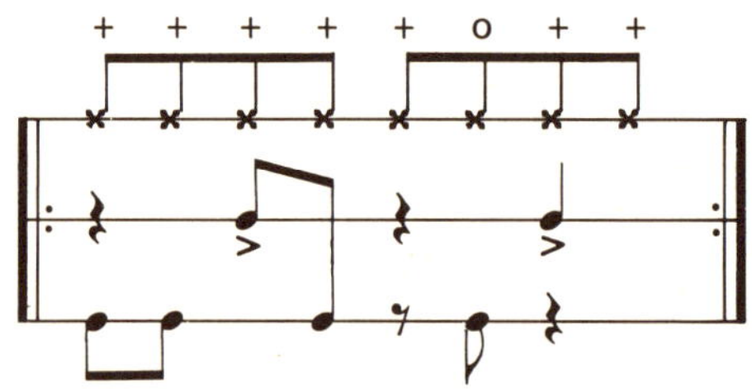

554

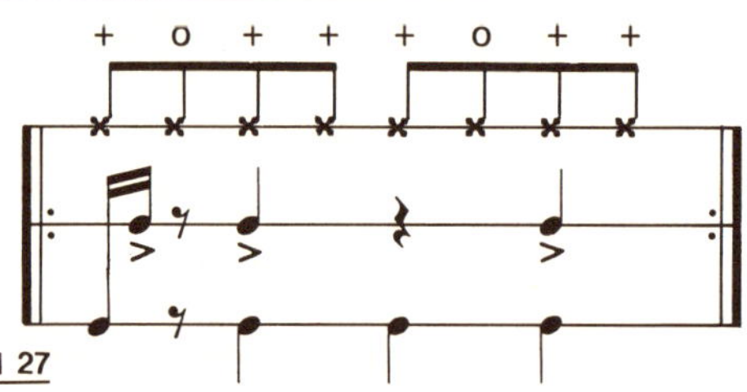

Tonbeispiel 27

555

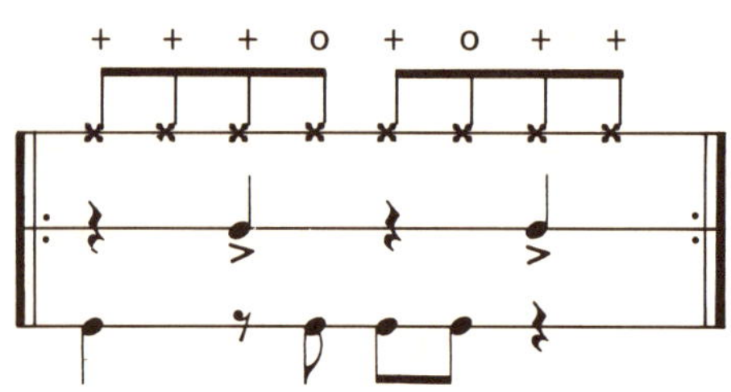

556

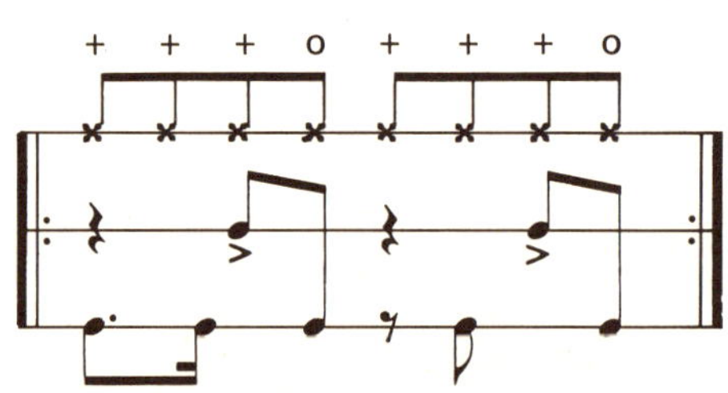

557

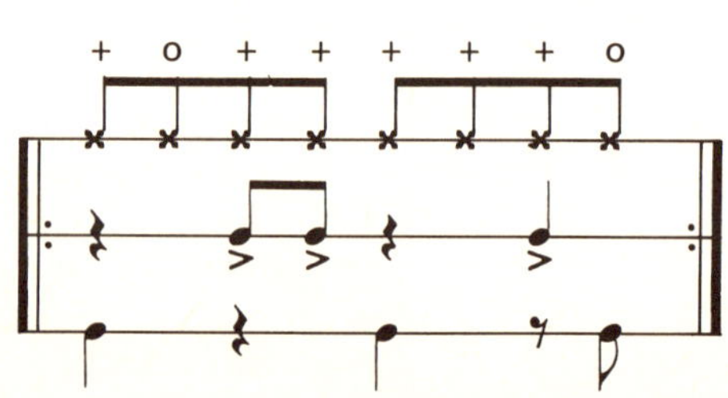

558
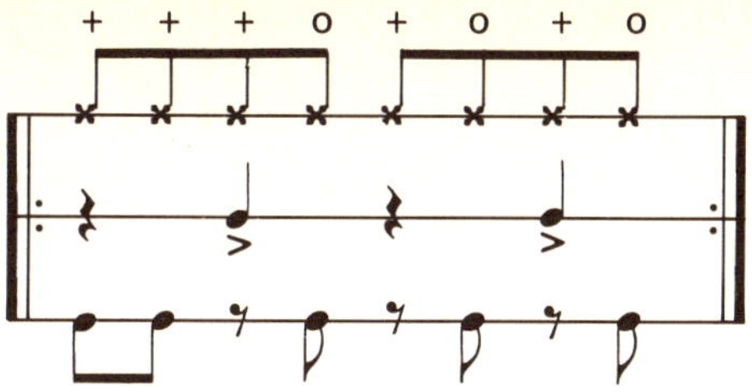

559
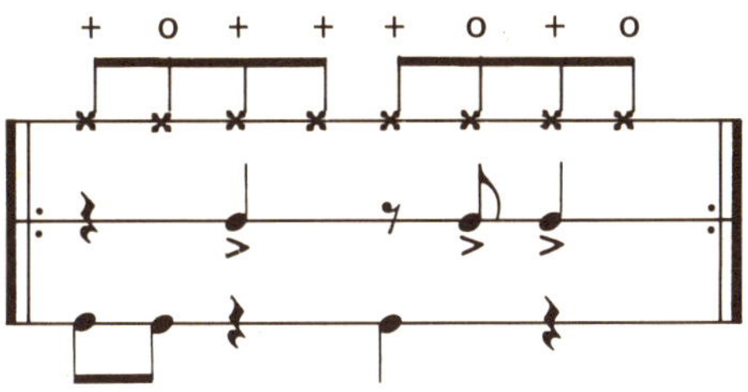

560
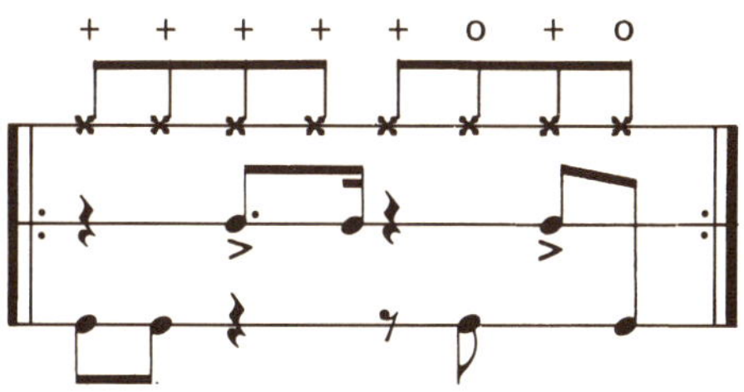

561
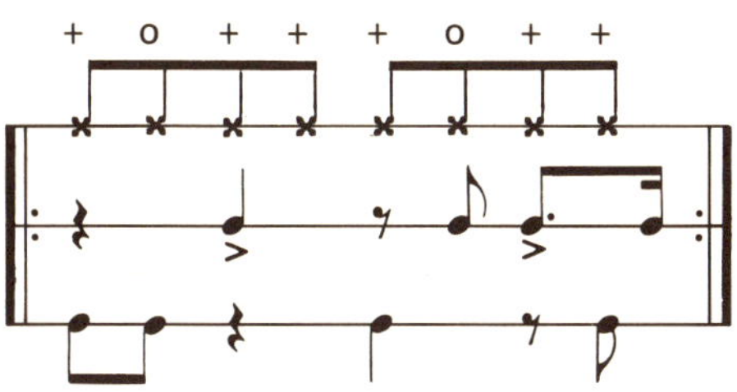

562
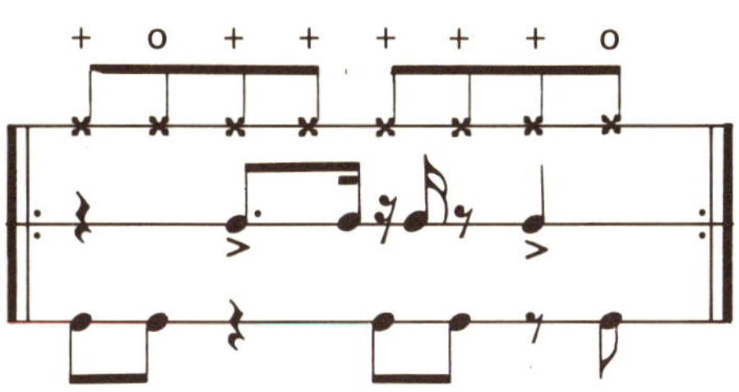

563
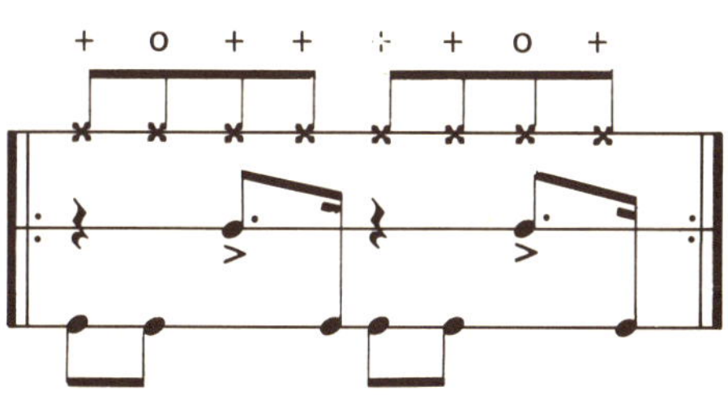

564
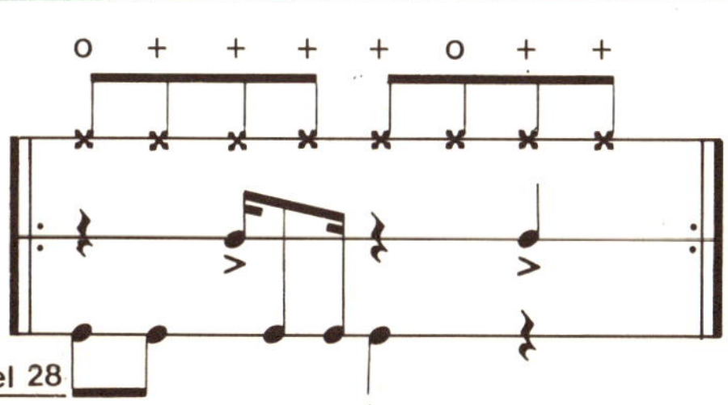

Tonbeispiel 28

565
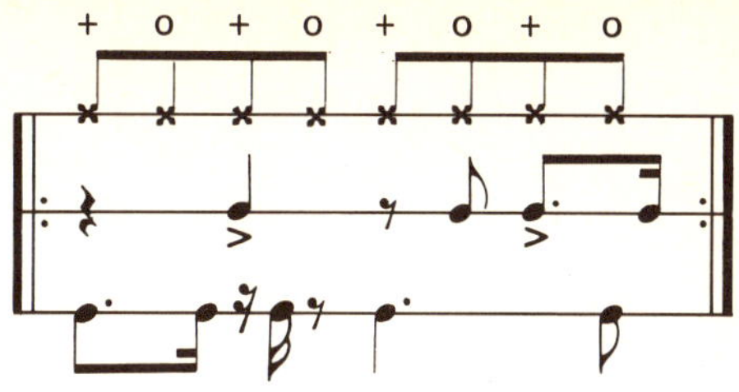

566
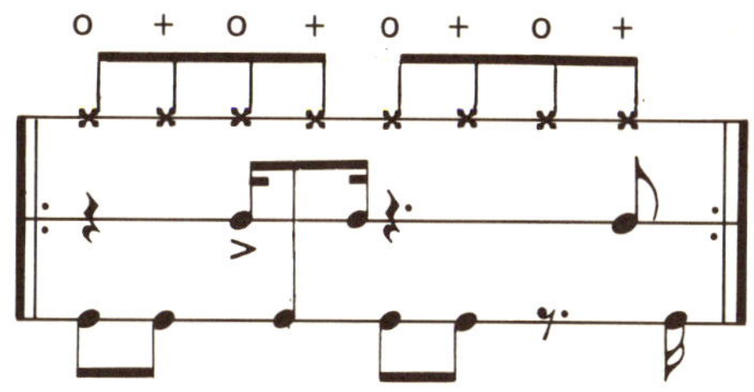

567
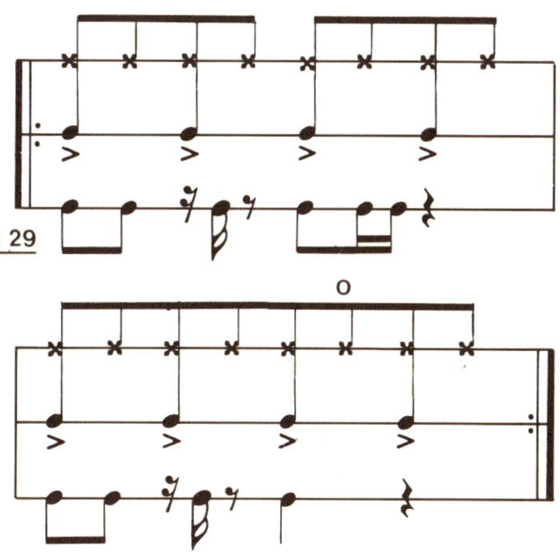

Tonbeispiel 29

568
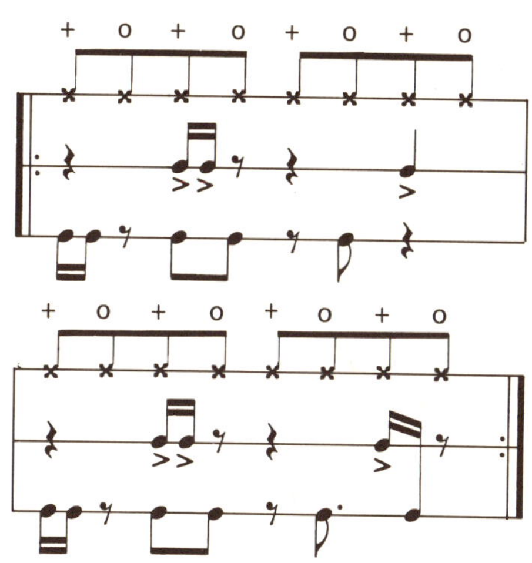

Übung 569 und 570 behandelt das Öffnen und Schließen der Hi-Hat-Becken bei zwei hintereinander stehenden „offen"-Zeichen: oo
Studiere hierfür die beiden folgenden Möglichkeiten!

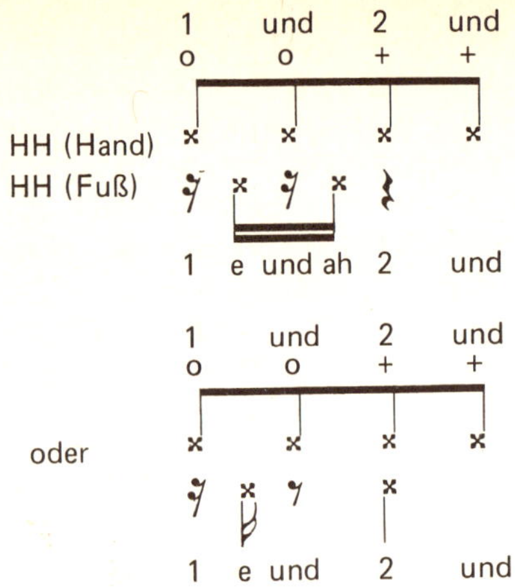

569
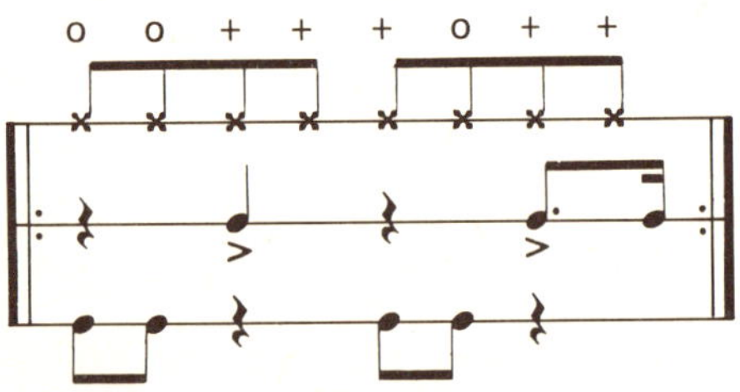

570
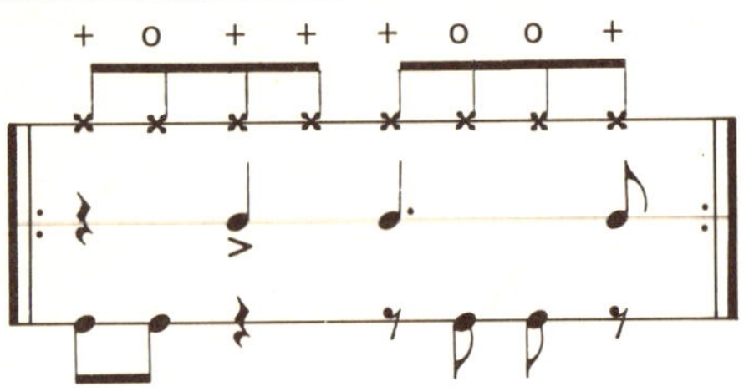

Reggae/Rock

Diese populäre Stilart aus Jamaica bietet dem Drummer unerschöpfliche, neue Spielmöglichkeiten. Beim Reggae werden die Snare Drum-Noten meist als „rim-click" geschlagen (siehe Abb. 51, S. 151). In der Rockmusik entsteht eine neue Soundvariante durch das Spiel des Hi-Hat-Rhythmus' auf dem „Glockenbecken".
Beachte die Pausen sehr genau! Studiere langsam! Einige Übungen sind hier durch eine Hilfslinie erweitert. Diese Linie zeigt die Betonung mit dem Hi-Hat (linker Fuß).

571
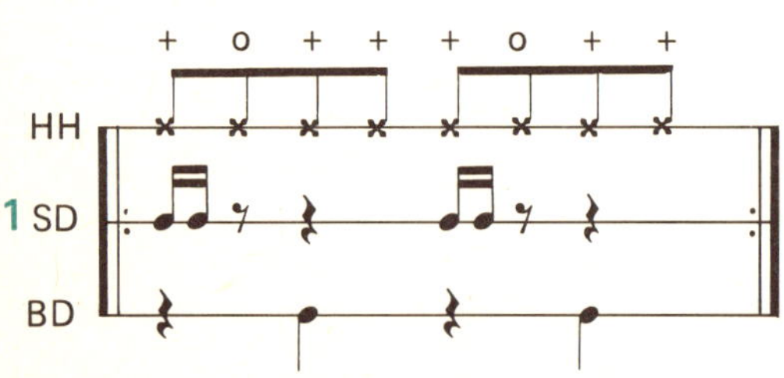

572
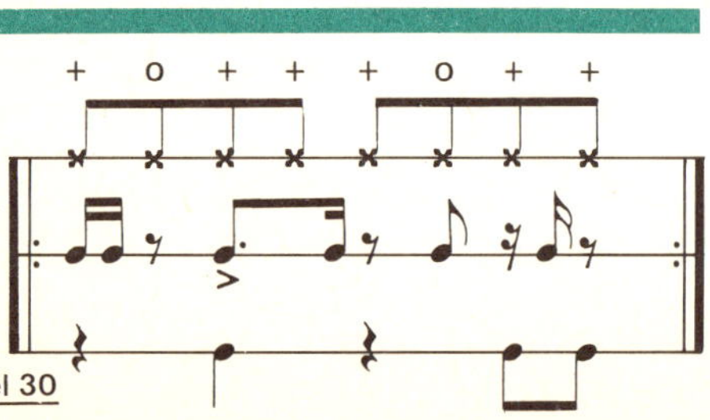

Tonbeispiel 30

573
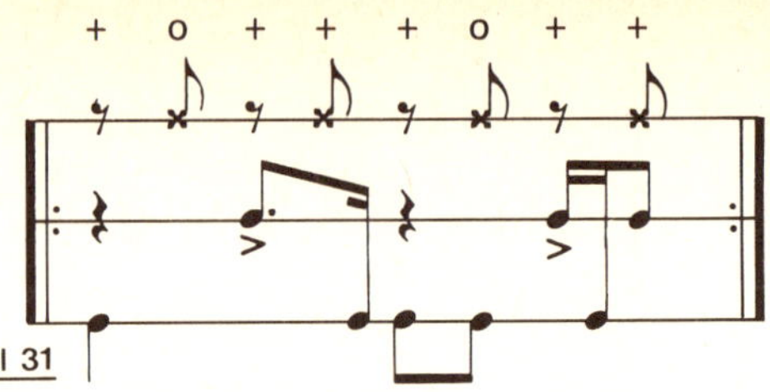

Tonbeispiel 31

574
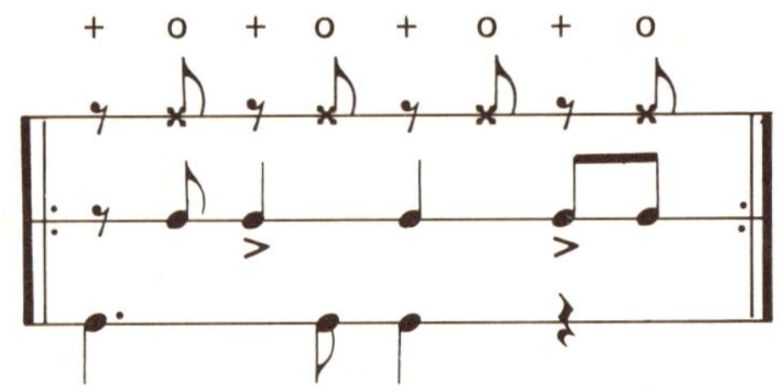

575
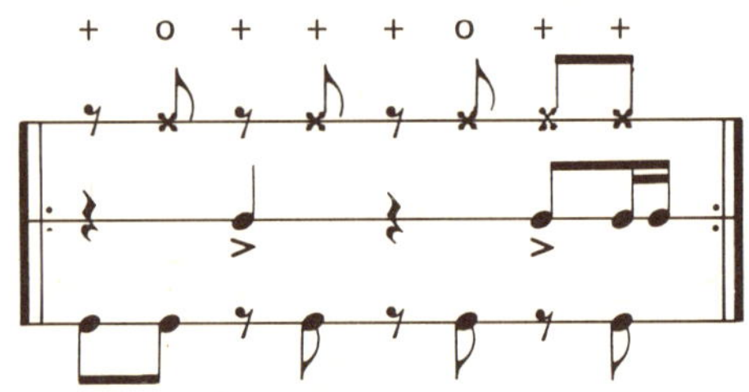

576
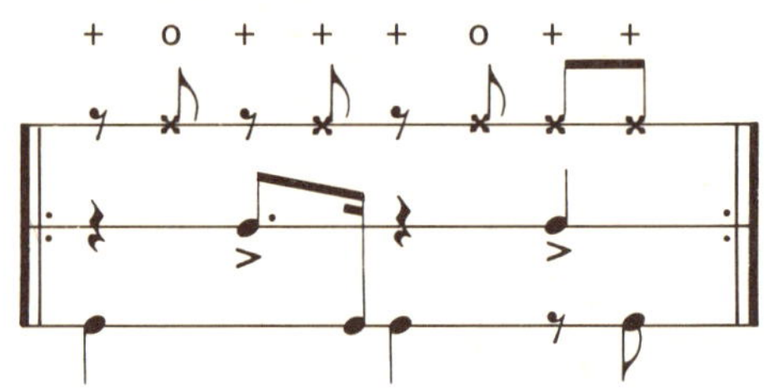

577
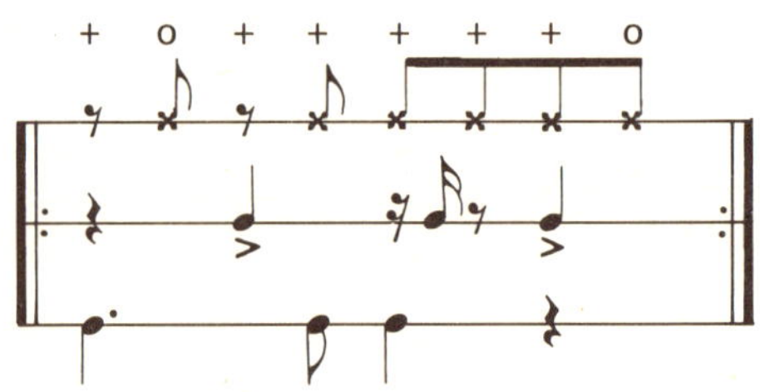

578
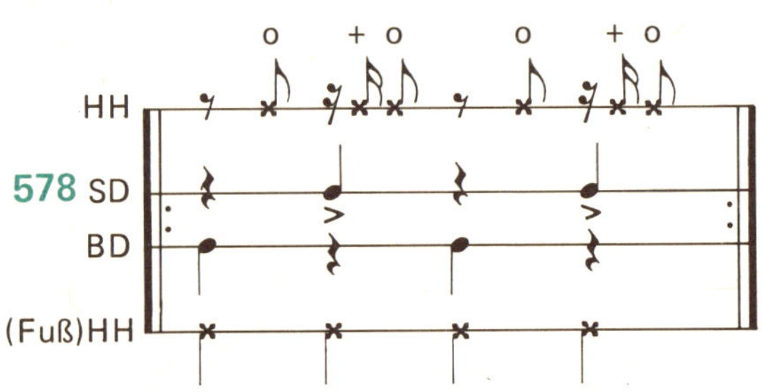

579
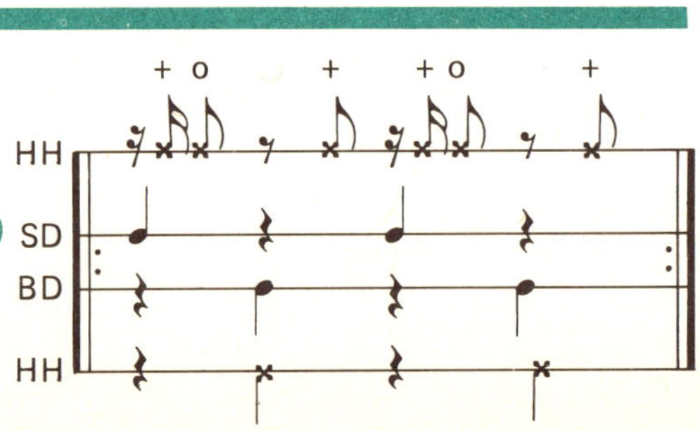

580
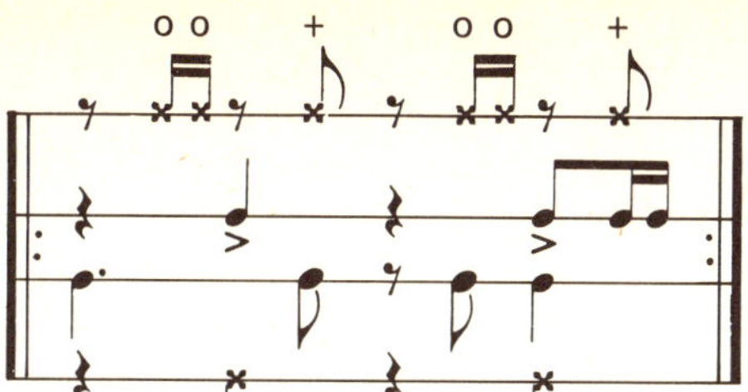

581
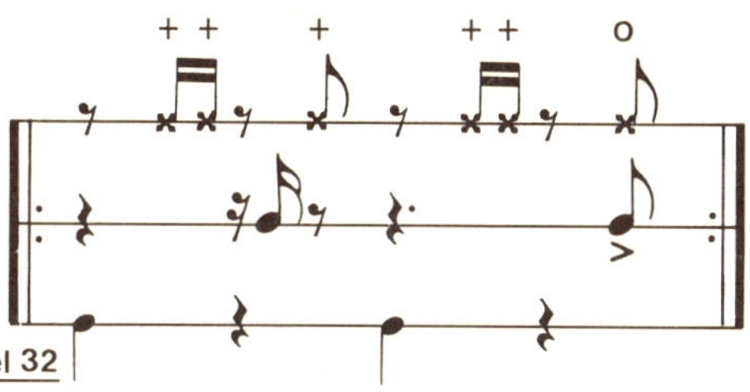
Tonbeispiel 32

582
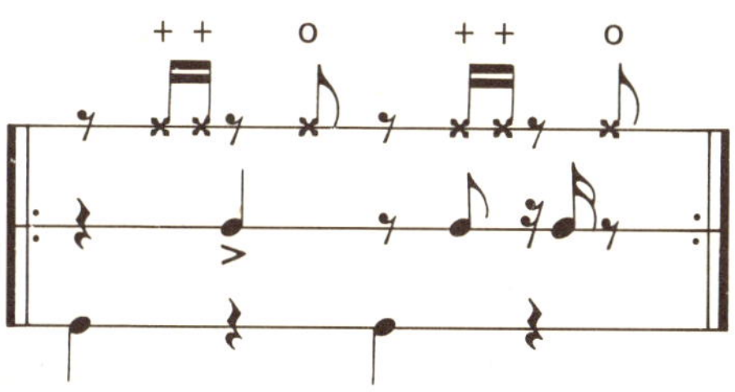

583
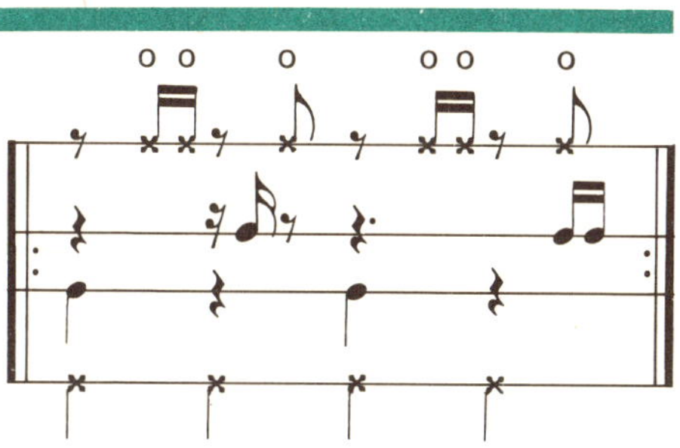

584
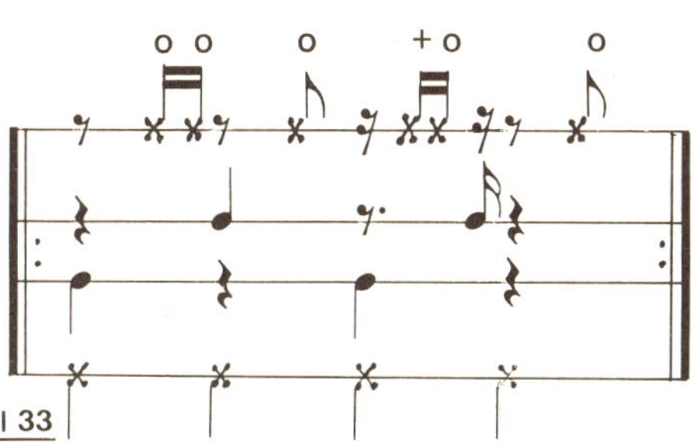
Tonbeispiel 33

Sechzehnteltriolen (Triplets)

Sechzehnteltriolen haben wir bereits in der 13. Stunde kennengelernt. In den nachfolgenden Übungen studieren wir die Sechzehnteltriolenfigur:

Dieses Triplet (= Dreiergruppe, Triole), wird, wie du siehst, nicht „von Hand zu Hand" gespielt, sondern nur mit der linken Hand, oder mit der Bass Drum. Die Ausführung ist aber gar nicht so schwer: die erste Sechzehntelnote der Triole wird ausgelassen, da diese mit der rechten Hand als Achtelnote auf dem Becken gespielt wird. Ebenso wird die darauffolgende Sechzehnteltriole nach der Triolenfigur – sie gilt bereits als Anfangsnote der nächsten Dreiergruppe – als Achtelnote auf dem Becken gespielt. Die Triole paßt also genau zwischen die auf dem Becken gespielten Achtelnoten:

Wenn du dir diese Grundrhythmik immer vor Augen hältst, sollte es keinerlei Schwierigkeiten beim Spielen von Sechzehnteltriolen geben. Um die Triolenfigur auch in schnellem Tempo sauber spielen zu können, ist jedoch unbedingt ein gründliches Studium des „Double Stroke Rolls" (siehe 11. Stunde!) erforderlich.

CYM/HH
585 SD
BD
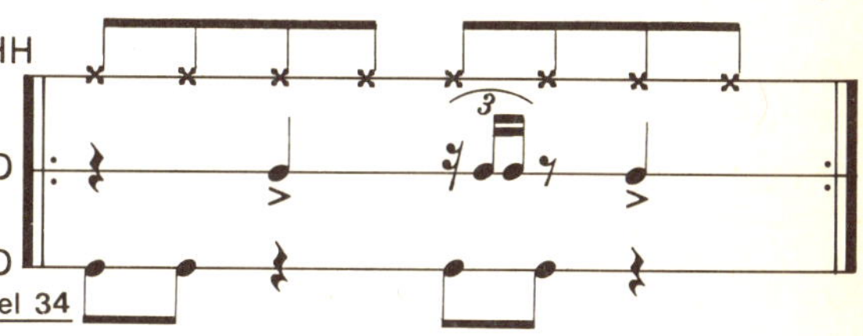
Tonbeispiel 34

586

587
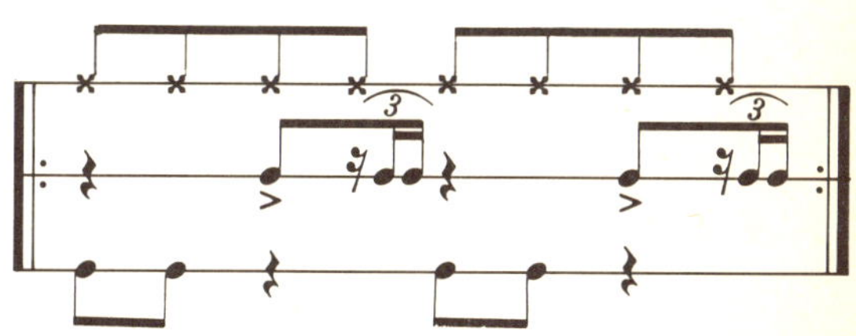

588

Tonbeispiel 35

589
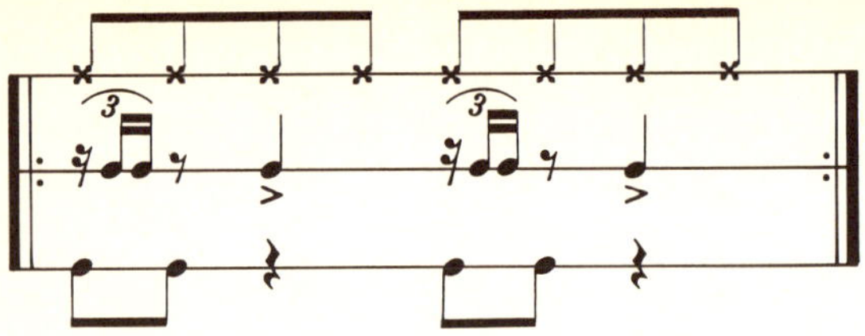

590
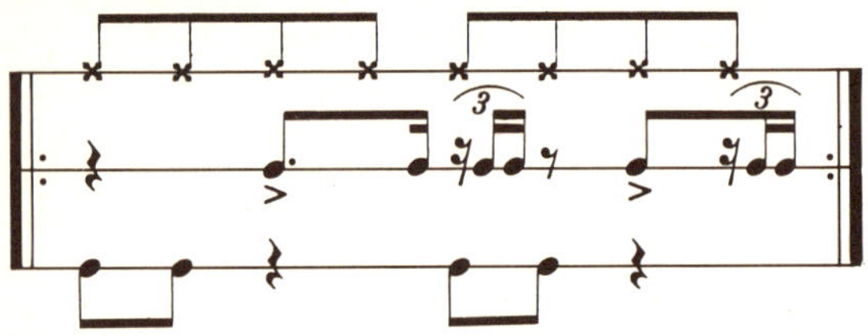

591
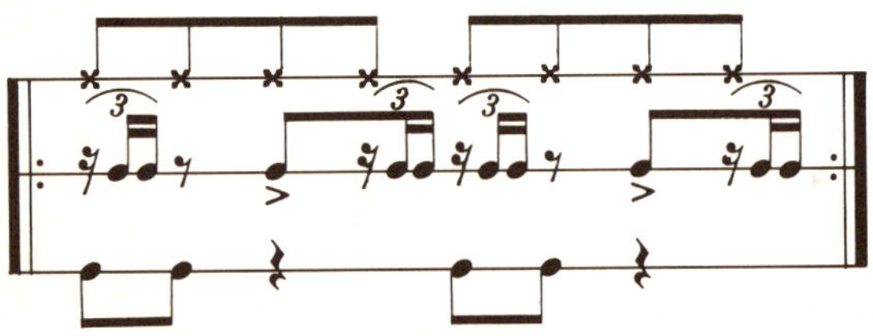

592
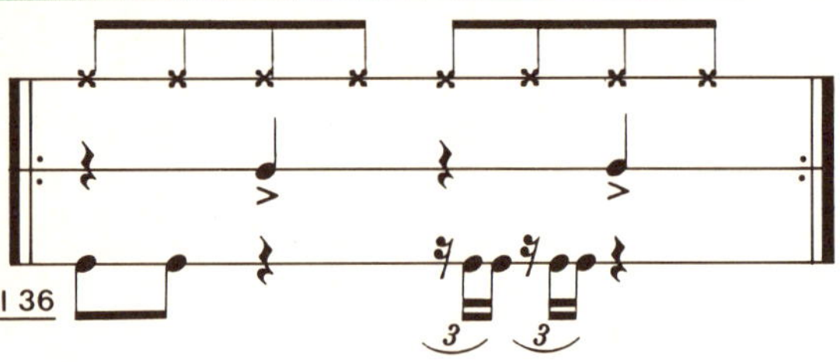

Tonbeispiel 36

593

594

595
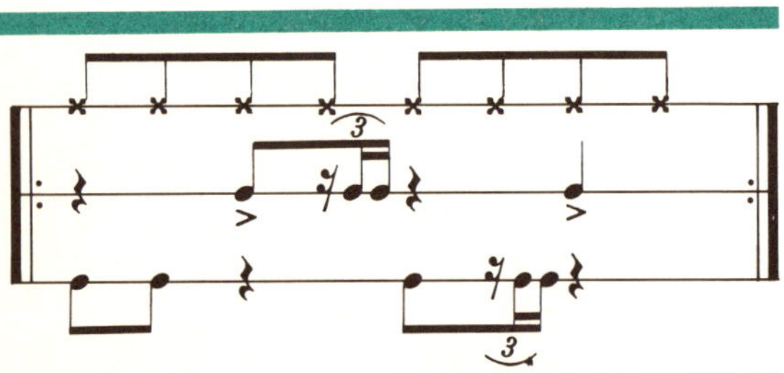

596

Tonbeispiel 37

597
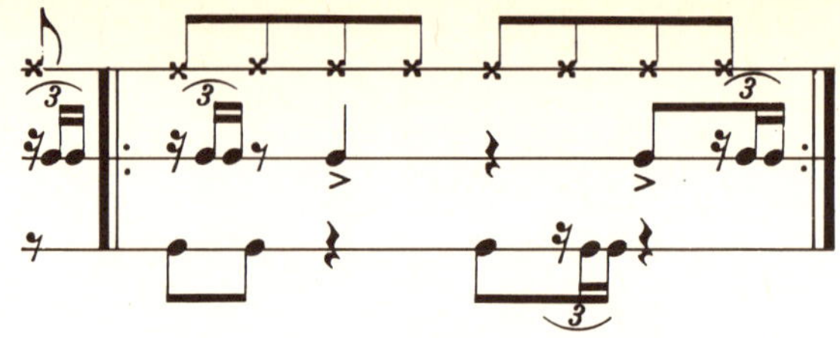

598

599
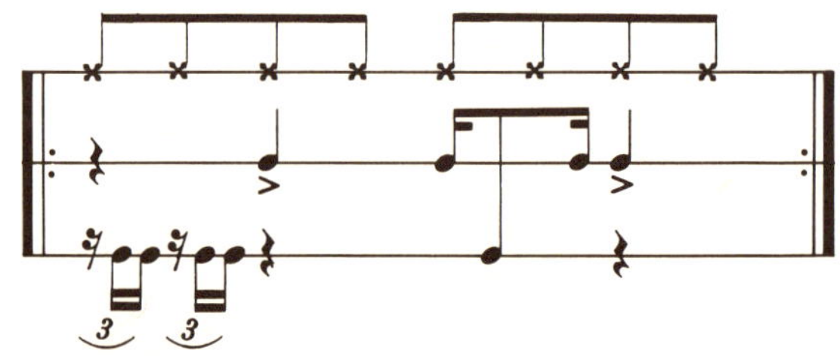

600
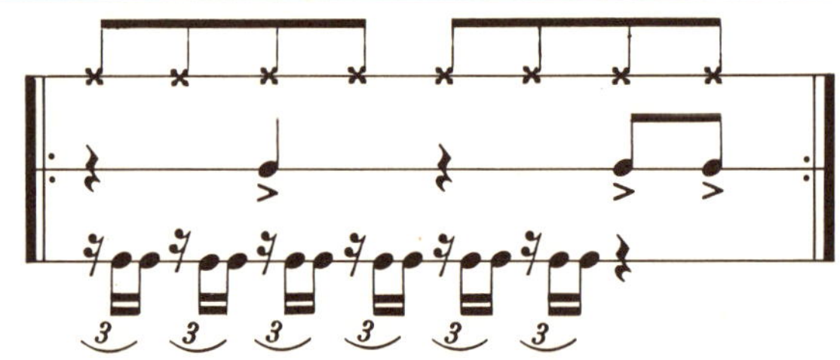

601
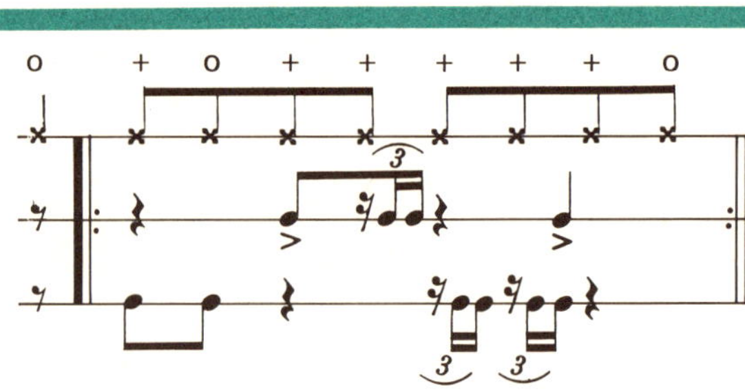

c) Beckenrhythmus: Achteltriolen

Slow Rock/Blues

602
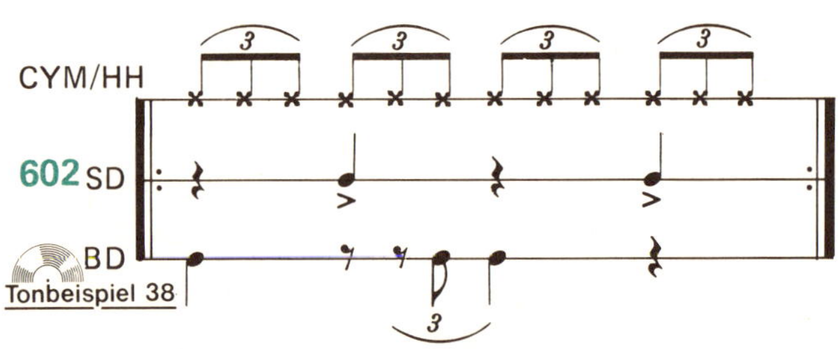

Tonbeispiel 38

603

604
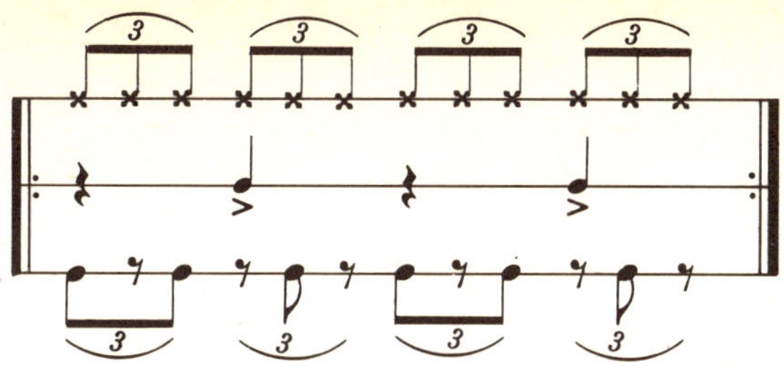

605
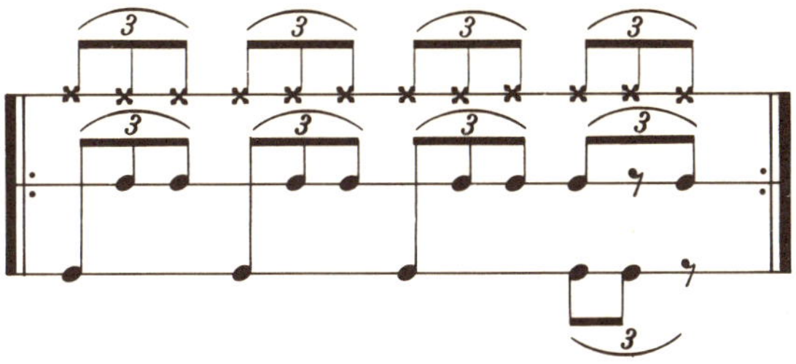

Für den kreativen Drummer sind die Kombinationsmöglichkeiten mit diesem Beckenrhythmus ebenso unbegrenzt, wie mit jedem anderen Rhythmus auch. Dies bleibt weitgehend den eigenen schöpferischen Fähigkeiten sowie der eigenen Fantasie überlassen.

> **TIP**
>
> Wiederhole sämtliche „Shuffle Rhythmen" (Snare Drum und Bass Drum-Linie) in Verbindung mit diesem „Achteltriolen-Beckenrhythmus!" So erhältst du eine Vielzahl neuer Rhythmen!

Bis jetzt haben wir sämtliche Rhythmen im „4/4-Takt-Feeling" gespielt. Der Unterschied zum „6/8-Takt-, bzw. 12/8-Takt-Feeling" ist gar nicht so groß und unterscheidet sich vom 2/4-Takt bzw. 4/4-Takt:

1. in der Zählweise
2. in der Betonung (Akzent) — siehe *Schlüssel*
3. in der Notation

Der natürliche Akzent befindet sich im 4/4-Takt auf „2" und „4", im 6/8-Takt auf „1" und „4"!

Schlüssel

Zähle:
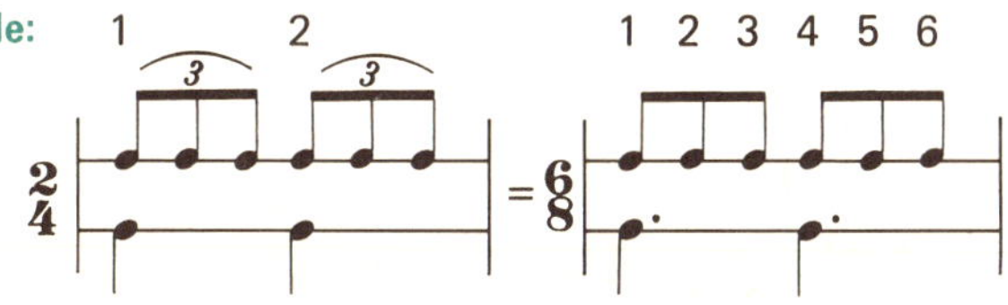

Zähle:

(Achteltriolen)

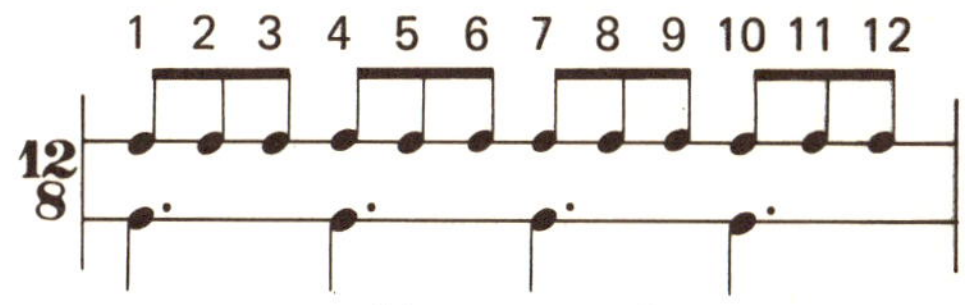

(Achtelnoten)

d) Beckenrhythmus: Sechzehntelnoten

CYM/HH
606 SD
BD
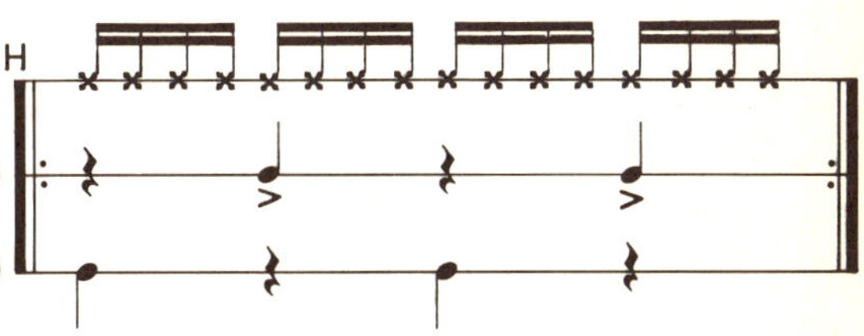

607
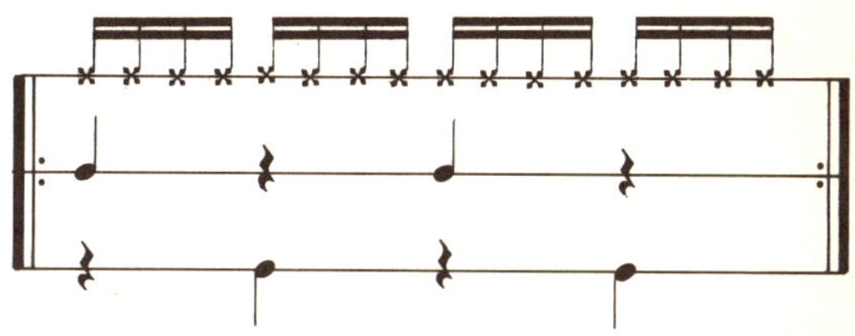

608
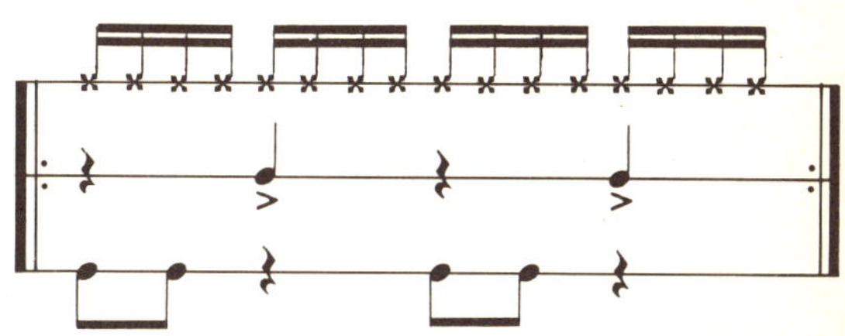

609
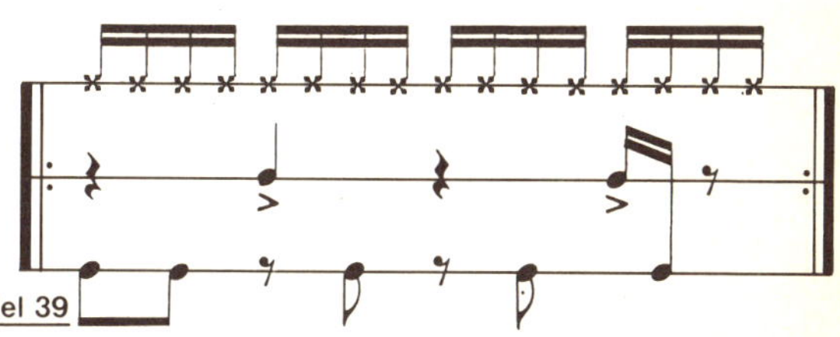
Tonbeispiel 39

610
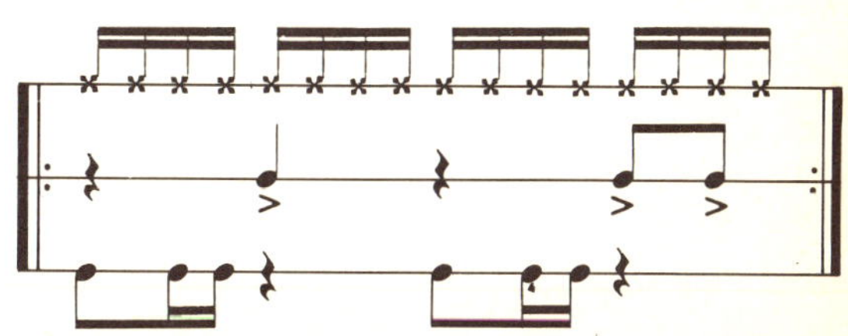

611

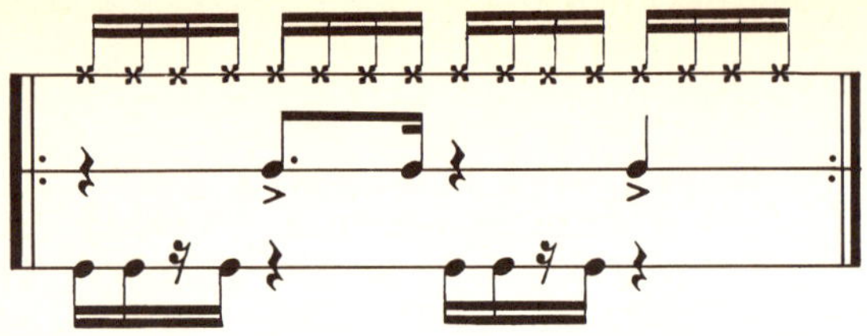

612

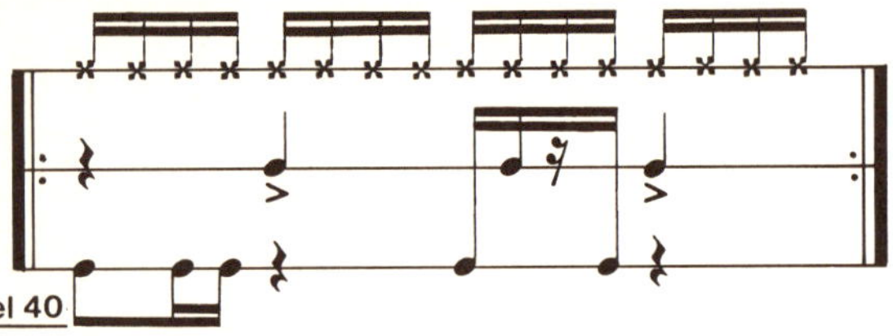

Tonbeispiel 40

613

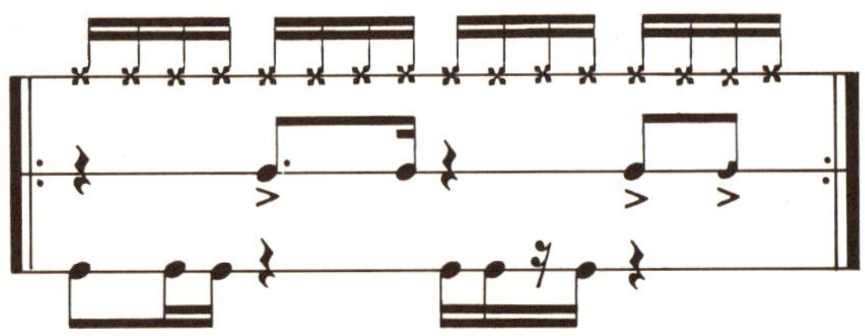

614

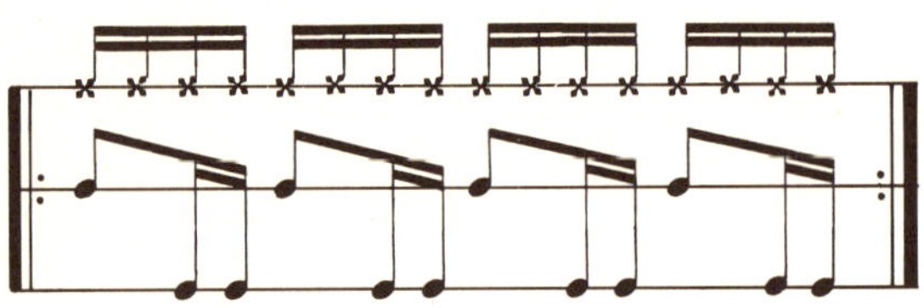

615

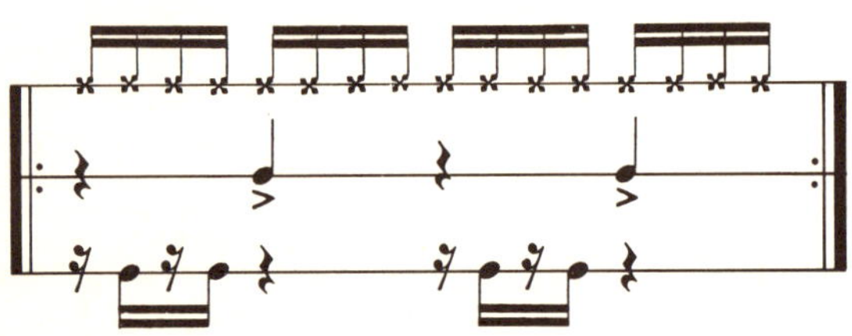

616

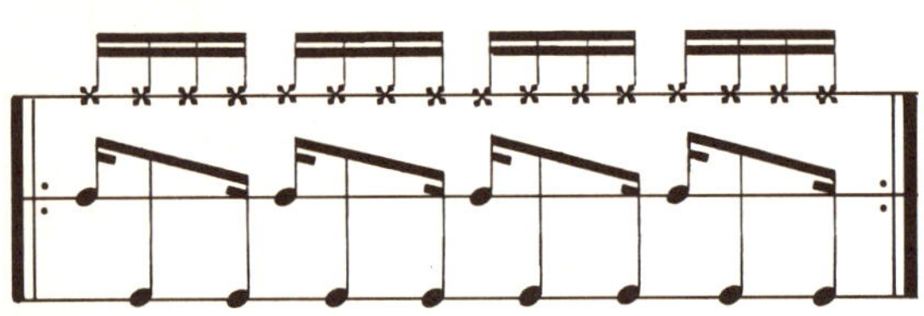

617

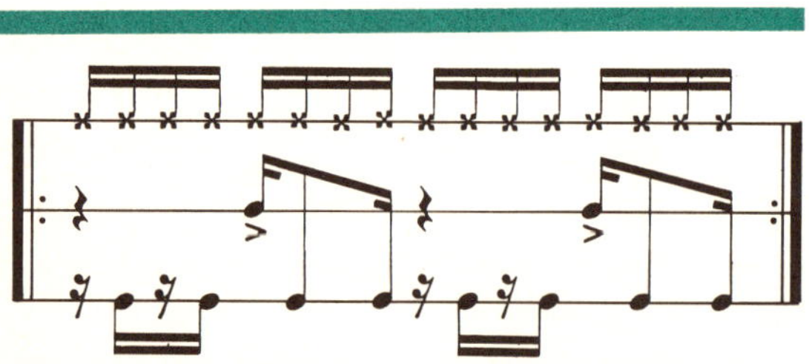

618

Tonbeispiel 41

619

620

621

622

623

624

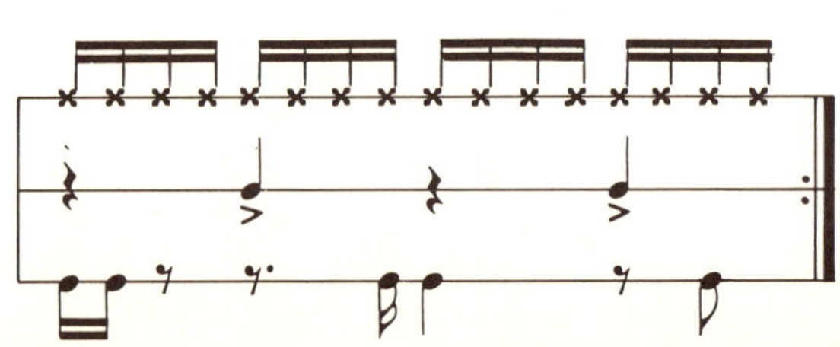

Öffnen und Schließen der Hi-Hat-Becken (betont)

625
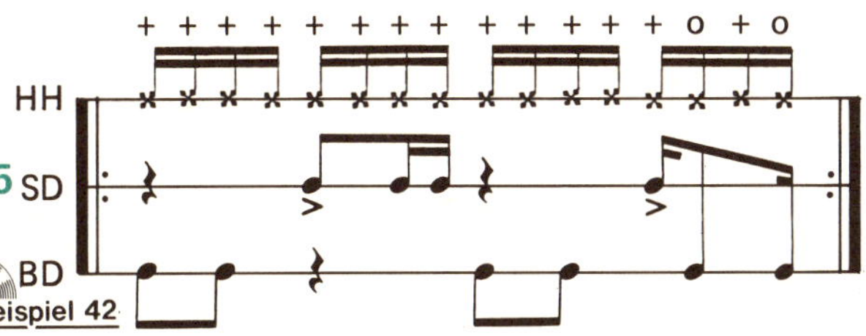

Tonbeispiel 42

626
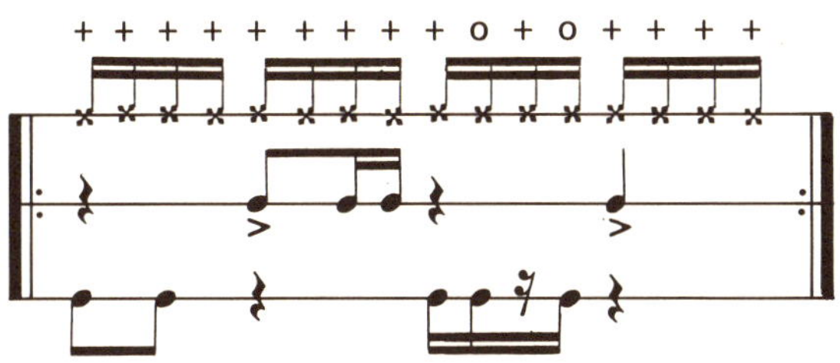

627
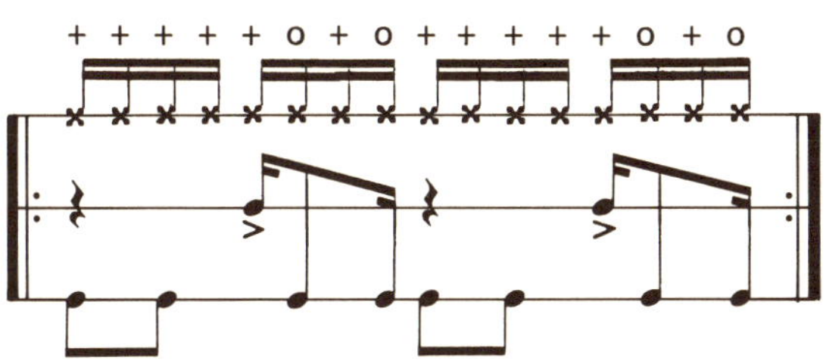

628
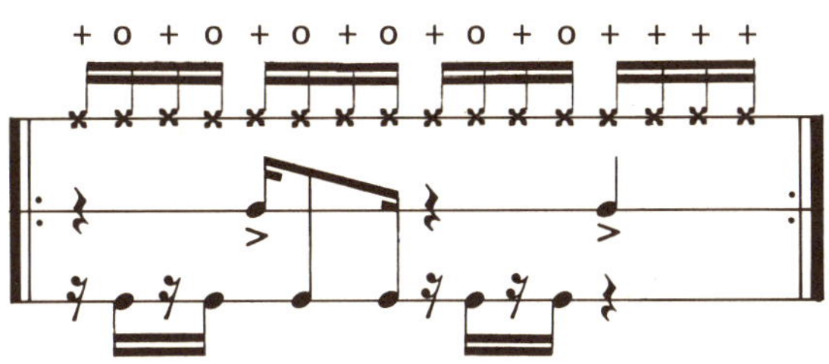

629
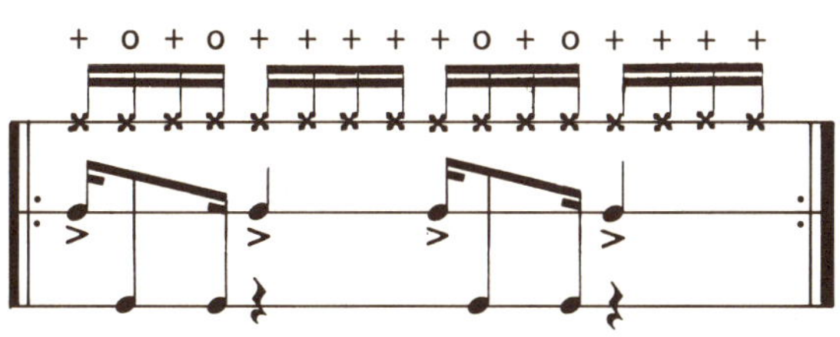

630
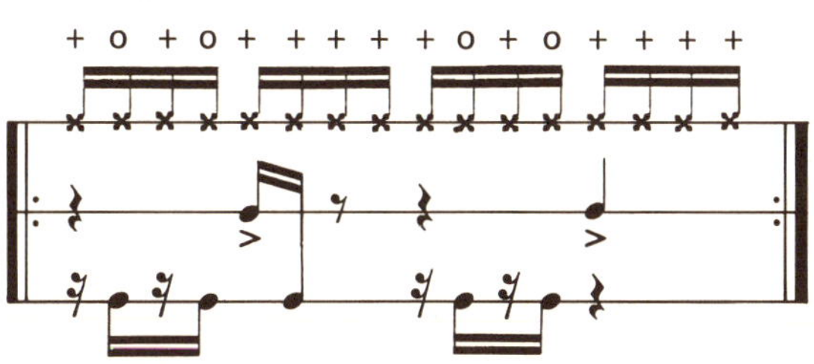

Zwei-Takt-Übungen

631

Tonbeispiel 43

632

633

634

Achte bei den Übungen 635–640 insbesondere auf die *Sechzehntelpausen* auf dem Hi-Hat!

635

636

Tonbeispiel 44

637

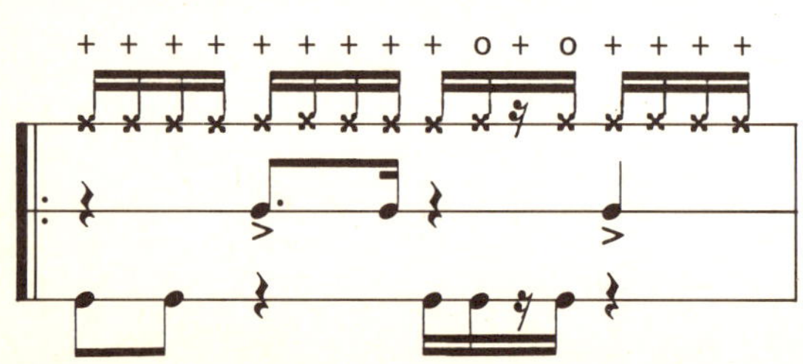

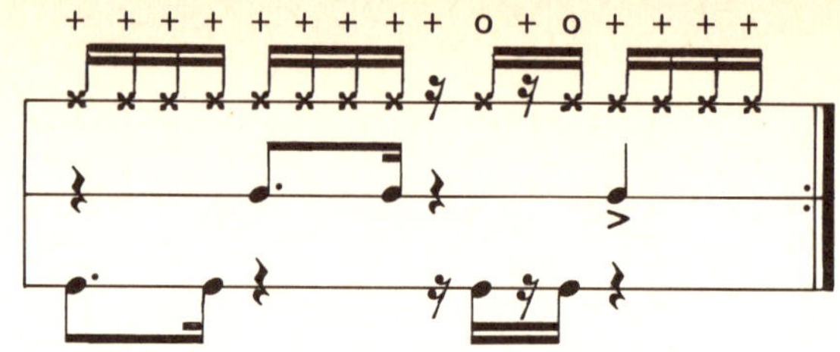

638

639

640

641

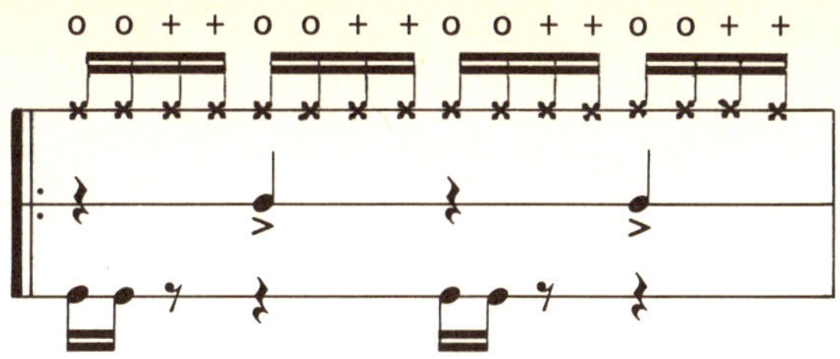

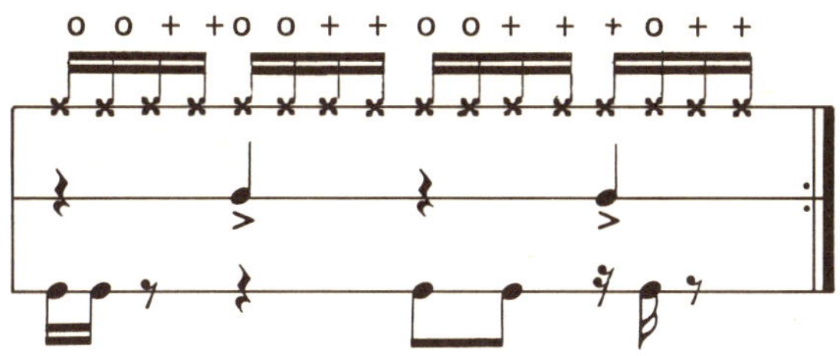

Weitere Sechzehntelnoten-Rhythmen

Die Übungen werden *von Hand zu Hand* auf Hi-Hat und Snare Drum gespielt. Achte auf die Akzente!

642

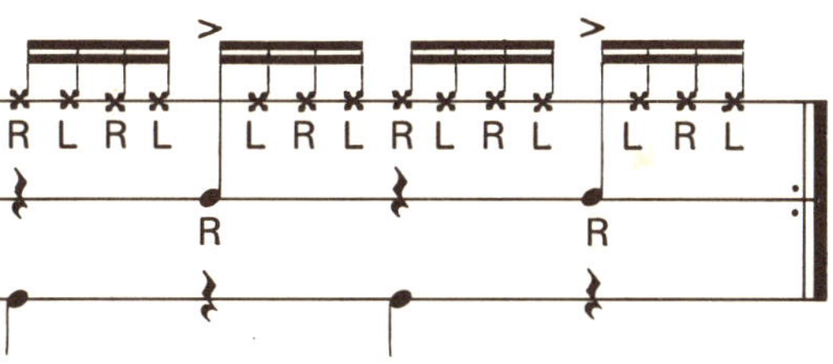

Tonbeispiel 45

643

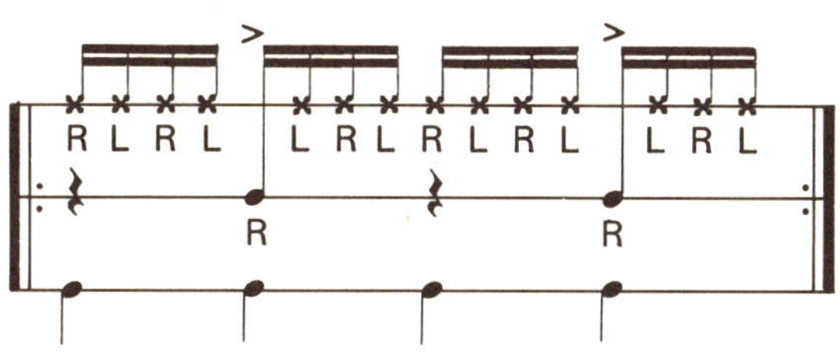

644

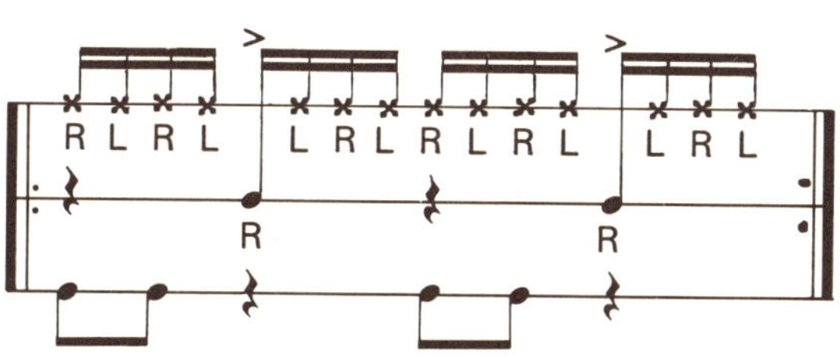

645

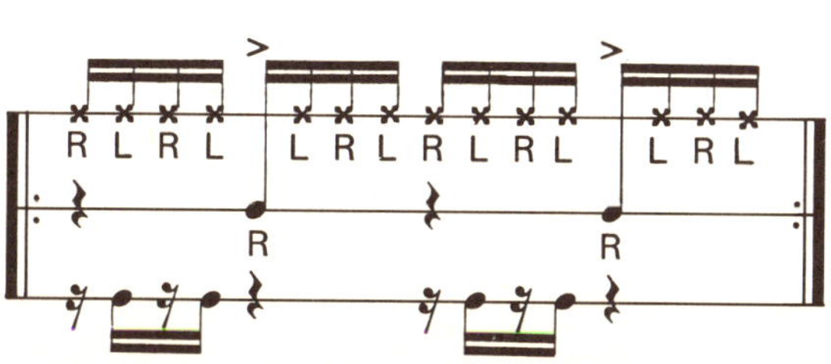

646

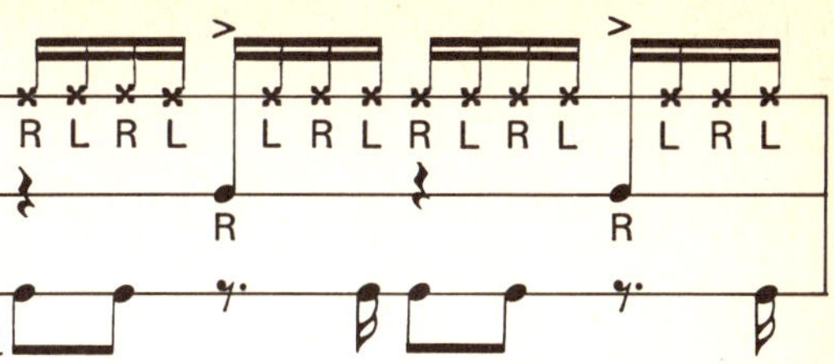

Tonbeispiel 46

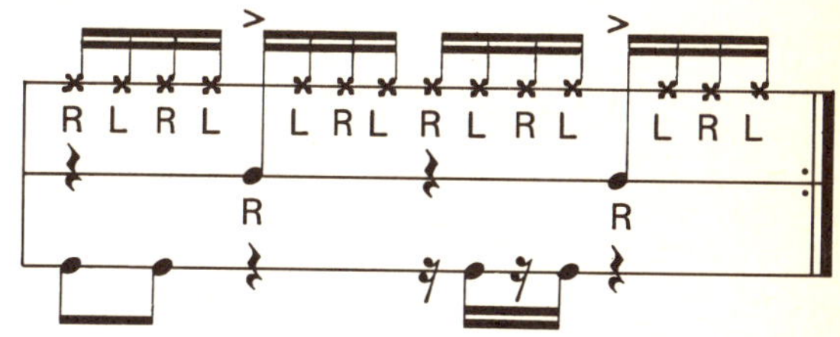

647

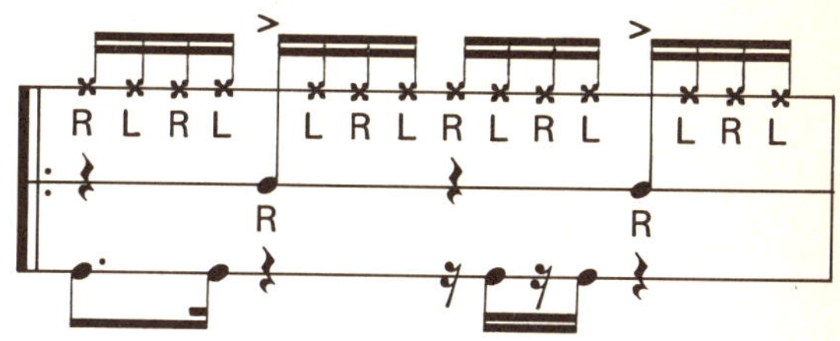

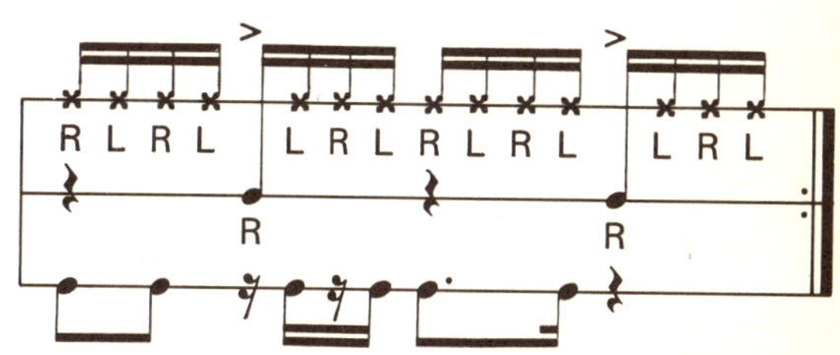

648

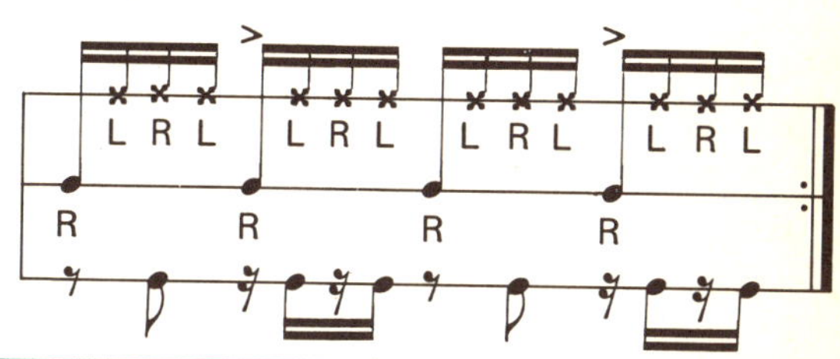

649

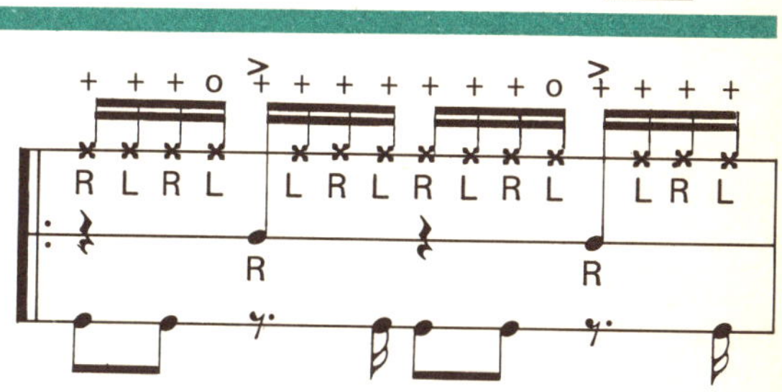

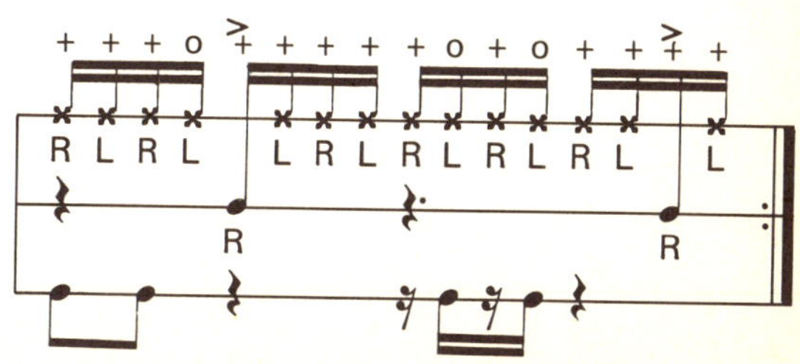

650
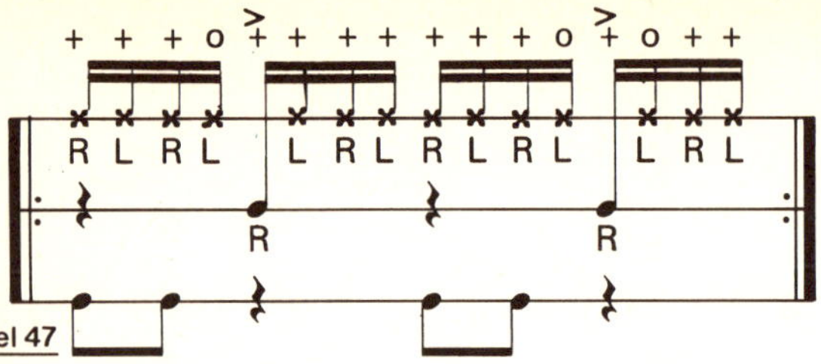

Tonbeispiel 47

651
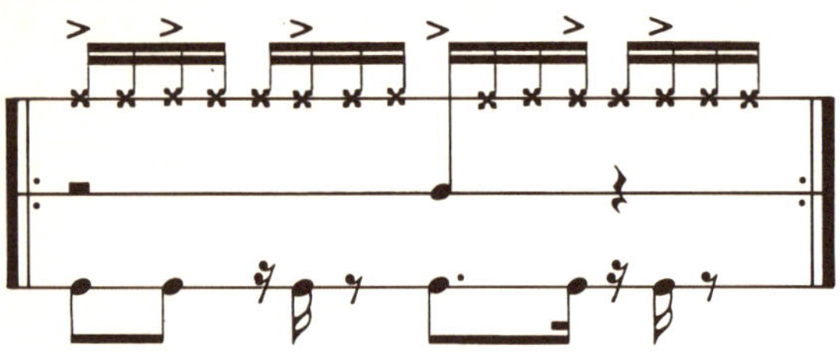

HH und BD werden gleichzeitig betont!

652
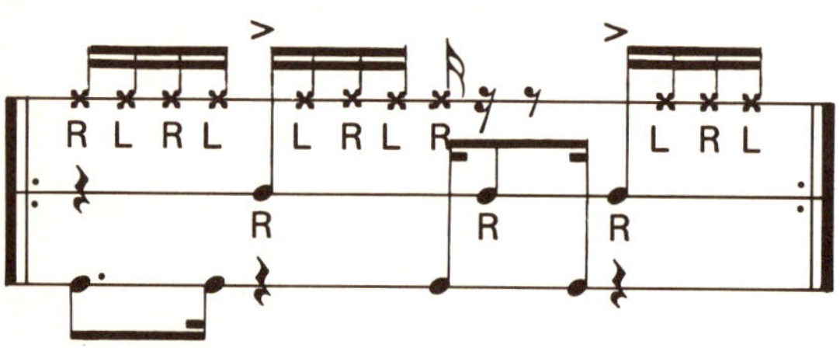

653
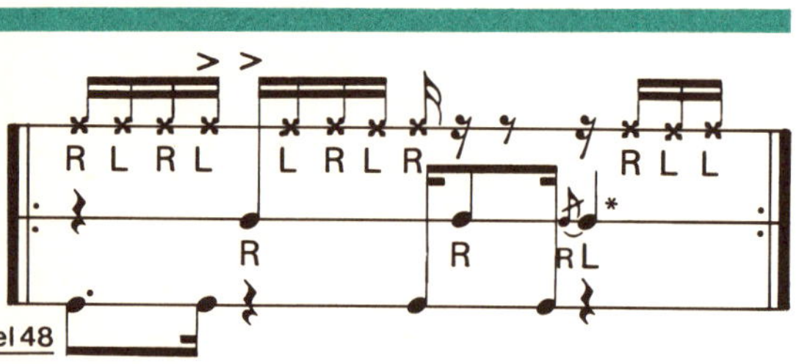

Tonbeispiel 48

* = *Flam* (siehe 18. Stunde, Seite 79)

e) Beckenrhythmus: Punktierte Achtel- und Sechzehntelnoten (Shuffle)

CYM/HH
654 SD
BD
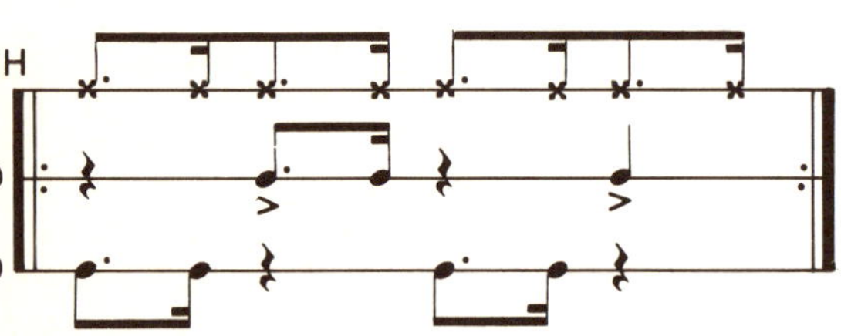

655
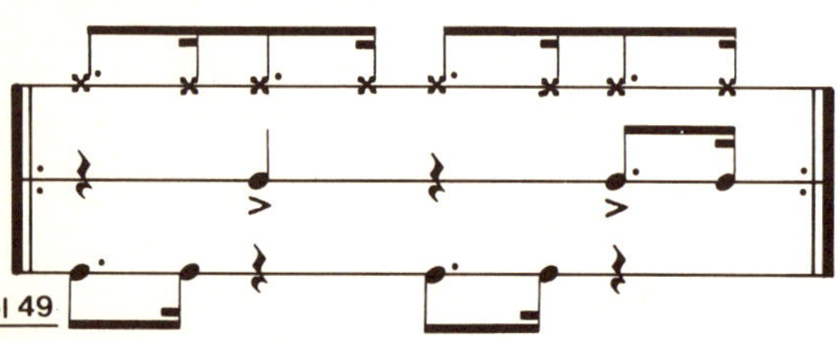
Tonbeispiel 49

656
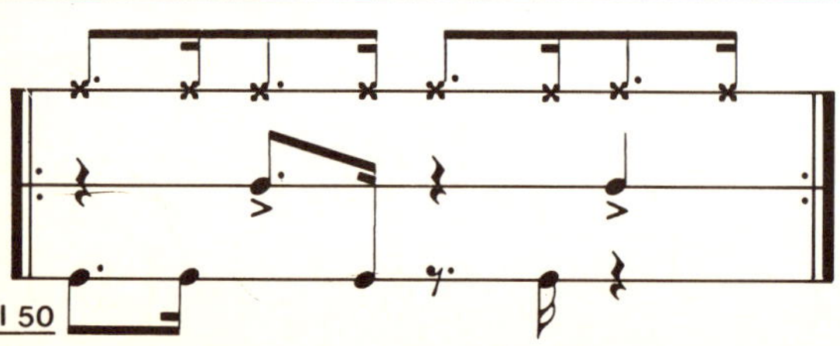
Tonbeispiel 50

657

658
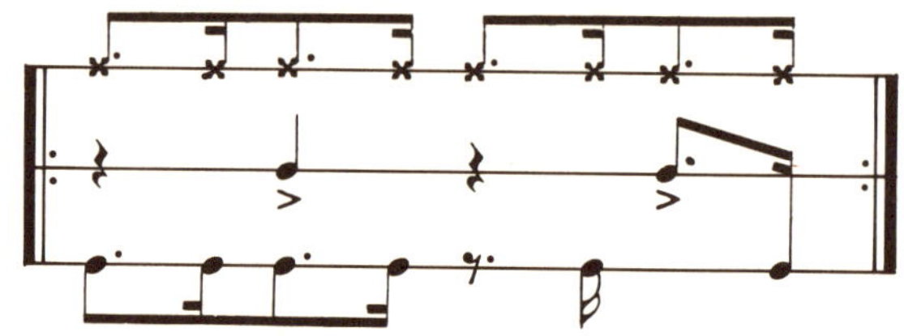

659
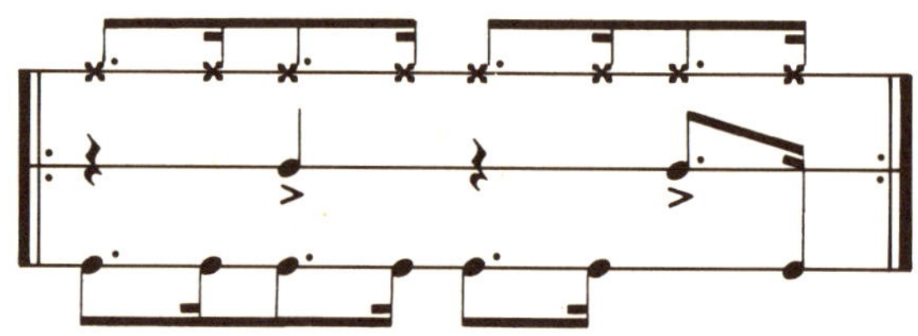

660
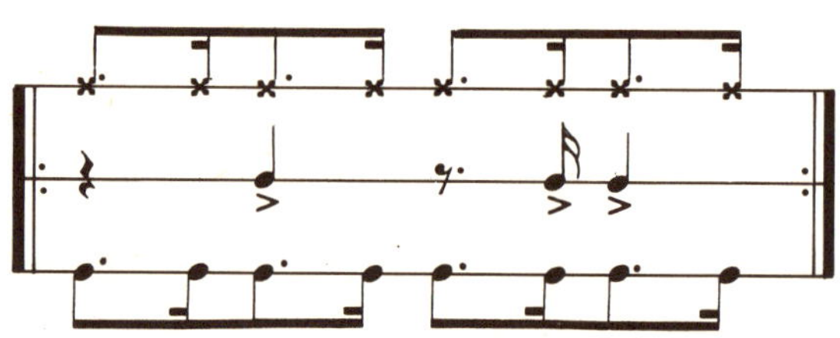

661
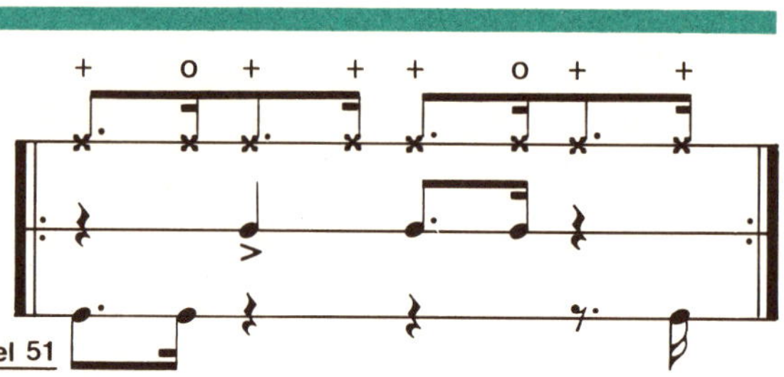

Tonbeispiel 51

Ende der Beispiele!

662

663
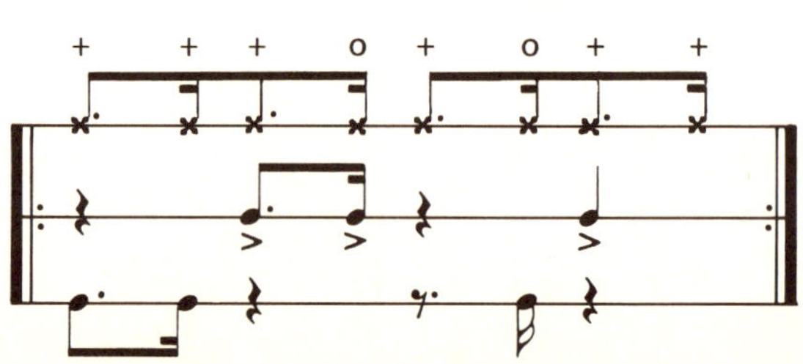

TIPS

Wiederhole die „Shuffle-Rhythmen" (Snare Drum und Bass Drum Linie) (Seite 118) in Verbindung mit diesem Beckenrhythmus! Denke auch an die vielen Möglichkeiten des „Öffnens und Schließens der Hi-Hat-Becken!"

f) Beckenrhythmus: Swing

Übung 1 (664) und Übung 2 (665) gelten als wichtigste Grundrhythmen für den „Swing". Übe zuerst langsam! Erinnere dich an die „spezielle Schlagbewegung" auf dem Becken (siehe 20. Stunde, Absatz b), Seite 85).

(Tempo ad lib.)

1 (664)

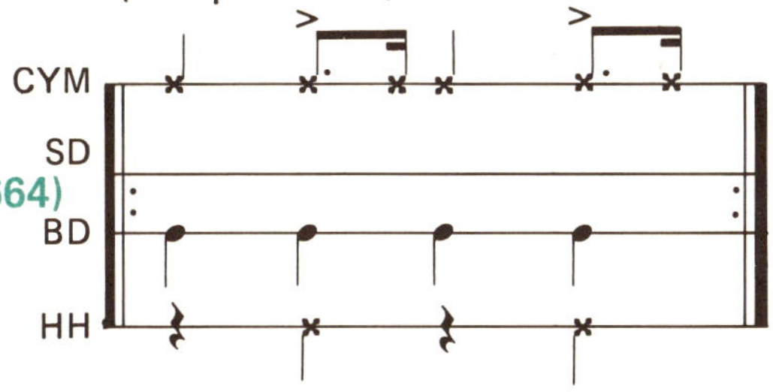

(Tempo ad lib.)

2 (665)

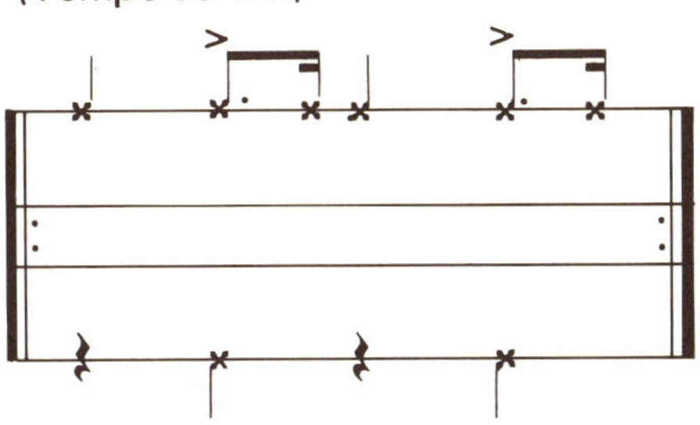

Die Notation für Snare Drum (Übung 1) sowie für Snare Drum und Bass Drum koordiniert (Übung 2) entfällt, da die rhythmischen Möglichkeiten sowohl der linken Hand als auch mit dem rechten Fuß zusammen, außerordentlich zahlreich sind. Die nachfolgenden Übungen dienen dabei nur als „Anregung". Sei selbst kreativ!

Dixie

666

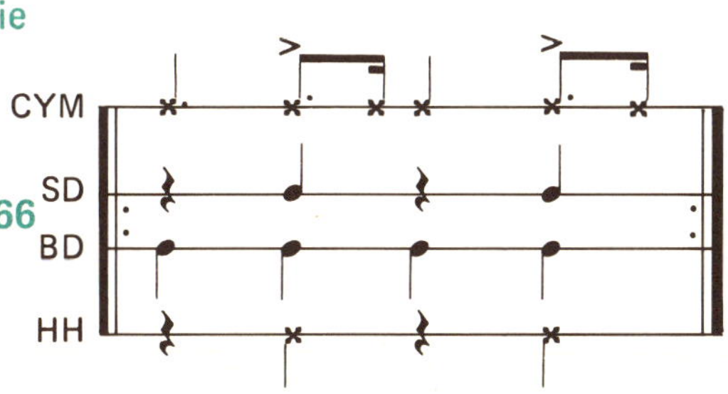

Charleston

667

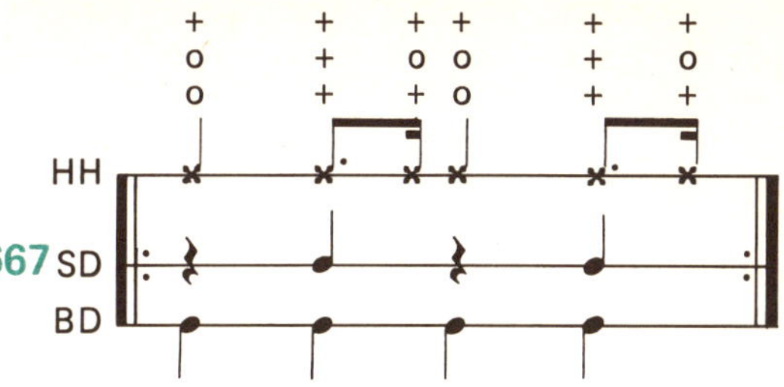

Beim „Dixie" schlägt man in erster Linie auf einem Cymbal, während beim „Charleston" das Spiel auf dem Hi-Hat bevorzugt wird (drei Möglichkeiten!).

668

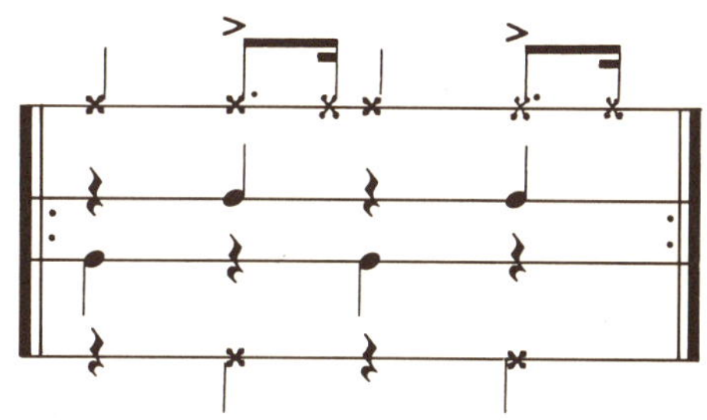

669

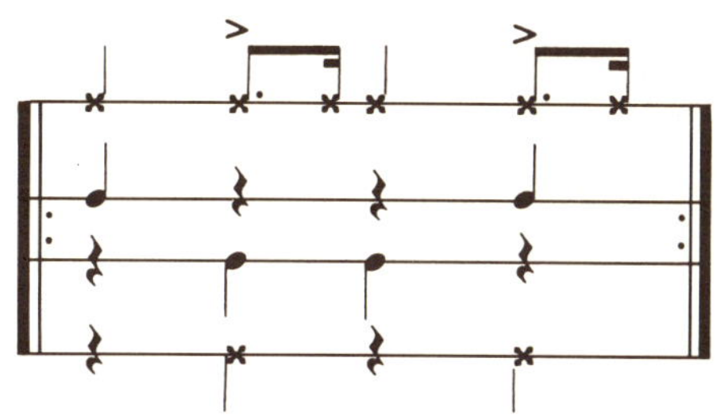

Übungen für Snare Drum und Cymbal

Hi-Hat auf „2" und „4" plus Bass Drum *leicht* auf allen Schlägen des „beat" (Grundrhythmus 1!).

670

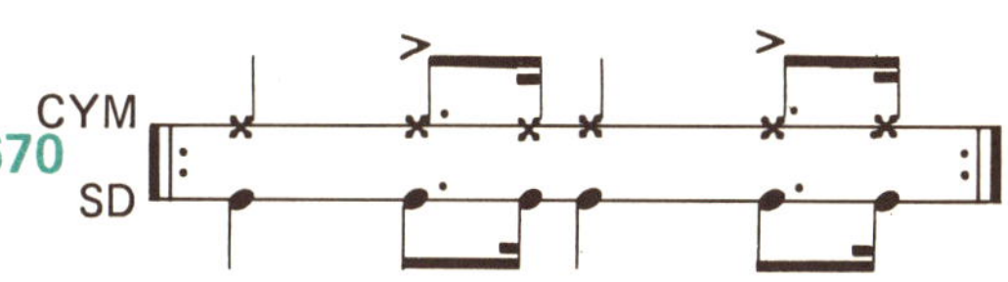

671

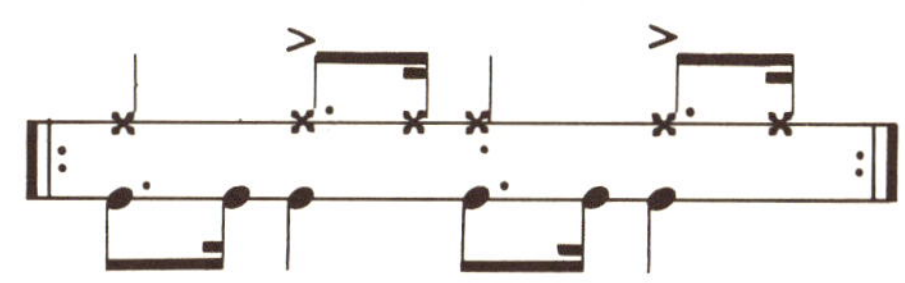

672

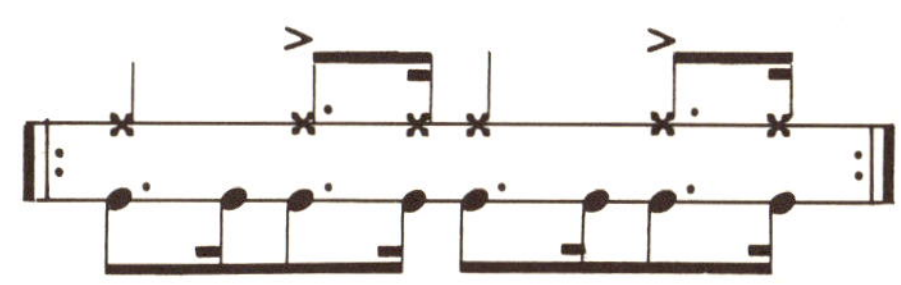

673

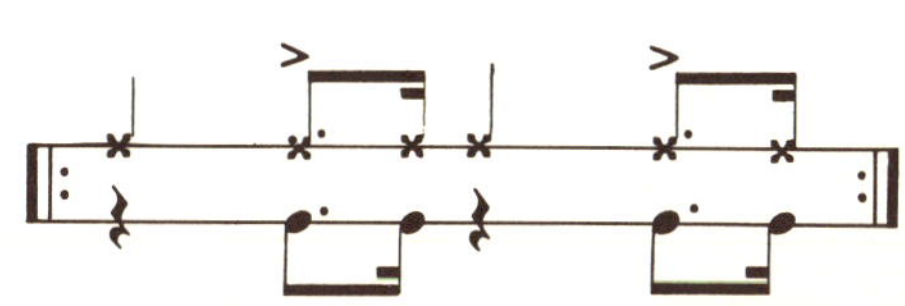

674
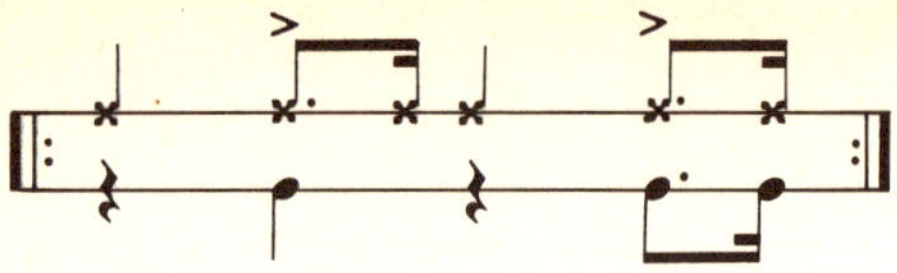

675
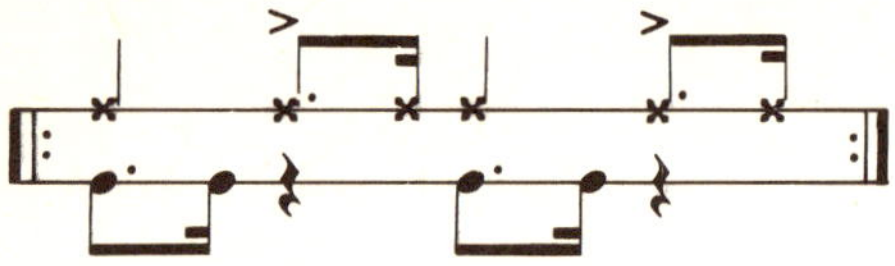

676
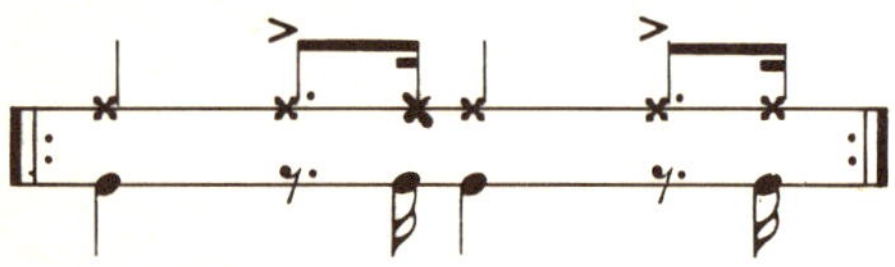

677
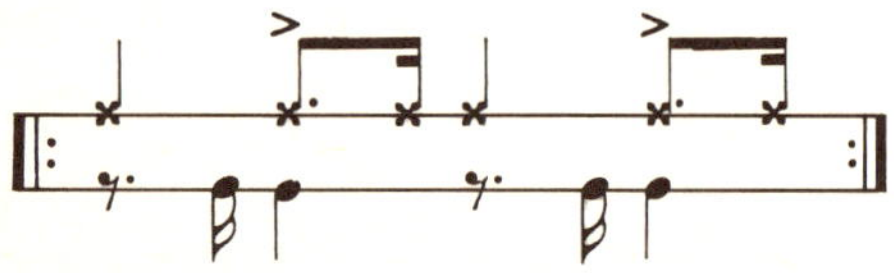

678
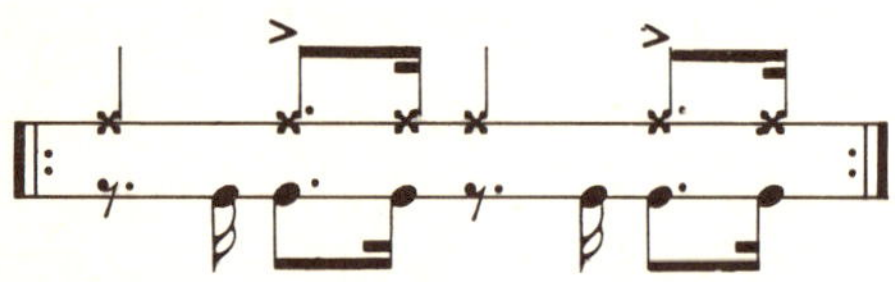

679
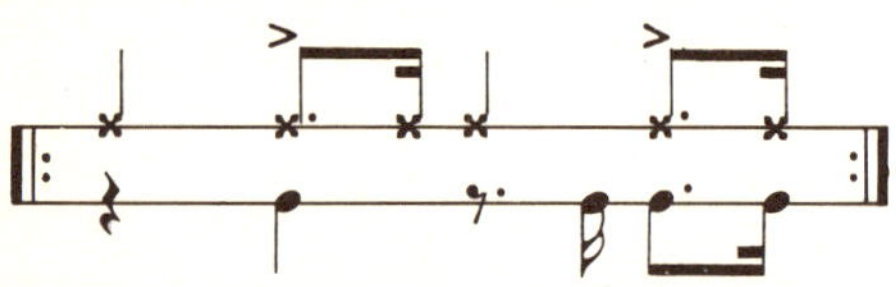

680

681
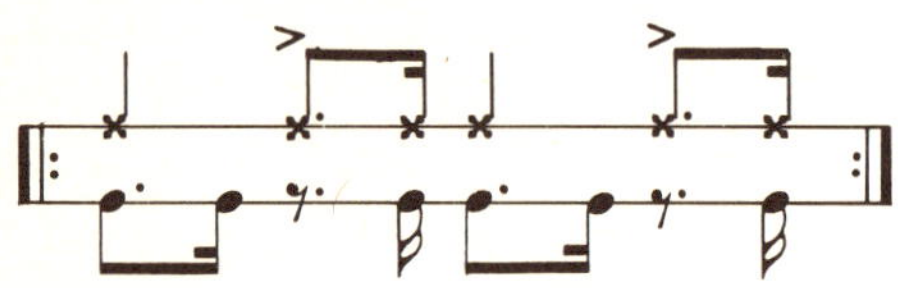

682
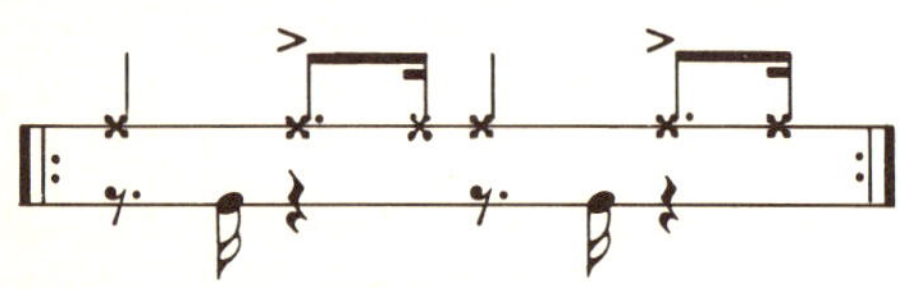

683
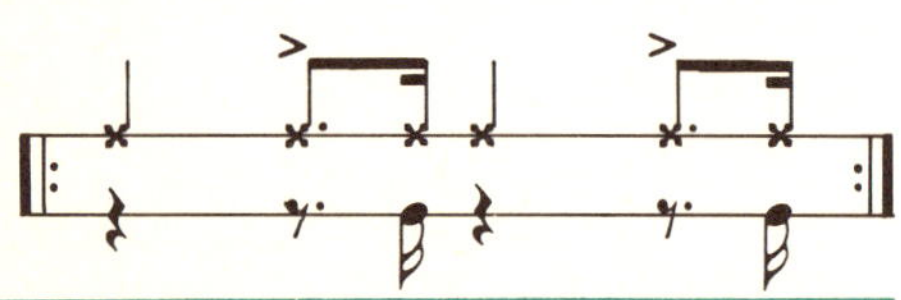

684

685

686
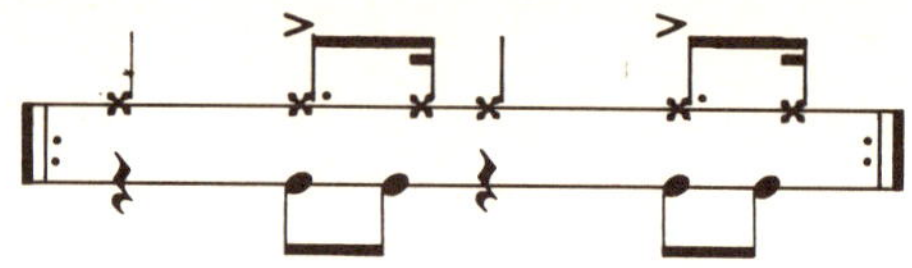

687
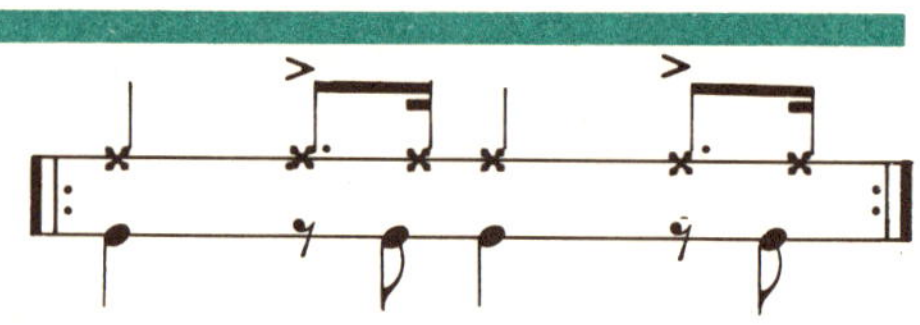

688
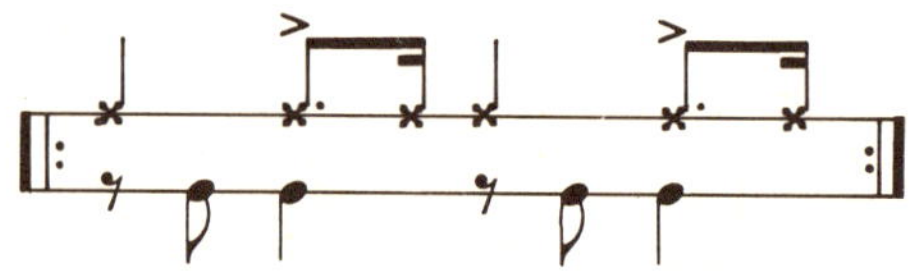

689
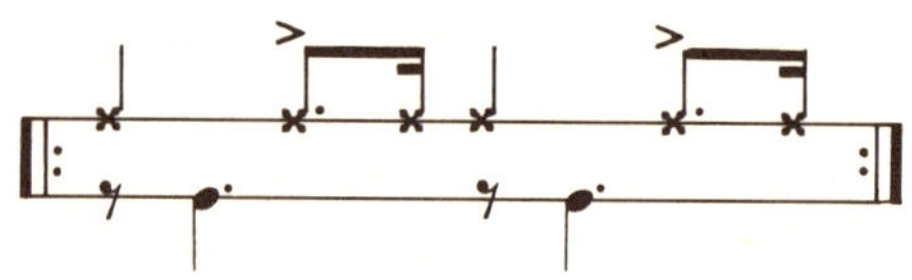

690
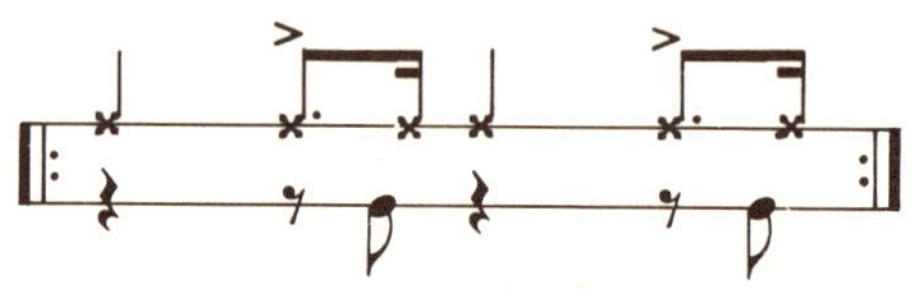

691
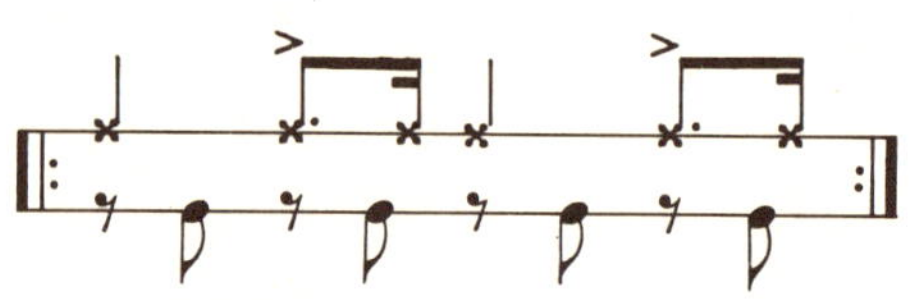

692
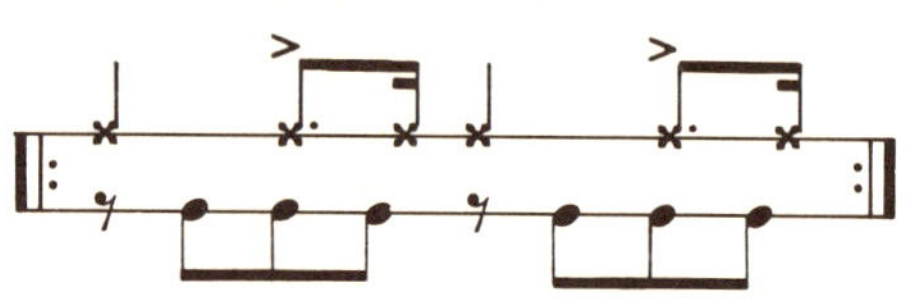

693
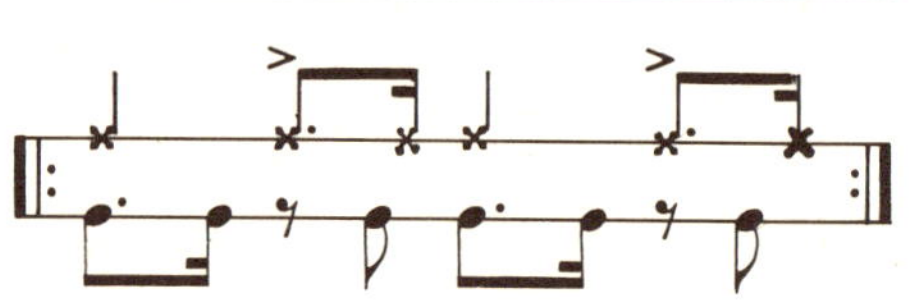

Übungen 694–701 behandeln Achteltriolen. Damit die Achteltriolen mit dem Cymbalrhythmus sinngemäß übereinstimmen, verwende ich hier als Cymbalrhythmus die „erste und dritte Achteltriolenfigur" (siehe auch 20. Stunde, Seite 85).

694
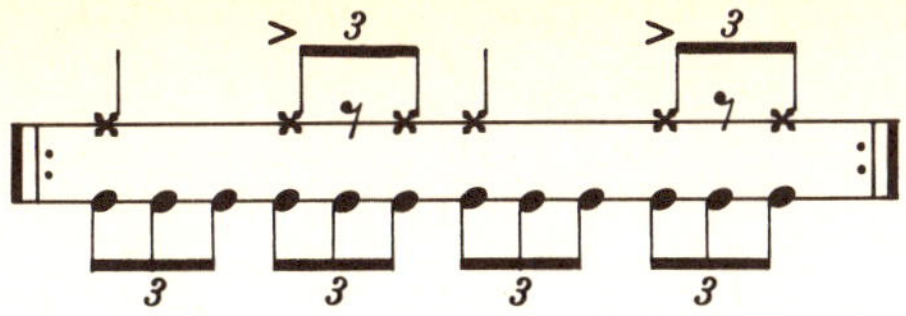

695
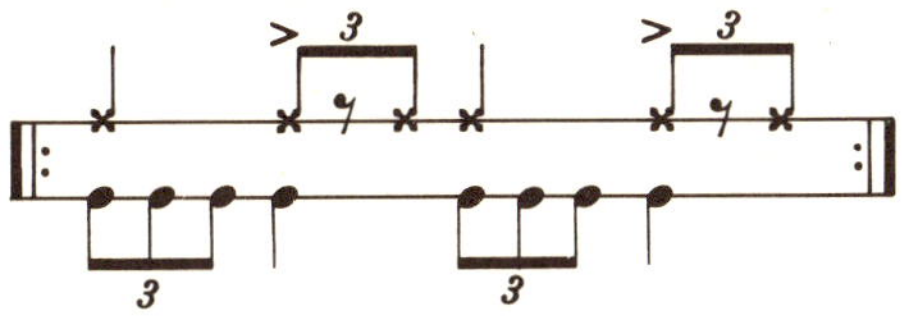

696
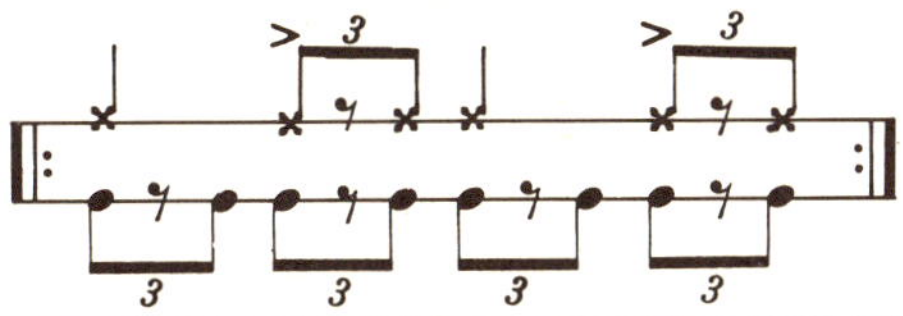

697
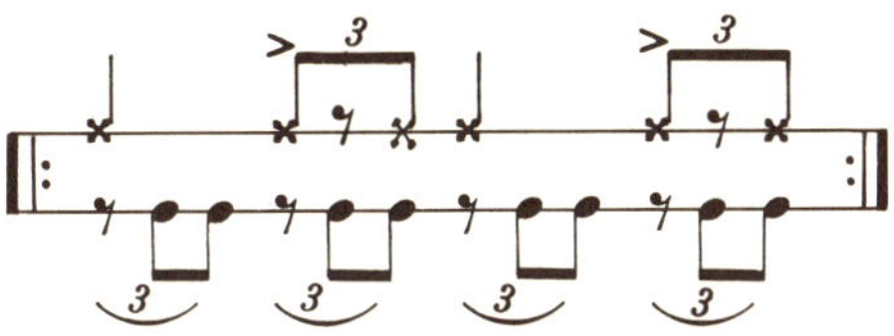

698
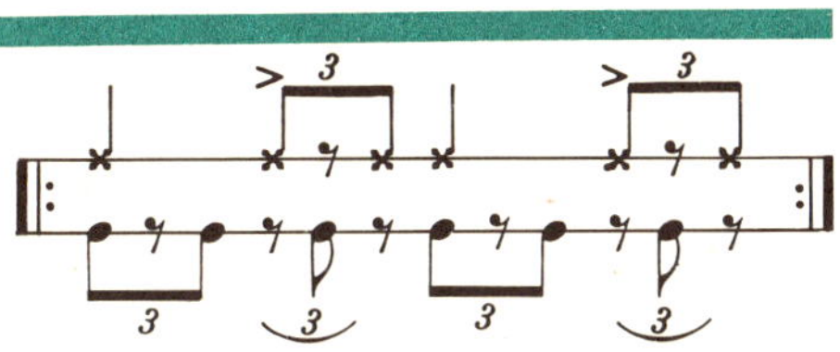

699
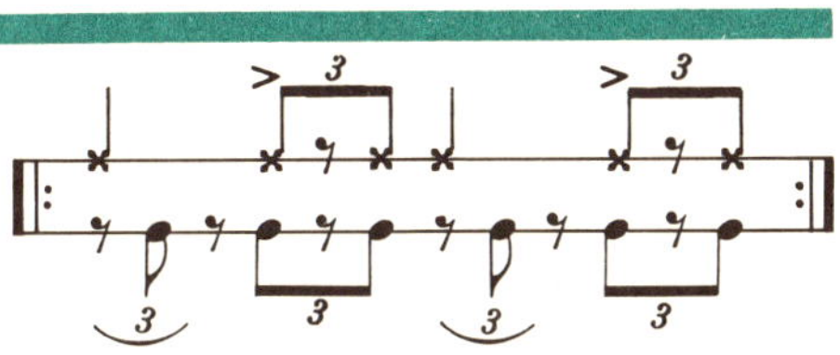

700
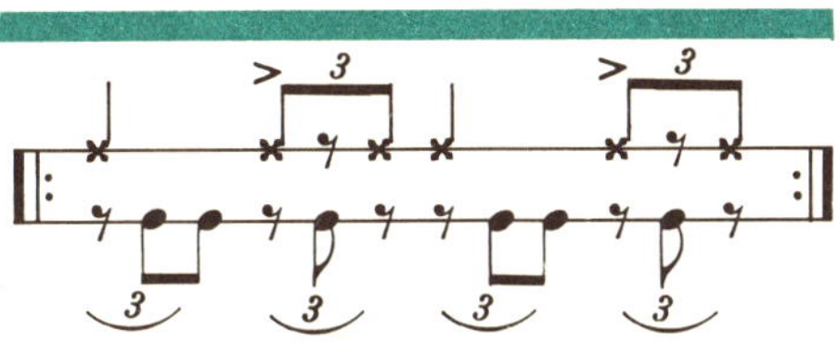

701
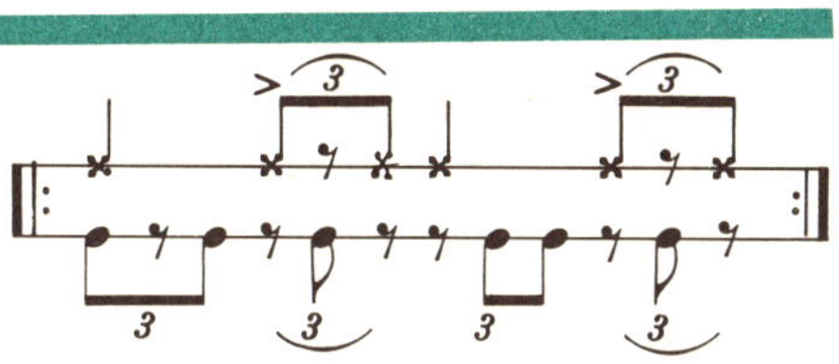

702

703
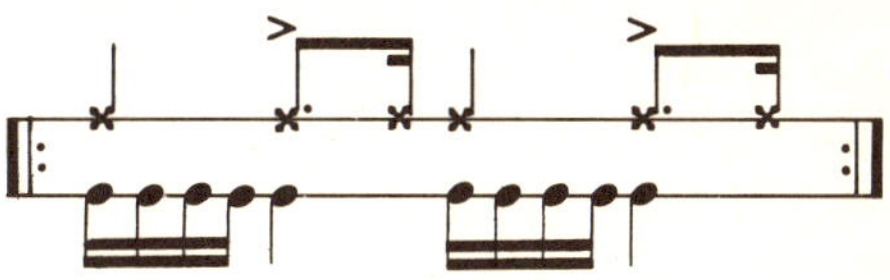

704
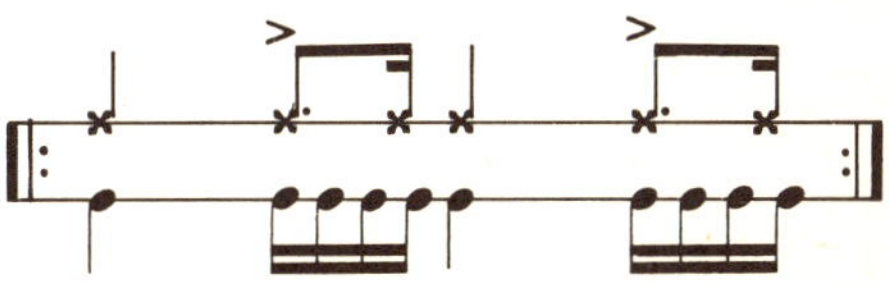

705
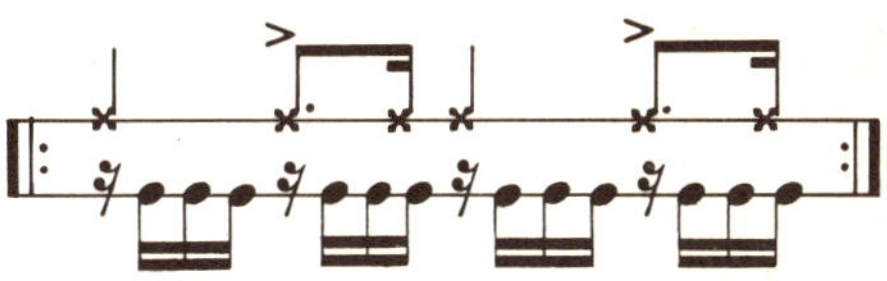

706
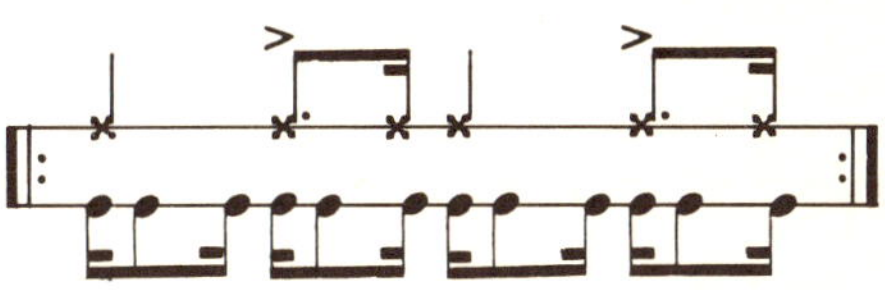

707
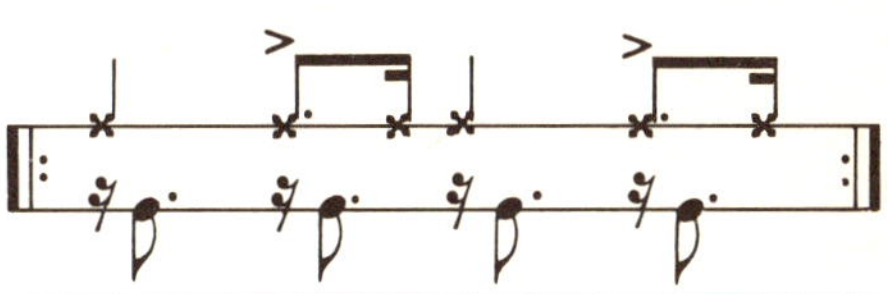

708
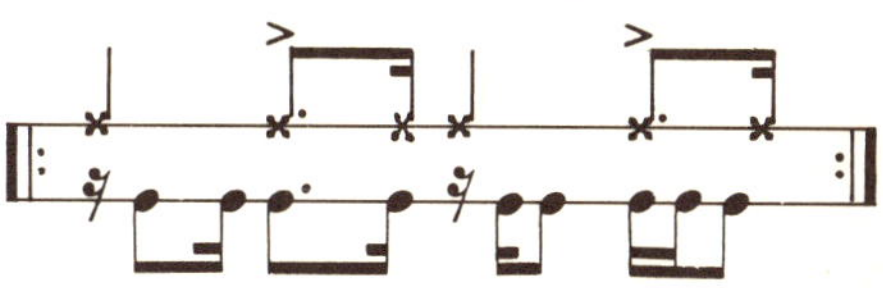

709
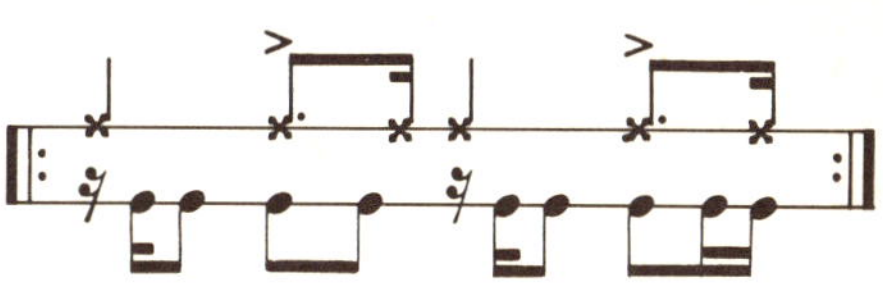

TIPS

All diese Übungen kannst du auch mit dem *rechten Fuß gegen den Cymbalrhythmus* (Snare Drum-Linie = Bass Drum) durchspielen, wodurch die „koordinierte Unabhängigkeit" weiter verbessert wird.
Übe langsam und konzentriert!

Übungen für Snare Drum, Bass Drum, Cymbal und Hi-Hat

Diese Übungen (Snare Drum und Bass Drum kokordiniert) werden in erster Linie in Stilrichtungen des Jazz (Bebop, Cool Jazz) angewandt.
Ist im Swing-Stil die Bass Drum das tragende Element, so orientiert sich der Drummer hier am Fundamental-Rhythmus des Beckens. Das Hi-Hat bleibt geschlossen oder akzentuiert wie gewöhnlich auf „2" und „4" (Grundrhythmus 2!).

710

711
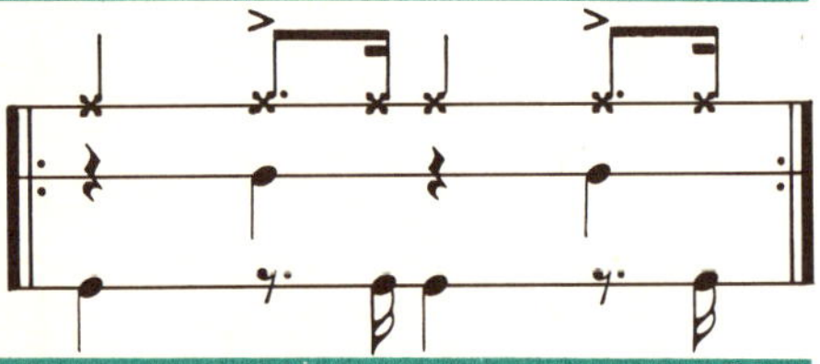

712
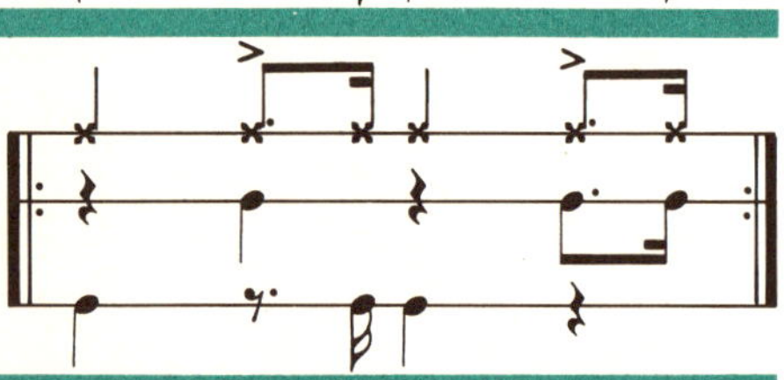

713
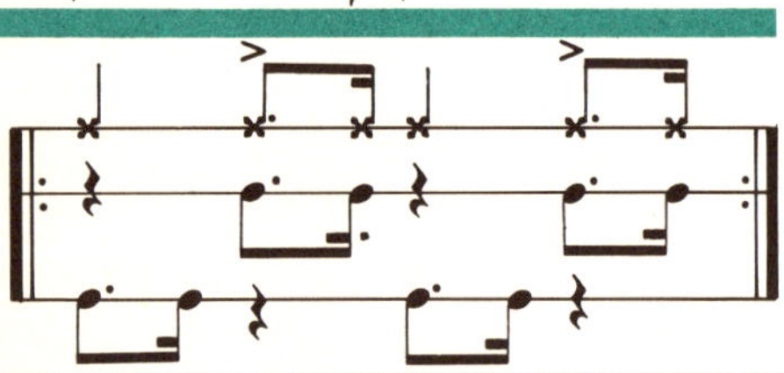

714
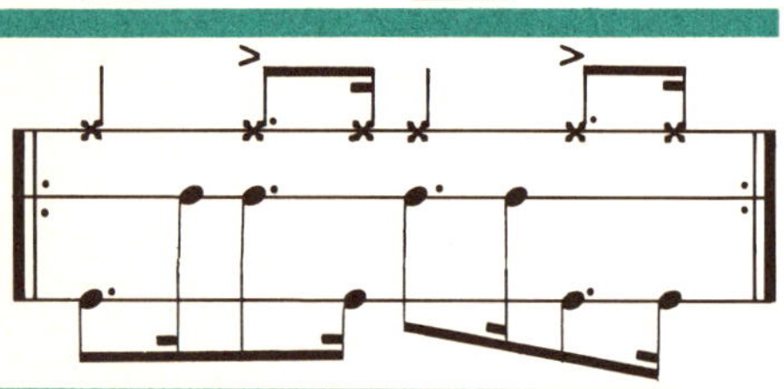

715

716
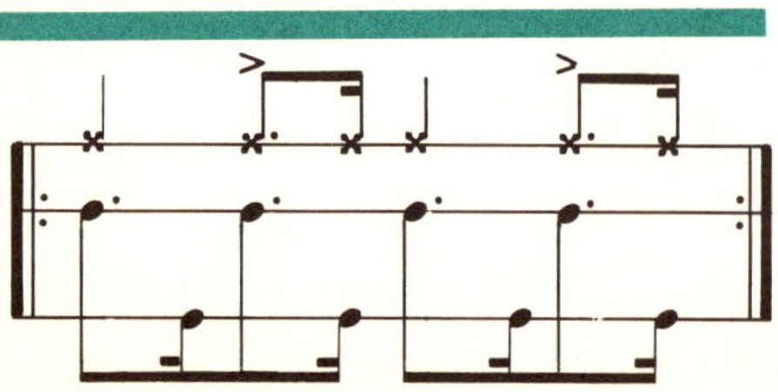

717
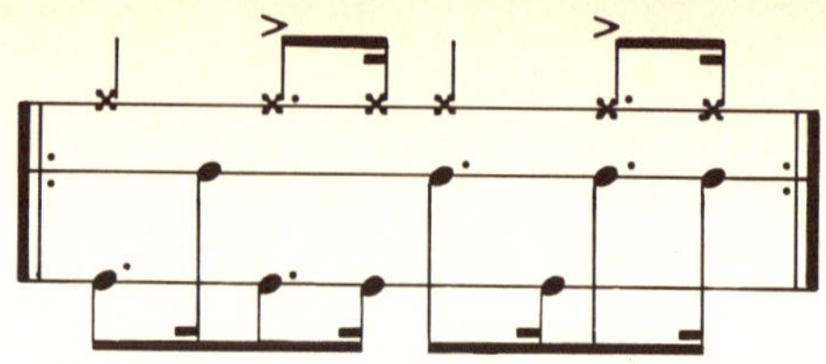

718
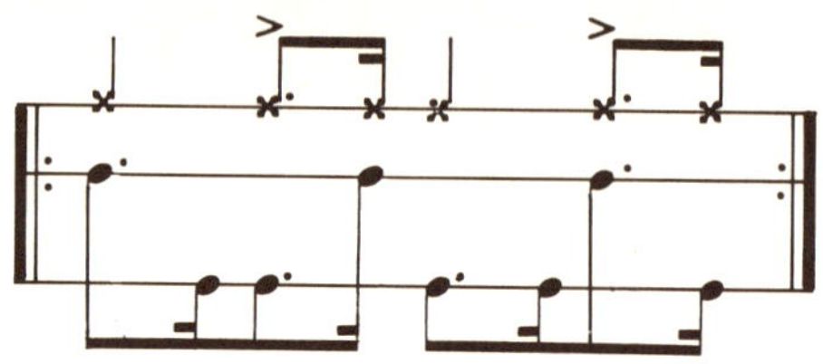

719
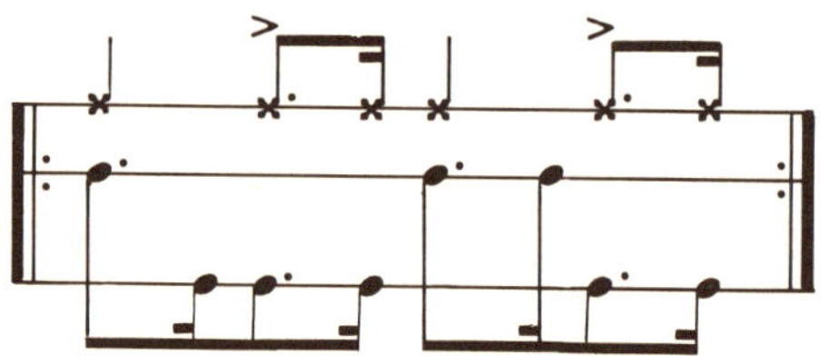

720
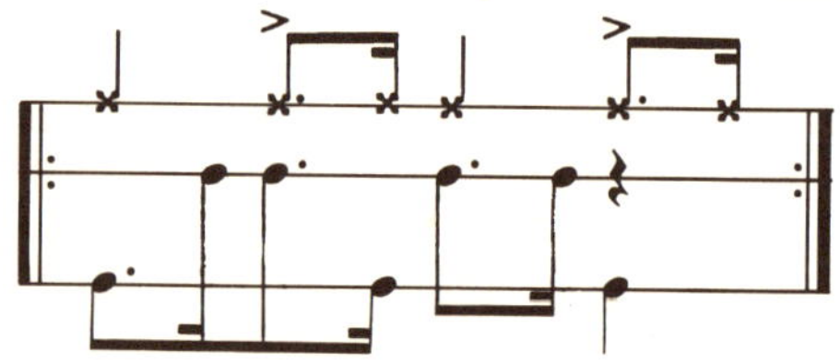

721
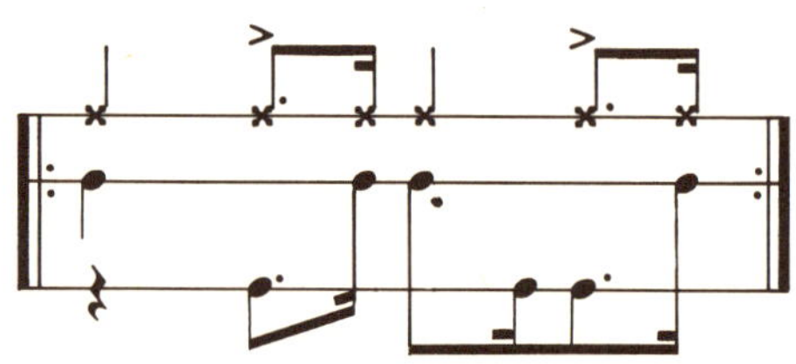

722
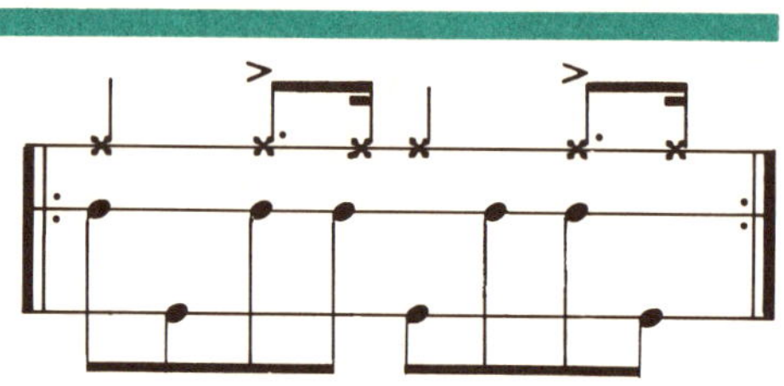

723
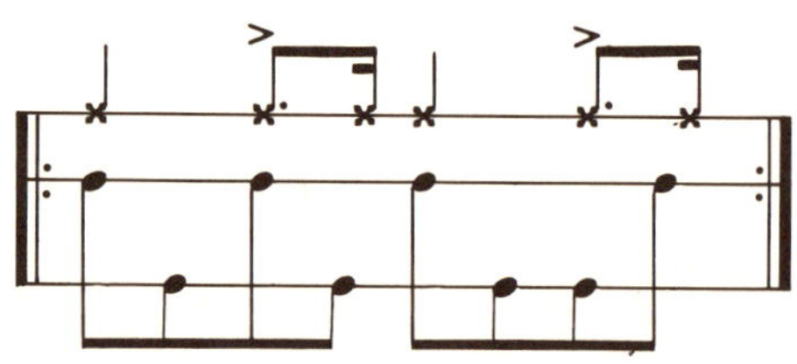

724
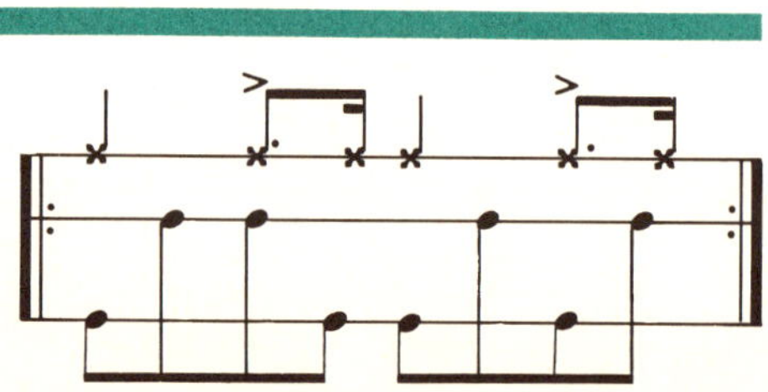

725
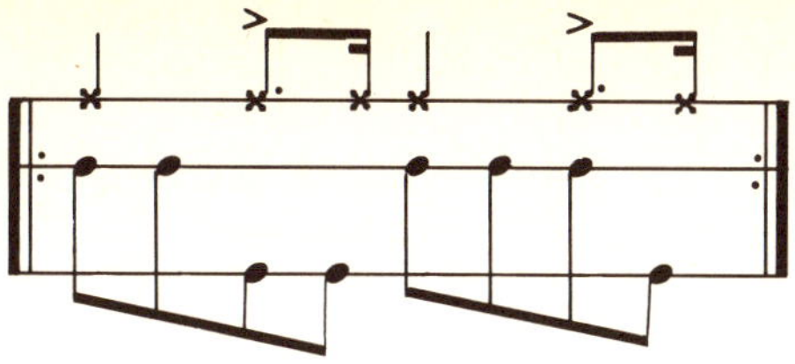

726
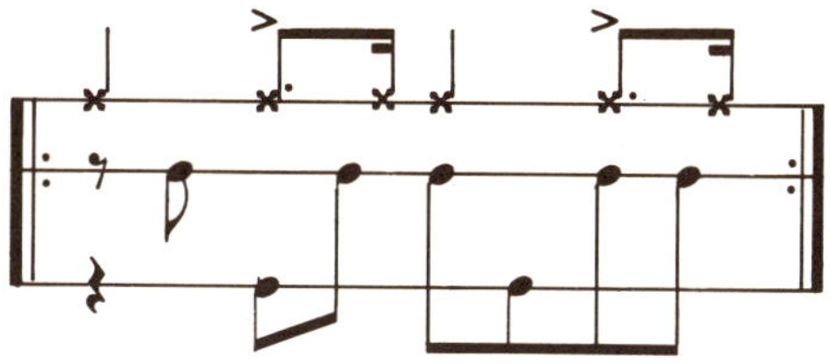

727
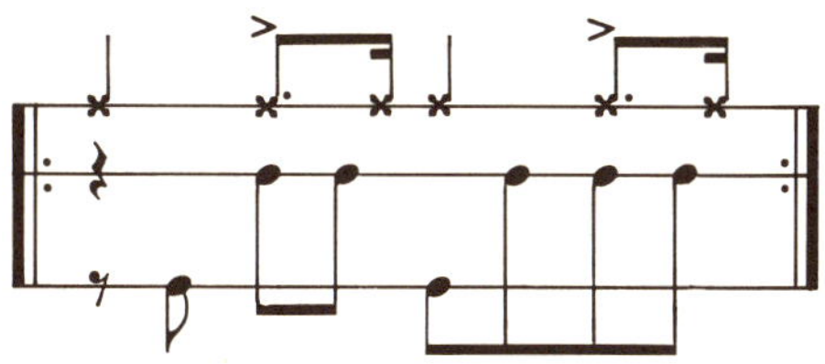

728
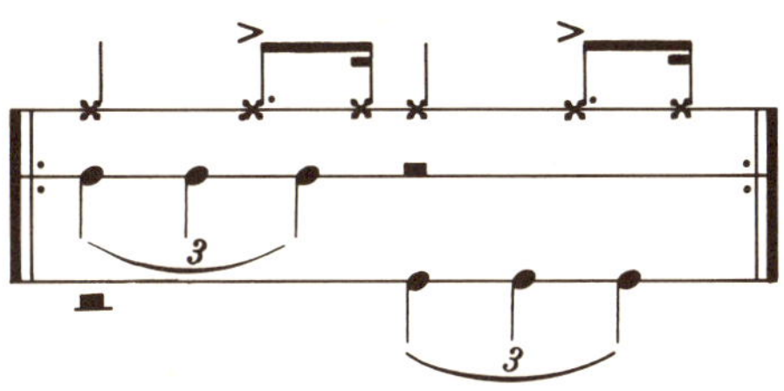

729
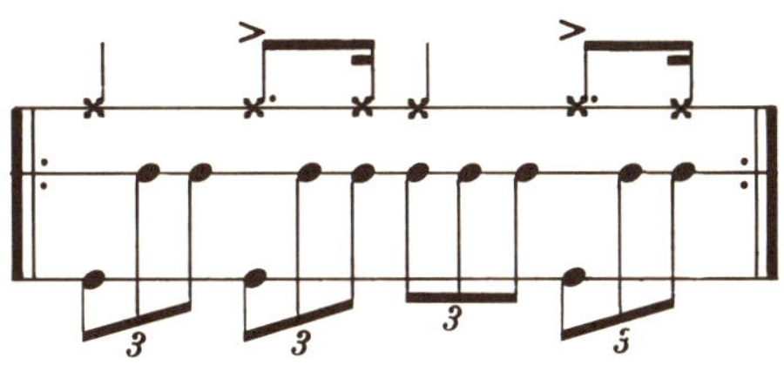

730
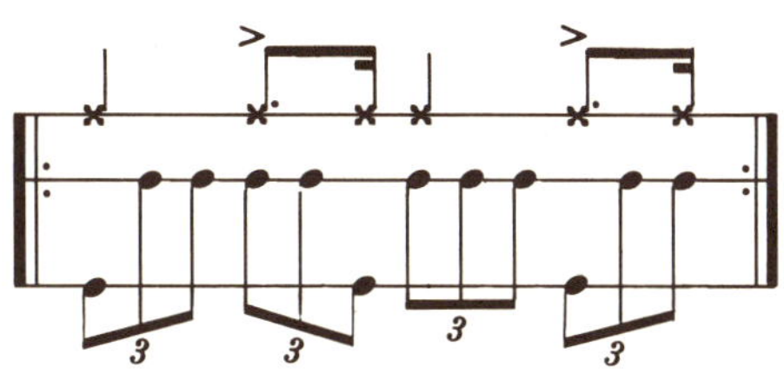

731
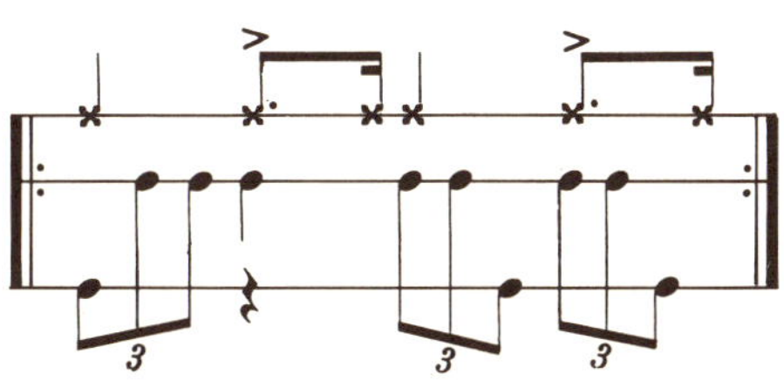

732
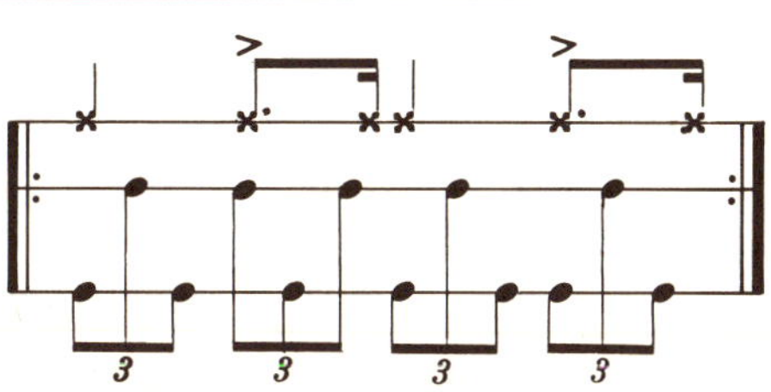

733
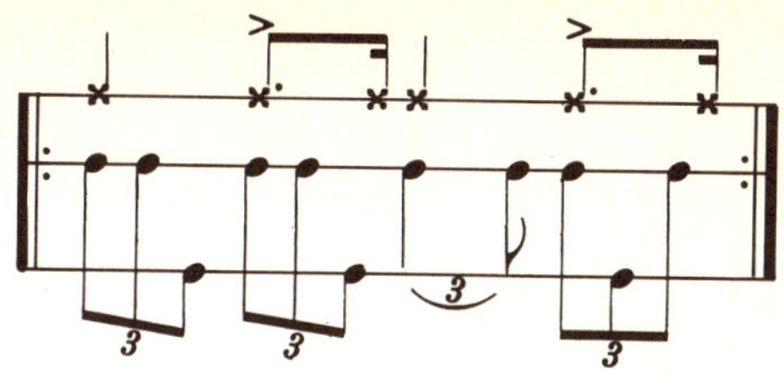

734
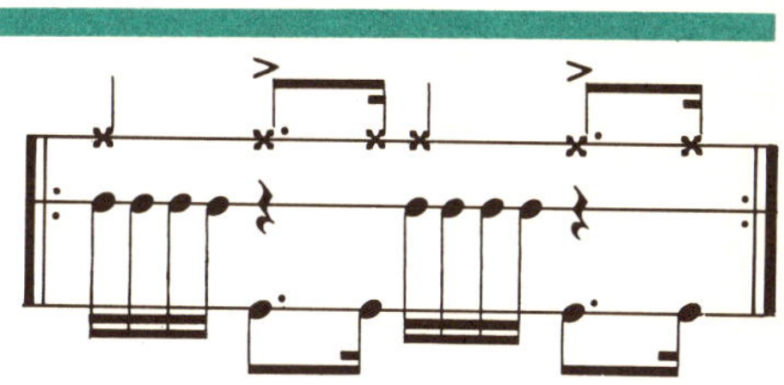

735
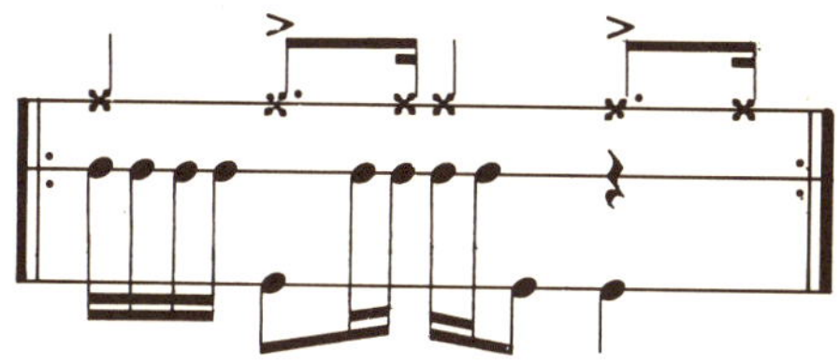

736
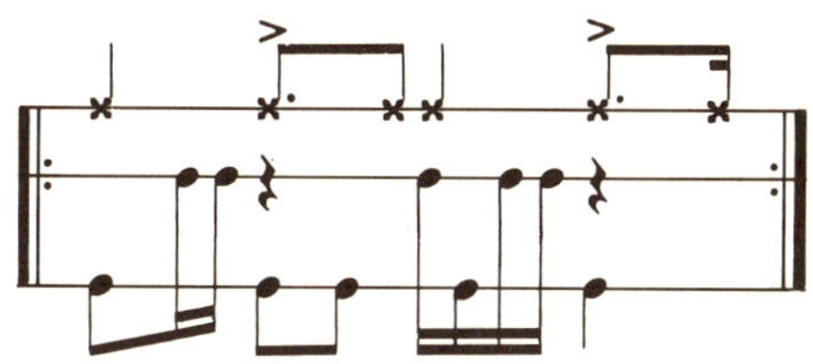

737
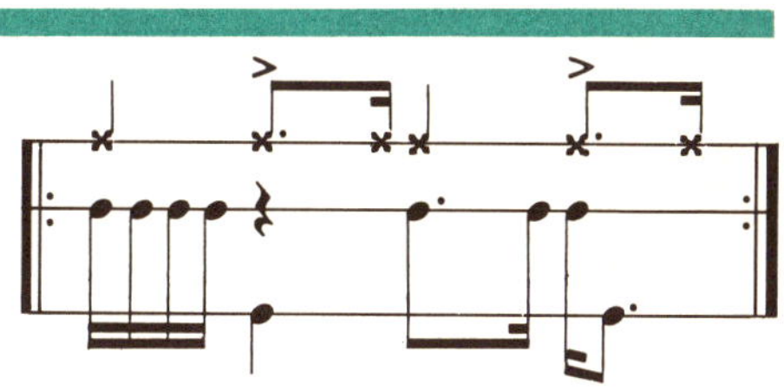

3/4-Takt

Zähle: 1 – 2 – 3! Studiere jede Übung sehr aufmerksam, langsam und gleichmäßig. Wiederhole jeden Rhythmus solange, bis du ihn locker und entspannt, also ohne Verkrampfung spielen kannst. Spiele „relaxed" und mit Gefühl. Sei selbst kreativ!

738
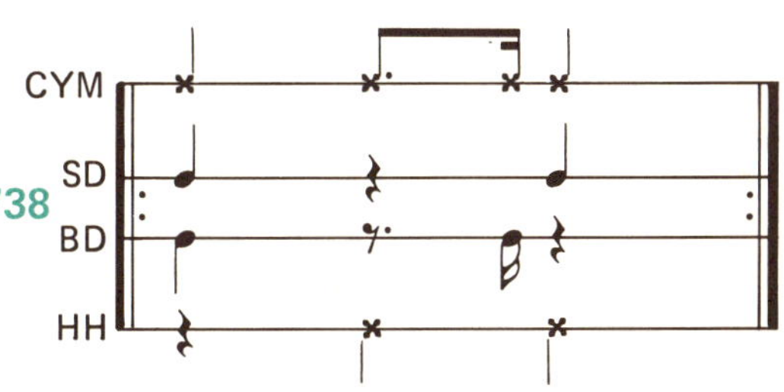

739

740
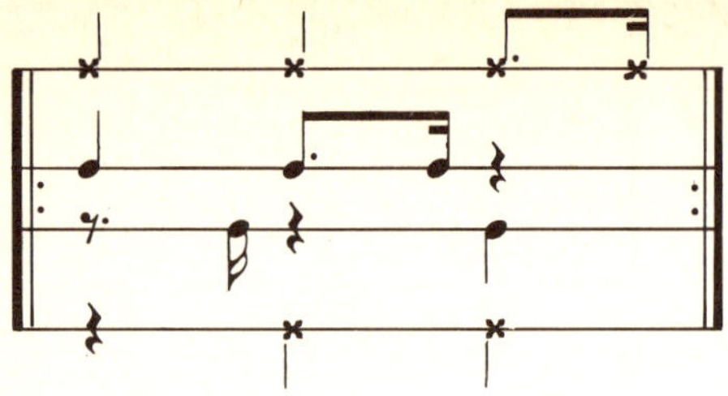

741
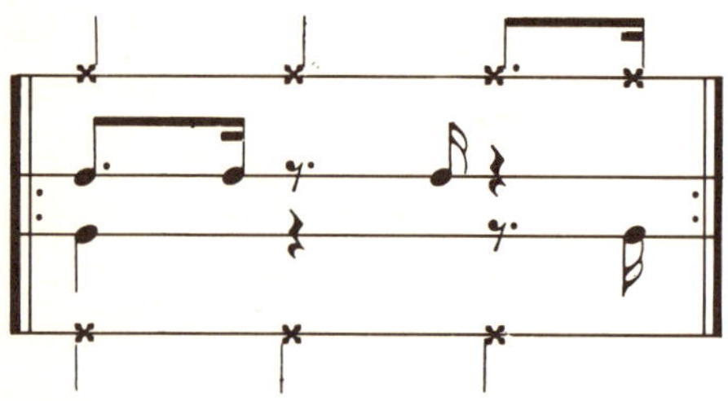

742

743
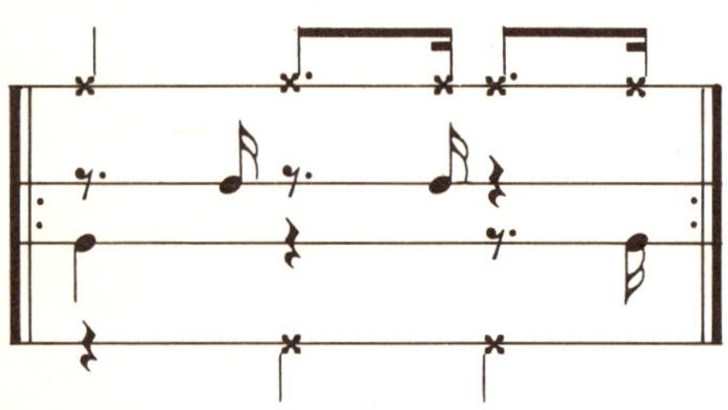

744
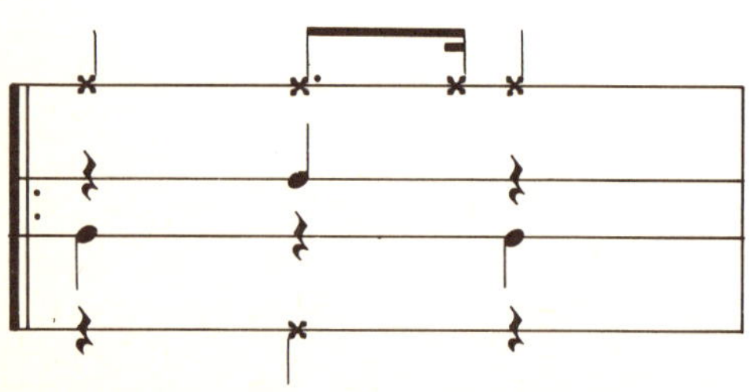

5/4-Takt

Zähle: 1 – 2 – 3 – 4 – 5 (oder: 1 – 2 – 3 – 1 – 2)! Ansonsten gelten die gleichen Regeln wie im 3/4-Takt!

745
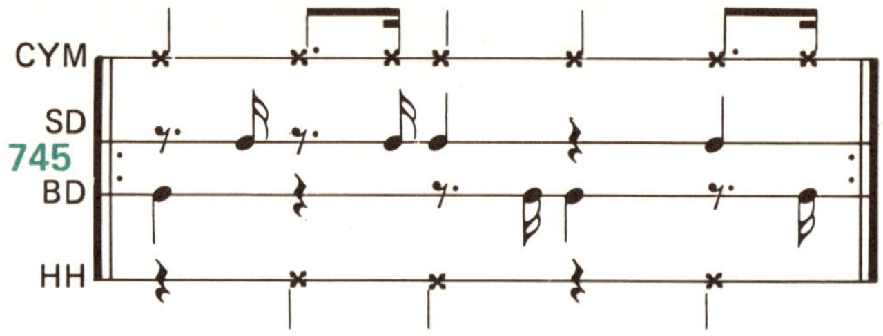

746
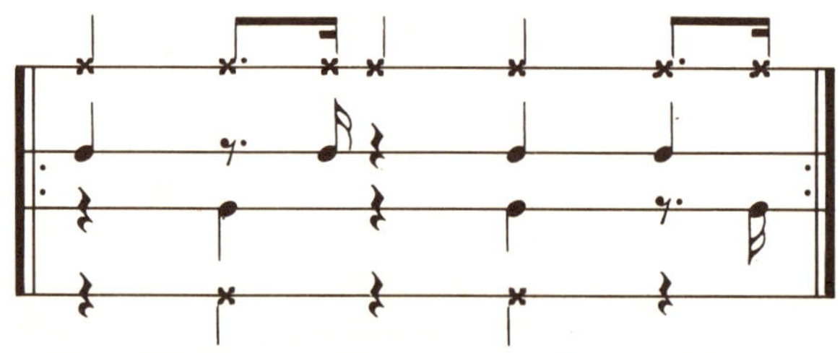

747
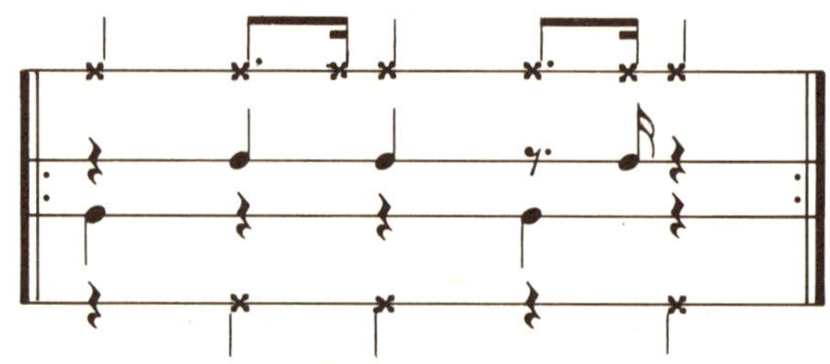

748
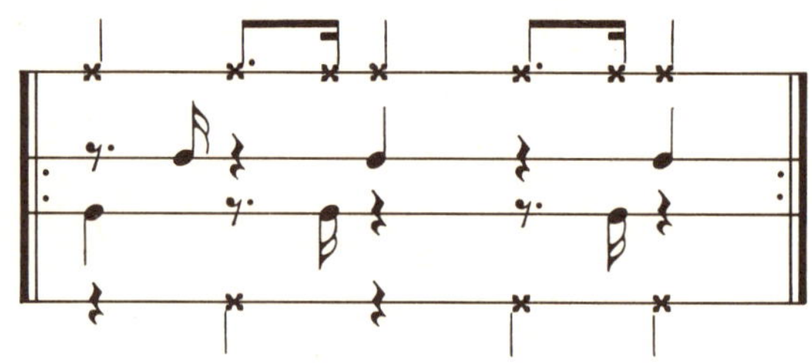

749
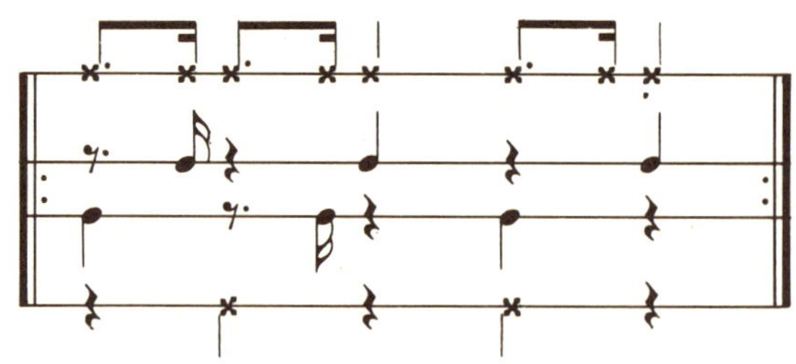

750
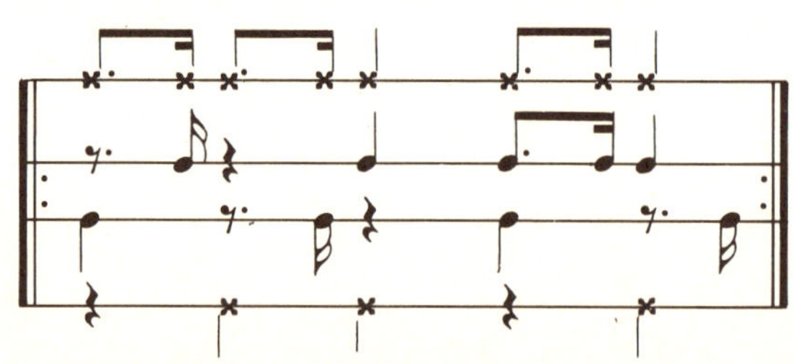

751

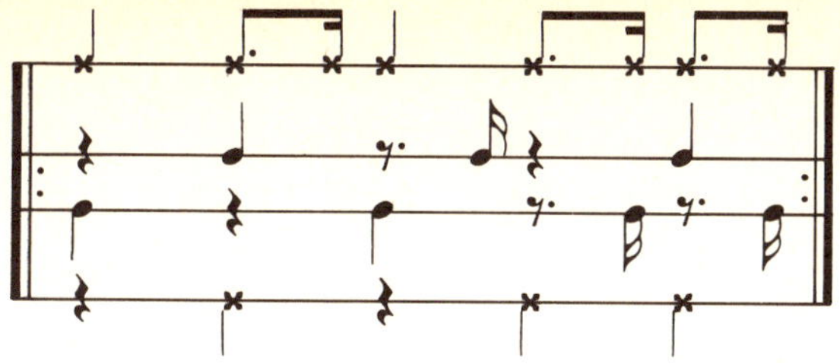

752

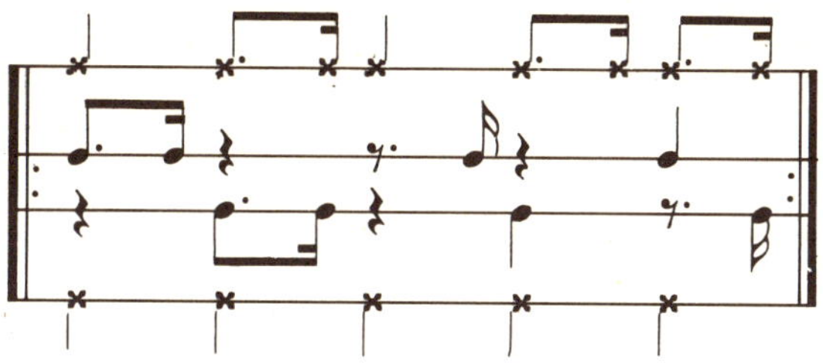

g) Paradiddle-Rhythmen

Diese sehr moderne Spieltechnik ist, wenn man mit der Spielweise von „Paradiddles" vertraut ist, nicht mehr allzu schwer. Rock- bzw. Jazz-Rock-Drummer wie beispielsweise Tony Williams, Carmine Appice, Lenny White, Billy Cobham oder Alphonse Mouzon haben diese dynamisch-aggressive Spieltechnik stark geprägt und populär gemacht.
Dabei schlagen die Hände Paradiddle-Figuren (R = CYM oder HH, L = SD), wobei die Schläge der rechten Hand mit dem rechten Fuß (BD) gleichlaufen, also synchron gespielt werden. Der linke Fuß (in den nachfolgenden Übungen nicht notiert!) spielt eine der vier Hi-Hat-Grundrhythmen (21. Stunde!), kann aber auch geschlossen bleiben, was einfacher ist. Akzente und eigenes Stilgefühl bringen noch zusätzlich Farbe und Variationsmöglichkeiten ins Spiel. Sei auch selbst kreativ!

753

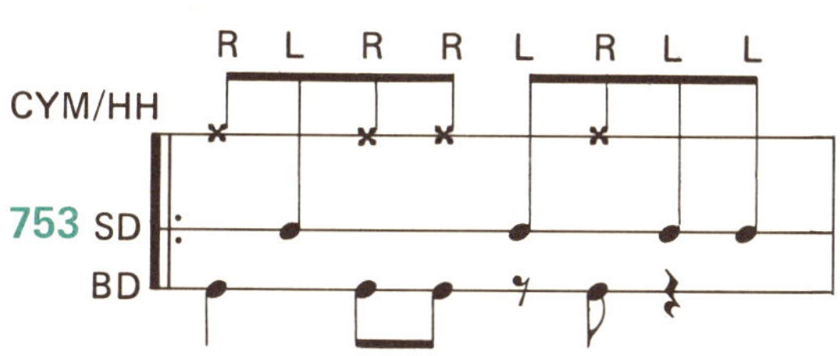

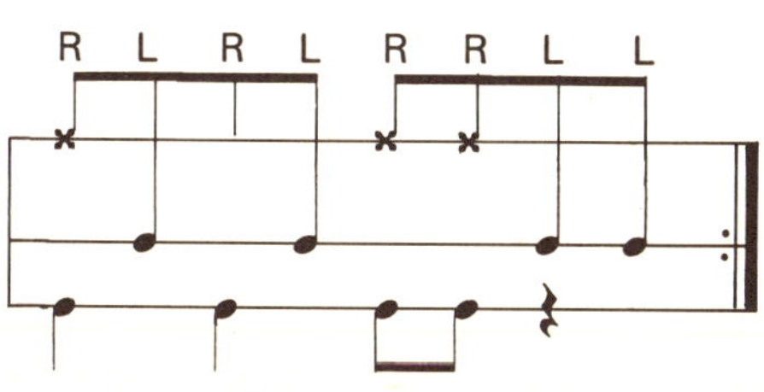

754

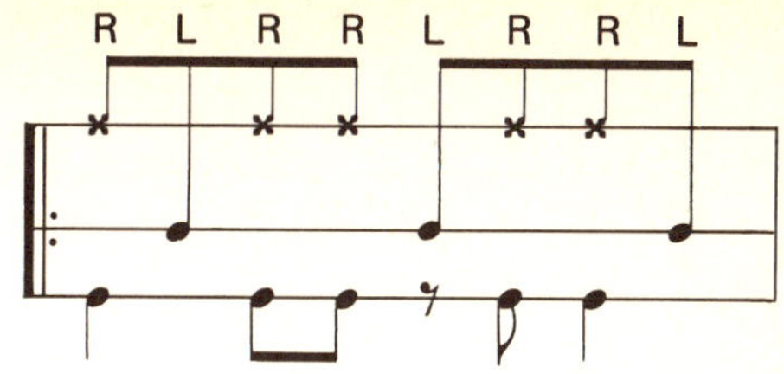

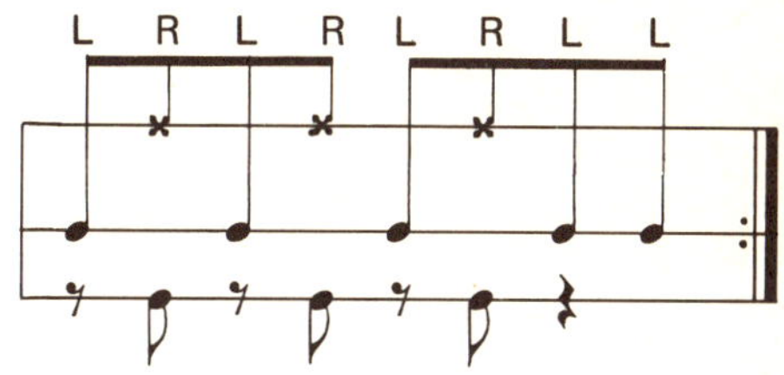

755

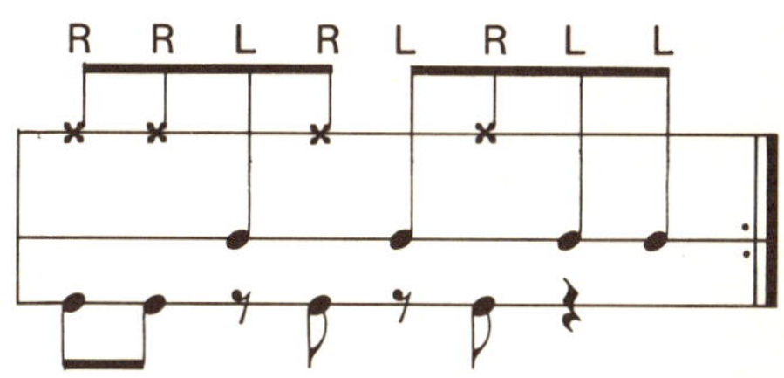

756

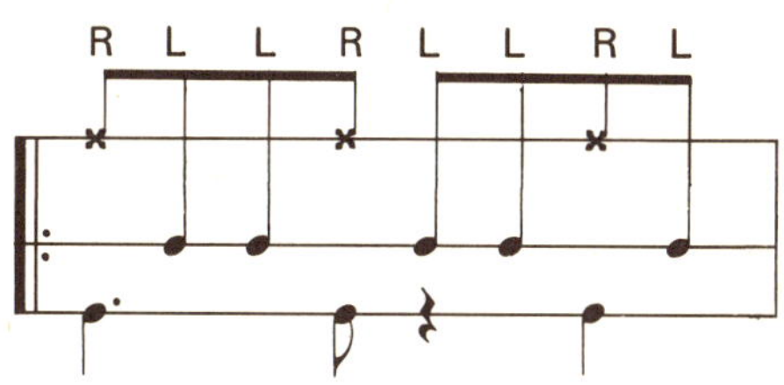

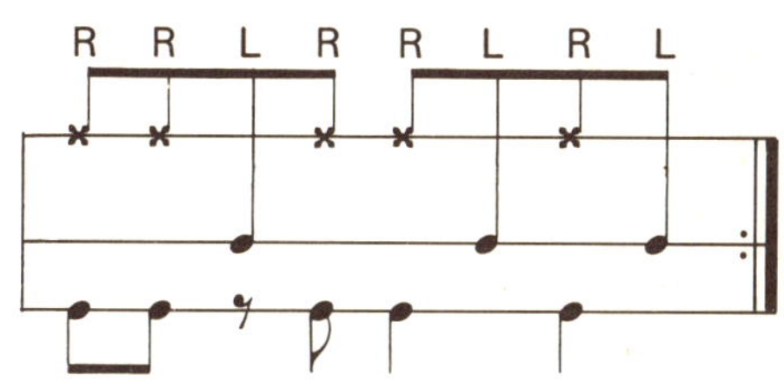

In den Übungen 757–760 spielen rechte Hand und rechter Fuß nicht mehr synchron!

757

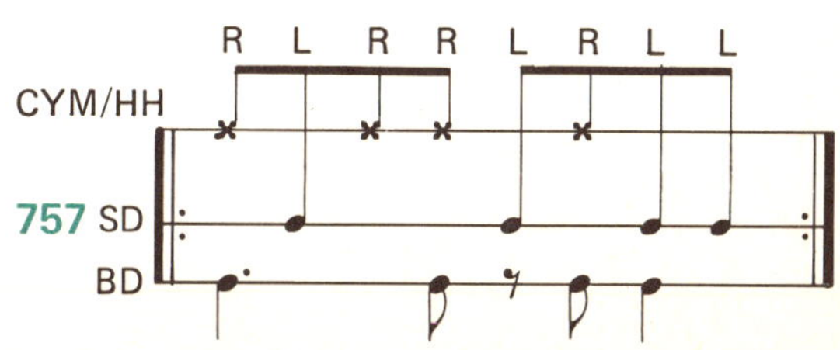

758
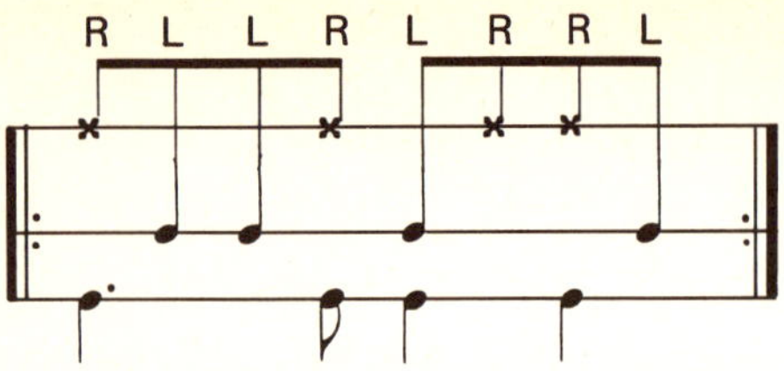

759
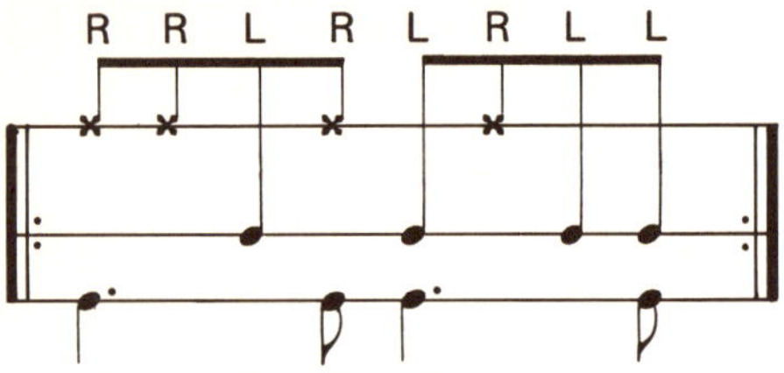

760
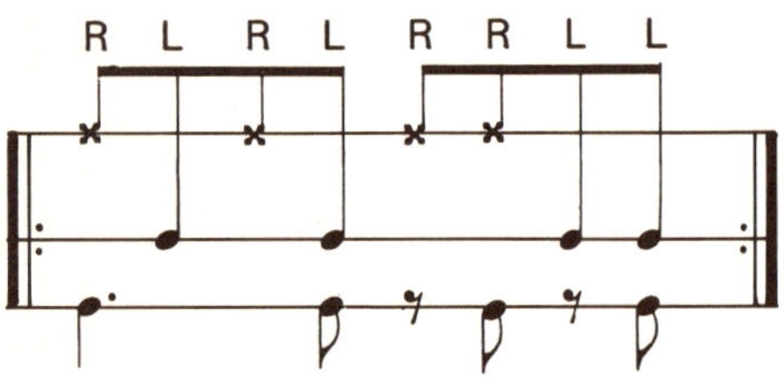

. . . und noch eine interessante Variation:

761
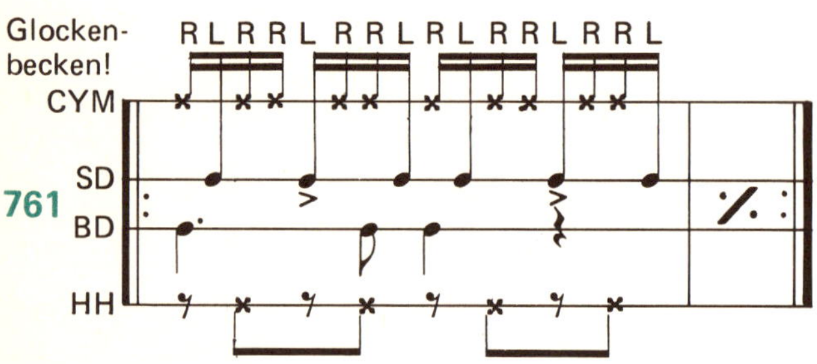

II. Tanzrhythmen

. . die wichtigsten Standards und Latins

Sämtliche hier aufgeführten Tanzrhythmen sind nur als „Grundmodelle" anzusehen. Individuelle Abweichungen, welche dem Stilempfinden des Spielers entspringen, sind möglich. Wichtig ist, sie dem jeweiligen Zusammenwirken der Musikgruppe anzupassen.
Halte dich an die angegebenen Metronomgeschwindigkeiten! Beachte auch die Akzente sowie die jeweiligen Erläuterungen sehr genau! Viel Spaß!

a) Standards

English-Waltz (langsamer Walzer)

♩ = 90 (Andante); 3/4-Takt!

762
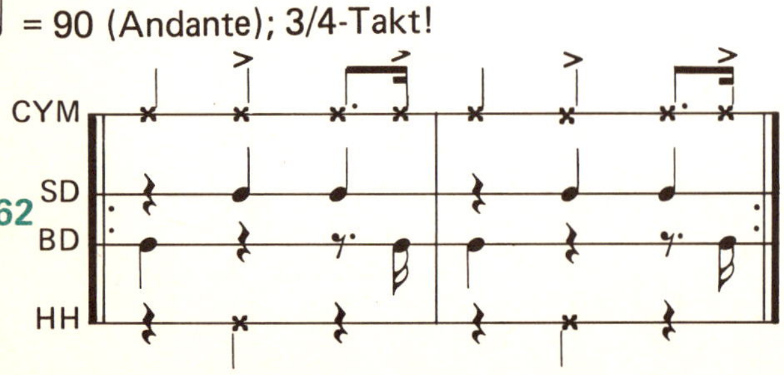

mit Besen!
R = Snare Drum (schlagen)
L = Snare Drum (wischen)

763
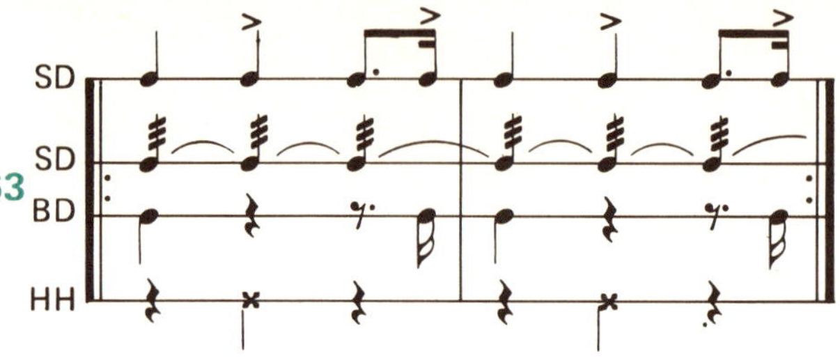

Wiener Walzer

♩ = ca. 192 (Presto); 3/4-Takt!

764
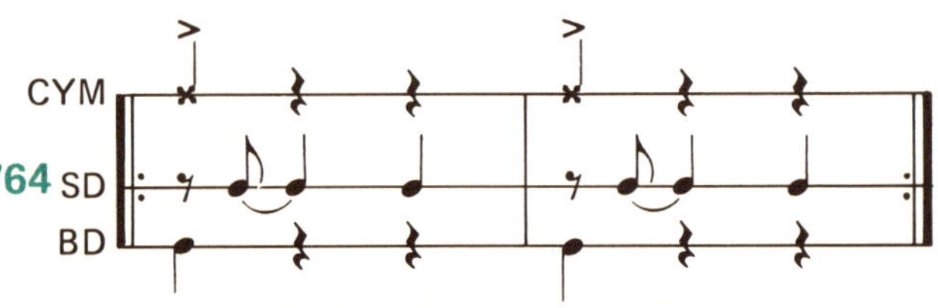

765
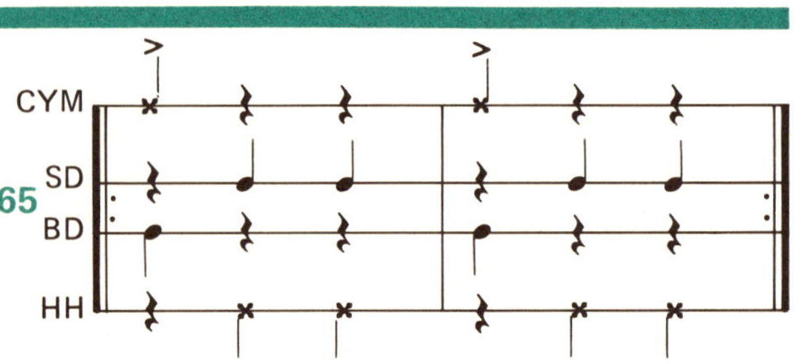

Slow Fox

♩ = 120 (Moderato); 4/4-Takt!

mit Besen!
R = Snare Drum (schlagen)
L = Snare Drum (wischen)

766
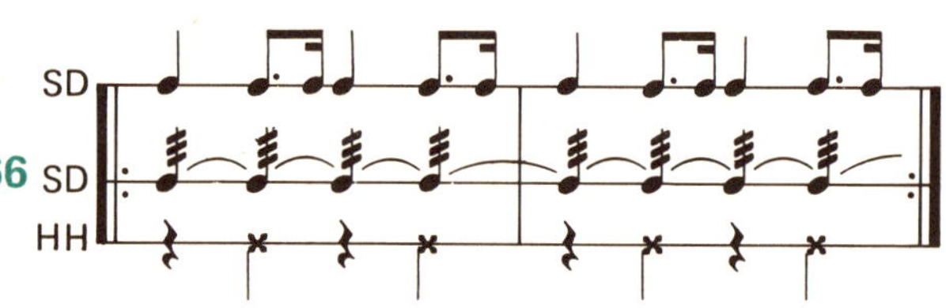

Foxtrott

𝅗𝅥 = 96 (Andante); ¢-Takt!

767
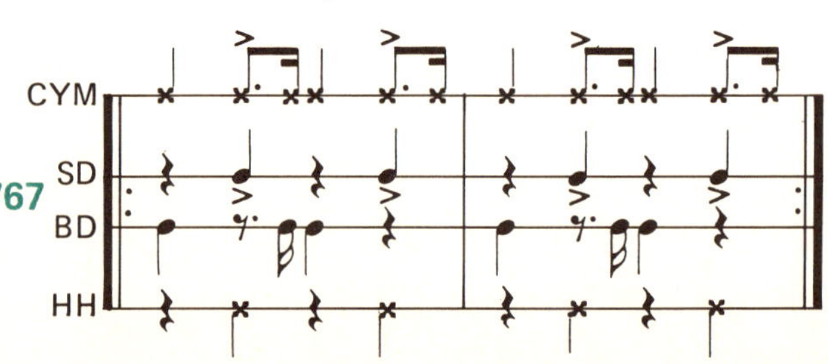

Rock'n Roll/Jive

♩ = 176–184 (Presto); 4/4-Takt!

Quickstep

♩ = 208 (Prestissimo); 4/4-Takt!

768
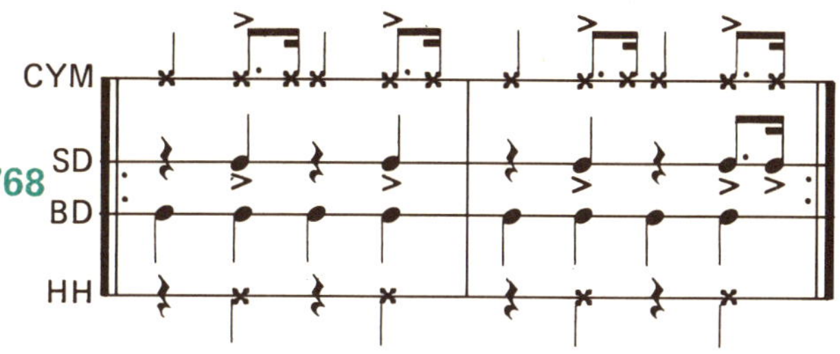

Slow-Rock/Rock-Blues

♩. = ca. 72 (Adagio); 6/8- und 12/8-Takt!

♩ = ca. 72 (Adagio); 4/4-Takt!

769
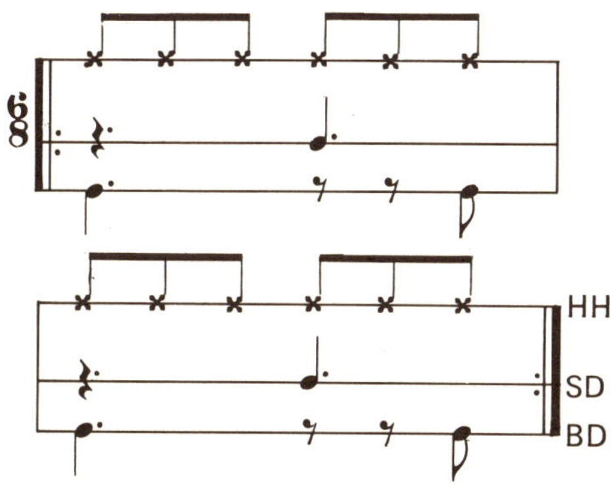

770
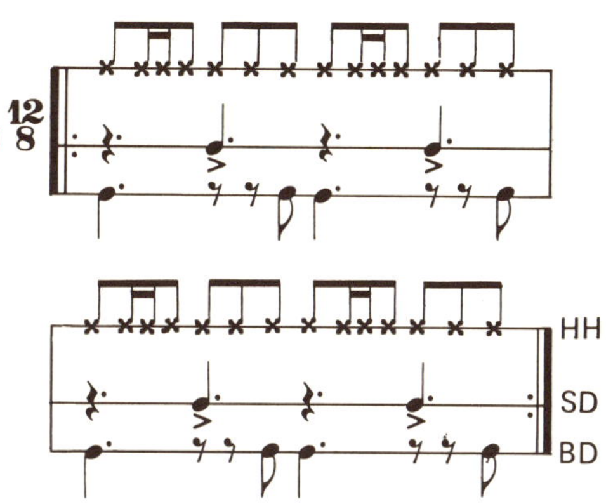

771
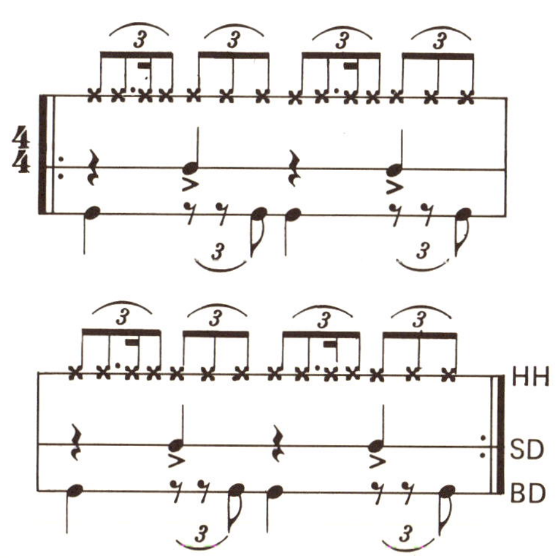

Polka

♩ = 120 (Moderato/Allegro); 2/4-Takt!

772
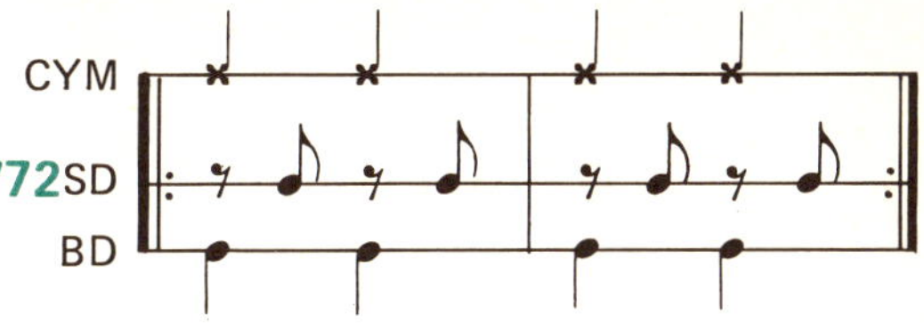

Marsch/Pasodoble

♩ = 120–124 (Allegro); 2/4-Takt!

773
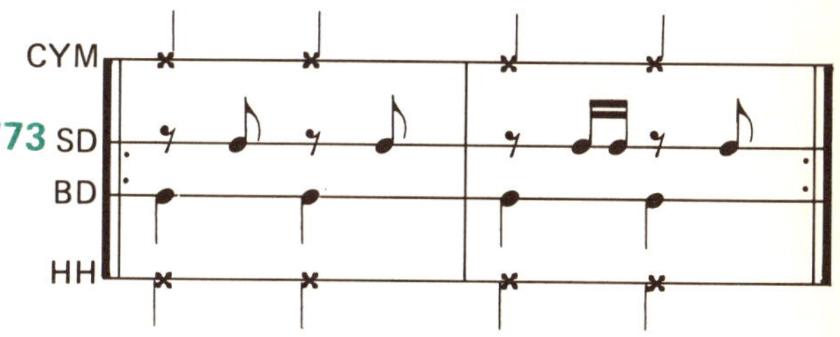

b) Latins

Bossa Nova

♩ = ca. 138–160 (Allegro); 4/4-Takt!

Die rechte Hand spielt mit dem Trommelstock auf einem Cymbal oder mit einem Jazzbesen auf der Snare Drum. Die linke Hand schlägt „rim-clicks". Hinzu kommt das gefühlsmäßige Setzen charakteristischer Akzente auf den Tom-Toms.

774
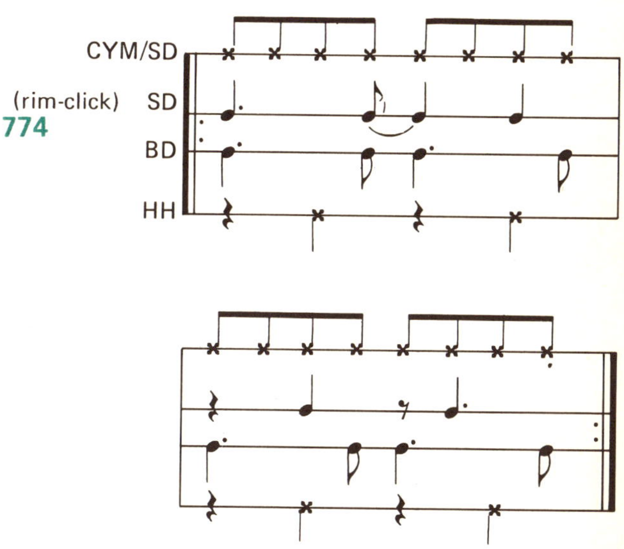

Cha-Cha-Cha

♩ = 128–136 (Allegro); 4/4-Takt!

Hier spielt die linke Hand auf dem Hi-Hat, während die rechte Hand die Cow-bell (Kuhglocke) schlägt. Der Snare-Teppich ist entspannt. Hinzu kommen charakteristische Akzente/Schlagfiguren auf der Snare Drum (Tom-Tom-Effekt) und den Tom-Toms selbst.

775

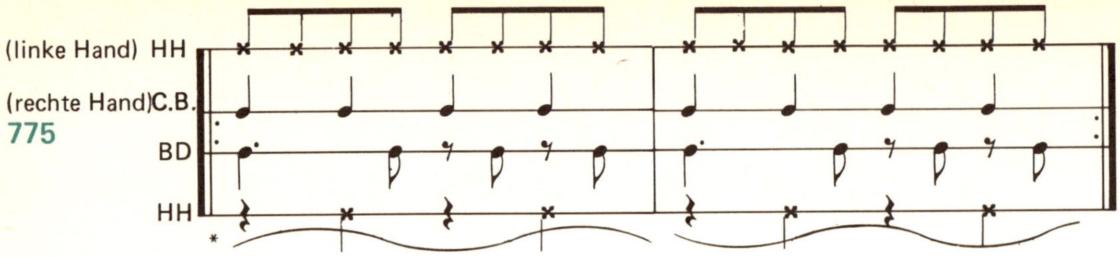

* Die Grundbetonung mit dem linken Fuß auf „2" und „4" wird ausgeführt, wobei sich aber die Hi-Hat-Cymbals *nur leicht* öffnen (schwingendes Hi-Hat; oberes und unteres Cymbal bleiben in ständiger Berührung!).

Rumba

♩ = 112–120 (Moderato); 4/4-Takt!

Der Snare-Teppich ist entspannt. Die linke Hand schlägt „rim-clicks". Die rechte Hand wechselt zwischen Snare Drum, Small- und Large-Tom-Tom.

776

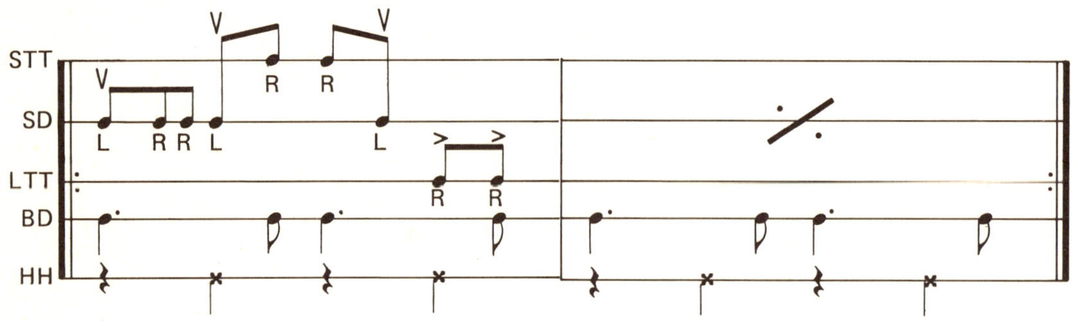

Samba

𝅗𝅥 = 112–116 (Moderato); ₵-Takt!

Alle starken Betonungen sind als „Rim Shot" auszuführen! (V)

777

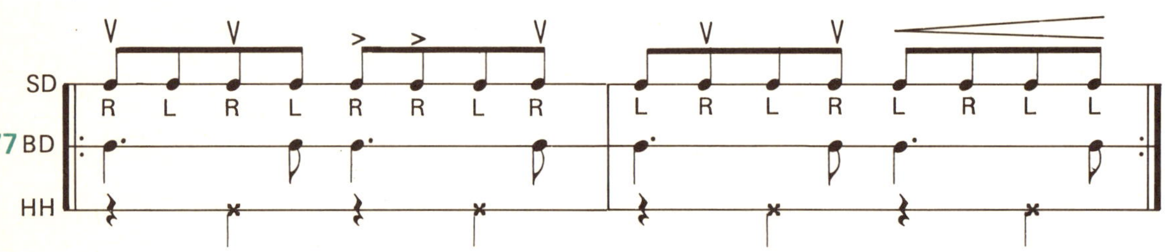

778

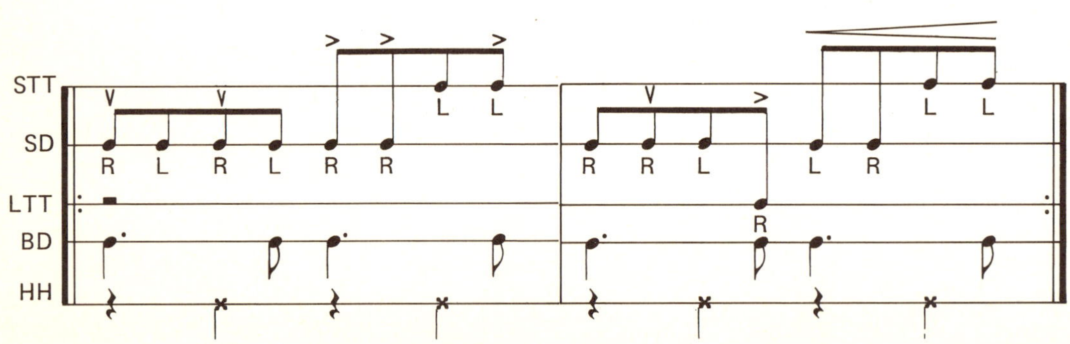

Samba lenta (langsame Samba)

♩ = 96 (Andante); 4/4-Takt!

mit Besen! R = Snare Drum (schlagen); L = Snare Drum (wischen)

779
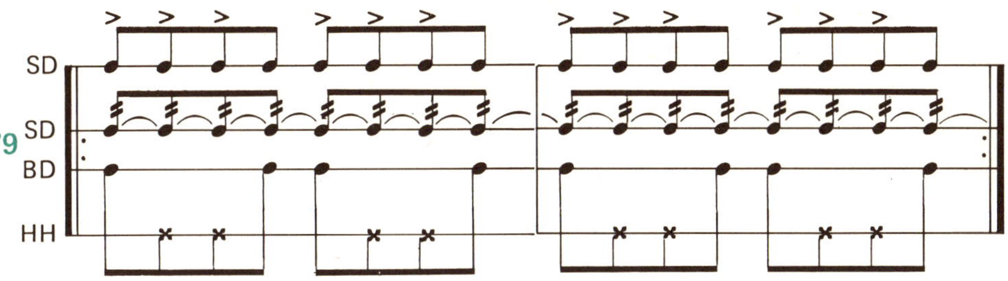

Tango

♩ = 120–136 (Allegro); 4/4-Takt!

780
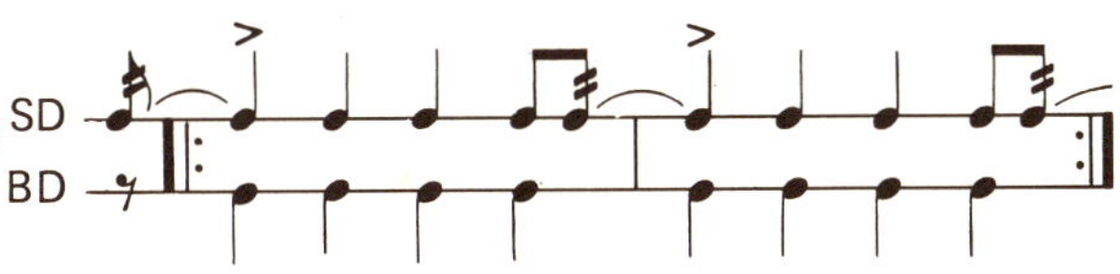

781
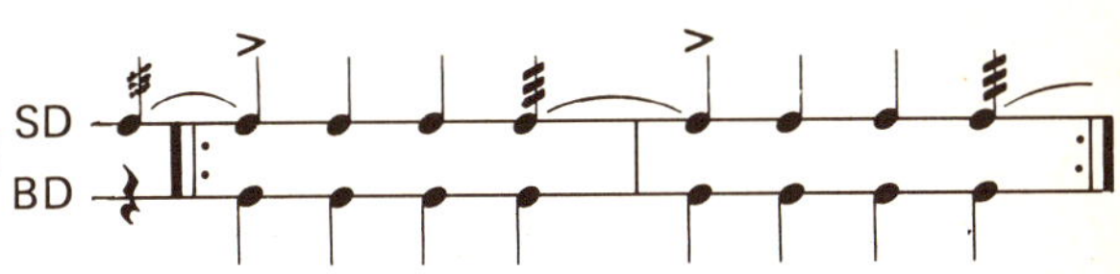

Tango-Argentino

♩ = 120–136 (Allegro); 4/4-Takt!

782
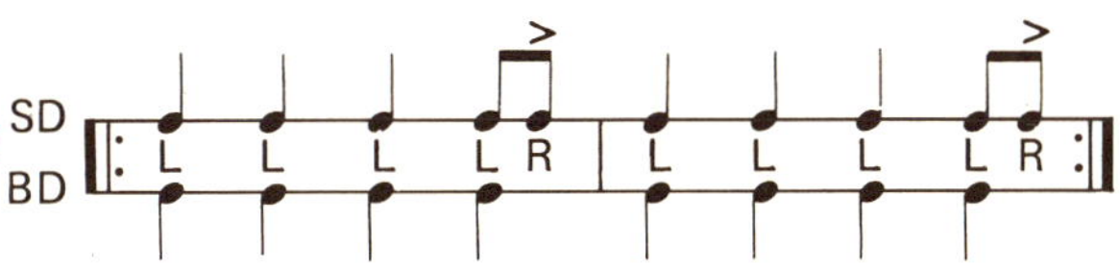

Mambo

𝅗𝅥 = 112–120 (Moderato); ¢-Takt!

Der Snare-Teppich kann entspannt werden. Die rechte Hand spielt auf dem Glockenbecken!

783
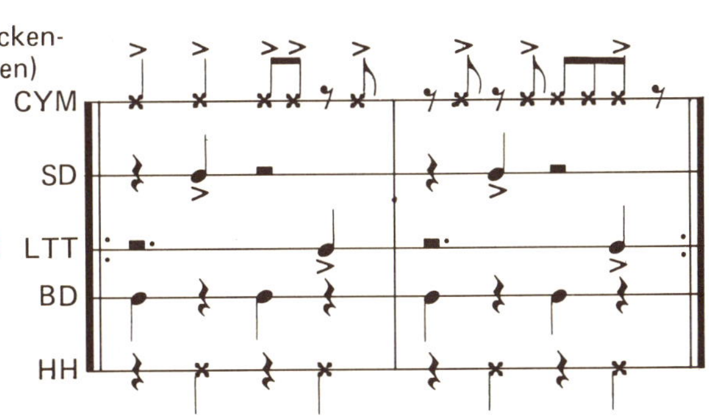

784
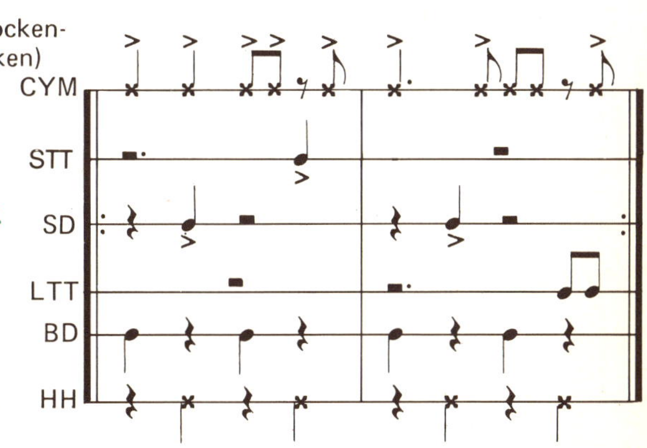

Beguine

♩ = ca. 112 (Moderato); 4/4-Takt! Der Snare-Teppich ist entspannt.

785

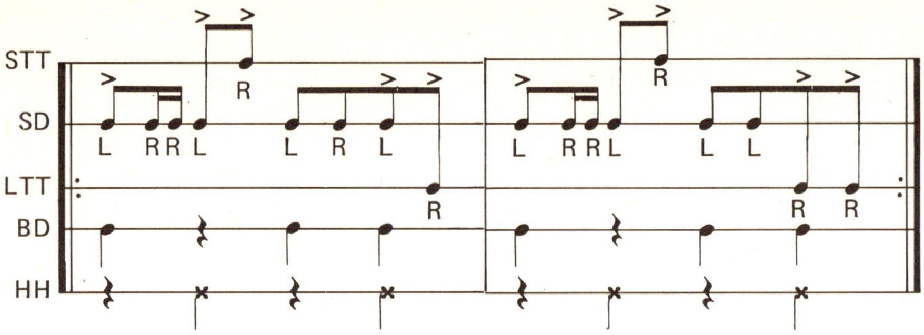

Montuño

𝅗𝅥 = 120–138 (Allegro); ¢-Takt! Die rechte Hand spielt auf dem Glockenbecken.

786

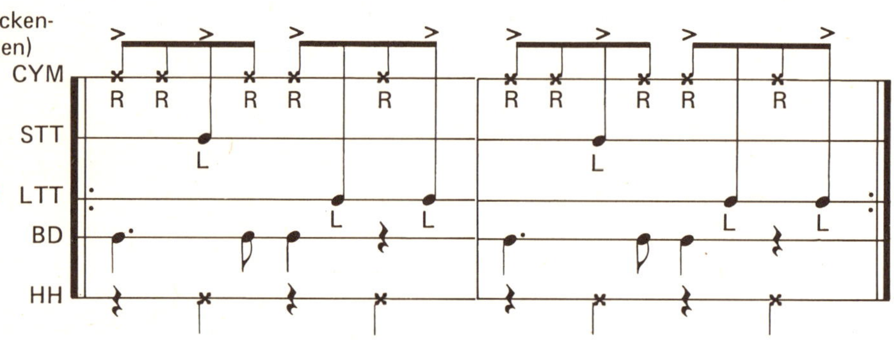

26. Stunde
Die Möglichkeiten des Solospiels (Improvisation)

Die Improvisation ist für jeden fortgeschrittenen Musiker von größter Wichtigkeit. Gute, schöpferische Improvisation ist das Ergebnis längerer Erfahrung und allmählichen Heranreifens musikalischer Ideen. In jedem Falle ist sie für den Instrumentalisten (auch Vokalisten!) ein „stilprägendes Element". Um als Schlagzeuger den Sinn des Wortes „Improvisation" von Anfang an richtig zu verstehen, hier einige Umschreibungen:

Improvisation bedeutet:

a) freies, spontanes Spiel nach Fantasie und Gefühl (ad lib.) bzw. die Umsetzung rhythmischer Vorstellungen in „eigenes Trommeln".

b) Schlagen von „breaks" (break = Unterbrechung, hier: kurzes Zwischensolo), meist ein-, zwei-, oder vier-Takte lang!

c) längeres Solospiel (Aneinanderreihung mehrerer, unterschiedlicher „breaks"), meist 8-, 12-, 16-, oder 32-Takte!

d) Setzen besonderer Schlagfolgen oder Akzente zwischen bestimmte musikalische Abschnitte („Fill in"-Technik).

Als Voraussetzung für „richtiges Improvisieren" ist es notwendig, ein *sicheres Gefühl für die Dauer der Takteinheiten zu bekommen.* Schon allein deswegen, weil du als Schlagzeuger beim Solospiel ganz auf dich selbst angewiesen bist. Diese Fähigkeit erwirbst du am ehesten durch:

1. genaues Auszählen der Takteinheiten. Laut mitzählen!

2. Auswendiglernen der Chorus-Melodie (gegebenes Thema!). Die gegebene Melodie oder eine zum Chorus passende neue Melodie wird während des improvisierten Solos mitgedacht oder mitgesummt! Dadurch entfällt das Auszählen der Takte, wodurch ein freies, individuelles Improvisieren ermöglicht wird. Die genaue Beherrschung der Chorus-Melodie kann sich außerdem auf die Art des rhythmischen Einfalls beim Improvisieren auswirken.

Die nachfolgenden Übungsbeispiele (fill ins, Ein-Takt-Breaks) sollen nur als Anreiz dienen selbst kreativ zu werden. Zur Förderung deines eigenen Improvisationstalentes ist dies besonders wichtig. Beginne dabei mit einfachen, leicht zu spielenden „breaks". Mit der Beherrschung der Technik und somit deines Instrumentes wird sich deine Improvisation automatisch schwieriger und komplizierter gestalten. Spiele zuerst langsam, dann in unterschiedlichen Tempi! Viel Spaß!

Fill ins

Muster

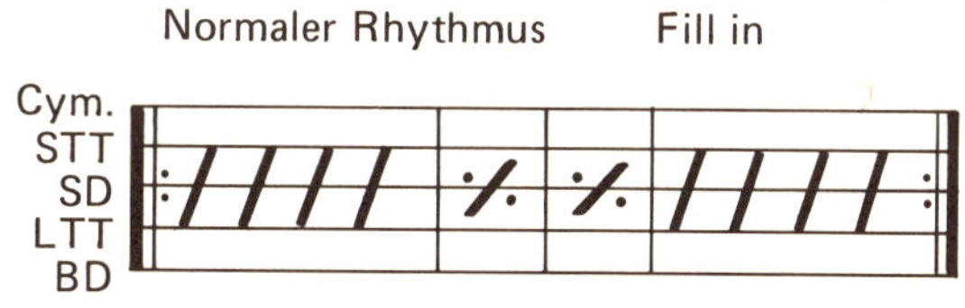

787

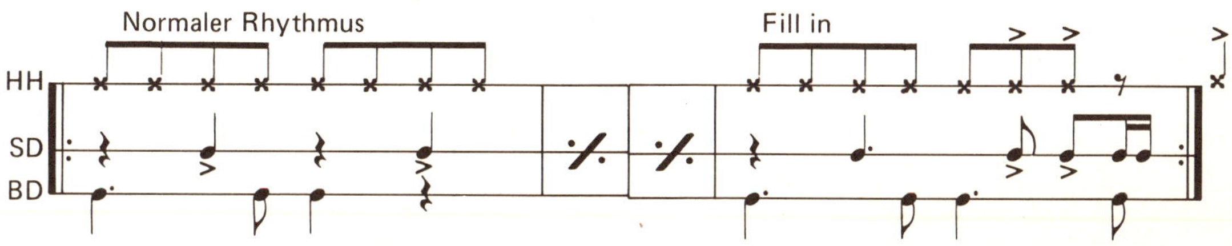

788
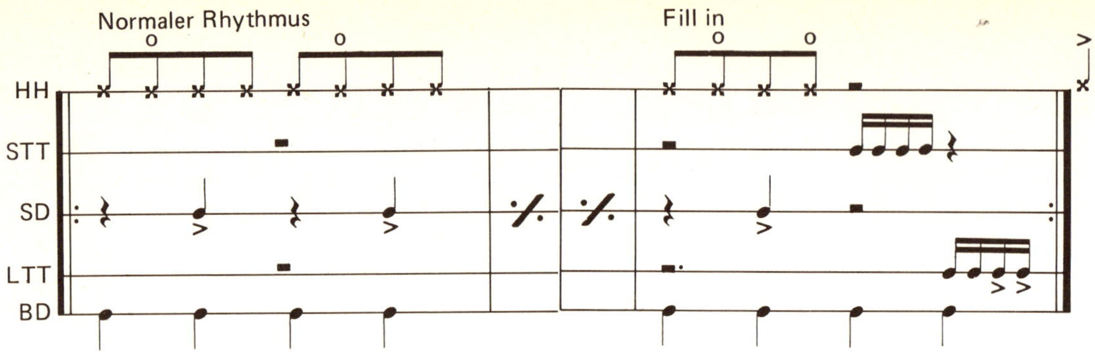

789
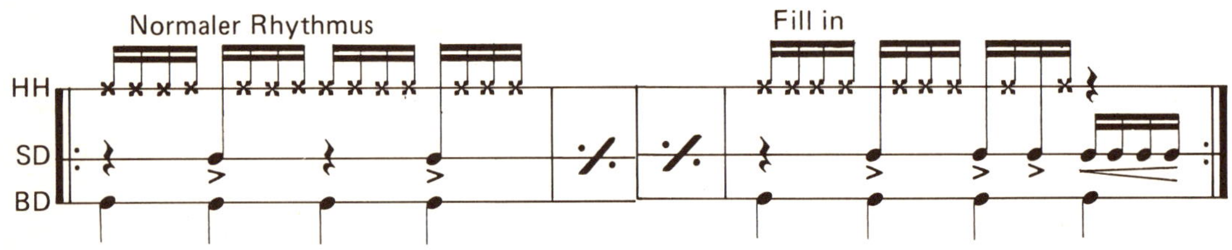

790
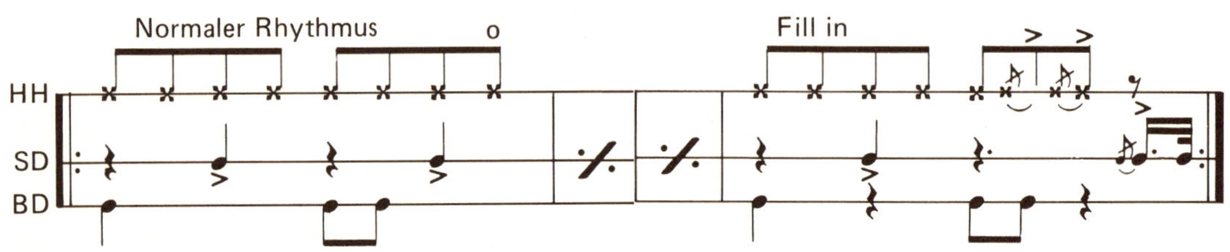

791
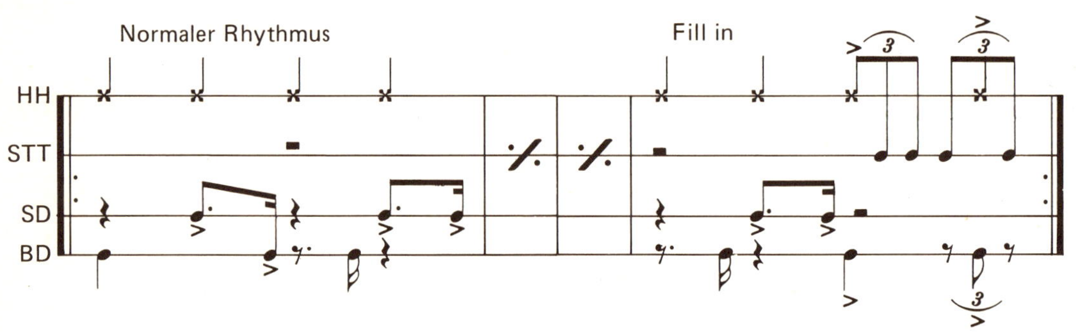

792
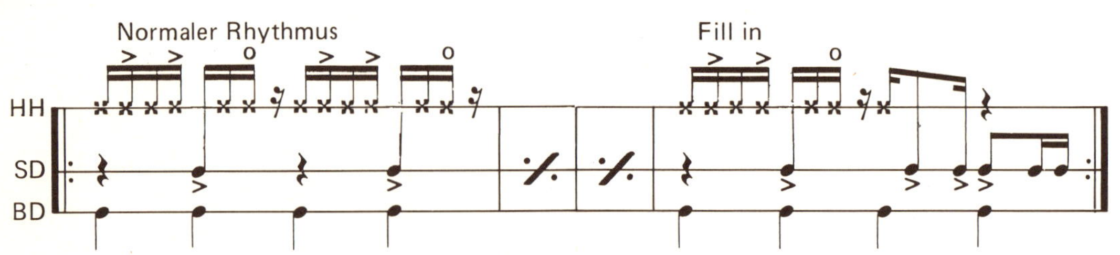

Ein-Takt-Breaks

Muster

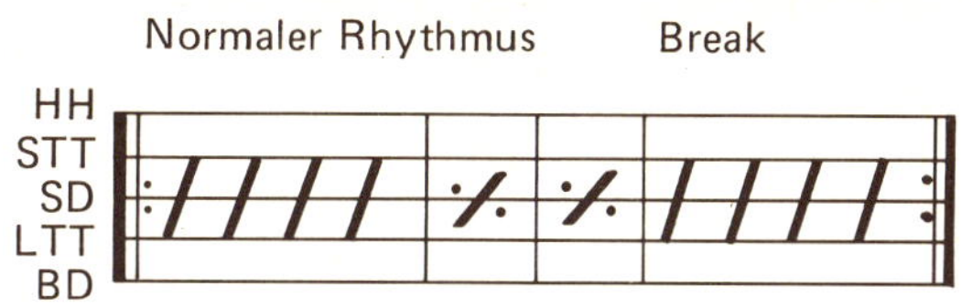

793

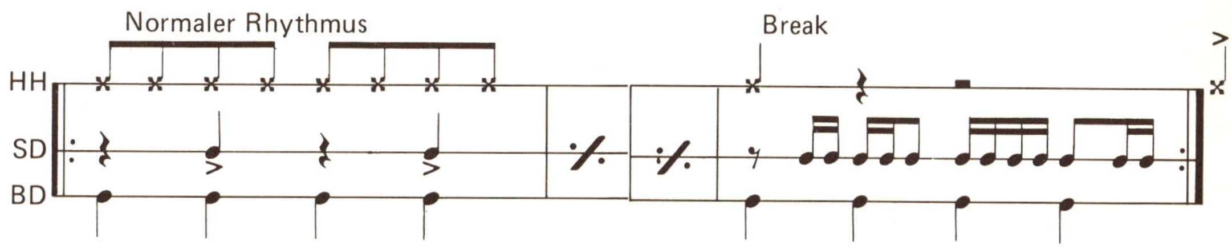

794

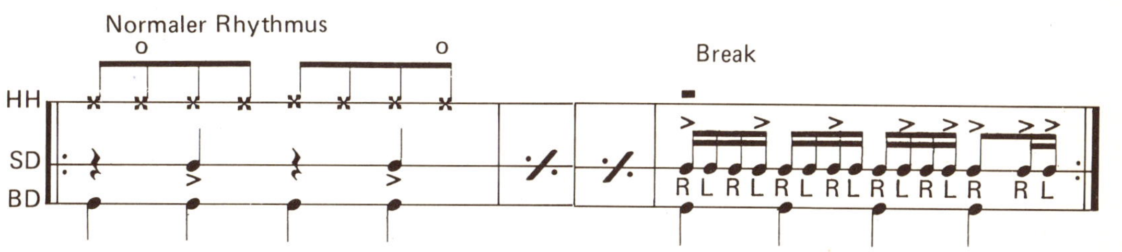

795

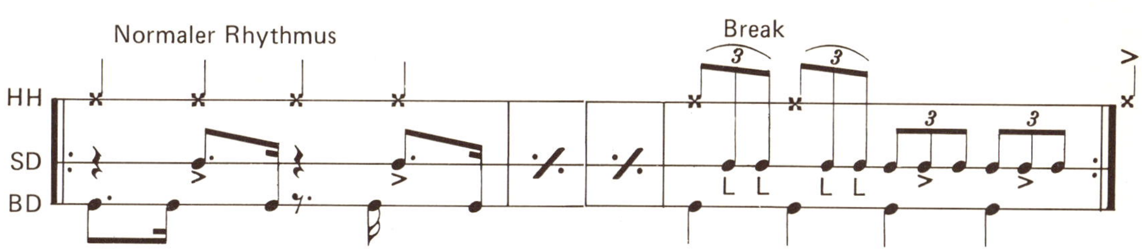

Ein-Takt-Breaks (Solo-Auftakt)

Muster

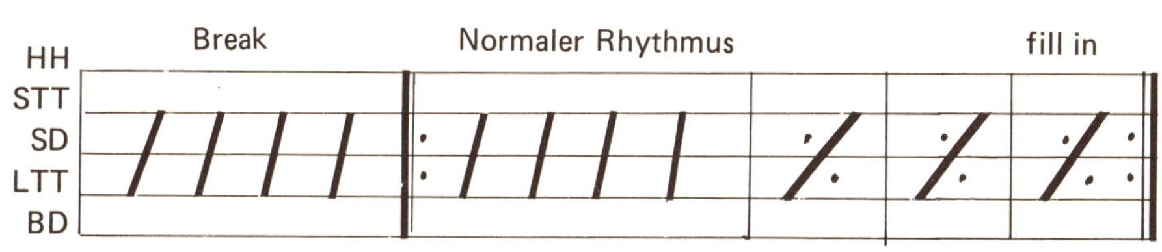

796

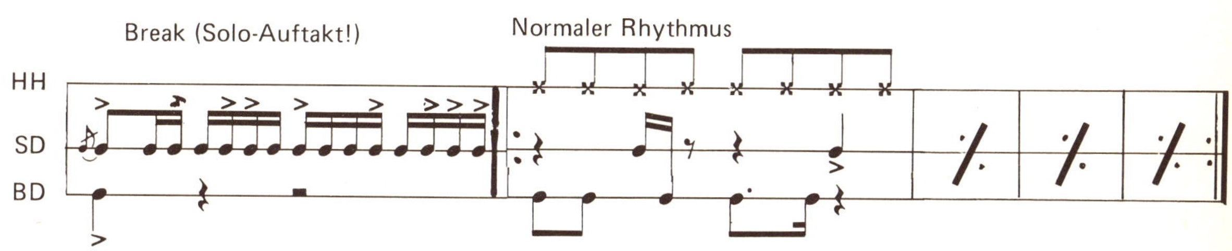

797

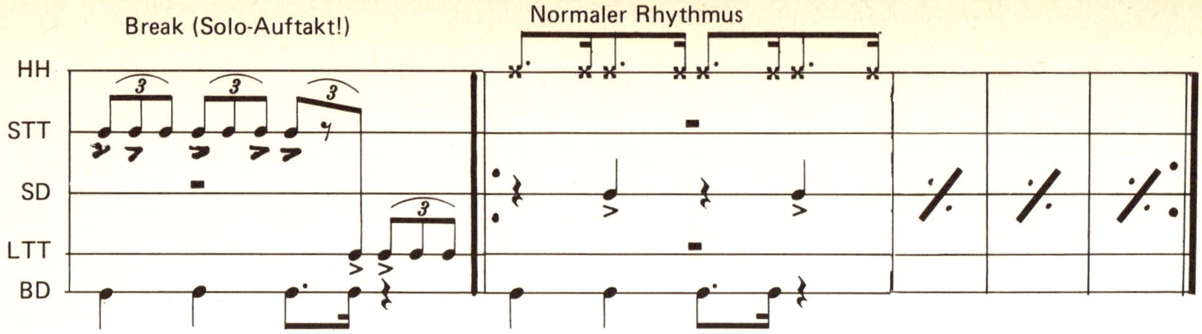

Sobald du nun nach längerem Üben in der Lage bist „Ein-Takt-Breaks" sicher zu spielen und zu *fühlen*, wird es dir nicht mehr besonders schwerfallen, auch „Zwei-, oder Vier-Takt-Breaks" zu erlernen. Halte dich dabei an die gezeigten Taktmuster!

Zwei-Takt-Breaks!

Muster 1

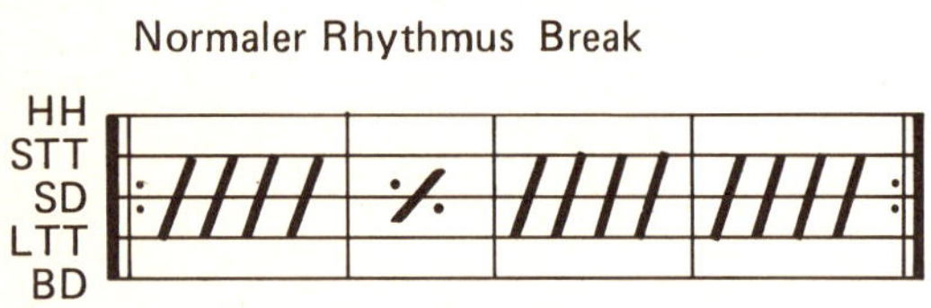

Muster 2

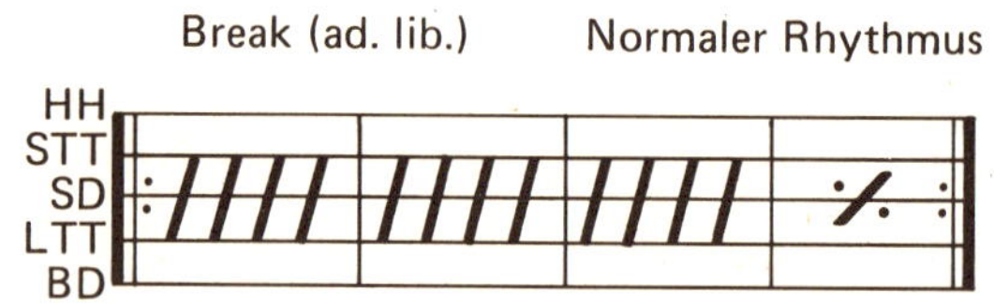

Vier-Takt-Breaks!

Muster 1

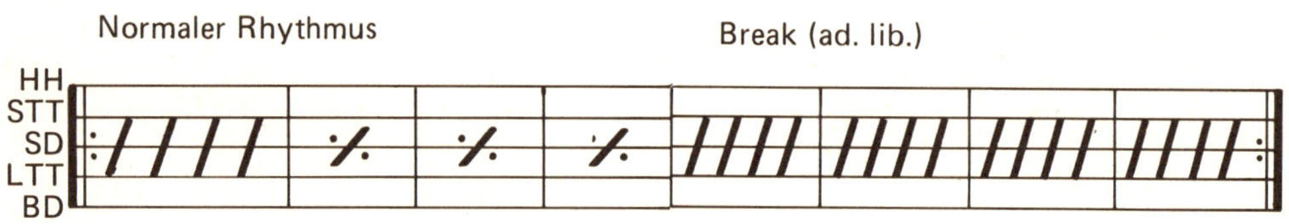

Muster 2

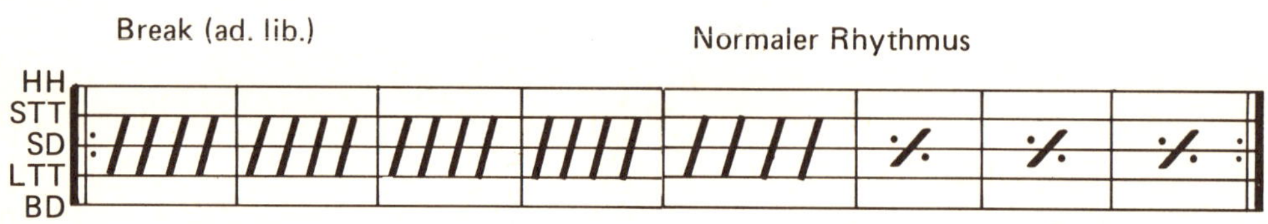

Zur Ausführung von 8-, 12-, 16- oder 32-Takt-Soli verfährst du in derselben Weise! Denke dabei stets daran, daß ein längeres Solo nur eine *geschickte Aneinanderreihung kurzer Soli(breaks)* darstellt. Improvisiere auch in anderen Taktarten, z. B. in 3/4-, 5/4-, 7/4- oder 6/8-Takt!

TIPS

Höre viel Musik! Das bewußte Trainieren des Gehörs durch konzentriertes Hören von Musikbeispielen (Schallplatten, Radio- und Fernsehsendungen, Live-Band, usw.) trägt wesentlich zur Verfeinerung des Gefühls für die Dauer von Takteinheiten bei.

27. Stunde
„Rim Shot“ und „rim-click“ (Kanten- bzw. Randschläge)

„Rim Shots“ werden im modernen Schlagzeugspiel sehr häufig geschlagen. Markiert wird ein Rim Shot durch das Zeichen V (= starke Betonung!). In vielen Fällen wird aber ebenso das gebräuchlichste Akzentzeichen > als Rim Shot gespielt.

Beispiele: 14. Stunde, Seite 70 (alle Übungen), 25. Stunde, Seite 117 (speziell in Stilrichtungen, welche kraftvollen Anschlag erfordern, z. B. im Hard Rock, Jazz Rock, Soul, Funk, Bigband Jazz)

Bei der Ausführung von Rim Shots gilt das *gleichzeitige Auftreffen sowohl des Stockes am Metallrand der Snare Drum, als auch der Stockspitze auf dem Fell* als wichtigster Punkt (Abb. 47, 48, 49 und 50!). Exaktes Randschlagen erfordert viel Übung. Dabei gilt die richtige Stellung der Snare Drum als Voraussetzung! Dies hängt, wie wir bereits gelernt haben, von der „Stockhaltung“ ab!

Abb. 47

Abb. 48

Abb. 49

Abb. 50

Abb. 51

Als sehr wirkungsvolle und beliebte Randschlagvariante verwenden wir den sogenannten „rim-click" (Abb. 51). Dabei liegt die Handfläche auf dem Fell auf. Daumen und Zeigefinger halten den Stock in seiner Position. Durch das Niederstoßen des Stockes auf den Trommelrand entsteht der „rim-click".
Abbildung 52 zeigt die Kombination beider Arten (R = Rim Shot, L = rim-click)!

Beispiele: alle Rhythmen, insbesondere lateinamerikanischer Herkunft (Bossa Nova, Rumba, Beguine usw.).

Neben diesen beiden „meistgespielten Randschlägen" stehen noch eine Vielzahl individueller Randschlagmöglichkeiten offen, welche sich jeweils durch verschiedenartige Klangnuancen voneinander unterscheiden.

Abb. 52

28. Stunde
Das Spiel mit „Besen" (brushes)

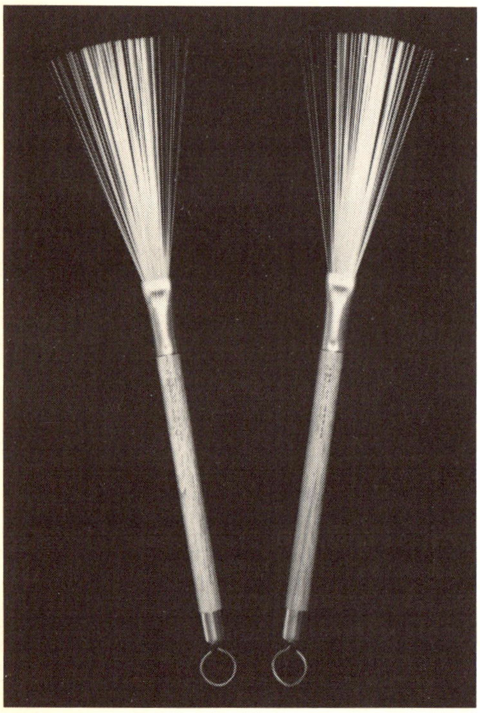

Abb. 53

mit Besen (schlagen)
mit Besen (wischen) **798**

Wir verwenden für das Spiel mit Besen die „Klassische Stockhaltung" (Abb. 54 und 55!).
Wird zusätzlicher Druck benötigt, besonders für Akzente oder Besenrandschläge (brush shots), so empfehle ich das Auflegen des Zeigefingers auf den Besenschaft (Abb. 56!).

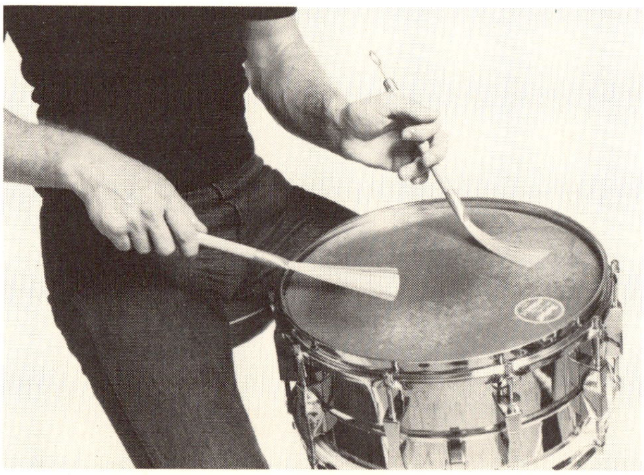

Abb. 54

Prinzipiell ist es möglich, alle Übungen und Rhythmen, welche mit Trommelstöcken gespielt werden, auch mit Besen auszuführen. Im wesentlichen aber wird das Spiel mit Besen in verschiedenen Jazzformen zum Erzielen weicher, rhythmischer Effekte eingesetzt. Die nachstehende Besenspielübung gilt als Grundmodell:

Abb. 55

Die Grundbegleitung (rechte Hand) – sie ist mit der Triolenfigur auf dem Ride Cymbal (siehe dazu Seite 85!) identisch – schlagen wir auf der Snare Drum:

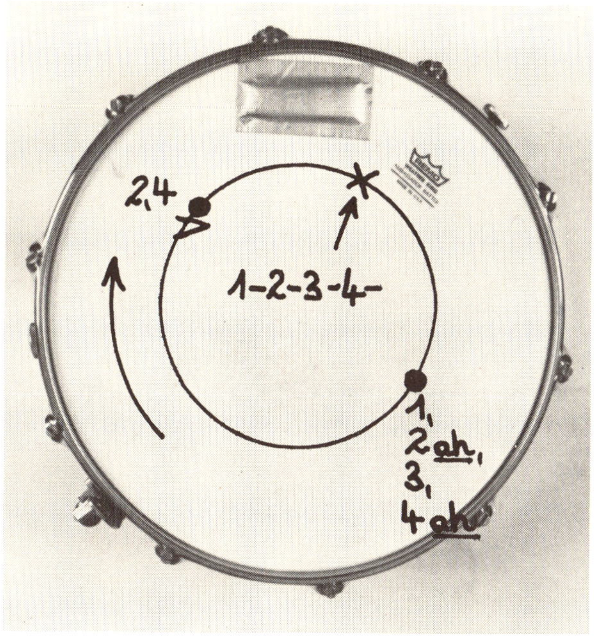

Abb. 57

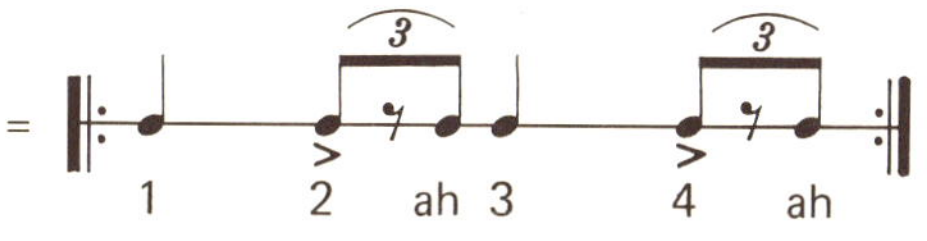

Gleichzeitig wischen wir mit der linken Hand gleichmäßig kreisend über das Fell. Zu beachten ist dabei, daß wir bei jedem Schlag des „beats" (also auf 1–2–3–4–!) an der mit einem Kreuz bezeichneten Stelle sind, wobei wir an dieser Stelle ständig für einen Moment etwas schneller werden und zugleich stärker aufdrücken!

Abb. 56

Diese Kreisbewegung der linken Hand können wir auch im halben Tempo „wischen" (also auf ––2–––4–!), so daß ein voller Kreis zwei Schlägen des „beat" entspricht:

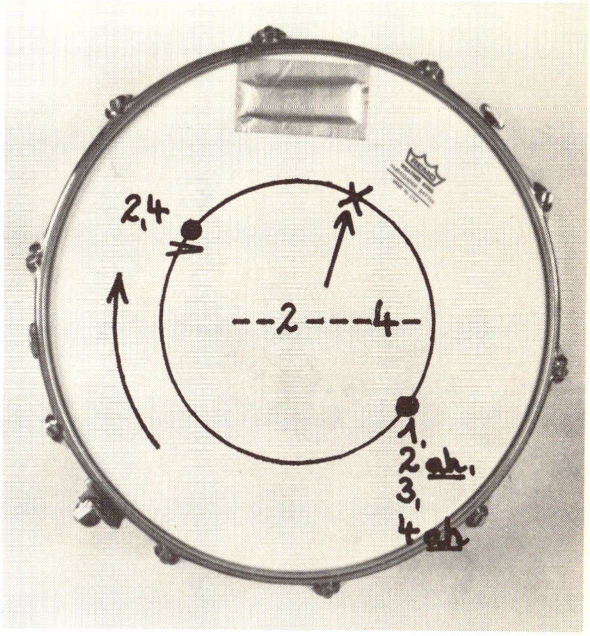

Abb. 58

Wichtig: Damit die Klangeigenschaften, insbesondere beim *Wischen über das Fell,* optimal zur Geltung kommen, ist die Verwendung eines *aufgerauhten* Felles unbedingt erforderlich!

Nur das, was man fühlt,
kann man wirklich!

IV. Teil

Percussionsinstrumente werden auf der ganzen Welt gespielt. Viele Länder, insbesondere Afrika, Indien, Spanien und Latein-Amerika verfügen über eine reichhaltige und bunte Mischung origineller Schlag- und Geräuschinstrumente. Heutzutage sind die Percussionsinstrumente aus den lateinamerikanischen Ländern auf der internationalen Musikszene am stärksten vertreten. Auch hat sich der Einfluß lateinamerikanischer Rhythmuselemente in vielen modernen Musikstilrichtungen etabliert, was auf vielen neuzeitlichen Schallplattenaufnahmen deutlich zu hören ist.
Die Verwendung verschiedenartiger Percussionsinstrumente birgt eine neue, unerschöpfliche Quelle rhythmischer und klangfarblicher Möglichkeiten. Neue Impulse und Inspirationen werden gegeben und es entsteht mehr Raum für Kreativität –, im Jazz, im Rock, in der Popmusik –, in jeder musikalischen Richtung. So bestehen heute eine Menge Musikgruppen, in denen sich neben dem Drummer noch weitere Musiker mit Percussionsinstrumenten beschäftigen. Durch unterschiedliches, jedoch aufeinander abgestimmtes Zusammenspiel werden so interessante rhythmisch-überlagerte Klanggebilde geschaffen.

Percussion ist die Sammelbezeichnung für alle Schlag- und Geräuschinstrumente – einschließlich dem Schlagzeug.
Unter diesem Aspekt betrachtet wird es immer eine positive Erfahrung sein, wenn sich ein Drummer auch mit den Percusssionsinstrumenten beschäftigt, ebenso wie sich auch ein Percussionist mit dem Schlagzeugspiel auseinandersetzen sollte. Darüber hinaus hat man als Drummer die Möglichkeit, verschiedene Percussionsinstrumente wie z. B. Cow Bells, Tambourins, Bongos, Timbales, Triangel usw. zu seinem Drum-Set hinzuzufügen. Musikalität, Einfühlungsvermögen und Improvisationstalent tragen das ihre dazu bei.

Congas

Die Conga-Trommel entwickelte sich aus der afrikanischen Negertrommel und wurde durch die Schwarzen zur Zeit des Sklavenhandels in lateinamerikanische Länder gebracht. Heute gehören Congas zu den wichtigsten, beliebtesten und wirkungsvollsten Rhythmusinstrumenten lateinamerikanischer Musik und lateinamerikanisch-beeinflußter Musikgruppen wie z. B. Santana, Weather Report usw.
Hergestellt werden Congas aus massiven und zähen, aber leichten Hölzern. Bespannt sind Congas mit kräftigen Naturfellen. Congas werden einzeln, meist paarweise, aber auch im Dreier-Set gespielt. Die Aufstellung variiert mit dem individuellen Geschmack. Üblicherweise steht die kleinere, höher klingende Conga rechts vor dem Spieler.

Zubehör: Stimm- bzw. Spannschlüssel, Schmieröl für Spannschrauben, Vulkanfiberbehälter oder Taschen (Segeltuch, Leder).

Die Conga-Schlagtechnik stützt sich überwiegend auf gleichmäßige („von Hand zu Hand") und abwechselnd geschlagene (Paradiddle) Grundbewegungen der Hände. Sehr wirkungsvoll sind auch „Flam"-Einwürfe.

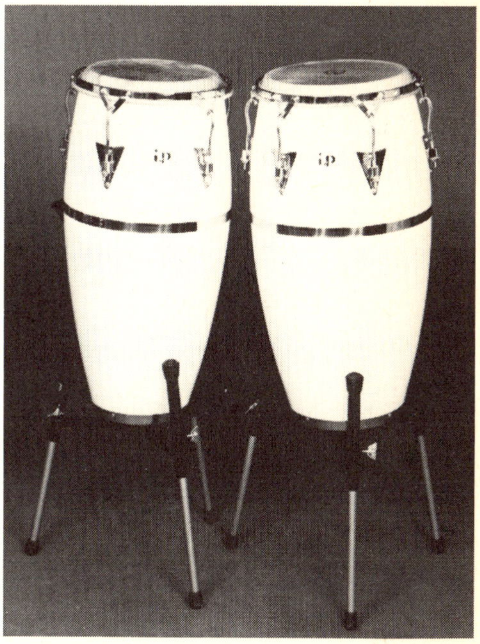

Abb. 60

Abb. 61

Abb. 62

Abb. 63

Abb. 64

Abb. 65

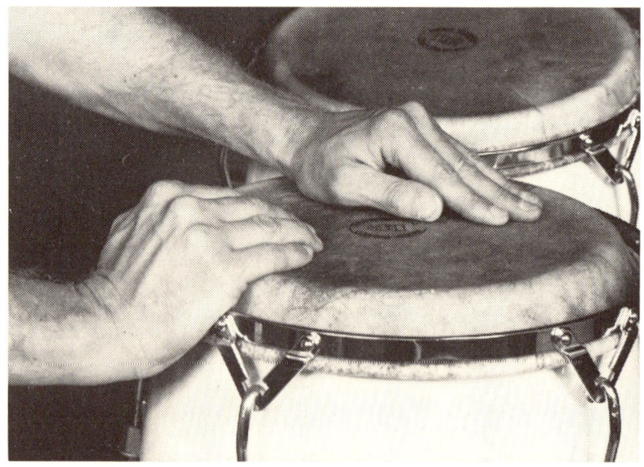

Abb. 66

Vier Anschlagarten sind wichtig:

1. Der klingende Schlag
Die Congas werden mit der Handfläche am Rand angeschlagen. Die Finger schnellen nach ausgeführtem Schlag vom Fell zurück und bleiben in der Luft (Abb. 61). Nachhallender, voller Ton.

2. Der geschlossene Schlag
Die Congas werden mit der ganzen Hand (Handfläche ist gewölbt!) oder der Handfläche im Zentrum angeschlagen. Die Hand oder Handfläche bleibt nach dem Schlag auf dem Fell liegen (Abb. 62 und 63). Kurzer, dumpfer Ton.

3. Der perkussive Schlag
Die Congas werden wie beim klingenden Schlag mit der Handfläche geschlagen. Am Trommelrand ist die Ausführung am wirkungsvollsten. Die Finger unterdrücken den Nachhall, bleiben also auf dem Fell liegen und erzeugen somit diesen kurzen, scharfen und klapsigen Ton (Abb. 64, 65, 66!). Lautester Conga-Schlag.

4. Der gedämpfte Schlag
Die Congas werden mit einer Hand geschlagen, während die andere Hand auf dem Fell liegt, dieses abdämpft oder durch Druck in höhere Spannung bringt (Abb. 64, 65, 66!).

Betonungen, Schlagwechsel zwischen den verschieden klingenden Congas und eigenständiges Stilgefühl runden die Conga-Schlagtechnik umfassend ab und entlocken dem Instrument faszinierende, vielfältige Rhythmen.

Conga-Rhythmen

obere Notenlinie = höher klingende Conga
untere Notenlinie = tiefer klingende Conga

Alle Übungen sind im 4/4-Takt!

1

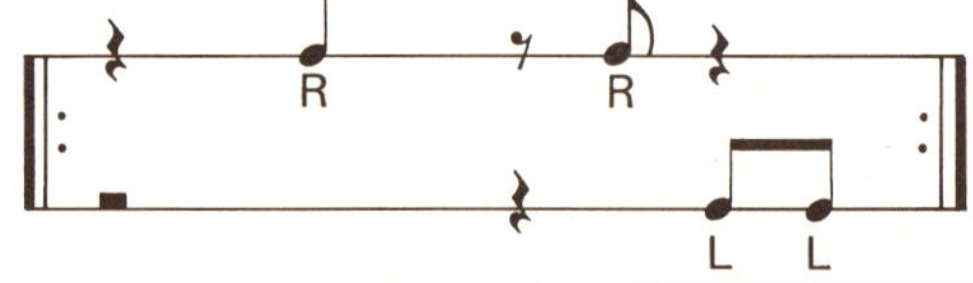

2

Bongos

Das Ursprungsland der Bongo-Trommeln (Bongos) ist Mittelamerika, genauer gesagt Kuba. Bongos gelten als die klanghöchsten Fellinstrumente der lateinamerikanischen Handtrommelgruppe und sind paarweise zusammengekoppelt (Zwillingstrommeln).

Abb. 67

Abb. 68

Hergestellt werden Bongos aus Harthölzern. Bespannt sind Bongos mit Naturhäuten (Kalbfellen) oder Plastikfellen. Achte beim Kauf darauf, daß die Hardware (Spannschrauben und Reifen, Metallteile) robust und zuverlässig verarbeitet ist.
Bongos sind entweder auf einem Ständer befestigt oder werden sitzend zwischen den Knien eingeklemmt, wobei die Füße gekreuzt sind, um dem Instrument einen festeren Halt zu geben. Die größere, tiefer klingende Trommel befindet sich üblicherweise rechts vor dem Spieler.
Bongos sind ein sehr dankbares und praktisches Instrument zum Spielen unterschiedlicher Rhythmen, sind ebenso preiswert und bieten klanglich enorm viele Möglichkeiten.

Zubehör: Spannschlüssel, Schmieröl, Behälter oder Tasche.

Die Bongo-Schlagtechnik läßt sich weitgehend mit der Conga-Schlagtechnik vergleichen. Da aber Bongos eine höhere Stimmung haben, werden durch fingertechnische Übungen zusätzliche Anschlagmöglichkeiten und Klangnuancen geschaffen: mit der Innenkante der Zeigefinger, mit Zeige- und Mittelfinger gemeinsam, mit den Fingerspitzen, mit dem Daumen, mit Daumen und Ringfinger. Ebenso können Bongos mit Trommelstöcken und Filzschlägeln geschlagen werden.

Bongo-Figuren

obere Notenlinie = höher klingendes Bongo
untere Notenlinie = tiefer klingendes Bongo

Alle Übungen sind im 4/4-Takt!

1

2
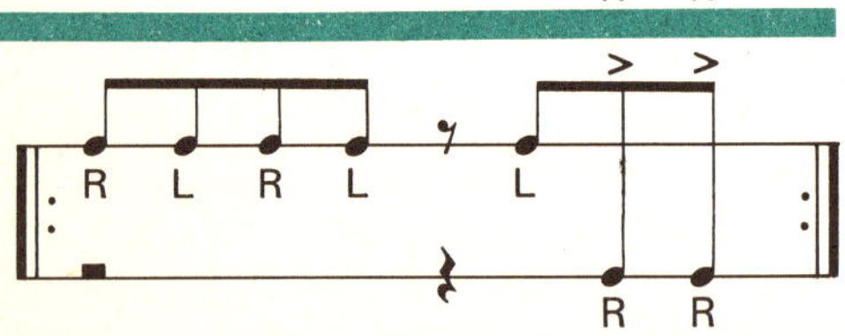

3
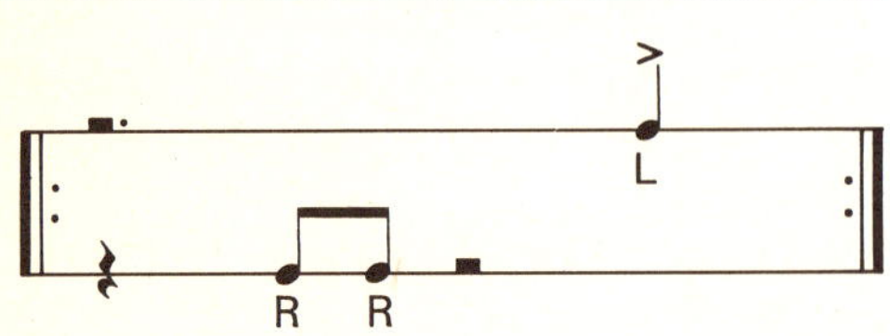

4
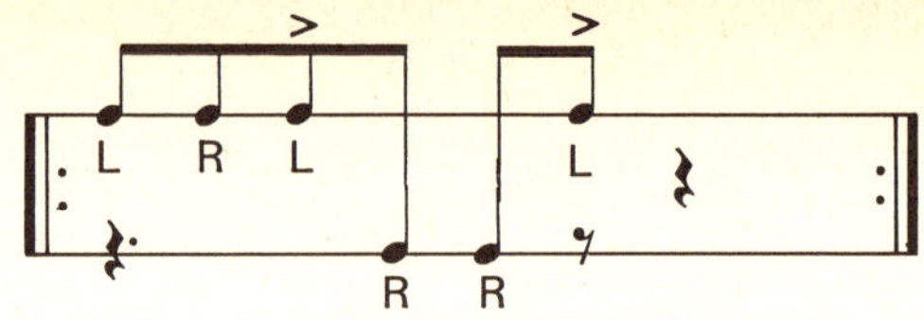

5
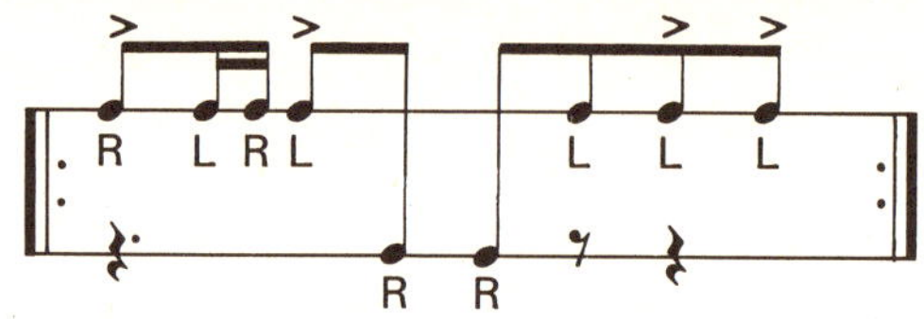

6
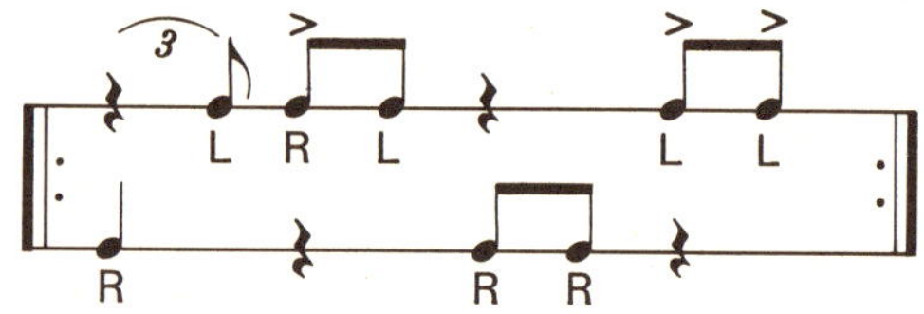

7

8
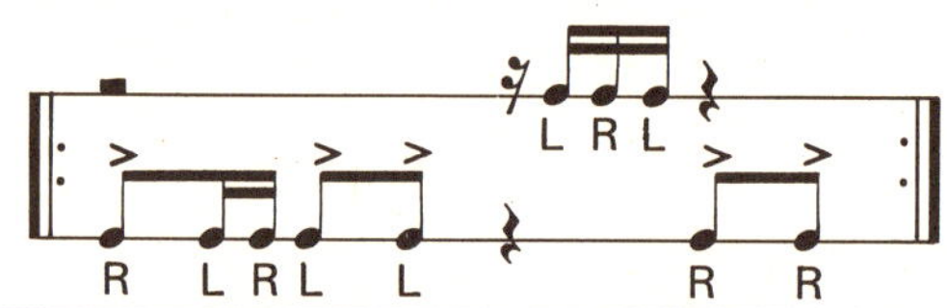

9
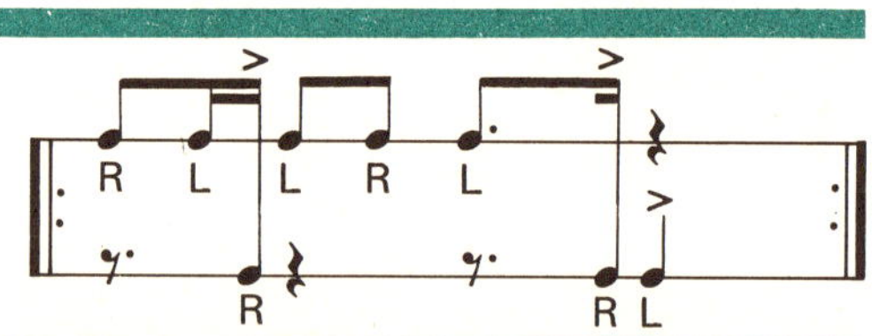

10
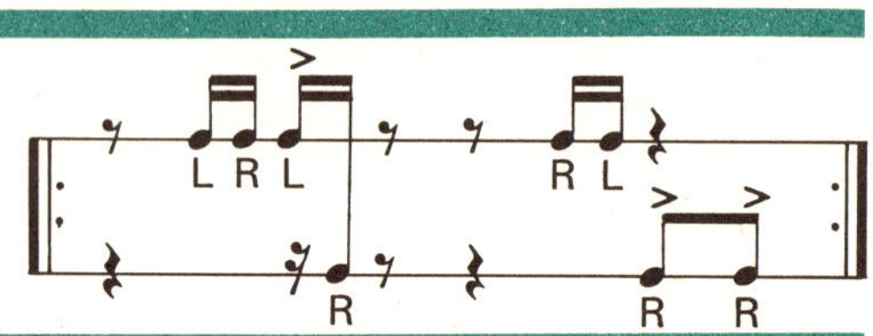

11
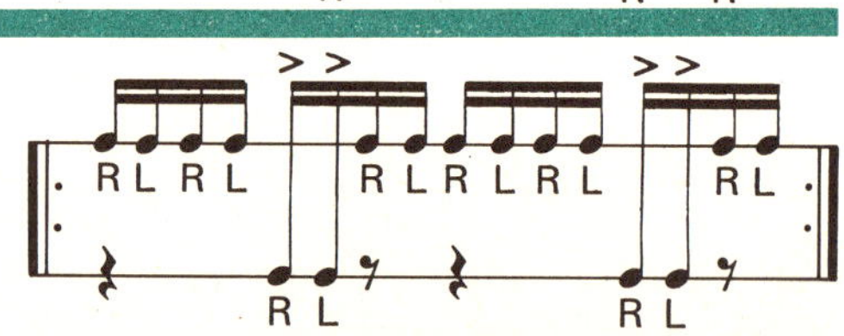

12
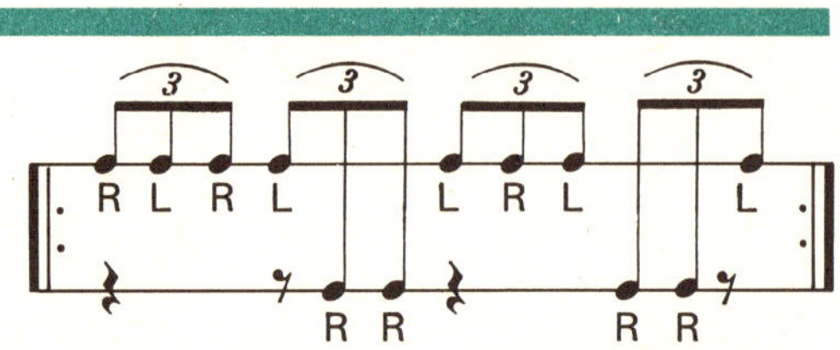

Timbales

Timbales wurden ebenso wie die Conga-Trommel zur Zeit der Sklaventransporte von Afrika nach Lateinamerika importiert.
Timbales sind Zwillingstrommeln aus Metall mit unterschiedlicher Tonhöhe und größer als Bongos. Die kleinere, höher klingende Trommel steht wie bei den Congas rechts vor dem Spieler. Auf einem Ständer montiert werden Timbales mit den dazugehörigen Stöcken oder zwei leichten Trommelstöcken in vielseitiger Weise bearbeitet, z. B.:

a) in der Fellmitte
b) auf Rand und Fell gleichzeitig (rim-shot)
c) an der äußeren Kesselwand
d) Stock auf Stock, wobei ein Stock mit der Spitze oder dem Stockende auf dem Fell oder auf Fell und Rand liegt
e) in Verbindung mit einer oder zwei Cow-Bells, welche an den Timbales festmontiert sind usw.

Timbales haben in der lateinamerikanischen (afrokubanischen) Musik die rhythmisch-belebende Funktion etwa der Snare Drum unserer Popmusikgruppen.

Zubehör: Spannschlüssel, Schmieröl, Stöcke, Behälter.

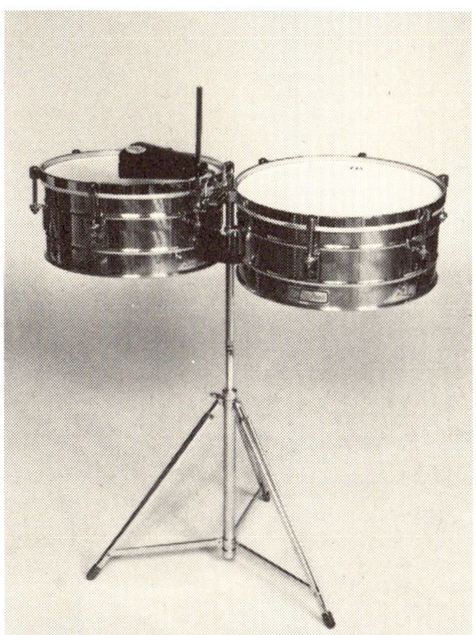

Abb. 69

Abb. 70

Cow Bell/Cencerro

In lateinamerikanischen Ländern „Cencerro" genannt, hat sich dieses Instrument in der westlichen Jazz-, Rock- und Popmusik unter der Bezeichnung „Cow Bell" (Kuhglocke) stark verbreitet. Die in unterschiedlichen Formen, Größen und Klangeigenschaften hergestellten Glocken ohne Innenklöppel gehören zu den charakteristischen Percussionsinstrumenten lateinamerikanischer Folklore (Rumba, Samba, Beguine, Afro-Cuban, Montuno, Cha-Cha-Cha usw.).
Cow Bells werden meist einzeln oder paarweise mit Trommelstöcken gespielt. Dabei wird die Cow Bell

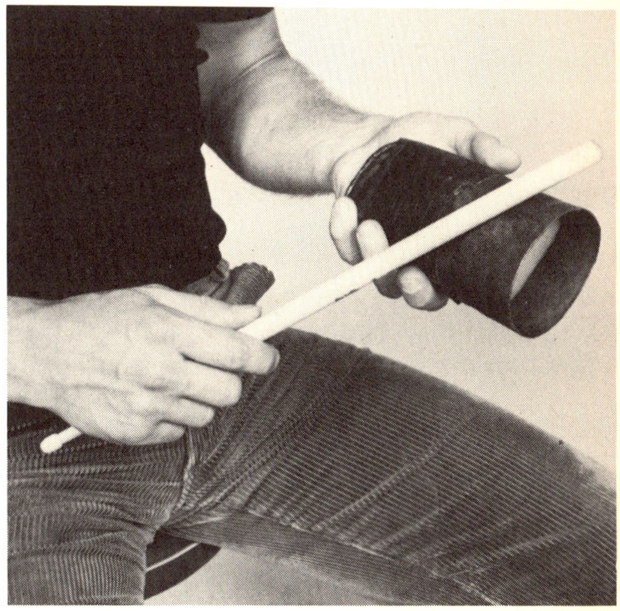

Abb. 71

a) in einer Hand gehalten, während die andere Hand mit einem Trommelstock die Glocke anschlägt (Abb. 71).
Durch verschiedene Griffhaltungen (Abdämpfen, Klingenlassen) sowie Wechseln der Anschlagstellen (Rand, Scheitel, Seitenwand, Innenraum) werden unterschiedliche Klangeffekte (dunkel, hell, scharf, kurzklingend) erzeugt. Um beispielsweise einen trockenen Sound (ohne Nachklang) zu erreichen, läßt man den Stock nach jedem Schlag kurze Zeit auf der Glocke liegen.
b) mit einer Halterung am Drum-Set befestigt, meist am inneren Fellreifen der Bass Drum (Abb. 46, Seite 115).
Um hier einen kurzen und trockenen Sound zu erzielen, wird Abdämpfungsmaterial (Lappen, Schaumstoff usw.) in den Glockenhohlraum eingelegt.
c) mit einer Halterung an den Timbales befestigt (Abb. 70).

Im allgemeinen wird der Cowbell-Spieler versuchen, durch konstant-rhythmisches „Glockenschlagen" die variablen Spielweisen anderer Percussion-Instrumente zusammenzuhalten.

Zubehör: spezieller Schlegel, Tasche.

Agogo/Wooden Agogos

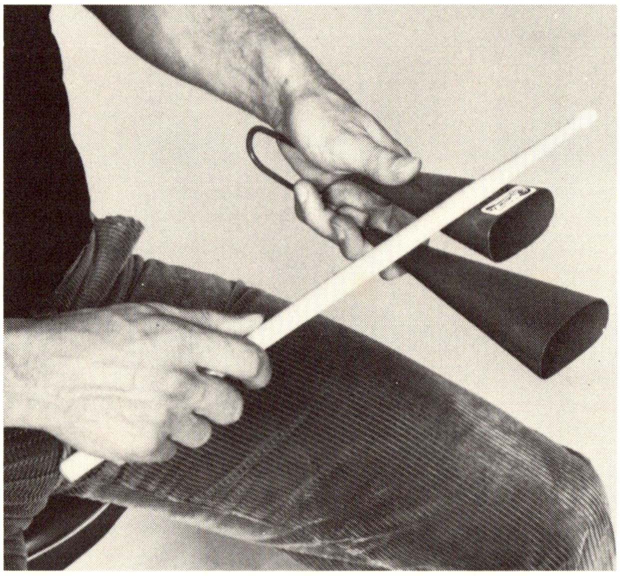

Agogo Bells – wie dieses Instrument auch genannt wird – sind zwei unterschiedlich große, daher verschieden tönende Metallschellen mit konischen Hohlräumen. Gehalten werden die Agogo Bells mehr oder weniger nah an den Hohlräumen, wodurch die Möglichkeit leichter Klangveränderung gegeben ist. Angeschlagen werden Agogos mit einem Trommelstock. (Abb. 72 + 73)
Wooden Agogos (Holz Agogos) sind zwei unterschiedlich lange, aufeinander abgestimmte Holzkörper mit zylindrischen Hohlräumen. Die Schlagtechnik bleibt gleich. (Abb. 74)
Wooden Agogos sind gerillt und können daher auch als „Guiro" verwendet werden.

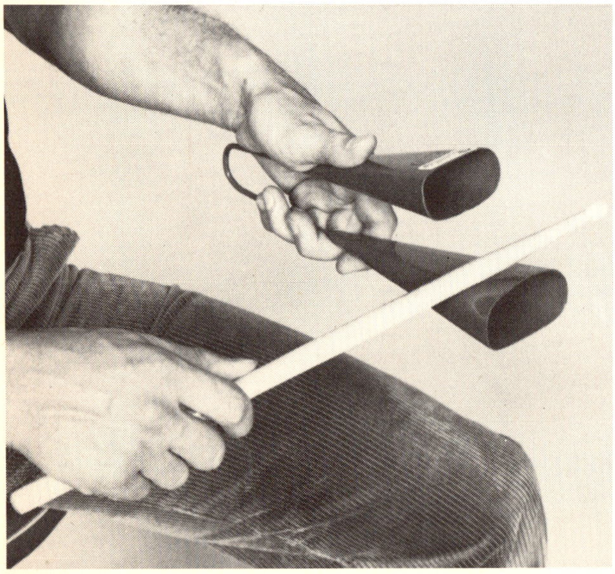

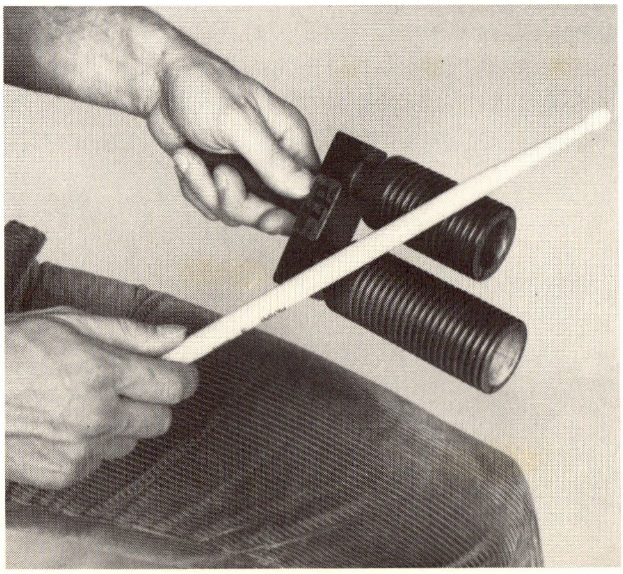

Abb. 74

Agogo-Rhythmen

Note unter der Linie = tiefer klingendes Agogo
Note über der Linie = höher klingendes Agogo

1

2
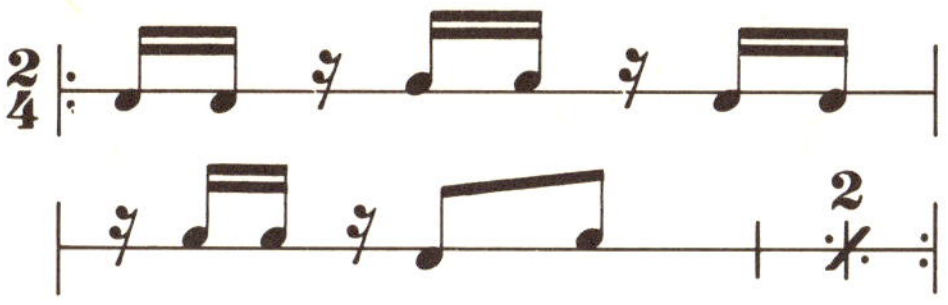

3

4

5

6

7
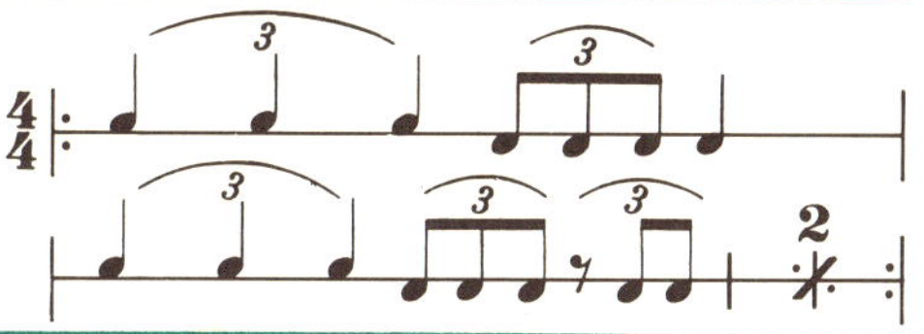

8

9

10

Claves

Claves (Schlaghölzer, Klangstäbe) gehören zur Gruppe der ursprünglich aus Afrika stammenden Schlaginstrumente (Congas, Timbales, Maracas usw.). Heutzutage sind Claves, gefertigt aus ausgesuchten Hölzern (poliertes Rosenholz, Ebenholz, Palisander), in unterschiedlichen Größen erhältlich und weit verbreitet.

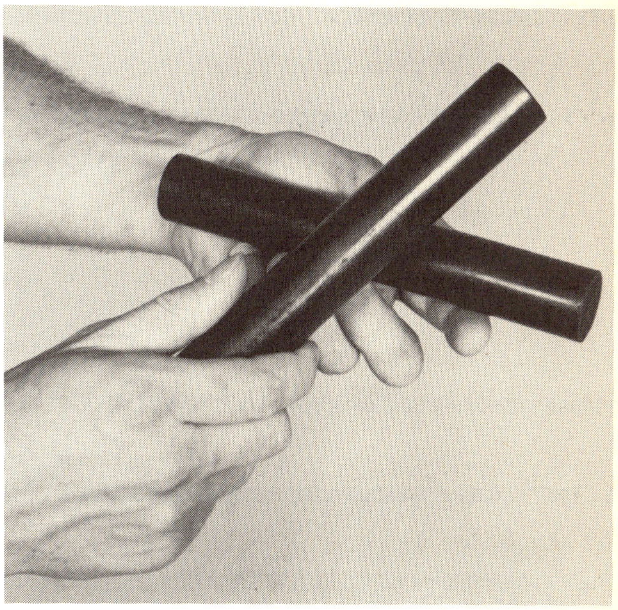

Abb. 75

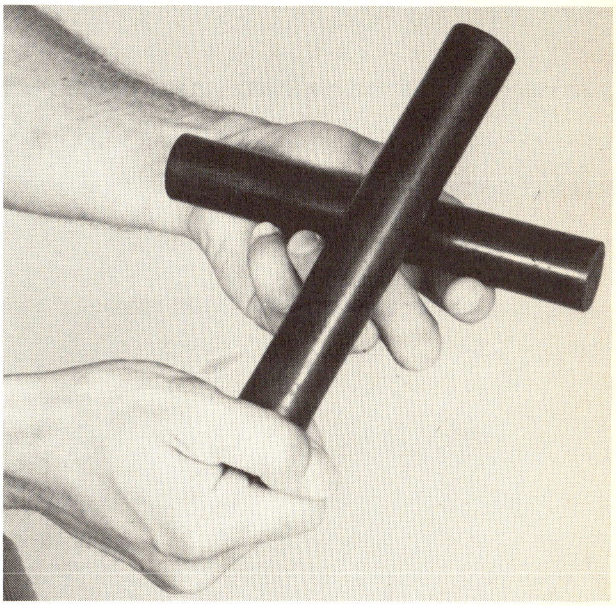

Abb. 76

Claves sind von allen Schlaginstrumenten am einfachsten zu spielen, sind aber zugleich das wichtigste Instrument der Percussion-Gruppe. Der „clave-beat" (Übung 1) bildet eine Art Basis lateinamerikanischer Musikgattungen, vorwiegend der „Rumba".
Gespielt werden Claves durch lockeres Aufeinanderschlagen im Zentrum (metronomähnliches

„Klacken"), wobei zu beachten ist, daß die linke Hand gewölbt ist, um eine gute Klangresonanz zu erreichen. Durch eine leicht abgewandelte Handhaltung sind auch hier Klangunterschiede möglich. Claves gehören zum „Orffschen Instrumentarium".

Clave-Rhythmen

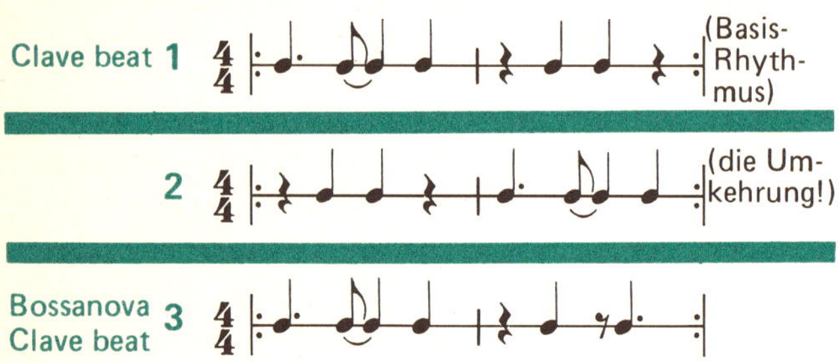

Variationen:

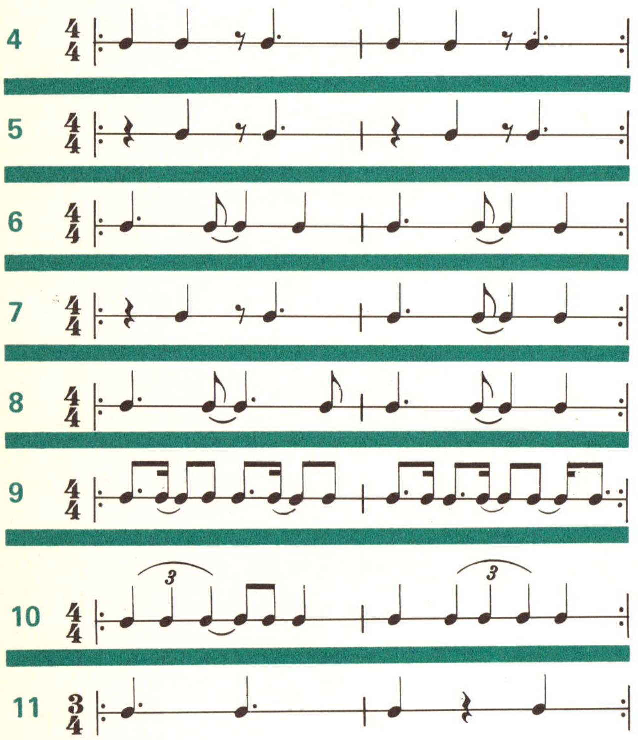

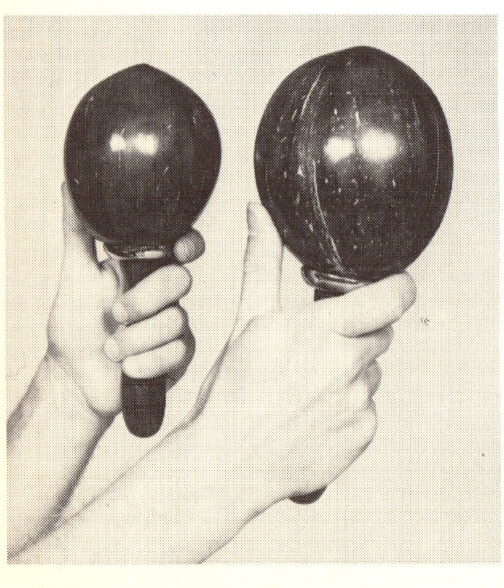

Abb. 77

Maracas

Die Urform der Maracas ist eine mit Fruchtkörnern gefüllte Kalebasse. Heute bestehen Maracas (Rumbakugeln) aus einem hohlen, gestielten Hartholz- oder Kunststoffgefäß, sind mit einer geringen Menge Fruchtkörnern, Steinchen oder ähnlichem gefüllt und werden paarweise, meist in ovaler, manchmal auch runder Form hergestellt und angeboten. Die Klangunterschiede werden dabei von der jeweiligen Größe und Art der Füllung bestimmt.

Gehalten werden Maracas am Stiel oder zwischen Füllkörper und Stiel. Durch Schüttelbewegungen unterschiedlicher Art (gleichmäßig, abwechselnd, vor und zurück, auf und ab, kreisend usw.) werden vielfältige Rasselgeräusche erzeugt.

Maracas-Rhythmen

> = betont

v = stärker betont

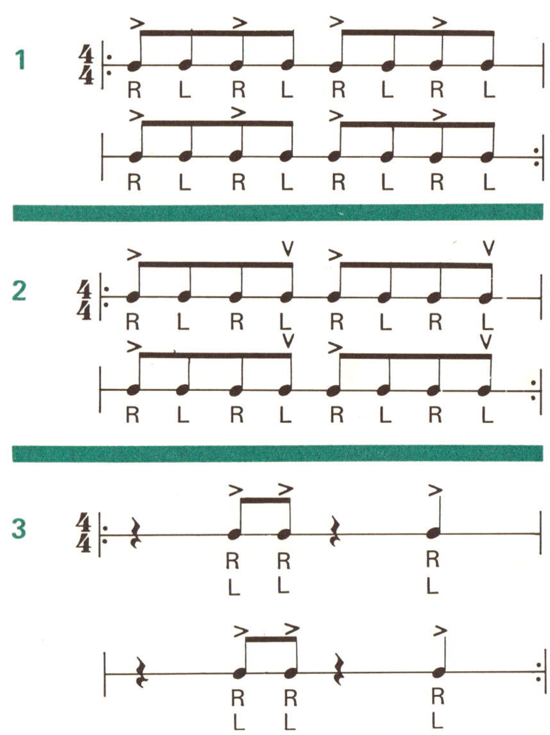

Abb. 78

4

5

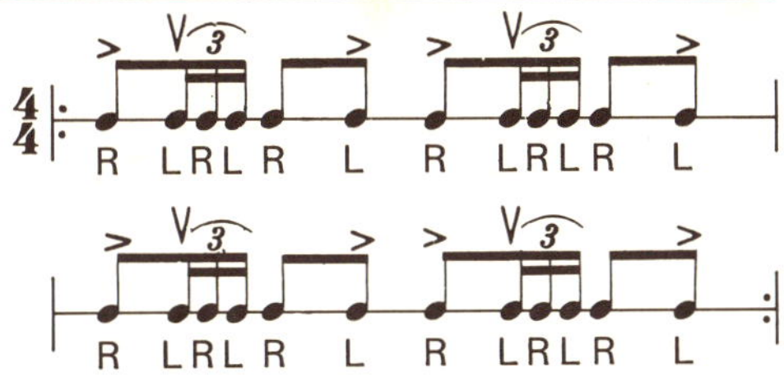

Übungen 6 und 7 sind typische „Bossanova"-Spielweisen.

6

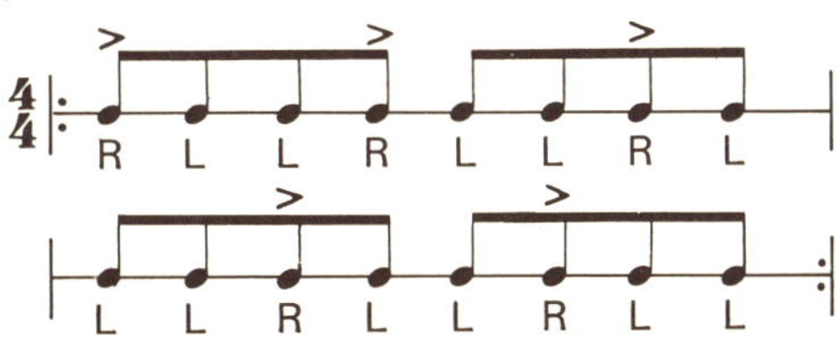

7

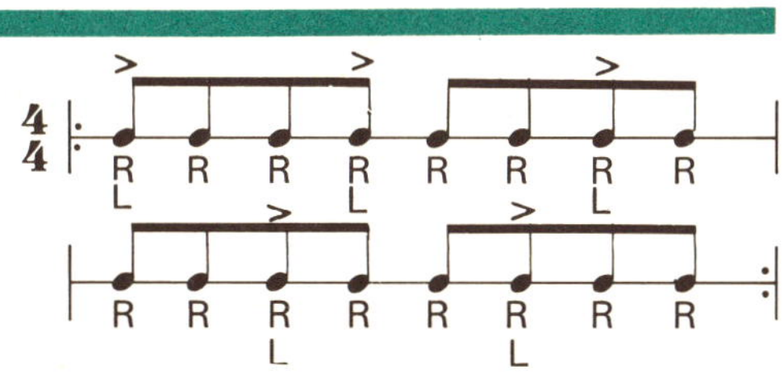

Ein „wirbelähnliches Geräusch" entsteht durch kreisende Bewegungen.

8

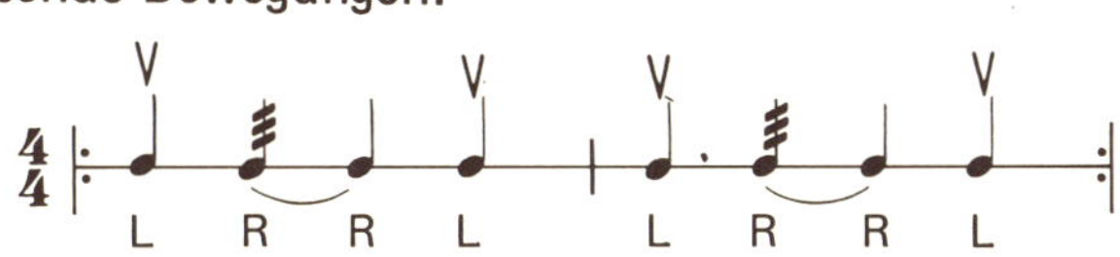

9

Cabasa/Afuche

Die Cabasa (Originalbezeichnung: Cabaza) ist afrikanischer Herkunft. Ein getrockneter Kürbis wird dabei mit einem Kettennetz aus perlengroßen, getrockneten Fruchtkörnern umwunden und an einem angebrachten Griff gehalten (Kürbisrassel). Die neuere Form der Cabasa – „Afuche" genannt – besteht aus Holz mit eingelagerten, nebeneinanderliegenden Kugelketten und klingt insgesamt etwas kräftiger und heller. Die Spielweise ist relativ einfach. Die Kugelketten werden vor- und rückwärts über die Handfläche gedreht bzw. geschoben. Dadurch entsteht ein markantes Rascheln und Rauschen. Durch stärkeren Druck auf die locker liegenden Kugelketten, verschiedene Tempi und unterschiedliche Drehbewegungen können vielerlei Akzente und rhythmische Betonungen gesetzt werden. Auch Schütteln und in die Handfläche schlagen ist möglich. Häufig eingesetzt wird die Cabasa bei Samba- und Bossanova-Rhythmen.

Cabasa-/Afuche-Rhythmen

 = in der Handfläche *drehen*, nach links oder rechts.

 = in die Handfläche *schlagen.*

1

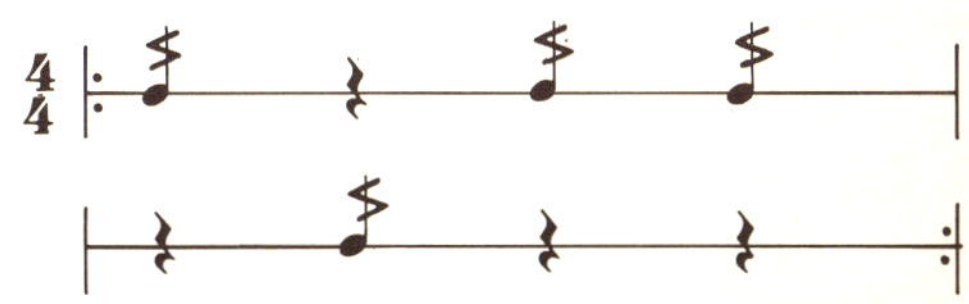

2

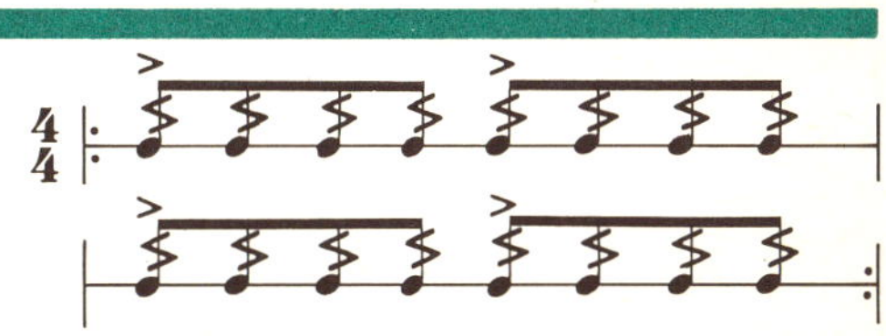

3

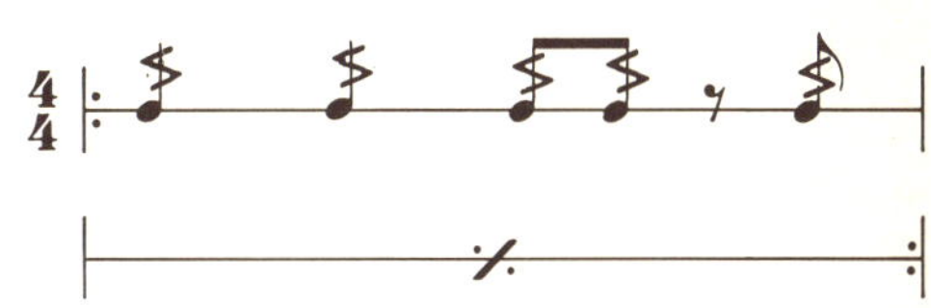

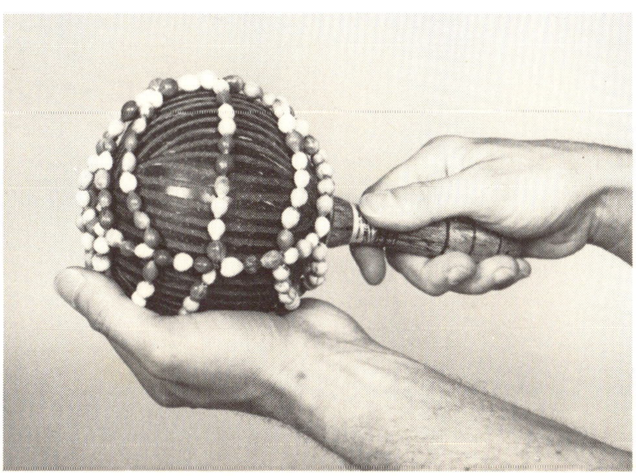

Abb. 79

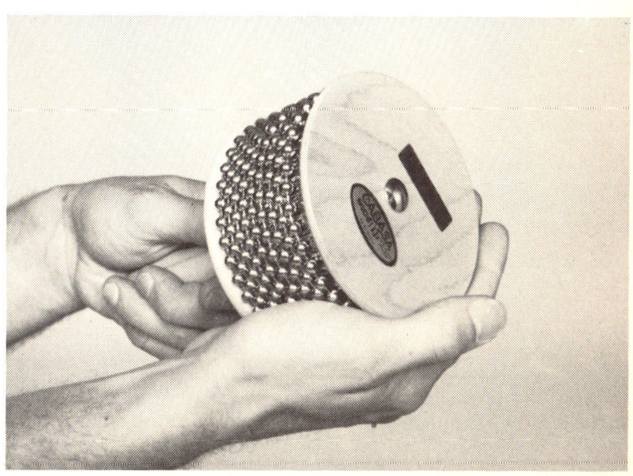

Abb. 80

4
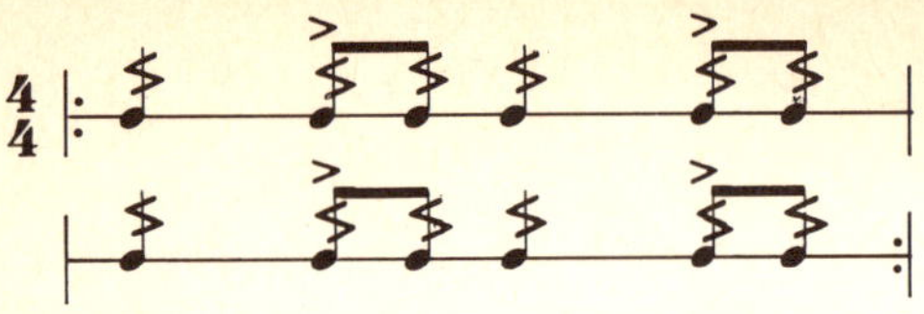

5
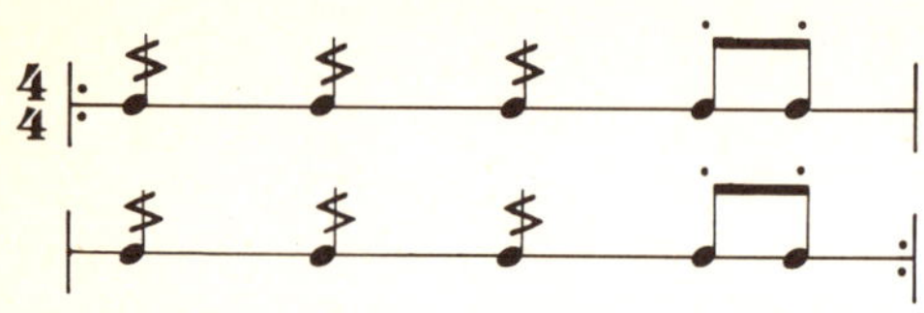

6
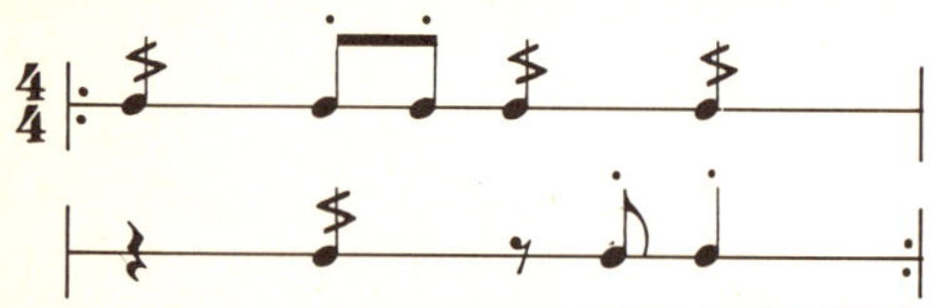

7
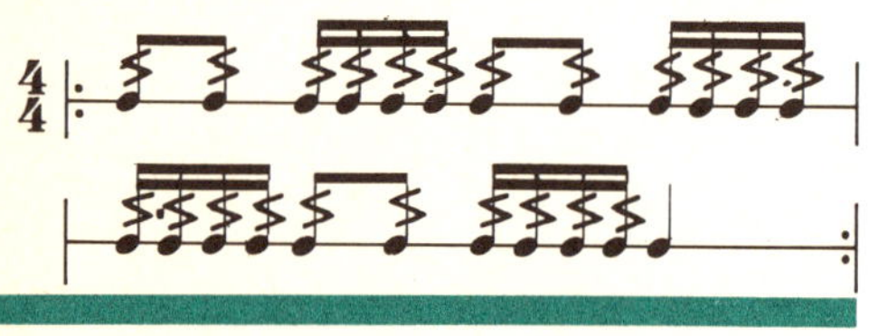

8
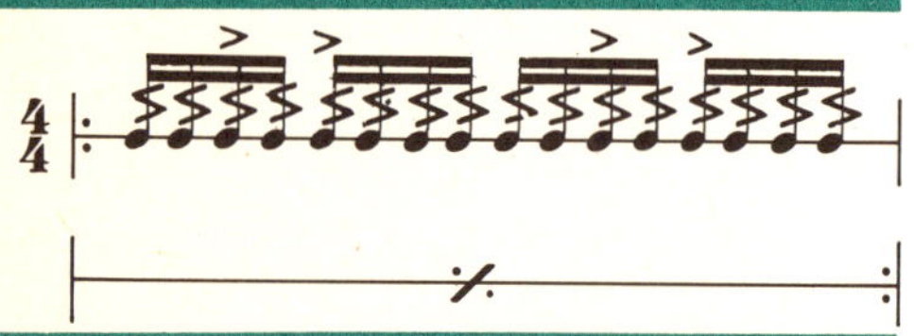

9
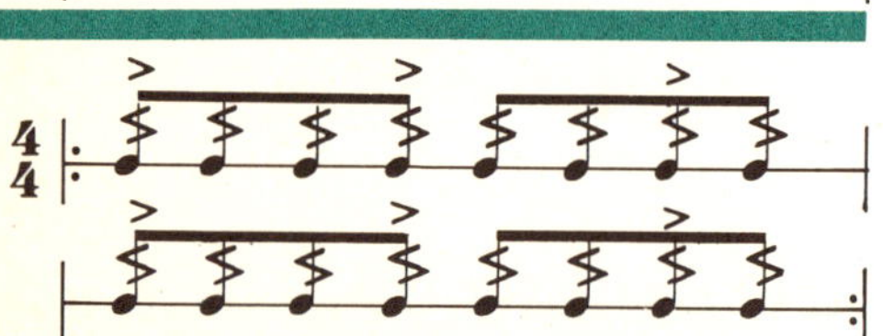

10
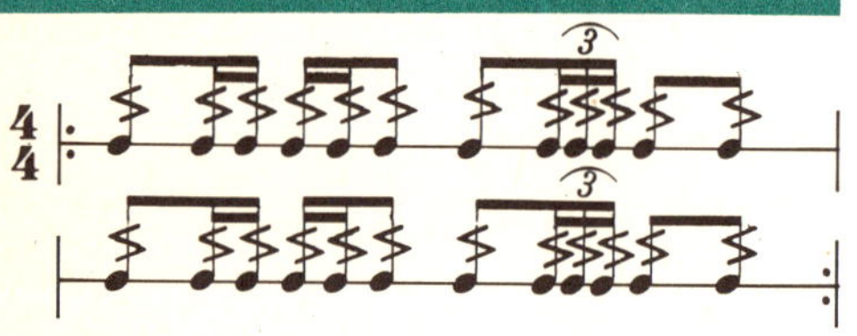

Guiro/Torpedo

Der Guiro – wegen seiner häufigen Anwendung in Sambarhythmen auch „Sambagurke" genannt – ist indianisch-mittelamerikanischer Herkunft.
Im meist bauchig-länglichen Hohlkörper der Guiro sind an der Oberseite eng nebeneinanderliegende Schraprillen eingeschnitten. Mit einem Holzstäbchen wird über diese Rillen entlanggeschrapt – kurz oder lang, auf- und abwärts, oft mit Gegendruck der haltenden Hand. Dadurch ergeben sich bei unterschiedlichem Auflagedruck Geräuschfärbungen von einem weichen Schnarren bis hin zu einem lautstarken Knattern und Kratzen. An der Unterseite ist der Guiro meist mit zwei Grifflöchern versehen, damit das Instrument mit Daumen und Mittelfinger gehalten werden kann.

Ein neuentwickeltes Guiro-Instrument mit doppelter Verwendungsmöglichkeit ist das „Torpedo" (exclusiv von LP). Mit einem speziellen Schraprechen wird über die rostfreie Metalloberfläche gerieben. Da das robuste Instrument eine besondere Rasselfüllung enthält, kann es auch als Schüttelinstrument eingesetzt werden.

Abb. 81

Abb. 82

Guiro-Rhythmen

 = schlagen

 = längeres Schrapen

 = kürzeres Schrapen (auf und/oder ab)

1

2
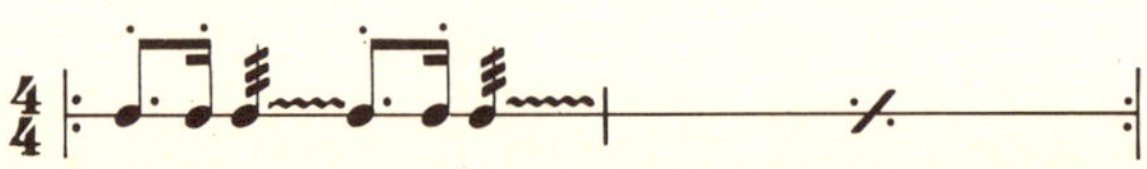

3 

4 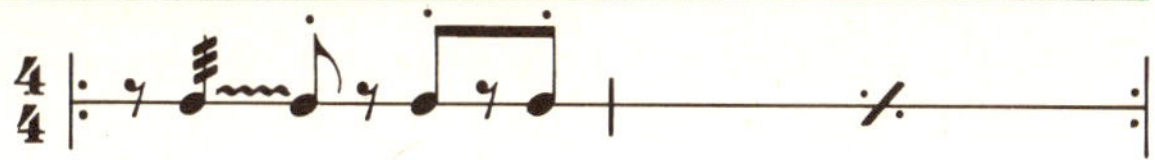

5 

6 

7 

8 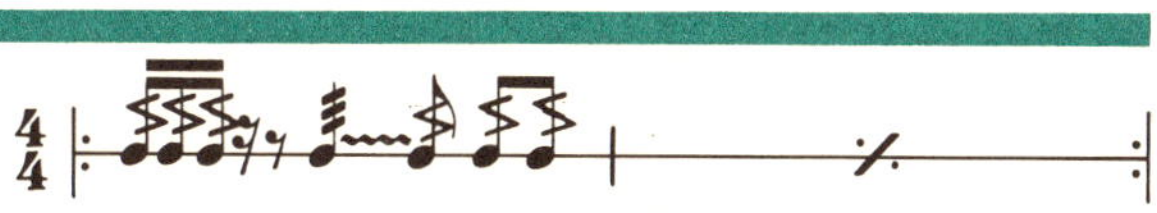

9 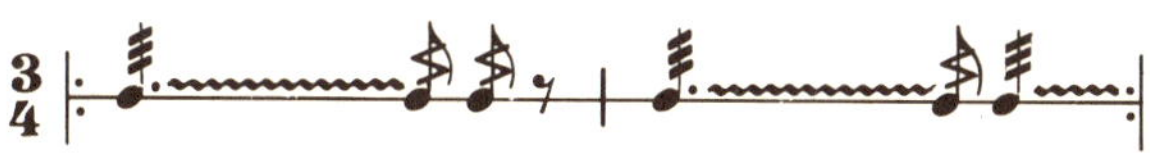

10 

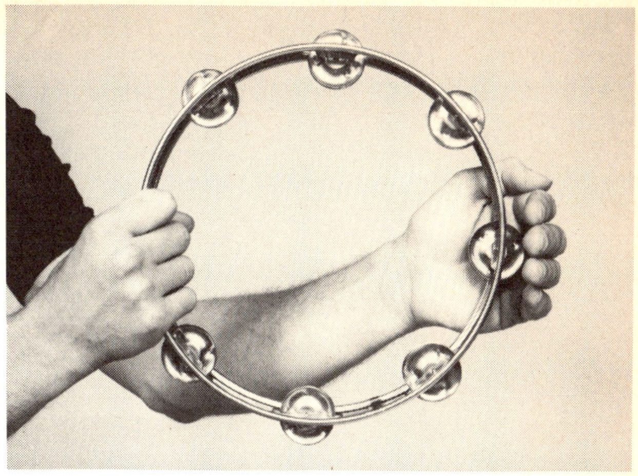

Abb. 83

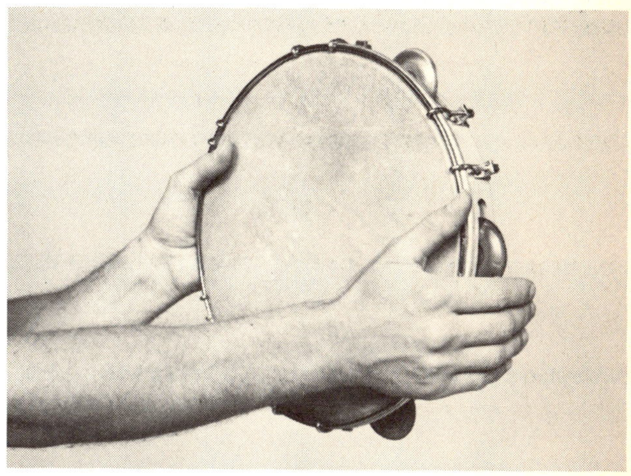

Abb. 84

Abb. 85

Tambourin

Unter der Bezeichnung „Tambourin" sind drei Arten gebräuchlich:

1. Der *Schellenring* (mit Schellen, ohne Fell, Abb. 83) ist das in der Pop- und Rockmusik am häufigsten gespielte Tambourin. In einen Holz-, Metall- oder Kunststoffring sind in gleichmäßigem Abstand, paarweise aufeinanderliegend Schellenplättchen lose hängend auf Drahtstifte montiert. Schellenringe sind in ein- oder zweireihiger Ausführung mit bis zu 20 Schellenpaaren versehen. Durch Schütteln und Schlagen des Instruments in unterschiedlichster Art und Weise können Grundrhythmen intensiv unterstützt oder auch Akzente gesetzt werden. Unter anderen Möglichkeiten sehr beliebt ist auch das Auflegen des Schellenrings auf die Hi-Hat-Becken. Dafür gibt es auch spezielle Anfertigungen.

2. Die *Schellentrommel* (mit Schellen und Fell, Abb. 84) – auch „Pandeiro" genannt – unterscheidet sich vom Schellenring nur durch die Fell-Bespannung. Die gegebenen Spielmöglichkeiten bleiben gleich. Hinzu kommen Anschlagmöglichkeiten durch die Hände, Fingerspitzen, Handballen und Faust auf das Fell, gegen Ellbogen und Knie sowie mit Filzschlägeln und Trommelstöcken.

3. Die *Rahmentrommel* (ohne Schellen, mit Fell, Abb. 85) – im Orffschen Instrumentarium auch „Handtrommel" genannt – wird meist aus einem einfachen, schmalen Holz- oder Metallreifen hergestellt und wird in verschiedenen Größen hauptsächlich an Musik- und Grundschulen zur musikalischen Früherziehung für Kinder verwendet.
Kleine, stimmbare Handtrommeln dieser Art nennt man in lateinamerikanischen Ländern „Tamborim".

Das Tamborim wird mit einem Stock geschlagen, während das Fell von unten her als Klangvariation mit den Fingern unterschiedlich stark gedämpft werden kann.

Schellenring-Rhythmen

> = starker Akzent! Dabei wird der Schellenring gegen Handfläche, Daumen, Oberschenkel, usw. geschlagen.

♩~~~~ = Wirbel! Ein Wirbel, bzw. ununterbrochenes, schnelles Rasseln entsteht durch gleichmäßiges, zittriges Schütteln.

Cuica

Die Cuica (Stabreibtrommel) wird in Zylinderform aus Holz oder Metall angefertigt. Die Oberseite des Zylinders ist mit einem dünnen Fell bespannt. Ein in der Mitte des Felles eingearbeiteter Holz- oder Rohrstock verläuft durch die Zylindermitte. Durch rhythmisches Entlangreiben an diesem Stock mit einem angefeuchteten Stück Leder entstehen je

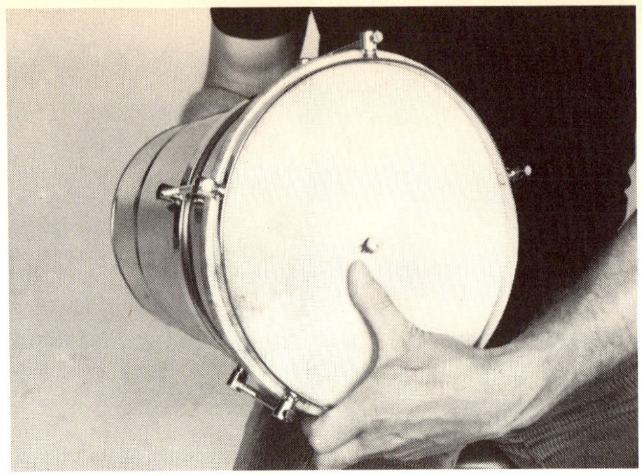

Abb. 86

nach Intensität und Stärke brummende, kreischende oder kauzschreiähnliche Geräusche unterschiedlicher Lautstärke. Durch mehr oder weniger festen Finger- oder Daumendruck auf das Fell – am wirkungsvollsten in der Nähe der Stockbefestigung – entstehen hohe bis tief klingende Töne. Mit einer Hand gehalten wird die Cuica während des Spiels auf der Hüfte aufgestützt.

Triangel

Der Triangel ist ein in unterschiedlichen Größen und Klangabstufungen erhältlicher Stahlstab in Dreiecksform. Zum Orffschen Instrumentarium gehörend erfreut sich der Triangel an Musik- und Grundschulen seines feinen, angenehm silberhellen Klanges wegen wieder steigender Beliebtheit. Angeschlagen wird das Instrument meist mit einem Stahl- oder auch Holzstab. Die beste Anschlagstelle befindet sich bei den meisten Triangeln am rechten Diagonalschenkel im oberen Drittel. Wechselschlä-

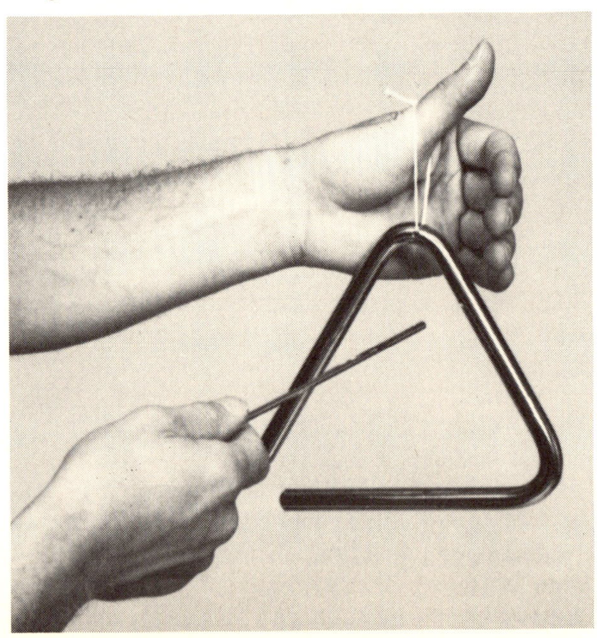

Abb. 87

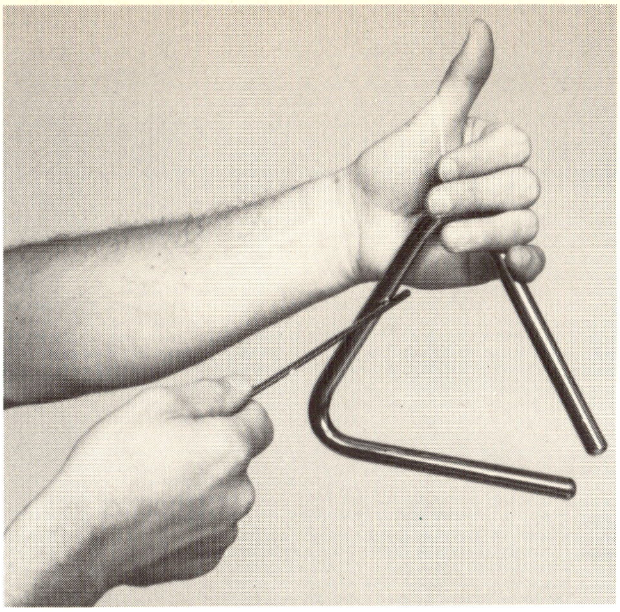

Abb. 88

ge bzw. Triangelwirbel werden im oberen, inneren Dreieckswinkel zwischen den beiden Schenkeln gespielt. Sehr wichtig ist eine wohldosierte Anschlagstärke, da die Stäbe sehr leicht ansprechen. Gehalten wird der Triangel in erster Linie an einer dünnen Schlinge, die über dem ersten Gelenk des Zeigefingers oder dem Daumen aufgehängt wird. Dabei können die Finger, wenn erforderlich, zum Abdämpfen des klingenden Triangels benutzt werden. An einem Ständer aufgehängt findet der Triangel sicher auch in deinem Drum-Set gute Verwendung.

Vibra Slap

Die Vibra Slap – sie war ursprünglich eine Weiterentwicklung des Eselsgebisses – wird heute meist als reines Effektinstrument eingesetzt. Ihr schnarrendes, lang anhaltendes Geräusch wird erzeugt, indem man die an einer Metallstange befestigte Holzkugel in die Handfläche oder auch gegen den Oberschenkel schlägt. Die durch den Schlag hervor-

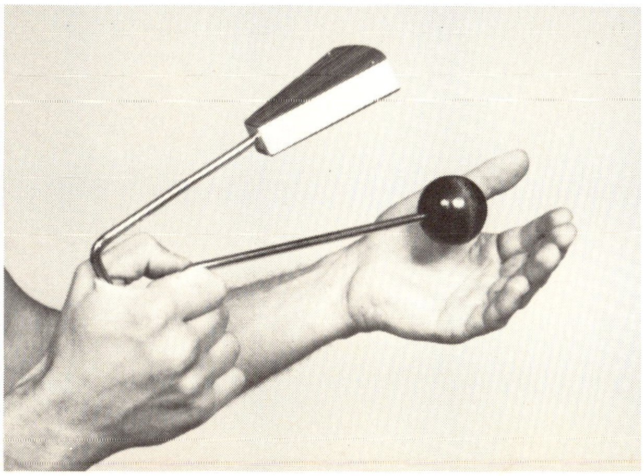

Abb. 89

gerufenen Vibrationen werden auf das Resonanzgehäuse übertragen, wobei die Metallstange als Verbindungsstück dient. Das Resonanzgehäuse selbst wird entweder aus Hartholz oder aus einem speziellen Kunststoff hergestellt.
Für den professionellen Percussionisten ist die Vibra Slap ein unentbehrliches Zusatzinstrument.

Tubo

Die Tubo (Schüttelrohr) gehört ebenso wie die Maracas zur Gruppe der Gefäßrasseln. Der aus unterschiedlichen Materialien (Holz, Metall) und in unterschiedlichen Größen hergestellte Röhrenkörper enthält eine feinkörnige Rasselfüllung. Durch Schütteln unterschiedlicher Intensität können, ebenso wie mit den Maracas, einfache Rhythmen erzeugt werden. Gehalten und geschüttelt wird die Tubo entweder an den beiden Rohrenden zwischen den Handflächen, bzw. zwischen Daumen und Fingern, oder auch mit einer Hand in der Rohrmitte.

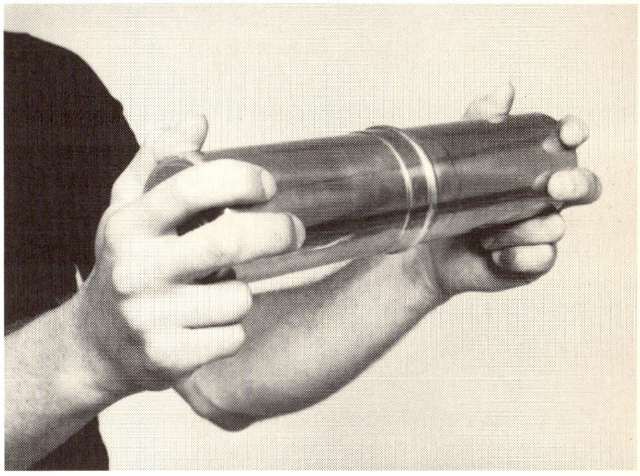

Abb. 90

. . . und noch einige Percussionsinstrumente!

Ka-me-so
Handbemalte, polierte Holzgefäßrassel mit Schrotfüllung. Im Sound ähnlich den Maracas oder der Tubo.

Whistle (Samba Pfeife)
Dreitöniges Instrument. Drei genau aufeinander abgestimmte Töne werden durch Abdecken oder Öffnen zweier Löcher angepfiffen.

Wood Blocks (Holzblocktrommeln), Kastagnetten (Gefäßklappern), Tablas (indische Handtrommeln), Gongs, Klangplatten, Finger Cymbals, Steel Drums, Waschbrett, Ratschen, Rasseln, Glocken, Pfeifen, Autohupen, Sirenen . . . und viele andere mehr.

Zum Abschluß noch ein weitreichender Gedanke!

Ein unerschöpfliches Neuland von Tönen und geräuschhaltigen Klängen tut sich auf, wenn man unvoreingenommen irgendwelche Substanzen verwendet, mit diesen Substanzen Geräusche erzeugt und ihnen dadurch den Charakter von „Instrumenten" abgewinnt.

Einige Beispiele: auf einem Kamm blasen, in eine Flasche pusten, mit Kunststoff-Folien knistern, Papier zerreißen, Wasser gurgeln, Luftballons Luft ablassen, usw. . . . nicht zu vergessen: mit den Fingern schnippen, in die Hände klatschen, Aufstampfen mit den Füßen. Also dann, viel Spaß!

Drummer, die was drauf haben!

(Rhythmus, Feeling, Technik, Stil, Sound)

Die Aufzählung ist natürlich nicht vollständig, trotzdem, hört euch mal einige dieser Top-Leute an. Das ist 'ne „heiße" Sache und gibt sicher jedem von euch Anregungen.
Drummer, deren Namen alleine stehen, haben mit mehreren Musikern in unterschiedlichen Besetzungen Schallplattenaufnahmen gemacht.

Jazz

Max Roach, Gene Krupa, Buddy Rich, Jack de Johnette, Art Blakey, Elvin Jones, Joe Morello, Pete York (Hardin & York, Eberhard Schoener, New York, u. a.), Charly Antolini, Ed Shaughnessy, Louis Bellson, Roy Haynes u. v. a.

Jazz/Rock

Billy Cobham, Alphonse Mouzon, Lenny White, Tony Williams, David Crigger, Steve Gadd (Charlie, Al di Meola, Al Jarreau u. a.), Bill Bruford (King Crimson, Yes, U.K. u. a.), Terry Bozzio (Frank Zappa, U.K. u. a.), Peter Erskine (Weather Report u. a.), Jon Hiseman (Collosseum, United Jazz-Rock Ensemble u. a.), Bobby Economou (Blood, Sweat & Tears u. a.), Chester Thompson (Weather Report, Genesis u. a.), u. v. a.

Rock

Barriemore Barlow (Jethro Tull), John Bonham (Led Zeppelin), Jeff Porcaro (Toto, Boz Scaggs, Triumvirat u. a.), Carmine Appice (Vanilla Fudge, Cactus, Rod Stewart Band u. a.), Willy Ketzer (Passport u. a.), Curt Cress (New Triumvirat, Passport, Snowball u. a.), Aynsley Dunbar (Mothers of Invention, Journey, Jefferson Starship u. a.), Richard Hayward (Little Feat, Joan Armatrading u. a.), Manfred „Manni" von Bohr (Birth Control u. a.), Ian Paice (Deep Purple, Whitesnake u. a.), Ginger Baker (Cream, Blind Faith u. a.), Keith Moon (Who), Dennis Elliott (If, Foreigner u. a.), Phil Collins (Genesis), Neil Peart (Rush), Bertram Engel u. v. a.

Fachliteratur zum Weiterstudium

Jim Chapin: Advanced Techniques for the Modern Drummer – Volume I
Published by Jim Chapin, 50 Morningside Drive, New York, N. Y. 10025

Joe Morello: New Directions in Rhythm – Studies in 3/4 and 5/4 Jazz.
Ludwig Drum Co., Chicago, Illinois 60647, 1728 North Damen Avenue

Joe Morello: Rudimental Jazz – A modern application of the Rudiments to the Drum Outfit
Ludwig Drum Co., Chicago, Illinois 60647, 1728 North Damen Avenue

Ed Shaughnessy: New Time Signatures in Jazz Drumming
Belwin Mills Publishing Corp., Melville, N.Y. 11746, USA

Philly Joe Jones: Brush Artistry
The Premier Drum Company Ltd., Blaby Road, Wigston, Leicester, LE8 2DF, England

Ed Thigpen: Rhythmus-Analyse und Koordinationsgrundlage
Musikverlag Kurt Maas, München (KM 901)

Jan Prins: Hi-Hat Integration
Musikverlag Kurt Maas, München (KM 805)

Frank Arsenault: Langspielplatte: The 26 Standard American Drum Rudiments (and selected Solos)
Ludwig Drum Co., Chicago, Illinois 60647, 1728 North Damen Avenue

Leonardo: Drums up tu date – Progressive Einführung in die moderne Popmusik
Edition Helbling AG., CH-8604 Volketswil/Zürich

Carmine Appice: Realistic Hi-Hats
Warner Bros. Publications

Joe Viera: Reihe Jazz 1 – Grundlagen der Jazzrhythmik
(ue 24001) Universal Edition AG., A-1015 Wien, Postfach 3, Bösendorferstr. 12

Cees See: Reihe Jazz 4 – Das Schlagzeug im Jazz
(ue 24004) Universal Edition AG., A-1015 Wien, Postfach 3, Bösendorferstr. 12

Bob Evans: Authentic Conga-rhythms
Belwin Mills Publishing Corp., Rockville Centre, N.Y. 11571

Bob Evans: Authentic Bongo-rhythms
Henry Adler Inc., 136 West 46th Street, New York 36, New York

Fachzeitschriften für Musiker

Riebe's Fachblatt Music Magazin; JV-Journal Verlag, Schillerstr. 23a, 8000 München 2

Artist, Fachzeitschrift für Musiker; Droste Verlag, Pressehaus am Martin-Luther-Platz, 4000 Düsseldorf 1

Neue Musikzeitung (nmz)- Gustav Bosse Verlag GmbH & Co. KG, Postfach 417, 8400 Regensburg 1

Spotlight, Somu Verlag GmbH, Dionysiusstr. 167, 4150 Krefeld

Musiker, Somu Verlag GmbH, Dionysiusstr. 167, 4150 Krefeld

International Musician and Recording World, Magazin für die Musikwelt- Badger Publications S.A.,
Rue de l'Industrie 16, CH-17 Fribourg 5, Schweiz

Hersteller bzw. Vertriebsfirmen*

AKG Akustische und Kinogeräte GmbH; Mikrofone, Studiogeräte, Kopfhörer, Zubehör
Bodenseestr. 226-230, D-8000 München 60

Allsound Elektronik Vertrieb GmbH & Co., Verstärker, Echogeräte, Mikrofone, Lautsprecherboxen, Effektgeräte, Pedale, Scheinwerfer und Zubehör
Postfach 404, Karl-Hromadnik-Straße 3, 8000 München 60

Amat; Schlagzeugzubehör, Trommelstöcke, Plastikfelle, Fußmaschinen
Via Gaudenzio Ferrari, 4, I-10124 Torino/Italien

A.S.B.A. – Boudard A.S.; Schlagzeuge, Trommeln
B.P. No. 3, Rue Henri-Barbusse N. 11, F-94450 Limeil-Brevannes/Frankreich

Audio-Technica-Corporation, Mikrofone u. a.
2206 Naruse, Machida, Tokyo 194; Infos und Händlernachweis: music partner, Hasengartenstr. 36, 6200 Wiesbaden

Beyer Dynamic- Kopfhörer, Mikrofone, Übertragungsanlagen u. a.
Theresienstr. 8, 7100 Heilbronn

Binson S.P.A.; Echoschallgeräte, Verstärker, Mixer, Tonsäulen, Mikrofone und Zubehör
Via Padova, 39, I-20127 Milano/Italien

Bose GmbH; Lautssprecher, Verstärker
Obereschbacherstr. 118, Postfach 1160, 6380 Bad Homburg

Caldironi Musica S.p.a.; Verstärker, Gesangsanlagen, Schlaginstrumente (u. a. Hi-Percussion), Electric-Bässe, Mikro-, Disco-, Funkanlagen
Via Perugini, 44, I-20093 Cologno Monzese/Italien

Dynacord Electronic & Gerätebau GmbH & Co. KG; Gesangsanlagen, Gesangsboxen, Digital-Echo-Reverb-Effektgeräte, PA System, Instrumentalverstärker und Boxen, Discotheken Bausteine, ELA-Anlagen
Postfach 68, Siemensstr. 41–43, 8440 Straubing

Echolette-Vertrieb Hans Bauer; Echo-Nachhallgeräte, Gesangs- und Instrumentalverstärker, Kofferverstärker, Orgelkabinette, Lautsprecherboxen, Mikrofone und Zubehör
Siemensstr. 41–43, 8440 Straubing

Electro-Voice, Division der Gulton GmbH; Mikrofone, Lautsprecher u. a.
Postfach 190 166, Frankenallee 125–127, 6000 Frankfurt/Main

Evans All Weather Drum Heads; Trommelfelle
P.O. Box 58, 201 W. Trail, Dodge City, Kansas 67801/USA, Vertrieb: Musik Schell, Göppingen

Fischer KG, Leberecht; Schlaginstrumente, Orff-Instrumente, historische Trommeln
Postfach 44, 8490 Cham/Opferpfalz

Gretsch; Schlagzeuge, Gitarren, Zubehör u. a.
Vertrieb: Musik Schell, Postfach 1235, Bleichereistr. 2, 7336 Uhingen

Hoshino Gakki Ten Inc.; Schlaginstrumente, Gitarren
P.O. Box 173, Higashi-Nagoya 461–91/Japan, Vertrieb: Voss Musikinstrumente GmbH, Postfach 213, Güntherstr. 65, 4600 Dortmund

König & Meyer GmbH & Co. KG; Notenpulte, Instrumentenständer, Mikrofonstative, Stimmgabeln
Postfach 327, Kiesweg 2a, 6980 Wertheim

* Prospekte/Infos können bei den betreffenden Firmen angefordert werden. Lieferung erfolgt über den Musikfachhandel.

Latin Percussion Inc.; Lateinamerikanische Percussionsinstrumente, u. a.
P.O. Box 88, Palisades Park, N. J. 07650/USA; Vertrieb: Johs. Link KG (siehe „Sonor")

Lefima, Leberecht Fischer KG; Schlaginstrumente, Orff-Instrumente, Pauken, historische Trommeln
Postfach 44, 8490 Cham/Oberpfalz

Ludwig International Ltd.; Drums und Zubehör
1728 North Damen Avenue, Chicago, Illinois 60647/USA; Vertrieb: siehe unter „Meyer, Gotthold"

Meinl, Roland; Schlaginstrumente, Cymbals, Gitarren, Verstärker, Blasinstrumente, Zubehör
Postfach 1549, An den Herrenbergen 24, 8530 Neustadt/Aisch

Meyer, Gotthold KG; Schlaginstrumente, Blasinstrumente, Verstärker, Gitarren, Zubehör, Synthesizer
Postfach 1729, 3550 Marburg

Paiste AG; Cymbals, Gongs, Schlaginstrumente
CH-6207 Nottwil/Schweiz; Vertrieb Deutschland: Postfach 26, Gorch-Fock-Str. 13, 2373 Rendsburg

Pearl Musical Instrument Co.; Pearl, Maxwin-Trommeln, Gitarren, Verstärker, Pearl-Flöten, Mikrofone, Keyboard Instruments
16-6, 4-chome, Narihira, Sumida-Ku, Tokyo 130/Japan; Vertrieb Deutschland: Pearl-Vertrieb, Postfach 1930, 3550 Marburg 1; Vertrieb Schweiz: Musik-Meyer AG., Mühlehaldenstr. 16, CH-8953 Dietikon

Premier Drum Comp. Ltd.; Schlaginstrumente, Vibraphone
Blaby Road, Wigston, Leicester, LE8 2DF/England

Remo International Inc.; Trommelhäute, Schalldämpfer
12804 Raymer Street, No. Hollywood, Calif. 91605/USA; Generalvertretung für Deutschland: Sonor

Rimmel, Karl; Schlaginstrumente, Plastik-Trommelfelle
Leubaser Str. 50, 8960 Kempten-Leubas

Rogers Drums/CBS Musical Instruments; Drums
1300 E. Valencia Dr., Fullerton, California 92631/USA; Vertrieb für Deutschland: CBS GmbH; Emanuel Leutzestr. 1, 4000 Düsseldorf

Sattler & Co. OHG; Schlaginstrumente
Richtergasse 8, 6090 Rüsselsheim-Königstädten

Sennheiser Electronic KG; Mikrofone u. a.
3002 Wedemark 2

Slingerland; Drums
6633 North Milwaukee Avenue, Niles, Ill., 60648/USA; Vertrieb für Deutschland: Traffic GmbH; Franzstr. 5, 8000 München 40

Sonetic Tontechnik GmbH; Shure (Mikrofone) Generalvertretung für die BRD
Frankfurter Allee 19-21, 6236 Eschborn; Shure-Vertrieb Schweiz: Telion AG., Albisriederstr. 232, CH-8047 Zürich; Shure-Vertrieb Österreich: H. Lurf, Schottenfeldgasse 66, A-1010 Wien

Sonor-Musikinstrumentenfabrik, Johs. Link KG; Schlagzeuge, Trommeln, Orff-Instrumentarium
Postfach 2020, 5920 Bad Berleburg 2, Aue/Westfalen

Studio 49; Xylophone, Metallophone, Glockenspiele, Pauken, Trommeln, Vibraphone, Orff-Instrumentarium
Postfach 1168, Lochhamer Schlag 2, 8032 Gräfelfing

Tama; Drums, Zubehör
Vertrieb für Deutschland: Roland Meinl, Postfach 1549, An den Herrenbergen 24, 8530 Neustadt/Aisch

Tosco Percussione; Zimbeln
Via Volta 30, I-51100 Pistoia/Italien

U.F.I.P., Cymbals
P.O. Box 59, I-51100 Pistoia/Italien

Wittner, Rudolf, GmbH & Co.; Metronome, Taktell, Notenpulte, Gitarrenständer, Stimmgabeln, Saitenstimmer, Kapodaster, Mikrofonstative u. a.
Postfach 1360, 7972 Isny/Allgäu

Yamaha Europa GmbH; Flügel, Pianos, Electone-Orgeln, Electric-Pianos, Gitarren, Verstärker, Combo-Orgeln, Blas- und Schlaginstrumente u. a.
Siemensstr. 22/34, 2084 Rellingen

Zildjian Comp., Avedis; Cymbals, Gongs und Zubehör
Box 198, Accord, Mass. 02018/USA; Vertrieb für Deutschland: Johs. Link KG (siehe „Sonor") und Meyer, Gotthold (siehe „Meyer")

Schlußwort

Auf ein paar Worte noch

Als Autor ist es natürlich mein Wunsch, daß euch mein Buch eine Menge Anregungen gibt und ihr sehr viel Spaß daran habt, daraus zu lernen, danach zu üben und damit voranzukommen. Eure praktischen Erfahrungen bzw. wie ihr mit dem Buch zurechtkommt, interessieren mich sehr. Macht euch doch die kleine Mühe für ein paar Zeilen an mich. Meine Adresse: Siegfried Hofmann, Grabenfeldstraße 15, 8201 Neukirchen/Simssee.
Besonders würde es mich freuen, wenn viele von euch durch das Durchstudieren meines Buches als Hobby- oder Profimusiker erfolgreich würden. Damit sähe ich den Zweck dieses Buches erfüllt.

Zu guter Letzt noch ein großes Dankeschön allen, die geholfen haben,
- dem Voggenreiter Team, das, wie immer, alles im Griff hielt,
- der Firma Sonor-Percussion und dem Voggenreiter Verlag für die zur Verfügung gestellten Percussionsinstrumente,
- Jürgen Pankarz für seine lustigen Illustrationen,
- dem Herrn Aicher für die hervorragenden Fotoaufnahmen
- und allen meinen Schülern und musikalischen Freunden, die mich ständig dazu inspirierten.

Viele Trommelgrüße
euer Siegfried Hofmann

ohne Noten!
Peter Bursch's
Gitarren buch
mit populären Liedbeispielen aus:
Folk, Rock, Blues & Rag
von kinderleicht bis ganz schön schwierig.
mit Platte
Voggenreiter-Verlag

ohne Noten!
Peter Bursch's
Gitarren Buch 2
Mit 40 populären Liedbeispielen aus:
Folk, Rock, Blues & Rag
Von halb so schlimm bis ganz schön stark
mit 2 Platten
Voggenreiter-Verlag

Mit allen Informationen für die Gitarre!
Peter Bursch
Das Folk-Buch
Das hat mir noch gefehlt!
Über 100 der besten Songs.
zum Sofortsingen
Für fast jeden Song seine Geschichte.
Das isses.
Mit den richtigen Griffen und Tabulaturen für jeden Song.
Voggenreiter-Verlag

Reinhard Mey
von Anfang an bis heute
Mit Tabulaturen, Zupftechniken für Gitarre und Noten!

GERD KRÖLL
DER PICKER
FETZIGE INSTRUMENTALS AUF DEM WEG ZUM RAGTIME!
Mit Schallplatte
Voggenreiter-Verlag

Pickings
WERNER LÄMMERHIRT
Mit Tabulaturen & Noten
Voggenreiter Verlag

Stephan Schmidt
DAS KLASSISCHE GITARRENBUCH
Fünfzig Stücke aus fünf Jahrhunderten in Tabulatur und Noten
MIT SCHALLPLATTE
Voggenreiter Verlag

Kaarel Siniveer
Schlapp-hut
Volkslied-Allerley für Gitarre
Tabulaturen Noten Spielanleitung
55
deutsche Volkslieder aus sechs Jahrhunderten
VOGGENREITER VERLAG

BEDIENUNGSANLEITUNG FÜR DIE FOLIENPLATTE

Lege zuerst eine normale Schallplatte auf Deinen Plattenspieler; sie dient als Unterlage. Achte darauf, daß die Folienplatte nun ganz eben auf dieser Unterlage aufliegt (Ränder andrücken). Die Folienplatte dient als akustisches Hilfsmittel zu allen Stücken im Buch. Wenn Du sie mehr ausnutzen willst, dann empfiehlt es sich, die Ausschnitte, die Du brauchst, mit einem Tonbandgerät (Kassettenrecorder) mehrmals hintereinander aufzunehmen. Du kannst dann besser und einfacher mitspielen.